普通高等教育实践教学系列规划教材

高等学校毕业设计（论文）指导教程
——财会类专业

主　编　徐秀杰　王丽波

副主编　杨婷婷　安　洋　周　功　胡万德

中国水利水电出版社
www.waterpub.com.cn

内 容 提 要

本教程系统介绍财会各专业毕业论文的相关内容，主要包括三部分：财会专业毕业论文指南、财会专业毕业论文流程和财会专业各方向毕业论文实例及选题。

本教程遵循规范性原则，力求展示标准的财会专业毕业论文写作流程和写作过程；本着实用性原则，列举财会专业各方向大量实例，阐述毕业论文的所有相关内容和文档，使读者对毕业论文有更形象和更直接的认识；本着先进性原则，列举的选题展现当今流行的和热门的毕业论文研究方向。

本教程针对高等院校财会各专业毕业论文的实际情况编排内容，具有较强的专业性、指导性和应用性，层次清晰、实例丰富，适合作为高等院校财会类专业学生进行毕业论文写作的指导教程，对从事财会专业相关工作的技术人员也有很高的参考价值。

图书在版编目（CIP）数据

高等学校毕业设计（论文）指导教程. 财会类专业 / 徐秀杰，王丽波主编. -- 北京：中国水利水电出版社，2015.4
 普通高等教育实践教学系列规划教材
 ISBN 978-7-5170-3099-7

Ⅰ. ①高… Ⅱ. ①徐… ②王… Ⅲ. ①财务会计－毕业实践－高等学校－教学参考资料 Ⅳ. ①G642.477

中国版本图书馆CIP数据核字(2015)第078643号

策划编辑：石永峰　　责任编辑：张玉玲　　封面设计：李　佳

书　名	普通高等教育实践教学系列规划教材 高等学校毕业设计（论文）指导教程——财会类专业
作　者	主　编　徐秀杰　王丽波 副主编　杨婷婷　安　洋　周　功　胡万德
出版发行	中国水利水电出版社 （北京市海淀区玉渊潭南路1号D座　100038） 网址：www.waterpub.com.cn E-mail：mchannel@263.net（万水） 　　　　sales@waterpub.com.cn 电话：（010）68367658（发行部）、82562819（万水）
经　售	北京科水图书销售中心（零售） 电话：（010）88383994、63202643、68545874 全国各地新华书店和相关出版物销售网点
排　版	北京万水电子信息有限公司
印　刷	三河市铭浩彩色印装有限公司
规　格	184mm×260mm　16开本　18.25印张　450千字
版　次	2015年5月第1版　2015年5月第1次印刷
印　数	0001—3000册
定　价	36.00元

凡购买我社图书，如有缺页、倒页、脱页的，本社发行部负责调换
版权所有·侵权必究

前　　言

毕业论文撰写是大学教育阶段的最后教学环节，是每个接受高等教育的学生在毕业前必须完成的一门重要的实践必修课程。各类教育院校都要求学生在指导教师的监督引导下顺利完成毕业论文，成绩合格是学生毕业和获得学位的必要条件。

本教程全部由财会专业一线教师编写，笔者希望把多年财会专业学生毕业论文的指导经验和教学实践成果融入到教程中，为财会专业学生的毕业论文写作提供高质量的指导。

在内容布局上，本着理论与实践并重的原则，首先从总体上介绍财会专业毕业论文的相关内容和组织管理，然后详细介绍财会专业毕业论文的整体流程，最后从财务会计、税务会计、电算化会计、财务管理、审计实务 5 个方面分析实例并进行选题列举，起到实战示范的作用。

本教程选材注意把握财会相关专业学生的知识背景与接受能力，以内容的新颖性、实例的应用性和教程布局的系统性来激发学生的阅读兴趣，帮助学生更好地完成毕业论文写作任务。

围绕财会专业毕业论文的特点，本教程内容安排如下：

第一部分　财会专业毕业论文指南

（1）财会专业毕业论文概述。介绍了财会专业毕业论文的指导思想、目的和原则，介绍了财会专业毕业论文撰写所涉及的主要领域和内容。

（2）财会专业毕业论文的管理。介绍了毕业论文的目标要求、组织管理、工作要求、选题管理、毕业论文答辩管理、毕业论文成绩评定、评分标准、毕业论文归档和诚信原则。

第二部分　财会专业毕业论文流程

（1）财会专业毕业论文的选题。介绍了选题的原则、选题的流程、选题的策略和撰写开题报告。

（2）财会专业毕业论文的调研和文献检索。介绍了毕业论文的调研工作、毕业论文的文献检索理论、文献检索实例和文献综述实例。

（3）财会专业毕业论文的撰写。介绍了财会专业毕业论文的撰写方法，介绍了论文格式要求、内容规范、名词术语约束等内容。

（4）财会专业毕业论文的答辩准备。介绍了答辩的演示文稿设计、答辩的自我陈述和答辩的问题准备。

第三部分　财会专业各方向毕业论文实例及选题

（1）财务会计方向毕业论文实例及选题。概述了财务会计方向毕业论文写作要点，列举了两篇财务会计方向毕业论文写作实例和财务会计方向其他选题的写作框架。

（2）税务会计方向毕业论文实例及选题。概述了税务会计方向毕业论文写作要点，列举了两篇税务会计方向毕业论文写作实例和税务会计方向其他选题的写作框架。

（3）电算化会计方向毕业论文实例及选题。概述了电算化会计方向毕业论文写作要点，列举了两篇电算化会计方向毕业论文写作实例和电算化会计方向其他选题的写作框架。

（4）财务管理方向毕业论文实例及选题。概述了财务管理方向毕业论文写作要点，列举了两篇财务管理方向毕业论文写作实例和财务管理方向其他选题的写作框架。

（5）审计实务方向毕业论文实例及选题。概述了审计实务方向毕业论文写作要点，列举了两篇审计实务方向毕业论文写作实例和审计实务方向其他选题的写作框架。

本教程系统阐述了财会专业毕业论文的相关内容和文档、执行流程、论文撰写、应用策略，对财会专业各方向都进行了实例展示和相关选题列举。

本教程由徐秀杰、王丽波任主编，杨婷婷、安洋、周功、胡万德任副主编，英皓、牟振、张玉龙、郝蔷、李虹、孙大伟、孙长军参与了部分内容的编写。在编写过程中，编者参考了相关著作和文献，在此向这些著作和文献的作者表示衷心的感谢。

由于编者水平有限，加之时间仓促，书中难免有疏漏和不当之处，恳请广大读者批评指正。

编 者
2015 年 3 月

目　　录

前言

第一部分　财会专业毕业论文指南

第1章　财会专业毕业论文概述 2
1.1　财会专业毕业论文的指导思想 2
1.2　财会专业毕业论文的目的和原则 3
　1.2.1　财会专业毕业论文的目的 3
　1.2.2　财会专业毕业论文的原则 4
1.3　财会专业毕业论文的类别和文档内容 5
　1.3.1　财会专业毕业论文的方向和类型 5
　1.3.2　财会专业毕业论文的文档 5

第2章　财会专业毕业论文的管理 14
2.1　毕业论文的目标要求 14
2.2　组织管理 14
2.3　工作要求 17
2.4　选题管理 18
2.5　毕业论文答辩管理 19
2.6　毕业论文成绩评定 22
2.7　评分标准 22
2.8　毕业论文归档 23
2.9　诚信原则 23

第二部分　财会专业毕业论文流程

第3章　财会专业毕业论文的选题 26
3.1　选题的原则 26
3.2　选题的流程 27
3.3　撰写任务书和开题报告 28

第4章　财会专业毕业论文的调研和文献检索 34
4.1　毕业论文的调研工作 34
4.2　文献检索和整理 35
4.3　文献检索实例 41
4.4　文献综述实例 50

第5章　财会专业毕业论文的撰写 53
5.1　论文的格式要求 53
5.2　论文的结构设定 56
5.3　论文的内容规范 58
5.4　论文的名词术语约束 60
5.5　毕业论文的写作步骤 60

第6章　财会专业毕业论文的答辩准备 62
6.1　答辩的演示文稿设计 62
6.2　答辩的自我陈述 64
　6.2.1　答辩的自我陈述提纲 64
　6.2.2　答辩的自我陈述技巧 66
6.3　答辩的问题准备 68
　6.3.1　精神准备 68
　6.3.2　心理准备 68
　6.3.3　物质准备 69
　6.3.4　辅助准备 69

第三部分　财会专业各方向毕业论文实例及选题

第7章　财务会计方向毕业论文实例及选题 72
7.1　财务会计方向概述 72
7.2　财务会计方向毕业论文实例 74
　7.2.1　ABC公司应收账款管理问题的研究 74
　7.2.2　SYZ企业财务报表分析 93
7.3　财务会计方向的各类选题 111
　7.3.1　关于公司成本控制问题的研究 111
　7.3.2　会计诚信建设的思考及对策 112
　7.3.3　企业流动资金管理问题研究 113

  7.3.4 浅议小企业会计规范化管理 …………114
  7.3.5 企业存货管理中存在的问题及
     对策研究 ……………………………116

第8章 税务会计方向毕业设计实例及选题 …118
 8.1 税务会计方向概述 ……………………118
 8.2 税务会计方向毕业论文实例 …………121
  8.2.1 浅析房地产开发公司的合理避税 …121
  8.2.2 关于企业税务风险防范与管控
     的研究 ……………………………138
 8.3 税务会计方向的各类选题 ……………151
  8.3.1 关于所得税会计处理方法的研究 …151
  8.3.2 浅谈营改增对企业的影响 ………152
  8.3.3 浅谈工资薪金的个人所得税影响 …153
  8.3.4 解析纳税人权利 …………………154
  8.3.5 浅议中小企业税收筹划 …………155

第9章 电算化会计方向毕业论文实例及选题 …158
 9.1 电算化会计方向概述 …………………158
 9.2 电算化会计方向毕业论文实例 ………161
  9.2.1 Excel在中小型企业财务管理中
     的应用 ……………………………161
  9.2.2 XXXX公司会计电算化工作出现的
     问题及对策 ………………………182
 9.3 电算化会计方向的各类选题 …………194
  9.3.1 会计电算化的应用和发展方面
     的选题 ……………………………195
  9.3.2 财务软件应用与研究方面的选题 …196
  9.3.3 数据库与办公软件在会计工作中的
     应用方面的选题 …………………197
  9.3.4 关于网络会计方面研究的选题 …198

第10章 财务管理方向毕业论文实例及选题 …200
 10.1 财务管理方向概述 ……………………200
 10.2 财务管理方向毕业论文实例 …………203
  10.2.1 ASD企业投资管理存在的问题与
      对策的研究 ………………………203
  10.2.2 QWX有限公司财务管理现状
      问题研究 …………………………222
 10.3 财务管理方向的各类选题 ……………233
  10.3.1 企业财务管理中可能出现的问题
      及对策研究 ………………………234
  10.3.2 企业筹资风险管理存在的问题
      与对策 ……………………………235
  10.3.3 关于企业并购的财务管理
      问题研究 …………………………237
  10.3.4 浅议企业财务风险形成的原因及
      防范方案 …………………………238
  10.3.5 浅谈中小企业财务管理模式
      的构建 ……………………………239

第11章 审计实务方向毕业论文实例及选题 …242
 11.1 审计实务方向概述 ……………………242
 11.2 审计实务方向毕业论文实例 …………245
  11.2.1 浅析小型会计事务所审计风险 …245
  11.2.2 WIS企业内部控制问题研究 ……263
 11.3 审计实务方向的各类选题 ……………273
  11.3.1 浅谈内部审计的独立性 …………273
  11.3.2 论审计风险和风险导向审计 ……275
  11.3.3 关于现行审计体系的改革与完善 …277
  11.3.4 浅析财务欺诈防范措施及
      审计对策 …………………………278
  11.3.5 浅析网络审计的应用及发展 ……280

参考文献 ……………………………………282

第一部分　财会专业毕业论文指南

■本部分概要

- 财会专业毕业论文的指导思想、目的和原则。
- 财会专业毕业论文撰写所涉及的主要领域和内容。
- 财会专业毕业论文的总体规范。
- 财会专业毕业论文的监督考核工作和组织管理工作。

■本部分导言

毕业论文撰写是大学教育阶段的最后教学环节，是每个接受高等教育的学生在毕业前必须完成的一门重要的实践必修课程。各类教育院校都要求学生在指导教师的监督引导下顺利完成毕业论文，成绩合格是学生毕业和获得学历（学位）的必要条件。

围绕财会专业毕业论文的特点，本部分概括了财会专业毕业论文的相关内容，介绍了财会专业毕业论文的管理工作。

第 1 章　财会专业毕业论文概述

本章概要

- 财会专业毕业论文的指导思想、目的和原则。
- 财会专业毕业论文撰写所涉及的主要领域和内容。

1.1　财会专业毕业论文的指导思想

财会专业涵盖财务会计、税务会计、电算化会计、财务管理、审计实务等方向的专业技术，是着重应用性的宽口径专业，本专业主要培养适应 21 世纪社会发展和社会主义经济建设需要，基础扎实、知识面宽、综合素质高，富有创新精神，具备财务信息化、财会应用实务、财务管理等综合性专业技术，能够在各企事业单位从事会计、税务、财务与信息管理、审计等工作的高等技术专门人才。

财会专业毕业生应该具备的技术能力如下：

（1）财务会计方向。

掌握会计基本理论知识、会计核算方法，熟悉最新会计准则，能够胜任各企事业单位的会计核算岗位，从事出纳、成本会计、总账会计、会计主管等相关工作。

（2）税务会计方向。

掌握会计核算方法、税收政策、现行法律法规，能够从事税收核算、纳税筹划等涉税核算业务等相关工作。

（3）电算化会计方向。

掌握会计核算方法，熟练应用各类主流财务软件，具备一定的财务系统的应用与维护能力，能够胜任各企事业单位的财务系统应用、开发、维护等工作。

（4）财务管理方向。

掌握各类财务指标的计算方法，能够胜任各企事业单位的筹资管理、投资管理、营运资金管理、财务预算、财务分析等工作。

（5）审计实务方向。

熟悉最新会计准则和相关会计制度，掌握内外部审计手段与方法，能胜任各企事业单位的会计审计工作。

基于财会专业岗位特点和财会专业毕业生的技术能力要求，下面列出财会专业毕业论文指导思想：

（1）重视财会专业毕业论文的教学工作。财会专业毕业论文是财会专业教学的重要实训环节，是培养大学生的创新能力、实践能力和创业精神的重要实践环节，对学生掌握财会专业知识、提高综合实践能力与素质等方面具有不可替代的作用。

（2）严格把关学生完成毕业论文的质量情况，制定等级评判条例。毕业论文的质量和等级是衡量教学水平、学生毕业与学位资格认证的重要依据，学院应该在学生进行毕业论文的过程中严格要求，结合财会专业特点制定详细的成绩评判标准。

（3）财会专业强调学业与职业和岗位的"零距离对接"，毕业论文要更侧重于实践性、岗位性和技能性。建立和完善校内外实习基地，改善实习、实验及实训条件，为学生撰写毕业论文创造良好的环境和实践平台。

（4）针对财会专业实践性强、应用性强的特点，提倡建立校内外指导教师相结合、以校内教师为主体的指导教师队伍，提高指导教师队伍的质量，加强各类实践活动中对学生综合能力的训练。

（5）倡导科学、求实、勇于创新、团结协作的优良学风，纠正财会专业毕业论文脱离实际的问题，严肃处理弄虚作假、抄袭等不良行为。

（6）财会专业毕业论文一般安排在大学毕业前的最后一个学期，在毕业实习的基础上进行毕业论文的撰写。

1.2　财会专业毕业论文的目的和原则

1.2.1　财会专业毕业论文的目的

毕业论文的撰写和最后的答辩考核是财会专业学生毕业的标志性作业。撰写毕业论文的目的主要有两个方面：一是考查学生的综合专业水平和应用能力；二是培养科学研究能力，使其掌握科学研究的基本程序和方法，为以后撰写专业学术论文打下良好的基础。

（1）考查学生的综合专业水平和应用能力。

撰写毕业论文是在校大学生最后一次知识的全面检验，是对学生基本知识、基本理论和基本技能掌握与提高程度的一次总测试，这是撰写毕业论文的第一个目的。大学生在学习期间，已经按照教学计划的规定，学完了公共课、基础课、专业课和选修课等，每门课程也都经过了考试或考查。学习期间的这种考核是单科进行的，主要考查学生对本门学科所学知识的记忆程度和理解程度。而毕业论文则不同，它不是单一地对学生进行某一学科已学知识的考核，而是着重考查学生运用所学知识对某一问题进行探讨和研究的能力。写好一篇毕业论文，既要系统地掌握和运用专业知识，又要有较宽的知识面，并有一定的逻辑思维能力和写作功底。这就要求学生既要具备良好的专业知识，又要有深厚的基础课和公共课知识。

由于目前学校的考试方法大都偏重于记忆，限于书本知识的一般理解，致使对学生掌握理论的深度和实际运用的能力难以全面了解。有的学生平时学习马马虎虎，满足于应付考试，很少作课堂笔记和读书札记，对写作知识了解不多，很少进行写作练习，结果轮到写毕业论文时才临阵磨枪，回头补习各种知识，其写出来的论文连最基本的格式要求都不对，逻辑上颠三倒四。还有一类学生平时学习死记硬背，缺乏能力的培养，缺少动手动笔和实际操作的能力。这些问题，学生在撰写毕业论文时都会暴露出来。通过毕业论文的写作，使学生发现自己的长处和短处，以便在今后的工作中有针对性地克服缺点，也便于学校和毕业生录用单位全面地了解和考察每个学生的业务水平和工作态度，便于发现人才。同时还可以使学校全面考察了解教学质量，总结经验，改进工作。

（2）培养科学研究能力，使其掌握科学研究的基本程序和方法。

大学生毕业后，不论从事何种工作，都必须具有一定的研究和写作能力。在党政部门和企事业单位从事管理工作，就要学会调查研究，学会起草工作计划、总结、报告等，为此就要学会收集和整理材料，能提出问题、分析问题和解决问题，并将其结果以文字的形式表达出来。至于将来从事教学和科研工作的人，他们的一项重要任务就是科学研究。大学是高层次的教育，其培养的人才应该具有开拓精神，既有较扎实的基础知识和专业知识，又能发挥无限的创造力，不断解决实际工作中出现的新问题；既能运用已有的知识熟练地从事一般性的专业工作，又能对人类未知的领域大胆探索，不断向科学的高峰攀登。

撰写毕业论文的过程是训练学生独立进行科学研究的过程。通过撰写毕业论文，可以使学生了解科学研究的过程，掌握如何收集、整理和利用材料；如何观察、调查、作样本分析；如何利用图书馆检索文献资料；如何操作仪器等。撰写毕业论文是学习如何进行科学研究的一个极好的机会，因为它不仅有教师的指导与传授，可以减少摸索中的一些失误，少走弯路，而且直接参与和亲身体验了科学研究工作的全过程及其各环节，是一次系统的、全面的实践机会。

撰写毕业论文的过程，同时也是专业知识的学习过程，而且是更生动、更切实、更深入的专业知识的学习。首先，撰写论文是结合科研课题，把学过的专业知识运用于实际，在理论和实际结合的过程中进一步消化、加深和巩固所学的专业知识，并把所学的专业知识转化为分析和解决问题的能力。其次，在搜集材料、调查研究、接触实际的过程中，既可以印证学过的书本知识，又可以学到许多课堂和书本里学不到的活生生的新知识。此外，学生在毕业论文写作过程中，对所学专业的某一侧面和专题作了较为深入的研究，会培养学习的兴趣，这对他们今后确定具体的专业方向，增强攀登某一领域科学高峰的信心大有裨益。

1.2.2 财会专业毕业论文的原则

（1）专业性原则。

财会专业毕业论文的选题和内容要在本专业范围内，要基于财会学科的基本理论和专业知识，选择对本领域有理论意义和实践意义的题目。

学生根据大学阶段的专业学习情况，可以选择自己擅长和感兴趣的方向进行毕业论文撰写，但是不能偏离财会学科范围，要切合财会专业实际特点发现问题、分析问题和解决问题。

（2）实用性原则。

财会专业毕业论文应取材于会计实践的各个环节，通过调查分析、总结归纳会计理论知识和会计应用实务发现新问题、研究新现象、探讨解决实际问题的方法和途径，然后再应用于会计实践环节中，指导会计人员及企业管理人员的实际工作，使其更好地参与经济管理活动。

（3）原创性原则。

财会专业领域包括财务会计、税务会计、电算化会计、财务管理、审计实务等，这些都需要学生亲自查阅、整理相关数据，完成整个论文的撰写过程，最终成果都应该是原创的作品。学校和指导教师应该要求学生把项目的建立过程、调查方法的选择、开发的步骤等都详细地描述出来，既可以检验学生论文作品的完成情况，也可以避免学生的抄袭之风。

（4）创新性原则。

创新性是毕业论文的价值所在。一般来说，就是要求不能简单地重复前人的观点，而必须有自己的独立见解。它可以表现为在前人没有探索过的新领域、前人没有做过的新题目上做出了成果；可以表现为在前人成果的基础上作进一步的研究，有新的发现或提出了新的看法；

可以表现为从一个新的角度把已有的材料或观点重新加以概括和表述。文章能对现实生活中的新问题做出科学的说明，提出解决的方案，这自然是一种创造性；即使只是提出某种新现象、新问题，能引起人们的注意和思考，这也不失为一种创造性。

（5）规范性原则。

毕业论文的规范性包括设计逻辑严谨科学、论文写作符合文体规范和学术规范等。

毕业论文要有严密的逻辑思维，依据专业理论对项目进行科学的推导、论证和开发。通用的逻辑方法是：发现问题、分析问题和解决问题。

论文要符合毕业论文的文体、文风，注意论文的整体布局和结构层次。语言表述要准确、清晰、简明。论文格式要符合学校的毕业论文格式要求。

1.3 财会专业毕业论文的类别和文档内容

1.3.1 财会专业毕业论文的方向和类型

财会专业涵盖范围广、类别多样，各个学校的财会专业都有自己的特色和侧重点。这里对常见的财会专业毕业论文方向进行归纳，可划分以下几类：

- 财务会计方向。
- 税务会计方向。
- 电算化会计方向。
- 财务管理方向。
- 审计实务方向。

这些方向主要是对财会专业的某些问题进行深入分析、发表自己观点的论文。会计核算、纳税核算、电算化会计、财务管理、审计应用等领域都有很多亟待解决的问题需要专业人员探讨和研究。当然，这些选题对于学生来说必须具有一定的实践经验或实践数据，根据这些实践经验或实践数据分析问题和解决问题，进而产生新的探索思路和应用心得。

1.3.2 财会专业毕业论文的文档

财会专业毕业论文的文档内容包括：毕业论文任务书、文献综述、开题报告、中期报告、论文正文等。每种文档都有自己的内容规范和格式规范，这些规范由学校统一制定。

1. 毕业论文任务书样式

毕业论文任务书样式如表 1-1 所示。

表 1-1　XXXX 大学毕业论文任务书

姓　　名		学　号		系　别	
专　　业		年级班级		指导教师	
论文题目					
任务和目标					
基本要求					
研究所需条件					

任务进度安排	序号	主要任务	起止时间
	1		
	2		
	3		
	4		
	5		
	6		
	7		
指导教师签字		日期	年　月　日
系部领导签章		日期	年　月　日

2. 文献综述样式

文献综述样式如表1-2所示。

表1-2　XXXX大学毕业论文文献综述

姓　　名		学　　号		系　别	
专　　业		年级班级		指导教师	
论文题目					
查阅的主要文献					
文献综述					
备　　注					
指导教师意见	指导教师签字： 　　　年　月　日				

3. 毕业论文开题报告样式

毕业论文开题报告样式如表 1-3 所示。

表 1-3　XXXX 大学毕业论文开题报告

姓　　名		学　号		系　别	
专　　业		年级班级		指导教师	
论文题目					
选题依据与意义					
研究内容					
研究方案					
写作进度安排					
指导教师意见	指导教师签字： 　　　年　　月　　日				
学术委员会意见	主任签章： 　　　年　　月　　日				

4. 毕业论文中期报告样式

毕业论文中期报告样式如表 1-4 所示。

表 1-4　XXXX 大学毕业论文中期报告

姓　　名		学　号		指导教师	
论文题目					
论文中期完成情况					

完成情况评价	1．按计划完成，完成情况优（　　） 2．按计划完成，完成情况良（　　） 3．基本按计划完成，完成情况合格（　　） 4．完成情况不合格（　　） 补充说明： 指导教师签字： 　　　年　　月　　日

5. 毕业论文封皮样式

毕业论文封皮示样图如图 1-1 所示。

XXXX 大学（居中，小一号）

毕　业　论　文（居中，小一号）

题　　　目：_____（三号）
系　　　部：_____（三号）
专　　　业：_____（三号）
班　　　级：_____（三号）
学　　　号：_____（三号）
学 生 姓 名：_____（三号）
指 导 教 师：_____（三号）
完 成 日 期：<u>XXXX 年 XX 月 XX 日</u>　（三号）

图 1-1　毕业论文封皮示样图

6. 毕业论文的排版格式

（1）文字。

行文按文章结构段落自然排列，每段起行空两格，自然折返顶格，用小四号宋体。强调部分可加粗或加下划线、着重点，但全文要保持风格统一。

论文中汉字必须使用国家公布的规范字，所有文字字面清晰，不得涂改。

（2）正文主体格式。

中文论文撰写通行的题序层次大致有表 1-5 所示的几种。

表 1-5　中文论文题序层次格式

第一种	第二种	第三种	第四种
一、	1	第一章	第一章
（一）	1.1	一、	第一节
1.	1.1.1	（一）	一、
（1）		1.	（一）

格式是保证文章结构清晰、纲目分明的编辑手段，撰写毕业论文时可任选其中的一种，

但采用的格式必须符合表 1-5 中的规定并前后统一，不得混杂使用。格式除题序层次外，还应包括分段、行距、字体和字号等。

(3) 主要表示方法。

- 计量单位：一律采用国家标准 GB3100～GB3102－93。非物理量的单位可采用汉字与其他符号构成组合形式的单位。
- 标点符号：应采用国家新闻出版署公布的中华人民共和国国家标准《标点符号用法》（1995 年 12 月 13 日发布，1996 年 6 月 1 日实施）。
- 科学技术名词：应采用全国自然科学技术名词审定委员会公布的规范词或国家标准、部标准中规定的名称，尚未统一规定或有争议的名称可采用习惯用法。
- 数字使用：除部分结构层次序数、词组、惯用语、缩略语、具有修辞色彩语句中作为词素的数字必须使用汉字外，应使用阿拉伯数字。论文数字表示方法应前后一致。

(4) 表格。

正文中所有表格须列明标题，并通篇统一编制序号，如全文篇幅较长，可按章编制。正文中与相关表格对应文字处须在括号中注明"见表 n"字样，表序及表名置于表的上方，表内必须按规定的符号注明单位。

表格内数字须上下对齐，相邻栏内的数字相同时，不能用"同上"、"同左"和其他类似用词，应一一重新标注。

表序和表题置于表格上方中间位置，无表题的表序置于表格的左上方或右上方（同一篇论文位置应一致）。

示例如表 1-6 所示。

表 1-6　周转材料发出汇总表

2013 年 4 月

领用部门	材料名称	劳保用品						金额小计	包装袋		合计
		工作服		口罩		胶鞋			数量	金额	
		数量	金额	数量	金额	数量	金额				
生产车间	A 产品耗用										
	B 产品耗用										
	一般消耗	20	4000	300	3000	20	2000	1020000			1020000
装配车间	A 产品耗用								15	3000	3000
	B 产品耗用								20	4000	4000
	一般消耗	10	2000	150	1500	10	1000	255000			255000
维修车间	A 产品耗用										
	B 产品耗用										
	一般消耗	30	6000	100	1000	30	3000	370000			370000
管理部门											
销售部门		30	3000					90000			90000
对外出租、出售									50	10000	10000
合计		90	15000	550	5500	60	6000	1735000	85	17000	1752000

（5）图。

所有曲线、图表、线路图、流程图、程序框图、示意图等不准徒手画，必须采用计算机制作。插图要精选。文中所有图示须列明标题，并通篇统一编制序号，如全文篇幅较长，可按章编制。正文中与相关图示对应文字处须在括号中注明"见图 n"字样，图序及图名置于图的下方中间位置。

示例如图 1-2 和图 1-3 所示。

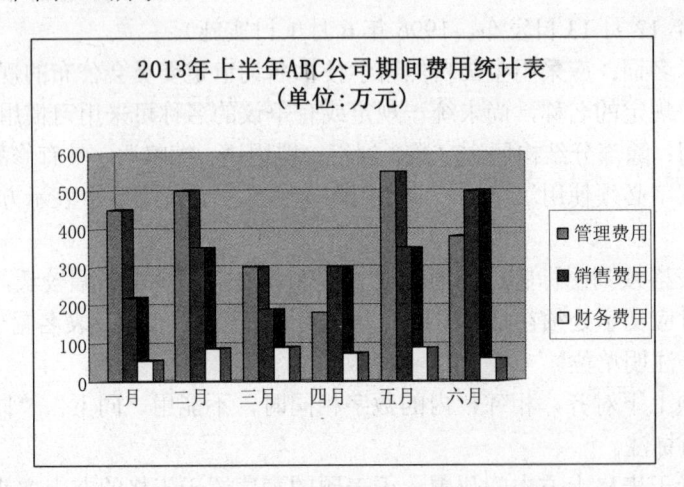

图 1-2　2013 年上半年 ABC 公司期间费用统计表（单位：万元）

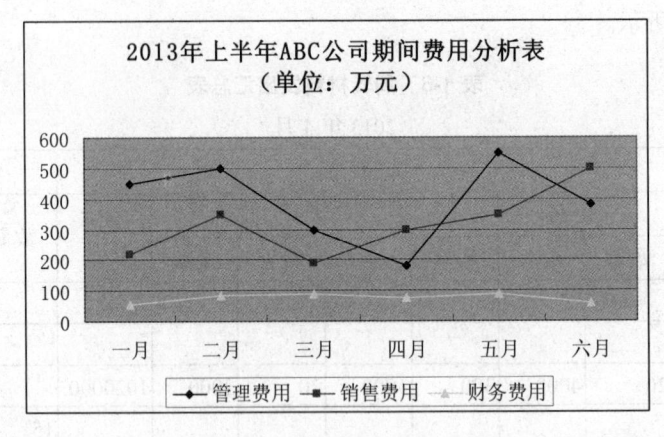

图 1-3　2013 年上半年 ABC 公司期间费用分析表（单位：万元）

（6）公式。

公式应另起一行居中，统一用公式编辑器编辑。公式与编号之间不加虚线。公式较长时应在"="前转行或在＋、－、×、÷运算符号处转行，等号或运算符号应在转行后的行首，公式的编号用圆括号括起来放在公式右边行末。

公式序号按章编排，例如第 2 章第 1 个公式序号为"（2.1）"。文中引用公式时，采用"见公式（2.1）"表述。

参考示例：第 1 章的第一处需要引用净现值率的计算公式，可表示为：

$$NPVR = \frac{NPV}{\sum_{t=0}^{n}\frac{co_t}{(1+k)^t}} \times 100\% \tag{1.1}$$

(7) 注释和引证。

①正文注释采用脚注。注释序号用阿拉伯数字加圆圈标注，行文标注为上标，注释序号保持正常位置，字体的大小由 Word 软件自然生成。注释序号本页连续，全文连续。

②中文独立文献注释格式。

首次引用，注明著者姓名、文献名、卷册序号、出版地、出版单位、出版时间、页码。

再次引用同一文献来源的资料时，只需注出作者姓名、著作名和资料所在页码，如在同一页且紧接同一资料来源的上一注释，可以用"同上"代替作者姓名、著作名，仅标明页码。

转引，按上述要求标注原始资料出处，用句号结束。用"转引自"表明转引，标明载有转引文献的资料出处。

注释行文中，作者与文献名之间用冒号分开，多个作者间用逗号分开。

③期刊杂志注释格式。

应注明作者姓名、期刊名、刊号、页码，如果刊号不表示时间，则应注明发表时间。

④中文析出文献注释格式。

引证标注内容及顺序为：作者、析出文献名、文集编者、文集题名、卷册、出版者与出版时间、版本、页码。

⑤外文文献注释格式。

首次引用需要注明资料所在文献的作者姓名、文献名、出版地、出版时间及资料所在页码。

再次引用同一文献来源的英文资料时，如注释相邻，可以用 Ibid 代替作者姓名、著作名，如果注释有间隔，可以只注出作者姓名、著作简短题目和资料所在页码。

⑥网络文献注释格式。

原则上应注出作者、题目、网址和文献所在网页、发布日期或阅读日期；电子数据库应注明资料所在网址和查询时间。

⑦其他来源文献注释可根据具体情况参照有关学术刊物标注，或根据指导教师的意见确定注释方式。

⑧篇幅较长且相对独立的有助于读者完整深入地理解正文内容或了解正文中不得不省略的解释、论证过程，供读者参阅的相关文献，如样本、问卷、图表、范例等可以作为附录置于论文之后。

（8）参考文献。

参考文献一律放在文后，参考文献的格式按照国家标准 GB7714－87 规定编写。参考文献按文中出现的先后统一用阿拉伯数字进行自然编号，一般序码宜用方括号[]标明，顺序为：作者名称、文章题目、期刊名称、年、卷、期、页码。具体各类参考文献的编排格式如下：

①文献是期刊时，书写格式为：

[序号]作者. 文章题目[J]. 期刊名，出版年份，卷号（期数）：起止页码.

②文献是图书时，书写格式为：

[序号]作者. 书名[M]. 版次. 出版地：出版单位，出版年份：起止页码.
③文献是会议论文集时，书写格式为：
[序号]作者. 文章题目[A]. 主编. 论文集名[C], 出版地：出版单位，出版年份：起止页码.
④文献是学位论文时，书写格式为：
[序号]作者. 论文题目[D]. 保存地：保存单位，年份.
⑤文献来自报告时，书写格式为：
[序号] 报告者. 报告题目[R]. 报告地：报告会主办单位，报告年份.
⑥文献是来自专利时，书写格式为：
[序号]专利所有者. 专利名称：专利国别，专利号[P]. 发布日期.
⑦文献来自国际、国家标准时，书写格式为：
[序号]标准代号. 标准名称[S]. 出版地：出版单位，出版年份.
⑧文献来自报纸文章时，书写格式为：
[序号] 作者. 文章题目[N]. 报纸名，出版日期（版次）.
⑨文献来自电子文献时，书写格式为：
[序号]作者. 文献题目[电子文献及载体类型标识]. 电子文献的可获取地址，发表或更新日期/引用日期（可以只选择一项）.

示样图如图 1-4 所示。

[1]王斌.财务管理[M]. 第二版. 北京:中央广播电视大学出版社，2013: 78-103

[2] 赵选民.我国企业内部控制调查分析[J]. 财会月刊,2012,(7) 23-29

[3] Huang S C, Huang Y M, Shieh S M. Vibration and stability of a rotating shaft containing a transerse crack[J], J Sound and Vibration, 1993, 162(3): 387－401.

图 1-4 文献格式示样图

电子参考文献建议标识：
[DB/OL]：联机网上数据库（Database Online）。
[DB/MT]：磁带数据库（Database on Magnetic Tape）。
[M/CD]：光盘图书（Monograph on CD-ROM）。
[CP/DK]：磁盘软件（Computer Program on Disk）。
[J/OL]：网上期刊（Serial Online）。
[EB/OL]：网上电子公告（Electronic Bulletin Board Online）。
（9）文献综述。
文献综述包括题目、前言、正文、总结等几个部分。
题目：一般应直接采用《文献综述》作为标题，经指导教师批准也可以所研究题目或主要论题加"文献综述"的方式作为标题。
前言：点明毕业论文的论题、学术意义及其与所阅读文献的关系，简要说明文献收集的目的、重点、时空范围、文献种类、核心刊物等方面的内容。
正文：无固定格式，文献综述在逻辑上要合理，可以按文献与毕业论文主题的关系由远而近进行综述,可以按年代顺序综述,可以按不同的问题进行综述,还可以按不同的观点进行比较综述。总之要根据毕业论文的具体情况撰写,对毕业论文所采用的全部参考文献分类、归纳、分析、比较、评述,应特别注意对主流、权威文献学术成果的引用和评述,注意发现已有成果的不足。

总结:对全文的评述做出简明扼要的总结,重点说明对毕业论文具有启示、借鉴或作为毕业论文重要论述依据的相关文献已有成果的学术意义、应用价值和不足,提出自己的研究目标。

第 2 章　财会专业毕业论文的管理

本章概要

- 毕业论文是综合素质教育和创新能力培养的重要途径，是检验学校教学水平和学生学习质量的重要手段，在培养学生综合运用本学科基础理论、基本知识、专业技能以及提高分析和解决问题能力方面具有重要的作用。毕业论文的质量是检验教学质量、衡量教学水平和认证学生毕业资格的重要依据。
- 加强毕业论文的管理工作，可以监督教学管理人员和指导教师的工作，规范学生在毕业论文中的相关操作。毕业论文的有效管理对提高毕业论文的质量和水平具有十分重要的意义。

2.1　毕业论文的目标要求

毕业论文要培养学生严肃认真的科学态度和求真务实的工作作风，形成正确的世界观，掌握科学的方法论。毕业论文要培养学生综合运用所学基础理论、专门知识、基本技能以发现、分析、解决与本专业相关的实际问题，以及从事科学研究工作或担负专门技术工作的初步能力。毕业论文要训练与提高学生查阅文献资料，运用各种工具书搜集、整理、分析与综合各类材料的能力，阅读、翻译本专业外文资料的能力；培养学生良好的协作精神，提高学生勇于探索的创新能力。

在毕业论文教学环节中，教学管理人员和指导教师应注重以下几方面能力的培养工作，同时根据本专业培养目标与要求以及课题的实际情况有所侧重：

（1）调查研究、中外文献检索与阅读等快速学习的能力。

（2）综合运用专业理论与知识去发现问题、分析问题、解决问题的能力，专业技术应用能力和应用创新能力。

（3）定性与定量相结合的独立研究与论证能力。

（4）设计、计算与绘图能力（包含运用计算机等工具的能力）。

（5）逻辑思维与形象思维相结合的能力。

（6）撰写毕业设计说明书或毕业论文的文字及书面表达能力。

2.2　组织管理

全校的毕业论文工作应由学校领导统一领导，由教务处、学院、系、指导教师分级落实完成。

1. 教务处职责

教务处作为学校教学主管部门负责全校毕业论文的宏观组织与管理工作，主要职责是：

（1）制定全校毕业论文工作的有关政策、制度和规定。

（2）负责年度毕业论文经费的分配与管理。

（3）负责组织全校性毕业论文工作的抽查、检查、评估和总结，汇总全校毕业论文题目类型、成绩等有关信息，对学院毕业论文工作进行考核、评价。

（4）加强与各学院间的联系，协调、解决学院在毕业论文工作过程中出现的问题。

（5）组织校级优秀毕业论文和优秀指导教师的评选工作，编印《XXXX大学优秀毕业论文摘要选编》。

（6）组织毕业论文管理工作的教学研究和改革。

2. 学院职责

学院负责本院学生毕业论文工作的全过程管理。各学院成立由教学院长、系主任、教学秘书和部分指导教师组成的毕业论文工作领导小组，主要职责是：

（1）贯彻落实学校有关毕业论文工作的管理规定和安排，根据本院各专业特点，明确和细化毕业论文的教学基本要求，拟定本院毕业论文工作实施细则、计划和措施。

（2）向各系布置毕业论文工作任务，对学生进行毕业论文动员。

（3）组织审定毕业论文选题，为学生选配合适的指导教师，下达任务书，填报题目落实情况统计表，报教务处备案。

（4）定期检查各系毕业论文工作的进度和质量，抓好题目审查、实习检查、开题、中期检查、答辩检查等各个环节。

（5）负责对本院毕业论文工作及教学过程的各个环节进行质量检查和评价。

（6）成立学院答辩委员会和各专业答辩小组，组织全院答辩工作，审查答辩小组对毕业论文的成绩评定。

（7）进行本院毕业论文工作总结，填写有关统计数据和表格。

（8）负责评选、推荐校级优秀毕业论文和优秀指导教师。

（9）做好毕业论文文件的归档工作。

3. 各系职责

各系负责本单位学生毕业论文工作的具体组织和实施，成立由系主任为组长的毕业论文工作指导小组，主要职责是：

（1）贯彻执行校、院两级对毕业论文管理的规定。

（2）根据教师的条件，确认指导教师名单并报学院审核。

（3）根据选题原则组织毕业论文选题并报学院审核。

（4）填报《XXXX大学毕业论文计划题目统计表》和《XXXX大学毕业论文题目落实情况统计表》并报学院。

（5）召开指导教师会议，就指导要求、日程安排、评阅标准等统一认识和要求。

（6）组织指导教师填写及向学生下达毕业论文任务书。

（7）检查毕业论文的进度和质量，考核指导教师的工作，组织对学生的日常管理。

（8）组成毕业论文答辩小组，组织毕业论文评阅、答辩和成绩评定。

（9）进行本系毕业论文工作总结。

（10）将毕业论文材料汇总并交学院存档。

4. 指导教师职责

毕业论文实行指导教师负责制。毕业论文的指导教师，必须由具有讲师（或相当于讲师）以上职称或具有硕士、博士学位并经学院领导批准的教师、科研人员、工程技术人员担任。每位指导教师应对整个毕业论文阶段的教学活动全面负责，主要职责是：

（1）提出毕业论文课题。

（2）根据课题的性质和要求，填写《XXXX 大学生毕业论文任务书》，经系和学院签署意见后下发给学生，并定期检查学生的工作进度。

（3）向学生介绍进行毕业论文的工作方法和研究方法，为学生介绍、提供有关参考书目或文献资料，审查学生拟定的设计方案或写作提纲。

（4）负责指导学生进行调查研究、文献查阅、方案制定、开题报告、实验研究、图纸绘制、论文撰写、毕业答辩等各项工作。

（5）在毕业论文内容上对学生提出具体要求，如学生应完成的计算工作、各项实验数据、查阅中外文资料、硬件制作、绘制图纸数量、开题报告、文献综述、毕业设计说明书、毕业论文等。

（6）按时完成对学生毕业论文初稿的审阅，提出具体的修改意见并督促学生进行修改。

（7）必须在学生答辩前审查完毕业论文正式稿（包括设计说明书、计算资料、实验报告、图纸或论文等），实事求是地向答辩委员会写出对学生工作态度、能力、毕业论文水平、应用价值等的评语、意见和建议，并认真填写毕业论文成绩评分表。

具体评阅内容如下：

- 课题与任务评价：岗位贴近度、专业贴近度、训练实效性。
- 质量与水平评价：科学性与创新性、规范性、实用性。
- 工作量评价：工作量大小、独立完成性。
- 态度评价：钻研与勤奋、团队合作精神、学导合作。
- 写作质量评价：文字表述及图表质量等。
- 指导学生做好毕业论文答辩工作。
- 在整个毕业论文过程中，应保证对学生指导答疑的周学时数，定期对学生进行答疑。

5. 学生职责

（1）学生在毕业论文开始前两周向指导教师索取《毕业论文任务书》和《XXXX 毕业论文指导记录》。

（2）根据毕业论文任务书的要求，学生应向指导教师提呈调研提纲，拟定毕业论文工作计划，并在毕业论文工作开始两周内写出开题报告，主要内容包括调研资料准备情况，设计的目的、要求、思路与预期成果，工作任务分解，各阶段完成的内容与时间分配以及需要解决的问题等。在提交指导教师审查批准后，正式开始毕业论文编写工作。

（3）学生必须在规定时间内完成毕业论文的各项任务，毕业设计说明书或论文书写格式要符合毕业论文撰写规范。

（4）毕业论文答辩开始前一周，学生需向指导教师提交毕业论文全部成果，文档部分按规定装订成册。答辩前需写出设计说明书或论文提要、答辩提纲、必要的图表等。

（5）学生答辩后，应交回所有资料（包括设计说明书、图纸、论文、阶段资料、实验原始记录、译文等）。对于设计内容中涉及的有关技术资料，未经许可不得擅自对外发表或转让。

（6）毕业论文成绩不及格者不能毕业。学生可提出重修申请，经二级学院院长批准，报教务处办理重修手续后，安排在下一届毕业论文期间进行。

2.3 工作要求

1. 指导教师

（1）指导教师应由具有中级及以上技术职称且具有科研工作背景和实践经验、责任心强的教师担任。提倡建立校内外指导教师相结合以校内教师为主体的指导教师队伍。

（2）首次独立担任毕业论文指导工作的青年教师要认真学习毕业论文的有关规定，并拟定详细的指导方案，由学院批准。系（教研室、研究所）应指派经验丰富的教师对他们进行指导，帮助他们提高指导水平。

（3）为保证学生毕业论文质量，原则上中级职称指导教师指导学生不超过 4 人，高级职称指导教师指导学生不超过 8 人；对师资充足的专业，根据情况指导人数可适度降低。

（4）指导教师一经确定，不得随意更换。确因工作需要变更时，必须经学院毕业论文领导小组组长批准。

（5）指导教师要注意培养学生独立分析问题和解决问题的能力，鼓励学生的创新精神。在选题、文献查阅、实验设计、观察记载、数据处理、结果分析、论文或设计说明书撰写等方面要切实加强指导，对学生提出的总体方案、计算方法、实验方案、所做的理论推导、实验分析的结论、译文、外文摘要等做必要的审查。在指导过程中努力培养学生严肃、严密、严谨和勇于创新的科学作风。

（6）指导教师对学生必须严格要求，工作中注意防止学生的抄袭、拼凑行为，杜绝学术腐败现象。指导教师应对学生的论文质量（除学生自身的能力和水平外）承担相应的责任。因教师不负责任构成教学事故的，按照有关规定进行处理。

（7）指导教师要以身作则、教书育人，定期检查学生的工作进度和工作质量，解答和处理学生提出的有关问题，并随时做好记录，认真填写指导记录。毕业论文指导记录示例如表 2-1 所示。

表 2-1　XXXX 大学毕业论文指导记录表

姓　　名		学　　号		系　　别	
专　　业		年级班级		指导教师	
论文题目					
指导时间		指导内容			教师签字

（8）毕业论文完成后，指导教师和评阅教师要认真审阅，并根据学生的工作态度、工作能力、设计质量等方面对毕业论文做出较全面、准确的评价，写出书面评语，给出成绩。

2. 学生

（1）学生应充分认识毕业论文对培养自己能力和素质的重要性，要以严肃认真的态度进行工作，要有高度的责任感和自觉性，力争高质量地完成毕业论文。

（2）学生既要虚心接受导师的指导，又要充分发挥主观能动性。要结合课题，独立思考，努力钻研，勇于实践，敢于创新。

（3）撰写毕业论文期间要遵守学校及所在单位的劳动纪律和规章制度。严格按照本科毕业论文要求和撰写规范要求撰写毕业论文，不得弄虚作假，不得抄袭、剽窃他人的论著或成果。

（4）撰写毕业论文期间要严格遵守实验室规章制度和仪器设备操作规程，爱护设备，节约材料。

（5）在做毕业论文期间，要严格遵守学院有关管理规定，接受指导教师的指导和检查。不按要求执行者，不得参加答辩。

（6）答辩结束后，学生必须将所有资料交回学院。其资料包括毕业论文、设计说明书、图纸、阶段资料、实验原始记录等。

（7）未在规定时间内完成毕业论文或不按时参加答辩者，无毕业论文成绩。

2.4 选题管理

毕业论文选题要采取"公布题目，自拟题目，按需选题，导师负责"的做法，突出学生的主体地位，以充分调动学生的主动性和积极性。

（1）选题原则。

①必须符合本专业的培养目标及基本教学要求，体现本专业基本理论应用和基本技能训练的需要，充分发挥学生的主动性和创造性，使学生得到全面的训练。可采取以指导教师公布参考题目为主，学生自拟题目为辅的方式。

②选题要有明确的任务或研究对象，且工作量和难易程度适当，使学生能在规定的时间内，在教师的指导下独立完成。

③选题要体现先进性，要有利于学生深化所学知识并拓宽知识面。选题时，要尽可能选择与科研和生产实际相结合的题目，引导与学科建设紧密相关的题目，有条件的可选择与当地政策有重大指导意义的调查综述类题目，鼓励指导教师带领学生开展具有一定深度和前沿性的专题研究。

④选题要坚持因材施教的原则，充分发挥每个学生的积极性和创造性，提高学生独立思考、自主创新的能力。

（2）参考题目要由指导教师根据本人的学术研究方向在学生选题前拟出后，经教研室审定并按专业划分指导教师及研究方向，报系部审查批准备案后实施。学生自拟题目要与指导教师充分沟通后确定。

（3）指导教师及参考题目批准备案后，由系部组织毕业生选题，调整汇总后，再反馈至指导教师及毕业生，并通知学生到指导教师处报到，接受任务。

（4）指导教师与学生按照选定的论文题目充分地沟通，反复地论证，合理地确定毕业论文的框架结构、主要内容、进度安排等事项。

（5）选题、审题工作要在规定时间内完成，以便学生及早考虑和准备。任务书要在毕业论文开始前发给学生。

（6）任务书一经审定，原则上不得随意更改。如确需变更，须在规定时间内提出书面报告说明变更原因，经教研室主任同意并报系部批准后方可执行。

2.5 毕业论文答辩管理

毕业论文完成以后，必须经指导教师、评阅教师评审，审查合格后方能参加答辩。毕业论文指导教师评分规则示例如表 2-2 所示，毕业论文评阅教师评分规则示例如表 2-3 所示。

表 2-2 XXXX 大学毕业论文指导教师评分表

姓　　名		学　号		系　别	
专　　业		年级班级		指导教师	
论文题目					
由指导教师根据学生的毕业论文写作完成情况确定（总计 40 分）					评分
1. 文献检索及阅读能力（计 5 分） A 文献检索、翻译、阅读能力很强，参考文献十分充足（5 分） B 文献检索、翻译、阅读能力较强，参考文献较为充足（4 分） C 文献检索、翻译、阅读能力一般，参考文献基本充足（3 分） D 文献检索、翻译、阅读能力较差，参考文献不足（3 分以下）					
2. 论文研究方案设计能力（计 5 分） A 能独立地提出可行性研究方案（5 分） B 能独立地提出部分可行性研究方案（4 分） C 只有在指导教师的指导下才确定可行性研究方案（3 分） D 在指导教师的多次指导下才确定研究方案（3 分以下）					
3. 基本概念、基本理论掌握情况及独立研究能力（计 8 分） A 基本概念清楚，基本理论扎实、广泛，有很强的独立研究能力（8 分） B 基本概念较清楚，基本理论较扎实，有较强的独立研究能力（7 分） C 基本概念、基本理论掌握程度一般，独立研究能力一般（6 分） D 基本概念、基本理论掌握程度较差，独立研究能力较差（6 分以下）					
4. 分析问题、解决问题及计算机运用能力（计 7 分） A 能正确分析解决写作中遇到的问题，计算机运用技能很强（7 分） B 能分析写作中遇到的问题，并部分地解决相关问题，计算机运用技能强（6 分） C 能部分分析写作中遇到的问题，并部分地解决相关问题，计算机运用技能一般（5 分） D 分析、解决问题能力较差，计算机运用技能较差（5 分以下）					
5. 科学素养及论文写作态度情况（计 7 分） A 科学素养好，撰写论文态度认真、严谨（7 分） B 科学素养较好，撰写论文态度较认真、严谨（6 分） C 科学素养一般，撰写论文态度一般（5 分） D 科学素养较差，撰写论文态度不够端正（5 分以下）					
6. 工作量及毕业论文进度（计 8 分） A 学生对自己的工作量要求很饱满，能很好地完成规定的进度（8 分） B 学生对自己的工作量要求较饱满，基本上能完成规定的进度（7 分） C 学生对自己的工作量要求一般，勉强完成进度（6 分） D 学生对自己的工作量要求不饱满，也没有完成进度（6 分以下）					

合计：			
指导教师评语：			
评定意见：是否同意参加答辩		☐ 同意	☐ 不同意
指导教师签字：		年　　月　　日	

表 2-3　XXXX 大学毕业论文评阅教师评分表

姓　　名		学　　号		系　　别	
专　　业		年级班级		指导教师	
论文题目					

由评阅教师根据论文质量给出（总计 20 分）	评分
1. 论文书写规范得分（计 5 分） A 格式规范，符合毕业论文撰写格式要求（5 分） 　（封面、中英文摘要（含关键词）、目录、正文、注释、参考文献、封底） B A 中所列项目中有 1 项或 2 项不合格（4 分） C A 中所列项目中有 3 项或 4 项不合格（3 分） D A 中所列项目中超过 4 项不合格（3 分以下）	
2. 论文行文基本要求得分（计 5 分） A 论文语句通顺、流畅；标点符号、语法正确；叙述简明扼要；思路、层次清晰；概括全面准确；重点突出（5 分） B 论文行文水平较好（4 分） C 论文行文水平一般（3 分） D 论文语句不通，有标点符号和语法错误，思路不清（3 分以下）	
3. 论文正文质量得分（计 5 分） A 能熟练运用本专业所必需的基本理论和基本专业知识分析问题，解决问题；概念清楚、方案可行；逻辑合理、论证严密（5 分） B 论文正文质量较好（4 分） C 论文正文质量一般（3 分） D 论文正文质量很差（3 分以下）	
4. 论文创造性得分（计 5 分） A 具有合理、切实可行的新观点，采取新视角或新的研究方法，能够填补学术空白或完善相关学术理论（5 分） B 具有较合理的新观点，能够完善相关理论（4 分） C 仅对已有理论进行综述，分析缺乏自己的见解（3 分） D 仅对已有理论进行综述，没有自己的见解（3 分以下）	
合计：	

评阅教师评语：				
评定意见：是否同意参加答辩	□ 同意	□ 修改后同意	□ 不同意
评阅教师签字：	年　　月　　日

各系部要成立毕业论文答辩委员会并设立答辩组，其成员由系部领导、教研室主任、专业教师等人员组成，答辩组人数要在 3 人以上，指导教师要回避本人指导学生的答辩。

（1）毕业论文答辩开始前，答辩组教师要认真阅读论文，并根据论文所涉及的内容准备好不同难度的问题，拟在答辩中提问选用。

（2）答辩时间：学生陈述约 5 分钟，教师提问及学生答辩 10～15 分钟。

（3）答辩组要认真填写毕业论文答辩记录表（如表 2-4 所示）和毕业论文答辩组评分表（如表 2-5 所示），客观地给出答辩评语。

表 2-4　XXXX 大学毕业论文答辩记录表

姓　　名		学　　号		系　　别	
专　　业		年级班级		指导教师	
论文题目					
答辩时间		地　　点		记录人	
答辩组人数			出席人数		
答辩记录					
	记录人签字：		年　　月　　日		
	答辩组组长签字：		年　　月　　日		

表 2-5　XXXX 大学毕业论文答辩组评分表

姓　　名		学　　号		系　　别	
专　　业		年级班级		指导教师	
论文题目					
由答辩组根据学生论文答辩情况给出（总计 40 分）					评分
1. 答辩准备情况得分（计 10 分）					
A 答辩准备情况很好（9～10 分）					
B 答辩准备情况较好（7～8 分）					
C 答辩准备情况一般（5～6 分）					
D 答辩准备情况较差（5 分以下）					

2. 毕业论文介绍表现情况得分（计10分） A 毕业论文介绍简洁、流利、重点突出，表现出对所研究问题掌握得很透彻（9～10分） B 毕业论文介绍表现较好（7～8分） C 毕业论文介绍表现一般（5～6分） D 毕业论文介绍表现较差（5分以下）	
3. 回答表现得分（计20分） A 回答问题全部正确，概念清楚、理论知识掌握扎实、简明扼要（18～20分） B 回答问题表现较好（16～18分） C 回答问题表现一般（12～15分） D 回答问题表现较差（12分以下）	
合计：	
答辩组评语：	
评定意见：是否通过答辩	□ 通过　　□ 未通过
答辩组成员签字：	年　　月　　日

2.6　毕业论文成绩评定

毕业论文成绩评定标准如下：

（1）毕业论文成绩评定要以学生完成工作任务的情况、业务水平、工作态度、设计质量以及答辩情况为依据。

（2）毕业论文成绩采用优秀、良好、中等、及格和不及格五级记分制。由指导教师（占40%）、评阅教师（占20%）、答辩组（占40%）分别评定后，由答辩委员会综合审定。

（3）成绩的评定必须坚持标准，从严要求。严格控制"优秀"的比例，严格区分"优秀"、"良好"、"中等"与"及格"的界限，对违纪违章被取消毕业论文资格的学生一律按不及格处理。

（4）毕业论文不能免修、缓修，不及格的必须重做。

2.7　评分标准

毕业论文评分标准如下：

（1）优秀：能圆满地完成课题任务，并在某些方面有独特的见解或创新，有一定的理论意义或实用价值；毕业论文内容完整、论证详尽、层次分明；毕业论文书写规范，符合要求且质量高；完成的作品达到甚至优于规定的性能指标要求；独立工作能力强，工作态度认真，作风严谨；答辩时概念清楚，回答问题正确。

（2）良好：能较好地完成课题任务；毕业论文完整，论证基本正确；毕业论文书写较规范，符合要求且质量较高；完成的作品基本达到规定的性能指标要求；有较强的独立工作能力，工作态度端正，作风严谨；答辩时概念较清楚，回答问题基本正确。

（3）中等：完成课题任务；毕业论文内容基本完整，论证无原则性错误；毕业论文书写规范，质量一般；完成的作品尚能达到规定的性能指标要求；有一定的独立工作能力，工作表现较好；答辩时能回答所提出的主要问题，且基本正确。

（4）及格：基本完成课题任务；毕业论文质量一般，无重大原则性错误；毕业论文书写不够规范，不够完整；完成的作品性能较差；答辩时讲述不够清楚，对任务涉及的问题能够简要回答，无重大原则性错误。

（5）不及格：没有完成课题任务；毕业论文中有重大原则性错误；毕业论文质量较差；完成的作品性能差；答辩时概念不清，对所提问题基本上不能正确回答。

毕业论文成绩评出汇总后，要认真进行毕业论文质量分析并上报教务处。毕业论文总成绩评定表示例如表 2-6 所示。

表 2-6　XXXX 大学毕业论文总成绩评定表

姓　　名		学　　号		系　　别	
专　　业		年级班级		指导教师	
论文题目					
总评成绩	分　　数			等　　级	
答辩委员会意见： 经审核，论文评语客观公正，评分真实有效，根据指导教师、评阅教师、答辩小组意见，该同学论文成绩评定为 　　　　　　　　　　　　　　　　主任签章： 　　　　　　　　　　　　　　　　　　年　月　日					

2.8　毕业论文归档

毕业论文工作结束后，各系部要按要求做好归档工作。毕业论文的归档资料包括：

（1）纸质版：装订顺序为：封面——毕业论文任务书——毕业论文文献综述——毕业论文开题报告——毕业论文指导记录——毕业论文指导教师评分表——毕业论文评阅教师评分表——毕业论文答辩组评分表——毕业论文答辩记录——毕业论文总成绩评定表。

（2）电子版：页面安排为：封面——原创声明——目录——标题、摘要与关键词——前言——主体部分——论文——注释——参考文献——致谢——封底（空白纸）。

毕业论文工作结束后，各学院进行自评和总结，并将自评结果和总结报告以书面形式于规定时间内交教务处存档。

2.9　诚信原则

指导教师在指导论文过程中应该本着对学生高度负责的精神，认真指导学生的毕业论文，坚决反对学生的弄虚作假行为，倡导学生遵守诚实守信的毕业论文原则。

（1）学生在撰写毕业论文前应签署《毕业论文诚信声明》，示样图如图 2-1 所示。

> **XXXX大学毕业论文**
> **诚　信　声　明**
>
> 　　本人郑重声明：所呈交的毕业论文是本人在指导教师的指导下进行研究工作所取得的成果，成果不存在知识产权争议。除文中已经注明引用的内容外，本论文不含任何其他个人或集体已经发表或撰写过的作品成果。对本文的研究做出重要贡献的个人和集体在文中均作了明确的说明并表示了谢意。本人完全意识到本声明的法律结果由本人承担。
>
> 毕业论文作者签名：
> 年　　月　　日

图 2-1　《毕业论文诚信声明》示样图

　　（2）学生在撰写毕业论文过程中，应认真研究所关注的问题，坚守学术诚信原则，尊重他人的劳动成果，尊重指导教师的工作，对指导教师给予的辅导和他人成果的启示应在"致谢"中予以体现。

　　（3）学生在论文中出现抄袭、剽窃他人成果的现象，一律按考试作弊处理，视其错误的严重程度和对错误的认识态度分别给予延期答辩、不予答辩、开除学籍等处分。

第二部分　财会专业毕业论文流程

本部分概要

- 论文选题。
- 调研和检索。
- 论文撰写。
- 答辩准备。

本部分导言

毕业论文流程是由多个环节组成的，每个环节的目标和任务不同，需要按照一定的时间顺序排列。学生按照顺序有条不紊地执行写作，就会高效率地完成毕业论文任务。

第 3 章　财会专业毕业论文的选题

本章概要

- 选题的原则。
- 选题的流程。
- 撰写任务书和开题报告。

3.1　选题的原则

选题是毕业论文的第一步，也是非常重要的一步。选题的成功与否直接关系到学生能否顺利完成最终的毕业论文任务。选题不仅确定了毕业论文的方向和研究目标，还确定了学生需要运用的专业知识范围以及最后毕业论文的类型。

如果能够选择一个有实际应用性的、有研究价值的、适合个人专业能力的题目，毕业论文就成功了一半。选题具体原则如下：

（1）符合财会专业培养目标。

财会专业的综合培养目标是培养具有扎实的计算机理论知识和良好的财会专业技能，掌握经济、管理等宽泛知识领域，能够胜任企事业单位会计工作、会计电算化系统的开发、应用和维护需求，能够从事财会学术研究的专门人才。

在毕业论文选题上，学生应该选择和财会专业培养目标相吻合的课题。

①选题符合所学课程范畴。

选题要符合财会专业所学课程范畴，课题要涵盖在本专业主干课程或者本专业主要研究方向中。要运用所学的专业知识进行撰写。

②具有一定的理论价值和应用价值。

选题要注意理论上的价值和社会应用价值。

理论研究型毕业论文注意贴近本专业最近流行的、热门的科研方向，开发设计型毕业论文注意解决常见的一些实用技术问题。

③可行性原则。

（2）难度适当。

选题要本着大小适中、难度适当的原则。不可好高骛远，选择一些复杂的、大型的企业级项目进行选题。因为这些项目是要靠庞大的专业团队来完成，几个学生构成的课题小组不足以在技术水平上、财力物力上支持项目的实现。不可选择一些自身不擅长的专业领域进行毕业论文。如果在专业课学习阶段某些专业方向没有接触过，不能抱着边学新知识边做毕业论文的心态，那样会导致论文不能保质保量完成，影响毕业论文的成绩，甚至影响毕业学位的获得。

① 学生应该选择在规模上超过课程设计、课程实训，在时间上保证 3~4 个月能够顺利完成的、自身擅长的课题。
② 可以选取指导教师罗列的选题。
③ 可以选取自己感兴趣的有实际意义的选题。
④ 可以选取毕业实习工作中的项目。
⑤ 可以选取和未来工作岗位有关的项目。

（3）实际性原则。

根据财会专业实际性强的特点，尽量做到"真问题真解决"，选择实用性强、有推广价值的课题，检验学生实际问题的解决能力。

（4）创新性原则。

选题的创新性体现在以下几个方面：
① 选题可以是前人没有研究过的问题。
② 选题可以是前人研究过，但是存在难点和疑点的问题。
③ 选题可以是前人研究过，但是可以进一步升级和扩展的问题。
④ 选题可以是前人研究过，但是可以采用新技术、新思路设计的问题。

以上几个方面的选题都符合创新性原则。当然，创新性的前提是理论和实践是科学合理的，要有财会专业知识做支撑。

3.2 选题的流程

财会专业毕业论文的题材来源多种多样，可以是学校指导教师罗列的选题范围中的题目，可以是和实习单位所做工作相关的课题内容，也可以是学生感兴趣的、擅长的、有应用价值的自选题目。

不论哪种类型的毕业论文题材，选题都要有一个过程，不能一步而成。多数同学要经过一个不断探索、斟酌的过程，才能选好自己的理想题目。在这个过程中，指导教师要不断监督和指导，学生要舍弃不合实际的题目，选择有意义的、易于展开研究的题目。

通常，选题的流程如下：

（1）学院和指导教师列出选题范围。

在组织学生开始毕业论文之前，各个指导教师上报《财会专业毕业论文选题指导范围（讨论稿）》，学院组织专业骨干教师进行审核和修改，最终确定《财会专业毕业论文选题指导范围》并发放给学生参阅。

（2）学生申报选题。

学校一般采取多向选择原则，学生可以选择《财会专业毕业论文选题指导范围》中感兴趣的题目，也可以选择在实习单位做的课题，或者自拟选题。

学生拟好选题后，上报给学校，接受审核。

（3）学校审核学生选题。

学校对汇总的学生选题进行逐一审核，一般情况下个人独立完成，题目之间不可以重复。

如果选题任务较繁重，允许多名同学共同承担，但是必须明确毕业论文组内每名同学的具体任务和责任。

学校要组织毕业论文指导教师和学生详细沟通，保证选题的可行性，保证毕业论文能够顺利开展。对于不合适的选题，要坚决要求学生另作更换。

（4）学生确定选题，填写《毕业论文任务书》和《毕业论文开题报告》。

经过审核和沟通，学生最终确定选题，一般不允许设计中途再做更改。学生要填写《毕业论文任务书》和《毕业论文开题报告》，制定详细的设计开展计划，上交给学院。

3.3 撰写任务书和开题报告

本教程第 1 章展示了财会专业毕业论文任务书和毕业论文开题报告的样式。在本节中将列举两种文档实例，并对具体条目进行解析，供读者参考。

1. 毕业论文任务书实例和解析

（1）毕业论文任务书实例。

毕业论文任务书实例如表 3-1 所示。

表 3-1　XXXX 大学毕业论文任务书

姓　　名	XXX	学　　号	XXXXXXXX	系　　别	经济管理系
专　　业	会计学专业	年级班级	XX 级 X 班	指导教师	XXX
论文题目	SYZ 企业财务报表分析					
任务和目标	毕业论文的任务和目标： 本毕业论文主要完成一个"SYZ 企业财务报表"的分析，并撰写题目为《SYZ 企业财务报表分析》的论文。以 SYZ 企业为例，共分三大部分来对其财务报表分析中的问题及对策进行讨论。第一部分在概念上对财务报表分析进行概述，分别阐述财务报表分析的含义、目的、作用，以及财务报表分析的几种相关方法；第二部分对该公司在进行财务报表分析中发现的问题进行具体的分析，具体的问题有：偿债能力分析中的短期偿债能力弱和长期偿债能力弱、营运能力分析中的固定资产周转率低和应收账款周转率低、盈利能力分析中的盈利质量低下和总资产报酬率低下；第三部分是对所提出的问题提出相对应的解决对策，使得该公司能够进一步优化企业的经营成果、健全该公司的财务状况并且减少该公司决策的不确定性。具体任务及目标如下： 企业财务报表分析 （1）偿债能力分析。 ①短期偿债能力。 ②长期偿债能力。 （2）营运能力分析。 ①固定资产周转率。 ②应收账款周转率。 ③存货周转率。 （3）盈利能力分析。 ①公司净利润。 ②总资产报酬率。				

基本要求	根据本专业毕业论文环节实施细则的要求，选题必须在财会专业范围以内，包括财务会计、税务会计、电算化会计、财务管理、审计实务等方面的选题。选题应结合我国会计工作实践的技术特征和时效性，要求选择当前会计工作中亟待解决的实际问题进行研究，提倡选择应用性较强的课题。选题时要充分考虑主观条件与客观条件，从实际出发，量力而行，论文的具体题目由学生根据自身情况自行选定，论文撰写应在指导教师指导下独立完成，应做到中心突出，层次清楚，结构合理；必须观点正确，论据充分，条理清楚，文字通顺；并能进行深入分析，见解独到。同时论文总体字数不得少于8000字，其中论文摘要300字左右，关键词3~5个（按词条外延层次由高至低顺序排列）。最后附上参考文献目录和致谢辞。		
研究所需条件	1. 具备足够的专业基础知识。 （1）具备扎实的会计理论基础，熟悉相关的财会法律、法规。 （2）掌握企业主要业务的会计处理方法和核算原则。 （3）掌握各类财务及相关软件的应用。 2. 具备搜集资料的网络环境、图书资源和其他条件。 3. 具有较好的文字处理、编辑能力。		
任务进度安排	序号	主要任务	起止时间
	1	任务书下达、毕业论文正式开始	2013.11.1~2013.11.12
	2	完成文献综述、开题报告	~2014.1.10
	3	完成论文初稿	~2014.3.5
	4	完成论文二稿或中期检查	~2014.4.10
	5	上交论文成稿	~2014.5.19
	6	论文答辩	~2014.5.20
指导教师签字		日期	年 月 日
系部领导签章		日期	年 月 日

（2）毕业论文任务书解析。

①毕业论文题目。

毕业论文题目要求如下：

- 要反映毕业论文的核心内容和核心技术。
- 要表明设计的主题思想。
- 要含有若干简明、恰当的关键字。
- 一般中文题目不超过20个字。

②毕业论文内容。

毕业论文内容部分要言简意赅，清楚表述三方面内容：毕业论文想做什么、如何做、做成什么。

想做什么，即选题内容和方向，毕业论文涉及的具体领域；如何做，即具体采用什么方法和策略进行课题的研究和写作，例如采用哪个专业方向进行写作、选择哪个题目等；做成什么，即毕业论文最终要实现的目标和任务。

③毕业论文的进度和起止时间。

"毕业论文的进度和起止时间"部分是描述毕业论文的实施步骤。学生对毕业论文要有具体的进度安排和时间限制。制定合理的时间分配和详细的实施计划有益于学生顺利完成毕业论文。时间安排要张弛有道,既要紧凑、保证按时完成设计任务,又要留有余地、提供设计进行过程中的机动时间。

④毕业论文任务书一般是 1000 字至 3000 字之间。

2. 毕业论文开题报告实例和解析

(1) 毕业论文开题报告实例。

毕业论文开题报告实例如表 3-2 所示。

表 3-2　XXXX 大学毕业论文开题报告

姓　　名	XXX	学　号	XXXXXXXX	系　别	经济管理系
专　　业	会计学专业	年级班级	XX 级 X 班	指导教师	XXX
论文题目	SYZ 企业财务报表分析				
选题依据与意义	一、学术价值、应用价值 财务报表分析是整体业务的金融功能,包括研究历史数据,以获得有关当前和今后一个公司财务状况良好的信息的一个方面。财务报表分析可以应用在各种情况下,给公司经营管理者提供信息,他们需要做出关键决策。 财务报表分析是以企业的基本活动为对象、以财务报表为主要信息源、以分析和综合为主要方法的系统认识企业的过程。企业的各项基本活动是财务报表分析的对象,企业的所有活动都要用钱用物,并形成会计事项。将这些会计事项通过分类、计算和汇总等方法的处理,最终编制成财务报表。做好财务报表分析工作,可以有效地提高企业的偿债能力、营运能力、盈利能力,揭示企业未来的报酬和风险。 通过对财务报表的分析可以及时发现企业存在的问题,提出相应的解决对策,这样才能让公司更好地发展。 二、财务报表分析现状 随着我国市场经济体制的深化以及资本市场的快速发展,企业外部环境发生了巨大的变化。财务报表分析不但是企业内部的一项基础工作,而且对税务、银行、财政、审计以及企业的广大投资者和主管部门全面了解企业的生产经营情况具有很大的作用。财务报表分析的基本功能就是将大量的财务报表数据进行整理、加工、分析、比较并转换成对特定决策有益的信息,着重对企业经营成果是否优良、财务状况是否健全等进行评价和解释,减少决策的不确定性。 利用一定的分析方法和分析技巧,同时结合实际情况,正确认识财务报表本身的局限性和非正常影响因素,对资产负债表、利润表和现金流量表进行全面综合分析,以便作出科学决策,这个系统的动态过程就是财务报表分析。 目前,我国普遍采用的分析方法有比率分析法、比较分析法、趋势分析法和项目结构分析法等,主要以比率分析法为基础,同时结合各种分析方法从企业的偿债能力、盈利能力、营运能力和发展能力等几个方面对企业的整体财务状况和经营成果作出评价。				
研究内容	摘　要 Abstract 绪　论 1　财务报表分析概述与企业简介 1.1　财务报表分析的概述 1.1.1　财务报表分析的概念 1.1.2　财务报表分析的目的 1.1.3　财务报表分析的作用				

研究内容	1.2 财务报表分析的方法 1.2.1 偿债能力分析 1.2.2 营运能力分析 1.2.3 盈利能力分析 2 SYZ企业财务报表分析发现的问题 2.1 偿债能力分析 2.1.1 短期偿债能力弱 2.1.2 长期偿债能力弱 2.2 营运能力分析 2.2.1 固定资产周转率低 2.2.2 应收账款周转率低 2.2.3 存货周转率低 2.3 盈利能力分析 2.3.1 公司净利润下降 2.3.2 总资产报酬率下降 3 SYZ企业存在问题的解决对策 3.1 偿债能力分析问题的对策 3.1.1 加强短期偿债能力 3.1.2 加强长期偿债能力 3.2 营运能力分析问题的对策 3.2.1 提高固定资产周转率 3.2.2 提高应收账款周转率 3.2.3 提高存货周转率 3.3 盈利能力分析问题的对策 3.3.1 提高公司净利润 3.3.2 提高公司总资产报酬率 结　论 致　谢 参考文献
研究方案	一、本课题研究的目标 财务分析的目的是进行财务管理的最终目标，其目的是为财务报表使用者做出相关决策提供可靠的依据。财务分析的目的受财务分析主体的制约，不同的财务分析主体进行财务分析的目的是不同的。财务分析的一般目的可以概括为：掌握企业生产经营的规律性、了解企业的经营管理现状和存在的问题、为企业制定未来战略服务。 1. 掌握企业生产经营的规律性。企业的生产经营活动，随着生产的发展、业务量的大小等遵循一定的规律性。不同的行业，由于生产销售的不同特点，对资金的占用、需求遵循不同的规律。财务报表分析就是要通过对有关数据进行分析，掌握和认识企业生产经营中资金运动的变化规律，从而掌握资金运动的这种规律性，为企业的财务管理和生产经营服务，做到心中有数。 2. 了解企业的经营管理现状和存在的问题。企业生产经营的规律性具体反映在财务分析指标的各项数值中。通过指标数值的比较可以发现经营管理问题，找出差距，为企业的经营决策服务。同时通过财务报表分析可以及时诊断企业的"健康"状况，为企业的决策和日常管理服务。

研究方案	3. 为企业制定未来战略服务。企业的优势和弱点反映在企业偿债能力、营运能力、盈利能力等各项指标数值上。一个服装企业、一个家电企业，或者在同一行业规模不同的企业，即使它们的年营业额和年末存货都分别是 1 亿元和 2000 万元，但它们所揭示的财务状况、经营成果和企业所具有的优势和劣势则很不同。通过分析有关指标，可以认清企业的优势和弱点，制定经营管理策略和发展战略。同时，通过比较、分析这些指标，还可以弄清竞争对手的优势和弱点，以便采取有效的竞争策略，做到知己知彼，为企业在市场上开展竞争和制定发展战略服务。 二、本课题研究的内容 本课题以 SYZ 企业为例，对其财务报表分析中的问题及对策进行讨论。对公司财务报表分析过程中发现的问题进行了具体的分析，发现企业存在的问题，提出相应的解决对策，让公司更好地发展。 具体的内容如下： 1. 偿债能力分析中的短期偿债能力弱和长期偿债能力弱。 2. 营运能力分析中的存货周转率低、固定资产周转率低和应收账款周转率低。 3. 盈利能力分析中的公司净利润下降和总资产报酬率下降。 4. 对所提出的问题提出相对应的解决对策，使得该公司能够进一步优化企业的经营成果、减少该公司决策的不确定性。 三、预期成果 完成论文，通过报表分析能够确认目前企业的状态，找出企业经营管理的问题及差距，从而在企业经营管理的各方面揭露矛盾，并不断挖掘潜力，充分认识未被利用的人力物力资源，促进企业实现企业价值最大化。
写作进度安排	1. 2013 年 11 月 1 日——2014 年 1 月 10 日，完成文献综述及开题报告。 2. 2014 年 1 月 11 日——2014 年 3 月 5 日，完成论文初稿。 3. 2014 年 3 月 6 日——2014 年 4 月 10 日，完成中期检查及论文二稿。 4. 2014 年 4 月 11 日——2014 年 5 月 19 日，上交论文成稿。
指导教师意见	指导教师签字： 　　　　年　　　月　　　日
系学术委员会意见	主任签章： 　　　　年　　　月　　　日

（2）毕业论文开题报告解析。

①毕业论文的选题依据与意义。

在这部分中，学生要阐述三个方面的内容：毕业论文要研究什么、为什么要研究此课题、研究的价值是什么。

②毕业论文的研究方案。

这部分包括：研究目标、研究对象、设计方法和途径、技术路线和预期成果等。本部分涉及了毕业论文的整体思路和方法以及具体操作途径。

开题阶段是毕业论文的开始阶段、计划阶段，学生还没有真正实施，只是表述期望取得怎样的研究成果。因此，这部分表述切不可好高骛远，要切合实际，追求力所能及的研究成果，规划合理的完成时间。财会专业毕业论文研究成果的形式多种多样，依据选题门类不同，可以是会计工作实践、会计信息系统设计与应用，也可以是理论方面的研究报告、实验报告等。

③毕业论文开题报告一般是 3000 字至 8000 字之间。

第 4 章　财会专业毕业论文的调研和文献检索

本章概要

- 毕业论文的调研工作。
- 文献检索和整理。
- 文献检索实例。
- 文献综述实例。

4.1　毕业论文的调研工作

1. 调研的必要性

调研是毕业论文一个很重要的步骤，学生开题后，要根据具体题目进行细致的调查研究。

学生不可以忽略调研阶段，也不可以为了节省时间缩短调研时间。调研工作既是一个花费时间长、收益不明显的活动，也是一个打好设计基础的过程。调研越充分、越深入，毕业论文过程越顺畅，最终成果越显著。

毕业论文的实际应用意义很多都是从调研中得来的。调研来自生活，毕业论文服务于生活，好的调研会使毕业论文具有更好的社会实用价值。

2. 调研的方式

调研的途径多种多样，具体形式如下：

（1）通过毕业实习进行调研。

毕业实习阶段，学生要深入企事业单位的财务岗位进行短期学习、调查和实践。利用这个阶段，按照自己选题的方向多做调查，观察产品的生产流程、设计工艺、销售方式和市场需求状况，体验实践工作中解决技术问题的方法等。把这些发现问题、解决问题的经验用于毕业论文中。

（2）参与相关课题研究。

积极参与学院、导师的一些国家级、省市级课题，了解毕业论文研究领域的国内外、省内外现状，明确毕业论文的研究背景、目的和意义。

（3）参加学术报告、专题讲座、学术会议等进行调研。

积极参与各院校定期举办的会计行业专家做的学术报告、专题讲座等。通过参与这些活动，从中了解本专业技术发展的最新趋势，利用新技术撰写毕业论文。

（4）访谈本领域的专家、导师和一线开发人员进行调研。

前面三种调研方式都会令学生在做毕业论文时受益匪浅，但是针对性不强。学生可以依据自己毕业论文选题的技术难点和重点，直接、快速地咨询相关专家、导师，获得最准确和有用的技术信息与经验。

（5）深入实验基地进行调研。

财会专业毕业论文很多课题偏重于实践，如财务应用、电算化会计、审计等。这些课题可以在各企事业单位和相关审计单位的事务所进行实地调研，通过社会实践获得一手的数据、一手的资料，这些都是毕业论文最有力的实践依据。

4.2 文献检索和整理

文献检索和整理是财会专业毕业论文写作中的必经环节，是学生顺利完成毕业设计任务的"资本"。

新闻出版总署副署长邬书林在《反映创新成果，传播创新知识，营造创新环境——出版业要自觉地为建设创新型国家服务》的讲话中提到："据美国科学基金会统计，科研人员花在搜集信息资料上的时间几乎占到全部科研时间的 50.9%，计划思考又占 7.7%，实验研究占 32.1%，写报告和论文占 9.3%。"由上述统计数字可以看出，文献检索和整理对科研人员来说是非常重要的，占据了他们一半的时间。

对财会专业做毕业论文的学生来说，不一定要花费这么大比例的时间用于查找信息资料，但是也要留出大约 1 周至 3 周的时间来查阅资料、收集文献和整理信息。

1. 文献检索的含义

文献（Document）在现代的解释为"记录有信息和知识的一切有形载体"。文献是将信息和知识用文字、图像、符号、声频、视频等技术手段记录在一定的物质载体上。现在通常理解为图书、期刊等各种出版物的总和。

文献检索（Document Retrieval）有狭义和广义之分。

（1）广义的文献检索包括文献的存储和检索（Storage and Retrieval）两个过程，是将大量原始文献按照一定的逻辑方式组织和存储起来，使其系统化和有序化，构成一个数据库或者检索系统，能够根据人们的特定需要随时检索出相关信息。广义的文献检索又称为"文献的存储与检索"。

（2）狭义的文献检索主要是指文献的检索部分，即按照一定的方法，从已经组织好的文献集合中搜索和获取人们所需的特定信息的过程。

2. 文献的种类

按照文献的载体不同可以分为：印刷型、缩微型、声像型和机读型。印刷型是文献的最基本方式，包括铅印、油印等。缩微型包括胶卷、胶片等。声像型包括幻灯片、唱片、录音带、录像带、电影等。机读型即计算机阅读型，是以计算机处理技术为核心记录信息和知识的一种文献形式。这是当今非常流行和常用的文献载体，具有搜索速度极快、内容涵盖量超大、方便灵活的优势，例如电子图书。机读型文献又分为光盘文献和网络文献。

根据文献的印刷出版形式不同可以分为：图书、期刊和特种文献。特种文献包括：专刊文献、标准文献、学位论文、科技报告、会议文献、政府出版物、档案资料、产品资料、年鉴和地方志等。

依据文献的加工深度不同可以分为：一次文献（原始文献）、二次文献和三次文献。一次文献是指科研人员直接撰写的文献，包括学术论文、会议论文、科技期刊、科技报告、专利文献和政府出版物等。一次文献是人们进行文献检索的主要对象。二次文献是指把一次文献进行加工、归纳和分类后的有序文献，包括文摘、目录、索引等。二次文献是一次文献检索的辅助工具。三次文献是指把大量相关联的一次文献进行综合整理、浓缩提炼成系统性文献，全方位展现某一研究领域的信息情况。三次文献包括工具书、年鉴、教科书、专著、论丛、手册和报告等。

3. 文献检索的方法

文献检索的方法有如下三种：

（1）直接法。

直接法是直接利用检索工具（系统）检索文献信息的方法，是文献检索中最常用的一种方法。它又分为顺查法、倒查法和抽查法。

①顺查法。

顺查法是按照时间的顺序，由远及近地利用检索系统进行文献信息检索的方法。这种方法能收集到某一课题的系统文献，它适用于较大课题的文献检索。例如，已知某课题的起始年代，现在需要了解其发展的全过程，就可以用顺查法从最初的年代开始逐渐向近期查找。

②倒查法。

倒查法是由近及远，从新到旧，逆着时间的顺序利用检索工具进行文献检索的方法。此法的重点是放在近期文献上。使用这种方法可以最快地获得最新资料。

③抽查法。

抽查法是指针对项目的特点，选择有关该项目的文献信息最可能出现或最多出现的时间段，利用检索工具进行重点检索的方法。

（2）追溯法。

不利用一般的检索工具，而是利用已经掌握的文献末尾所列的参考文献进行逐一的追溯查找"引文"的一种最简便的扩大信息来源的方法。它还可以从查到的"引文"中再追溯查找"引文"，像滚雪球一样，依据文献间的引用关系获得越来越多的相关文献。

（3）综合法。

综合法又称为循环法，它是把上述两种方法加以综合运用的方法。综合法既要利用检索工具进行常规检索，又要利用文献后所附的参考文献进行追溯检索，分期分段地交替使用这两种方法。即先利用检索工具（系统）检索到一批文献，再以这些文献末尾的参考目录为线索进行查找，如此循环进行，直到满足要求时为止。

综合法兼有直接法和追溯法的优点，可以查得较为全面而准确的文献，是实际中采用较多的方法。对于查新工作中的文献检索，可以根据查新项目的性质和检索要求将上述检索方法融汇在一起，灵活处理。

以上三种方法，学生在做毕业论文和撰写论文时要因情况灵活运用。

4. 常用的文献检索系统

（1）世界三大文献检索工具。

《科学引文索引》（SCI）、《工程索引》（EI）、《科技会议录索引》（ISTP）是世界著名的三大科技文献检索系统，是世界公认的进行科学研究、统计和评价的主要检索工具。

①《科学引文索引》（Science Citation Index，SCI）是由美国科学信息研究所（ISI）出版的引文数据库，开始于1961年。《科学引文索引》涵盖各个学科领域，化学、物理学、医学和生命科学所占比例较大，是文献计量学和科学计量学的重要工具，也是当今世界上最重要的检索性刊物。

②《工程索引》（The Engineering Index，EI）是美国工程信息公司（Engineering Information

Inc.）出版的工程技术类综合性检索工具，创刊于 1884 年。《工程索引》收录的文献涉及工程技术的各个领域，包括电力工程、机械工程、自动控制、土木工程、交通运输工程等。

③《科技会议录索引》（Index to Scientific & Technical Proceedings，ISTP）由美国科学情报研究所（ISI）编辑出版，创刊于 1978 年。《科技会议录索引》收录了每年世界各个地区科技会议的会议文献，包括一般性会议、座谈会、研究会、讨论会、发表会等。《科技会议录索引》涉及科学技术的各个领域，其中工程技术与应用科学类文献约占 35%。

（2）国内常用检索系统。

①中国知网（CNKI），网址：http://www.cnki.net/。
②万方数据平台，网址：http://www.wanfangdata.com.cn/。
③中国学位论文全文数据库，网址：http://www.cnki.net/。
④中国重要会议论文全文数据库，网址：http://www.cnki.net/。
⑤中国重要报纸全文数据库，网址：http://www.cnki.net/。
⑥超星数字图书馆，网址：http://book.chaoxing.com/。
⑦维普资讯（主导产品：中文科技期刊数据库），网址：http://www.cqvip.com/。
⑧中国人大复印报刊全文数据库，网址：http://ipub.zlzx.org/。
⑨读秀学术搜索，网址：http://www.duxiu.com/。

（3）国外常用检索系统。

①CSA（剑桥科学文摘）。

剑桥科学文摘（Cambridge Scientific Abstracts，CSA）数据库是由美国的 CSA 私营信息公司出版，有 30 余年的历史。CSA 主要编辑出版科学技术研究文献的文摘及索引，共有 60 多种数据库。

②INSPEC。

INSPEC（Ination Service in Physics，Electronics Technology and Computer and Control）是全球著名的科技文摘数据库，是理工学科最重要、使用最频繁的数据库之一，包含物理学、电子学、电子工程、计算机科学及信息技术领域的权威性文摘索引数据库。

③SpringerLink。

SpringerLink 是国际著名科技出版集团 Springer 的网络版全文文献服务系统。

④EBSCO。

EBSCO 是一个具有 60 多年历史的大型文献服务系统，涵盖 100 多个在线文献数据库，涉及自然科学、社会科学、人文和艺术等多种学术领域。

⑤Proquest。

Proquest学位论文全文数据库是目前国内唯一提供国外高质量学位论文全文的数据库，主要收录了来自欧美国家 2000 余所知名大学的优秀博硕士论文，涉及文、理、工、农、医等多个领域，是学术研究中十分重要的信息资源。

⑥Emerald。

Emerald 数据库主要包含管理学、图书馆学、工程学等专业领域的文献。世界许多著名的商学院和大型企业都订阅 Emerald 数据库期刊。

⑦RSC。

RSC数据库是化学领域具有权威性的数据库。

⑧Elsevier。

Elsevier 数据库提供 1100 种电子期刊，是全球研究人员、教师、学生等常用的文献检索工具。

⑨Wiley。

Wiley是全球最大、最全面的经同行评审的科学、技术、医学和学术研究的在线多学科资源平台之一，收录了来自 1500 余种期刊、10000 多本在线图书以及数百种多卷册的参考工具书、丛书系列、手册和辞典、实验室指南和数据库的 400 多万篇文章，并提供在线阅读。

⑩Scirus 学术搜索。

Scirus 学术搜索是一个混合型的搜索引擎。它不仅包含科学、技术类期刊文章概要，还包含精选的科学类网页。Scirus 学术搜索是专门用于科技信息检索的世界上最全面的科技搜索引擎之一。

（4）常用搜索引擎。

①Google：全球最大的机器搜索引擎之一。

网址：http://www.google.com.hk/，主页如图 4-1 所示。

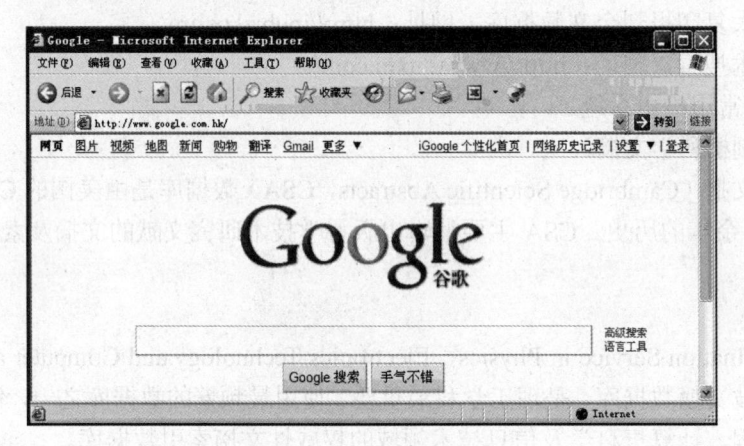

图 4-1　Google 主页界面

②Yahoo!：全球最大的门户网站之一。

网址：http://www.yahoo.com/，主页如图 4-2 所示。

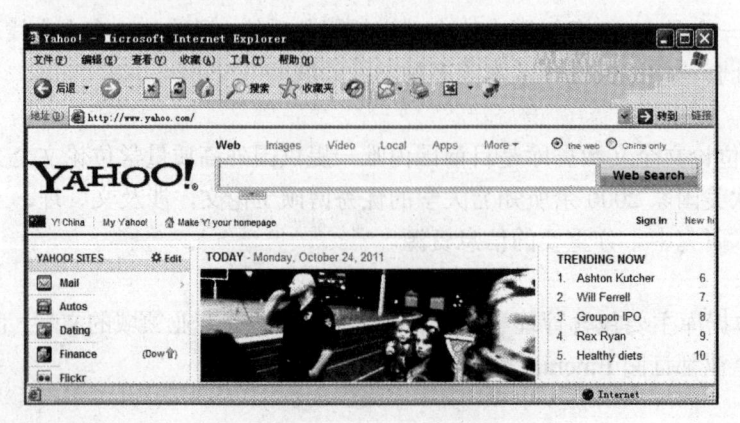

图 4-2　Yahoo!主页界面

③MSN：隶属于微软公司。

网址：http://www.msn.com/，主页如图4-3所示。

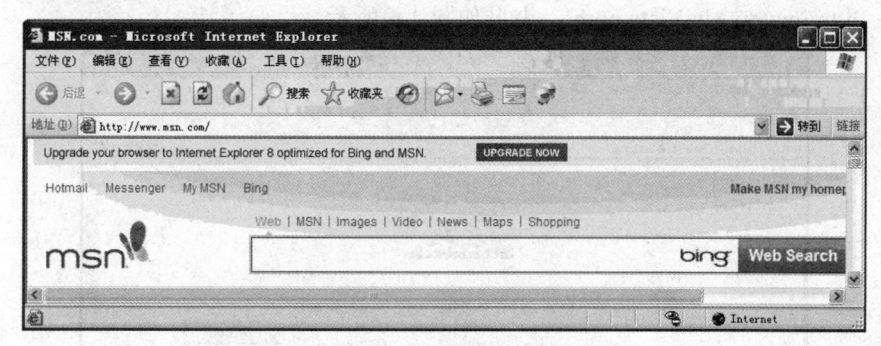

图 4-3　MSN 主页界面

④AOL（美国在线）：是世界上最早的门户网站之一。

网址：http://www.aol.com/，主页如图4-4所示。

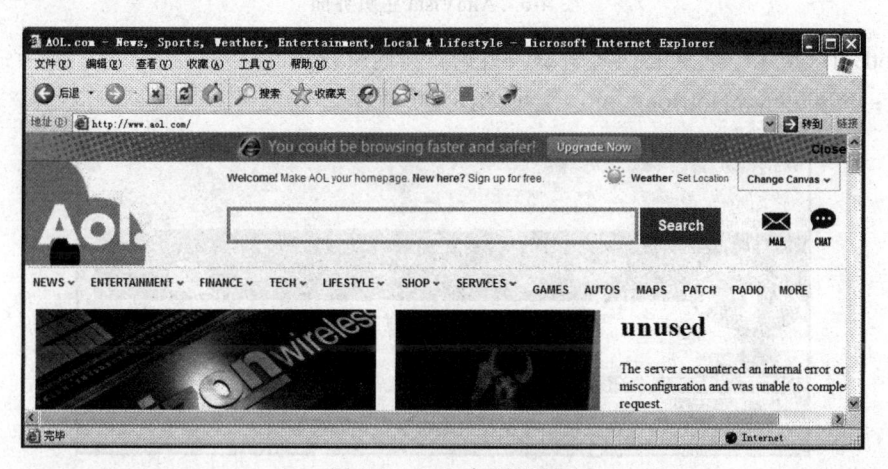

图 4-4　AOL 主页界面

⑤Lycos：是全世界最早的搜索引擎之一。

网址：http://www.Lycos.com/，主页如图4-5所示。

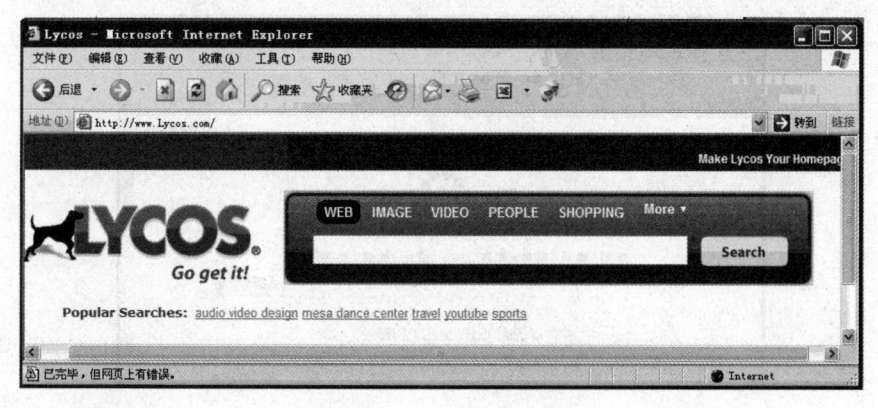

图 4-5　Lycos 主页界面

⑥AltaVista：世界最古老的搜索引擎之一，也是功能最完善、搜索精度较高的全文搜索引擎之一。

网址：http://www.AltaVista.com/，主页如图 4-6 所示。

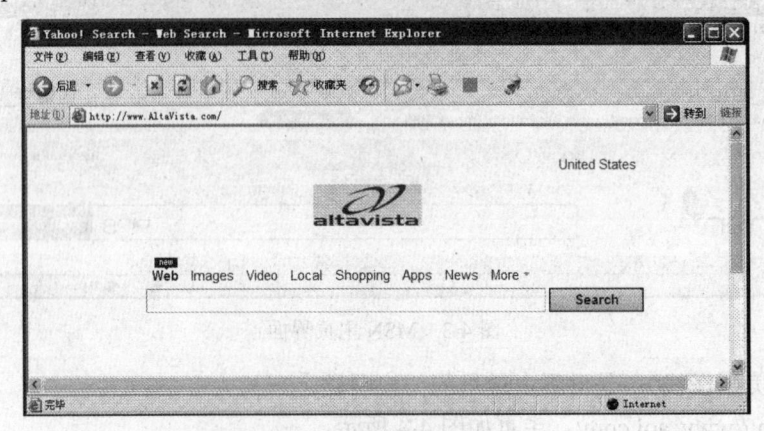

图 4-6　AltaVista 主页界面

⑦HotBot：是比较活跃的搜索引擎，数据更新速度较快。

网址：http://www.HotBot.com/，主页如图 4-7 所示。

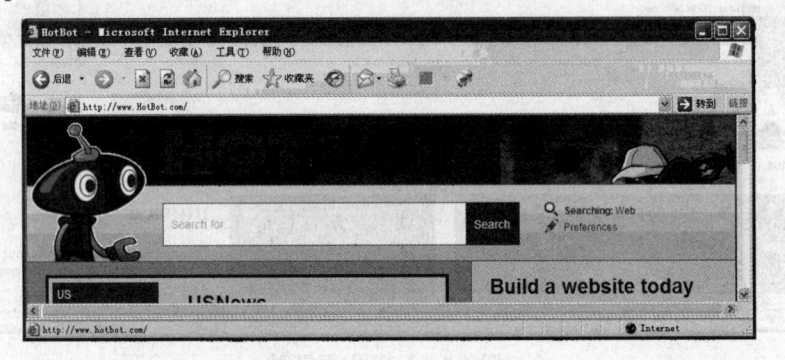

图 4-7　HotBot 主页界面

⑧百度：国内最大的商业化全文搜索引擎。

网址：http://www.baidu.com/，主页如图 4-8 所示。

图 4-8　百度主页界面

5. 文献的加工整理

（1）文献的筛选。

文献筛选是把检索到的文献进一步加工整合，真正做到"为设计所用"。在文献检索中，学生获取了大量的选题信息和知识，而这些资源需要再次甄别真伪、提取精华。指导教师应该督导学生对大量的检索文献进行筛选并且按照一定的逻辑顺序编排归类，这样处理过的文献更有利于学生在毕业论文中的参考之用。同时，筛选的过程也是学生对本选题领域的文献充分理解、消化和吸收的过程，使得选题的研究思路更加清晰，选题的开展更加顺畅。

（2）文献的引用。

文献的引用要注意以下几个方面：

①在阐述选题来源、背景知识和发展现状的时候可以引用相关文献，说明其他研究者所做的相关工作，表述本课题的着重点、创新点和现实意义。

②毕业论文中用到一些理论知识时，可以引用一些权威文献作为支撑和佐证。

③引用他人观点时要说明文献的准确出处。

4.3 文献检索实例

1. 中国知网文献检索实例

中国知网（CNKI）是目前世界上全文信息量范围最大的动态数据库，文献总量逾 5000 万篇，其中人文社科文献和科技文献均超过 2500 万篇。CNKI（Chinese National Knowledge Infrastructure）的含义是中国国家知识基础设施，是由世界银行于 1998 年提出的。CNKI 工程是以实现全社会知识资源传播共享与增值利用为目标的信息化建设项目。

CNKI 旗下的主要网站包括：

①中国期刊全文数据库。

②中国工具书网络出版总库。

③中国研究生网。

④中国社会团体网。

⑤CNKI 知网数字图书馆。

⑥中国医院数字图书馆。

⑦中国企业创新知识网。

⑧中国城建数字图书馆。

⑨中国农业数字图书馆。

⑩中小学多媒体数字图书馆。

⑪文献规范与计量评价网。

⑫CNKI 系列软件。

⑬CNKI 汉语词典在线。

⑭CNKI 翻译助手辅助在线翻译系统。

⑮CNKI 英汉－汉英词典在线。

⑯CNKI 专科辞典在线。

⑰CNKI 百科全书在线。

⑱CNKI 医学图谱在线。
⑲CNKI 图鉴图录在线。
⑳CNKI 知识超市。
㉑知网空间。
㉒飞度 BOOK。

其中，科技人员常用的是中国期刊全文数据库。具体文献检索步骤如下：

（1）登录网站。

登录网站地址：http://www.cnki.net，进入 CNKI 首页，如图 4-9 所示。

图 4-9 CNKI 首页

因为 CNKI 网站上的数据库是收费检索数据库，所以用户要先购买使用权，通过网站注册得到用户名和密码，然后才能登录已经购买使用权的全文数据库，进行文献检索。对于高校学生，可以通过校园网进入本校图书馆的中国期刊全文数据库镜像站点，直接搜索内容，如图 4-10 所示。

（2）文献检索方法。

中国期刊全文数据库提供 4 种检索方式：简单检索、标准检索、高级检索和专业检索，它们的检索功能依次扩展，专业检索的功能最为强大。

①简单检索。

简单检索只包含"检索词"。用户只要在"检索词"一栏中输入关键词，就会列出在检索字段中含有此关键词的所有文献，并且按照一定规则排序。排序规则可以选择"相关度"、"发表时间"、"被引频次"和"下载频次"。

例如，检索词为"电子商务"，得到的文献列表如图 4-11 所示。

图 4-10　CNKI 镜像站点界面

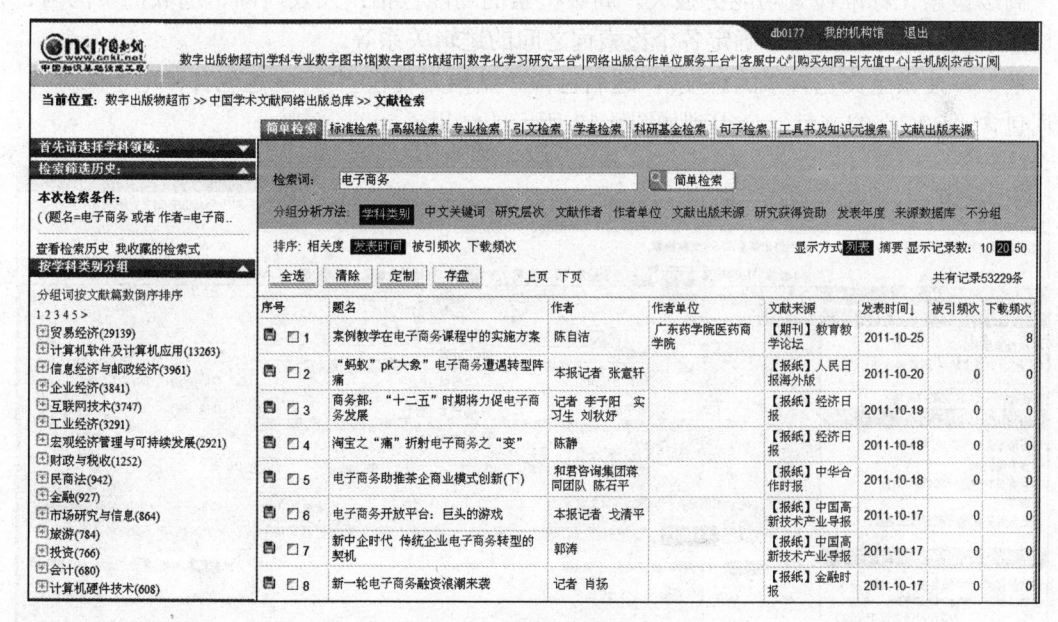

图 4-11　简单检索结果

② 标准检索。

标准检索比简单检索的检索条件更加具体。标准检索的项目包括：发表时间、文献出版来源、作者、主题等。

例如，检索发表于 2010-01-01 到 2011-10-01 时间段、出版在期刊《电子商务》、主题是电子商务和 B2C 的文献，会得到如图 4-12 所示的结果。

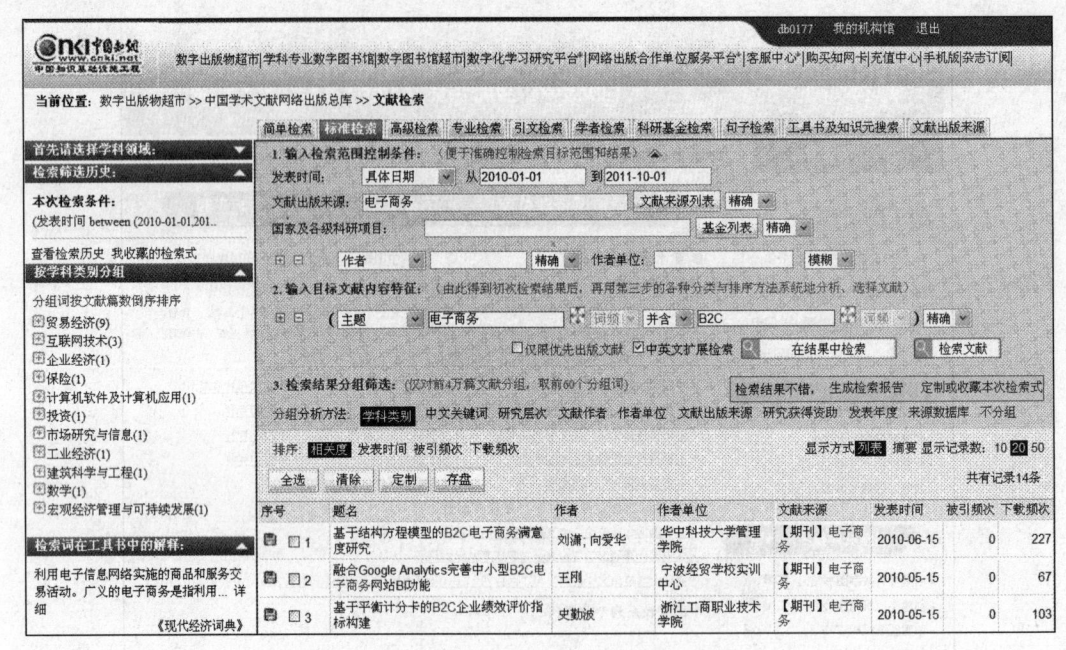

图 4-12　标准检索结果

③高级检索。

高级检索比标准检索功能更强大。高级检索的功能包括：发表时间、选取检索范围、设定检索字段、输入检索词、确定各个检索词之间的逻辑关系等。

例如，搜索全文包含"满意度"，题名包含"结构方程模型"，主题包含"电子商务"，关键词包含"B2C"的文献，会得到如图 4-13 所示的结果。

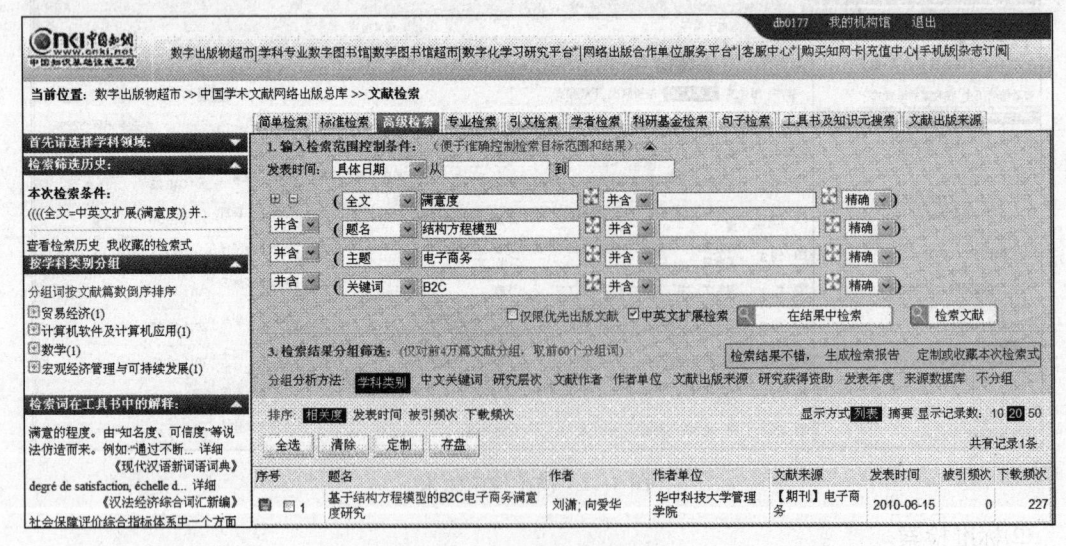

图 4-13　高级检索结果

④专业检索。

专业检索比高级检索功能更加强大。专业检索可以用 17 个检索项构造检索表达式，检索表达式中的各个检索项之间可以用逻辑运算符 AND、OR 和 NOT 进行组合。

例如检索表达式：SU=电子商务*满意度*结构方程模型 and KY=B2C and (AU%向+刘)，表示主题包括电子商务、满意度和结构方程模型，关键词包括 B2C，并且作者为"向"姓和"刘"姓的所有文章。检索结果如图 4-14 所示。

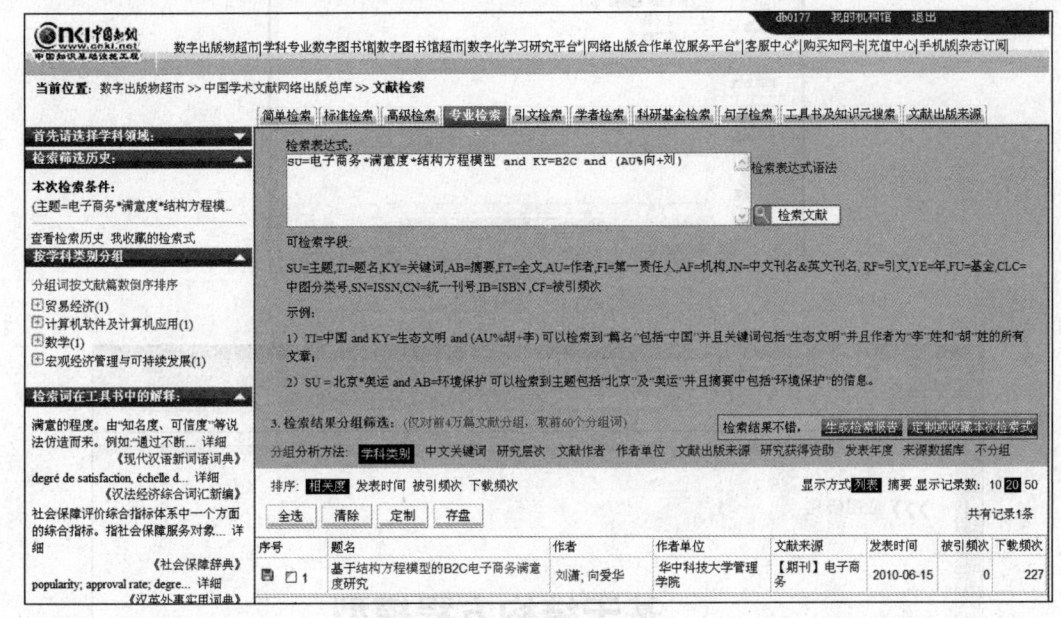

图 4-14　专业检索结果

（3）文献下载和存储。

检索到所要的文献后，点击题名进入文献所在页面，点击"CAJ 下载"或者"PDF 下载"即可下载并存储，如图 4-15 和图 4-16 所示。

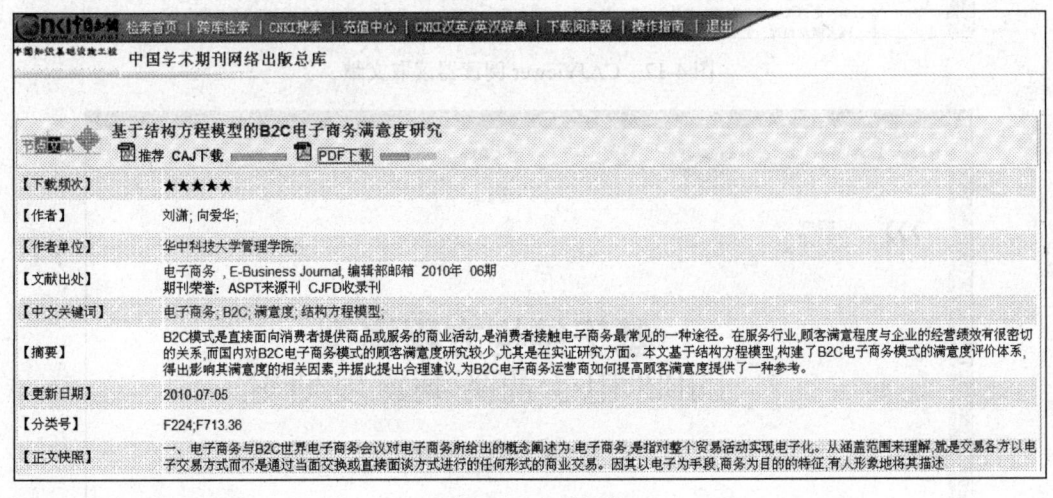

图 4-15　文献下载

（4）文献的读取。

存储好的文献可以通过 CAJViewer 阅读器或者 Adobe Reader 阅读器读取，如图 4-17 和图 4-18 所示。

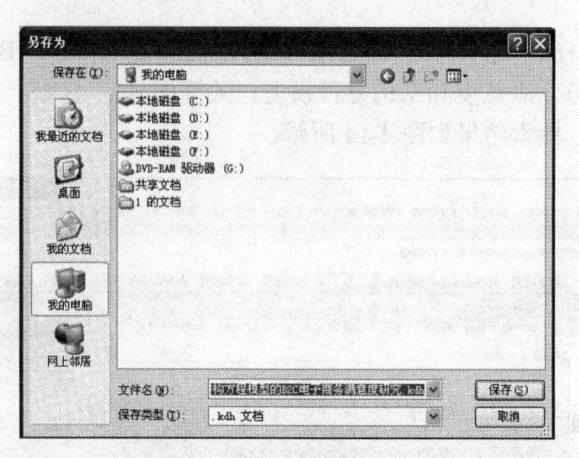

图 4-16 文献保存

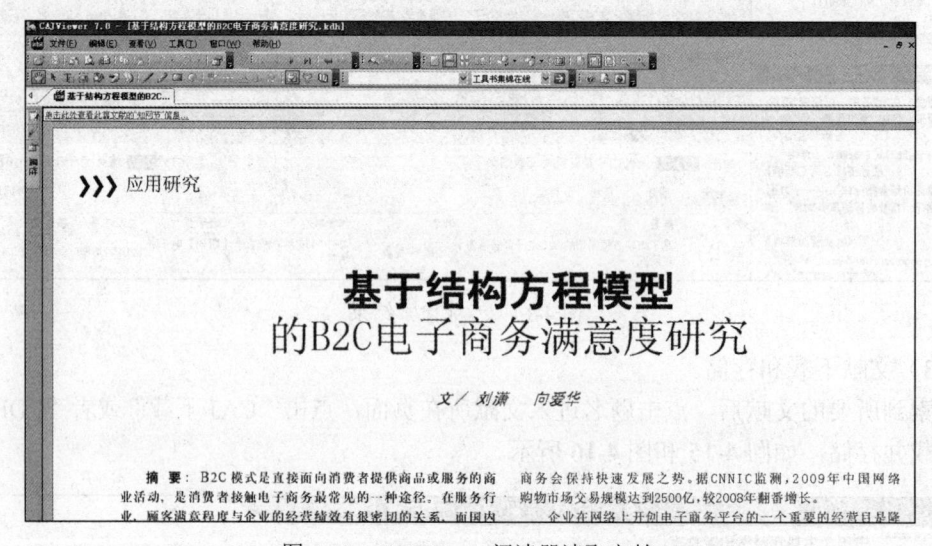

图 4-17 CAJViewer 阅读器读取文献

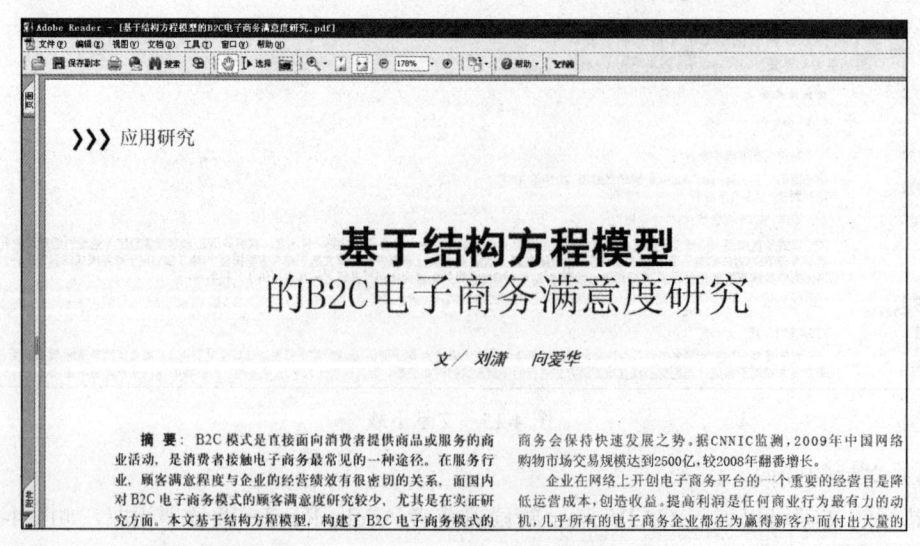

图 4-18 Adobe Reader 阅读器读取文献

2. Google 搜索引擎文献检索实例

Google 搜索引擎的普通界面如图 4-19 所示，网址：http://www.google.com.hk。Google 界面的操作非常简单易学。

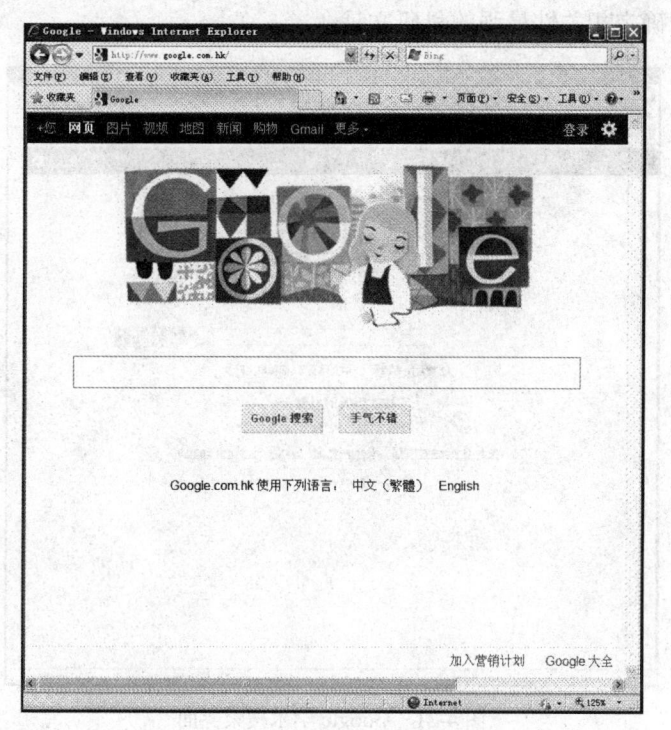

图 4-19　Google 搜索引擎界面

例如输入关键词"电子商务"，会得到如图 4-20 所示的搜索结果。

图 4-20　Google 搜索结果

Google 学术搜索界面（如图 4-21 所示）提供了广泛搜索学术文献的简便方法。用户可以从一个位置搜索众多学科和资料来源：来自学术著作出版商、专业性社团、预印本、各大学及其他学术组织的经同行评论的文章、论文、图书、摘要和文章。Google 学术搜索可帮助用户在整个学术领域中确定相关性最强的科研文献。

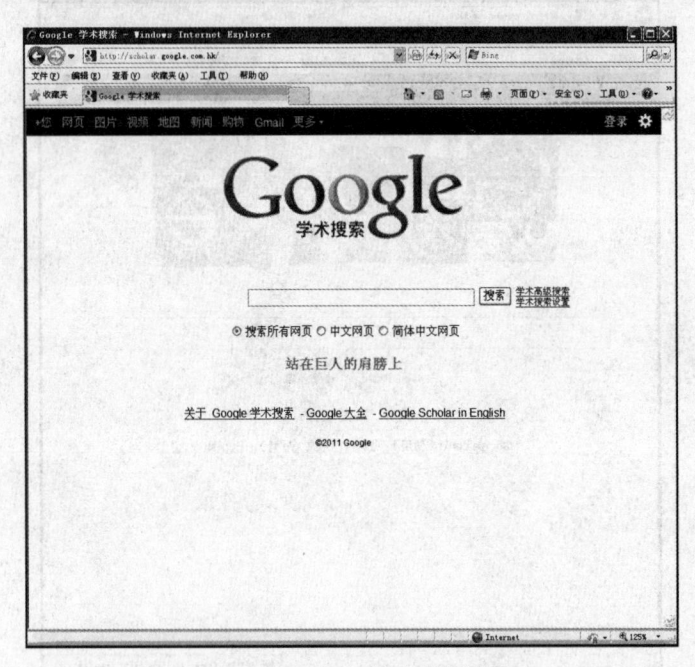

图 4-21　Google 学术搜索界面

例如输入关键词"电子商务"和"B2C"，可以得到如图 4-22 所示的搜索结果。

图 4-22　Google 学术搜索结果

Google 高级搜索界面提供了大量搜索选项，用户能够更加精确地获取所需文献，单击 Google 首页上"选项"下拉栏中的"高级搜索"链接即可进入高级搜索界面，如图 4-23 所示。

图 4-23　Google 高级搜索界面

例如搜索包含关键词"电子商务"和"B2C"，但是不包含关键词"B2B"的网页，设置搜索结果每页显示 10 项，会得到如图 4-24 所示的结果。

图 4-24　Google 高级搜索结果

4.4 文献综述实例

文献综述是学生在开题前阅读过某一主题的文献后，经过理解、整理、融会贯通、综合分析和评价而形成的一种不同于毕业论文的文体。综述的目的是反映某一课题的新水平、新动态、新技术和新发现，介绍和评论其历史、现状、存在问题和发展趋势等，并在此基础上提出自己的见解，预测未来的发展趋势，提出论文的中心论点，为选题和开题奠定良好的基础。

文献综述实例如表 4-1 所示。

表 4-1　XXXX 大学毕业论文文献综述

姓　　名	XXX	学　　号	XXXXXXXX	系　别	经济管理系
专　　业	会计学专业	年级班级	XX 级 X 班	指导教师	XXX
论文题目	SYZ 企业财务报表分析					

查阅的主要文献	[1] 中国注册会计师协会. 2013 年度注册会计师全国统一考试辅导教材-会计 [M]. 北京：中国财政经济出版社，2013. [2] 财政部企业司.《企业财务通则》解读[M]. 北京：中国财政经济出版社，2011. [3] 李青. 销售及应收账款业务处理[M]. 北京：北京工业大学出版社，2013. [4] 张桂玲. 财务报表分析[M]. 北京：清华大学出版社，2012. [5] 余海永. 浅析财务报表分析的问题与对策[J]. 中国外资，2011. [6] 徐淑华. 我国上市公司财务报表分析方法的局限性及改进措施[J]. 中国科技博览，2012. [7] 张波. 上市公司财务报表重述原因及对策[J]. 中国证券期货，2012. [8] 侯志才. 浅谈财务报表分析方法[J]. 财会通讯，2012. [9] 胡亦. 企业财务报表分析中存在的问题及应对策略研究[J]. 华章，2011. [10] 陆春芬. 财务报表分析的作用及局限性[J]. 企业导报，2011. [11] 费峥宇. 浅析财务报表分析在企业管理中的作用[J]. 现代商业，2013. [12] K.R.Subramanyam.Classic materials, industrial and commercial management accounting and financial series, bilingual teaching materials, financial statement analysis, 2010.
文献综述	SYZ 企业财务报表分析 一、前言 随着社会的不断发展，目前财务报表的分析已经成为企业所关注的话题。财务与经营分析在现代企业发展中起着举足轻重的作用，它通过加速各项经济指标向生产力的转化推动了企业从小到大、从弱到强的长足发展，进而带动了整个产业的蓬勃和兴旺，但是单纯从财务报表上显示的数据还不能直接或全面说明企业的财务状况，特别是不能说明企业经营状况的好坏和经营成果的高低，只有将企业的财务指标与有关的数据进行比较才能说明企业财务状况所处的地位。财务报表分析不仅对企业内部的生产经营管理有着重要的作用，而且对企业外部投资决策、贷款决策、赊销决策等也有着重要的作用。 财务报表分析是整体业务的金融功能，包括研究历史数据，以获得有关当前和今后一个公司财务状况良好的信息的一个方面。财务分析可以应用在各种情况下，给公司经营管理者提供信息，他们需要做出关键决策。财务报表分析是以企业的基本活动为对象、以财务报表为主要信息源、以分析和综合为主要方法的系统认识企业的过程。企业的各项基本活动是财务报表分析的对象，企业的所有活动都要用钱用物，并形成会计事项。将这些会计事项通过分类、计算和汇总等方法的处理，最终编制成财务报表。做好财务报表分析工作，可以有效地提高企业的偿债能力、营运能力、盈利能力，揭示企业未来的报酬和风险。通过对财务报表的分析可以及时地发现 SYZ 企业存在的问题，提出相应的解决对策。这样才能让公司更好地发展。

	二、主题 财务报表分析中使用的文件数据的两个主要来源是公司的资产负债表和利润表。 财务报表分析不但是企业内部的一项基础工作，而且对税务、银行、财政、审计以及企业的广大投资者和主管部门全面了解企业生产的经营情况具有很大的作用。财务报表分析的基本功能就是将大量的财务报表数据进行整理、加工、分析、比较并转换成对特定决策有益的信息，着重对企业经营成果是否优良、财务状况是否健全等进行评价和解释，减少决策的不确定性。 财务分析是整体业务的金融功能，包括研究历史数据，以获得有关当前和今后一个公司财务状况良好的信息的一个方面。财务分析可以应用在各种情况下，给公司经营管理者提供信息，他们需要做出关键决策。财务报表分析是以企业的基本活动为对象、以财务报表为主要信息源、以分析和综合为主要方法的系统认识企业的过程。企业的各项基本活动是财务报表分析的对象，企业的所有活动都要用钱用物，并形成会计事项。 将以 SYZ 企业为例，共分三大部分来对其财务报表分析中的问题及对策进行讨论。第一部分在概念上对财务报表分析进行概述，分别阐述财务报表分析的含义、目的、作用，以及财务报表分析的几种相关方法；第二部分对该公司在财务报表分析中发现的问题进行具体的分析，具体问题有：偿债能力分析中的短期偿债能力弱和长期偿债能力弱、营运能力分析中的固定资产周转率低和应收账款周转率低、盈利能力分析中的公司净利润下降和总资产报酬率下降；第三部分是对所提出的问题提出相对应的解决对策，使得该公司能够进一步优化企业的经营成果、健全该公司的财务状况并且减少该公司决策的不确定性。将这些会计事项通过分类、计算和汇总等方法的处理，最终编制成财务报表。做好财务报表分析工作，可以有效地提高企业的偿债能力、营运能力、盈利能力，揭示企业未来的报酬和风险。通过对财务报表的分析可以及时地发现 SYZ 企业存在的问题，提出相应的解决对策，这样才能让公司更好地发展。
文献综述	三、财务报表分析的意义 财务报表分析，又称公司财务分析，是通过对公司财务报表的有关数据进行汇总、计算、对比，综合地分析和评价公司的财务状况、经营成果和现金流量。 会计报表分析是指以会计报表为主要依据，对企业的财务状况和经营成果进行评价和预测的一种业务手段。会计报表分析具有以下意义： （1）评价企业的财务状况和经营成果，揭示财务活动中存在的矛盾和问题，为改善经营管理提供方向和线索。 （2）预测企业未来的报酬和风险，为投资人、债权人和经营者的决策提供帮助。 （3）检查企业预算完成情况，考察经营管理人员的业绩，为完善合理的激励机制提供帮助。财务报表的真正价值是通过对其分析来预测未来的盈利、股利、现金流量及其风险，以帮助公司管理者规划未来，帮助投资者进行决策。 四、财务报表分析的作用 财务报表分析既是财务预测的前提，又是过去经营活动的总结。随着经济体制改革的深入发展、市场经济的逐步形成，企业财务报表分析工作已经显得越来越重要。企业财务报表分析的作用大致分为：评价企业财务状况及经营业绩的依据、为投资者和债权人提供决策信息的重要工具、为企业内部人员提供可靠资料、实现理财目标的重要手段。 （1）评价企业财务状况及经营业绩的依据。通过财务报表分析，可以了解企业偿债能力、营运能力、盈利能力和现金流量状况，便于企业管理者及其他报表使用人合理评价经营者的财务状况和经营业绩，并通过分析将影响财务状况和经营成果的主观原因和客观原因、微观因素和宏观因素区分开来，以划清经济责任，合理评价经营者的工作业绩以奖优罚劣，促进经营者管理水平的提高。 （2）为投资者和债权人提供决策信息的重要工具。投资者通过财务报表分析，可以了解企业的获利能力和偿债能力，做出正确的投资决策。

文献综述	（3）为企业内部管理人员提供可靠信息。通过财务报表分析可以获得各种会计信息和其他资料。企业内部管理人员可以通过财务报表分析发现有价值的信息，想方设法改善经营业绩，从而使投资人和债权人对财务报表满意。 （4）实现理财目标的重要手段。企业理财的根本目标是实现企业价值最大化。通过财务报表分析不断挖掘潜力，从各个方面揭露矛盾，找出差距，充分认识未被利用的人力、物力资源，寻找利用不当的原因，促进企业经营活动按照企业价值最大化的目标运行。 五、结束语 财务报表分析以企业财务报告反映的财务指标为主要依据，对企业的财务状况和经营成果进行评价和剖析，以反映企业在运营过程中的利弊得失、财务状况及发展趋势。它既是对已完成财务活动的总结和评价，又是对企业发展趋势的财务预测，是报表使用者深刻认识企业财务状况的"探测仪"。企业生存和发展的根本目的是实现企业价值最大化，企业经营者通过财务报表分析能促进自身目标的实现。通过财务报表分析，企业经营者可以确认企业的偿债能力、营运能力、盈利能力和现金流量等状况，合理地评价自己的经营业绩，并促进管理水平的提高。 总之，财务报表分析对企业经营管理尤为重要，通过报表分析，能够确认目前企业的状态，找出企业经营管理的问题及差距，从而在企业经营管理的各方面揭露矛盾，并不断挖掘潜力，充分认识未被利用的人力、物力资源，促进企业实现企业价值最大化。
备 注	
指导教师意见	指导教师签字： 　　　　　　　　　　年　　　月　　　日

第 5 章　财会专业毕业论文的撰写

本章概要

- 财会专业毕业论文的撰写方法。
- 论文的格式要求、内容规范、名词术语约束、写作步骤等。

5.1　论文的格式要求

根据国家标准局 1987 年发布的 GB7713－87《科学技术报告、学位论文和学术论文的编写格式》，要求论文"就事论事，言简意赅"，"术语"要规范，切勿杜撰，注重论据，条理清晰。毕业论文字数不少于 10000 字。

1. 具体格式要求条款

（1）毕业论文需用学校规定的纸张，用计算机打印，背面不得打印正文和图表。正文中的任何部分不得打印到稿纸边框线以外。稿纸不准左右加贴补写正文和图表的纸条或随意接长截短。

（2）字迹要清楚、端正，切勿潦草。

（3）简体字必须采用已正式公布过的，勿自造或误用非正式的简体字。例如"部分"不要写成"卩分"，"计算"不可写成"计祘"，"圆周"不要写成"园周"，"零件"不要写成"另件"。

（4）要按照 1986 年国务院重新发布的汉字《简化字总表》正确使用简化字。

（5）外文字母一律仿印刷体书写。有些外文字母形状相似，书写时注意分清字形。英文的 C，K，O，P，W，X，Y，Z 等字母，其本身的大写和小写相似，书写时在形状大小上要注意有所区别。用作符号的字母的大小写要特别注意分清，例如光学玻璃的折射率 nd 与 nD 分别表示 d 谱线与 D 谱线的折射率，不能混淆。

（6）符号的上下角标号及数码要求大小分清，位置高低明显，尤其是角标的角标，要格外注意写清楚。

2. 标点符号

毕业论文中的标点符号应符合国家标准 GB/T15834－1995《标点符号用法》的规定，一些需要注意的地方列举如下：

（1）行文中的标点符号，除（）、""、''、《》、<>外，其余应点在每格的左下方、格的四分之一处。

（2）每行的第一格内可以点的标点符号是'、"、《、<、（、——、……（其中——和……点两格），其他均不能点在一行的第一格。《、<、（等标点符号不能单独点在一行的最后一格，应点在另一行的第一格内。如一行的末端需要点——和……这两种标点符号，又只剩下一个格，

就将标点符号提出格外一部分，不可分为两截，前一半后一半。

（3）句号要求用"。"表示。

（4）引号用""（双引号）和''（单引号）。单层引号只使用双引号。引号套引号时，双引号在外，单引号在内，如"什么是'趋肤作用'"。

（5）书名号"《》"用来表示文件名称和书、刊、报名或它们当中的文章名。

（6）破折号"——"常用来标明行文中的注释性部分或同义词，占两格书写，如"可惜爱因斯坦——相对论的作者——并没有正确地解释他所得到的公式。"

（7）连接号中的半字线"-"占半个字宽，书写时不占格，写在两格之间，用于结合各种并列和从属关系，例如并列词组（应力-应变曲线、温度-时间曲线）、合金系统（Fe-Cr-Al）、产品型号（SZB-4真空泵）、化合物（3-羟基丙酸、丁酮-2、α-丁烯酸、甲烷-d）、币制（卢布-戈比），以及图、表、公式的序号（图3-1、表2-5、式7-6）。

（8）连接号中的一字线"—"占一个字宽，书写时应比汉字"一"略宽，在稿纸上写作一格位置。它用在化学键（如C—H—C）、标准代号（如137—64）、图注（如1—低碳钢）、机械图中的剖面（如A—A）等标注符号中。

（9）省略号在正文中占两格"……"，在公式中占一格"…"。

（10）乘号用"×"，不用"·"。

中文的并列字、词一般用顿号分开，如"依该种的特征、习性、产地或用途等确定名称。"在文中夹用外文、符号及数码时，遇并列字、词仍用顿号分开。阿拉伯数字及外文的并列字、词则用逗号分开，如当x=2，3，4时，函数f(x)的值分别等于14，16，20或A，B，C等，如参考文献等全句都是外文的，遇有并列字、词用逗号分开。

在并列的词组和短句之中又包含并列词的较复杂的情况下，为避免并列的范围混淆不清，外层的并列词组或短句可用逗号或分号分开，其中的并列词用顿号分开。例如"须解决邻位效应，饱和链中的中性质交递，有机物中氢分子、卤分子的活动性，瓦耳登转化等问题。"

3. 名词、名称

（1）毕业论文中的科学技术名词术语尽量采用全国自然科学名词审定委员会审定公布的科技名词或国家标准等标准中编写的名词，尚未编定和叫法有争议的可采用惯用的名称。

（2）相同名词术语和物理量的符号应前后统一，不同物理量的符号应避免混淆。

（3）使用外文缩写代替某一名词术语时，首次出现应在括号内注明其含义，如CPU（Central Processing Unit，计算机中央处理器）。

（4）除一般很熟知的外国人名（如牛顿、爱因斯坦、门捷列夫、达尔文、马克思等）只须按通常标准译法写译名外，其余采用英文原名，不译成中文。其他语种的人名可译可不译。英文人名按名在前姓在后的原则书写，如P.Cray。不可把外国人姓名中的名的部分漏写，如不能只写Cray。

（5）国内工厂、机关、单位的名称应使用全称，不得简化，如不得把北京大学写成"北大"。

4. 量和单位

（1）毕业论文中量的单位必须符合我国法定计量单位，它以国际单位制（SI）为基础。请参看有关文件，如GB3100～3102-93等。

（2）有些单位的名称既可用全称，也可用简称表示（如"安培"和"安"、"伏特"和"伏"、

"摩尔"和"摩"等），可以任意采用一种表示法，但在全文中用法要一致，不要两者并用。

（3）非物理量的单位，如件、台、人、周、月、元等，可用汉字与单位符号构成组合形式的单位，如件/台·h、元/km。

（4）表和图中的数值采用量与单位的比值形式表示，如 λ/nm=58.9。改变过去把单位放在括号内或用逗号与量隔开的表示方法，如 λ（nm）=58.9。

（5）在文中不要用物理量符号、计量单位符号和数学符号代替相应的名称。在表示一个物理量的量值时，应在阿拉伯数字之后用计量单位符号。例如"试样高度 h 为 25mm"不要写成"试样 h 为 25mm"，"钢轨每米质量"不要写成"钢轨每 m 质量"，"绕组电阻小于 1Ω"不要写成"绕组电阻<1Ω"，"铁的百分含量"不要写成"铁的%含量"，"加 15mol 的硫酸"不要写成"加 15mol 的 H_2SO_4"，"正负相消"不要写成"+-相消"，"随着压力 F 的下降而减少"不要写成"随着 F 的↓而减小"。

5. 数字

（1）毕业论文中的测量、统计的数据一律用阿拉伯数字，如"5.25MeV"等。

（2）公历的年、月、日一律用阿拉伯数字，如"1949 年 10 月 1 日"；夏历的年、月、日一律用汉字。历史上的朝代和年号须加注公元纪年。

（3）普通叙述中不很大的数目，一般不宜用阿拉伯数字。例如"他发现两颗小行星"、"三力作用于一点"，不宜写成"他发现 2 颗小行星"、"3 力作用于 1 点"。

（4）大约的数目可用中文数字，也可用阿拉伯数字。例如"约一百五十人"、"八百公里"、"约二十五万人"，也可写成"约 150 人"、"约 800 公里"、"约 25 万人"。

（5）分数可用阿拉伯数字表示，亦可用中文数字表示，但两者写法不同，前者要写成"5/8"（不要写成"8 分之 5"），后者要写成"八分之五"。

6. 标题层次

（1）毕业论文的全部标题层次应有条不紊、整齐清晰，相同的层次应采用统一的表示体例。正文中各级标题下的内容应同各自的标题对应，不应有与标题无关的内容。注意在正文的每个自然段前不得滥加序号。

（2）章节编号方法应采用分级编号方法，一般不超过四级。

7. 注释

（1）毕业论文中有个别名词或情况需要解释时，可加注说明。

（2）注释用页末注（即把注文放在加注处那一页稿纸的下端），而不用行中注（夹在正文中的注）或篇末注（把全部的注文集中在论文末尾）。

（3）在同一页中有两个以上的注释时，按各注释出现的先后顺序编注释号，如 1，2，3 等。注释号的顺序取稿纸前一页为准计算，隔页时必须从头开始不得续接。注释只限于写在注释号出现的同页，不得隔页。较长的注文应在抄写正文时妥善安排，当页写完。

8. 公式

（1）公式应另起一行写在稿纸中央。一行写不完的长公式，最好在等号处或数学符号（如"+"、"-"号）处转行，而在下一行开头不应重复这一记号。

（2）公式的编号用圆括号括起放在公式右边行末，在公式和编号之间不加虚线。公式可按全文统编序号，也可按章单独编序号，如（49）、（7.11），采用哪一种序号应和稿中的图序、表序编法一致。不得有的章里的公式编序号，有的则不编序号。子公式可不编序号，需要引用时可加编 a、b、c 等，重复引用的公式不得另编新序号。公式序号必须连续，不得重复或跳缺。

（3）文中引用某一公式时，写成"由式（16.20）可见"，而不写成"16.20 可见"或"由第 16.20 式可见"等。

（4）将分数的分子和分母平列在一行而用斜线分开时注意避免含义不清，例如 a/b•cosx 就会既可能被认为是 a/(bcosx)，也可能被认为是(a/b)cosx。

（5）公式中分数的横分数线要写清楚，特别是连分数（即分子、分母也出现分数时）更要注意分数线的长短，并把主要分数线和等号对齐。

5.2　论文的结构设定

中华人民共和国国标 GB7713－87《科学技术报告、学位论文和学术论文的编写格式》的规定，凡是学术论文，通常应包括题名、作者姓名及其所在单位、目录和摘要、关键词、引言（绪论）、正文（本论）、结论、致谢、参考文献等。具体到一篇毕业论文，在内容和写作上有着一些特殊的要求，在结构上通常有以下一些项目（详见本节的毕业论文写作框架）。

1. **前置部分**

（1）封面。

封面是学术论文的门面，不仅对论文起保护作用，而且可以提供应有的信息。一般应包括以下内容：

①论文类别（如毕业论文、××学位论文）。

②标题。标题又称题目、文题，是以最恰当、最简明的词语反映论文中最重要的特定内容的逻辑组合。一般分为单标题和双标题两种。要求简要、明确，一般不超过 20 个字。

③署名。其中包括论文作者的姓名、论文指导教师的姓名和职称。学位论文和毕业论文一般不允许两人或多人在同一篇论文上署名。

④专业名称。即论文作者主修专业的名称。

使用统一封面，样式根据学校具体要求，封面上的所有有关信息填写准确、完整、清晰。

（2）目录。

目录即论文的纲目，主要指学位论文和毕业论文，其他论文一般不要求有目录。标引论文目录的目的是，让读者看完目录之后对论文的选题、中心内容、结构安排等有一个初步的了解和评价。目录的内容一般由两级标题表明，即"一"和"（一）"两层。

（3）摘要。

摘要又称概要或内容提要，是对论文基本内容的浓缩，是论文内容不加注释和评论的简短陈述。要求简要概括论文的观点和主要内容。中文摘要一般以 200～300 字为宜，英语专业的外文摘要在 250 个实词左右。

（4）关键词。

关键词是为文献标引或检索而从论文中选取出来，能表达论文主题内容和属性类别的词、词组或术语。每篇论文选取 3～5 个词作为关键词，另起一行，标在摘要的左下方。标引的秩序应根据含义由大到小、由内容到形式，每一关键词之间留一个空格，不加标点。

2. **主体部分**

（1）绪论。绪论也称引言、导论、导言、序言，是学术论文正文的开头部分。

（2）本论。本论是详细阐述论文作者的个人研究成果，特别是作者提出的新的、创造性的见解。按章节层次排布。文中的图和表按章编号，置于相应位置。

（3）结论。结论是立论在得到证明之后的自然归宿，应与本论部分的立论相一致。它是对本论部分的主要观点做科学的概括，而不应当是不厌其烦的重复。

（4）致谢（必要时）。它是指对在毕业论文的研究和写作过程中，给予过帮助、支持的个人和组织表示感谢。

（5）参考文献。文后列出参考文献的目的和作用有三：一是表明作者对他人研究成果的尊重，也表明作者对课题研究的依据以及科学而严谨的治学态度；二是从另一个侧面反映本课题研究的深度和广度，有利于自己今后进一步研究该课题时作必要的参考；三是有利于研究相同或相似课题的同行了解此项研究前人所做的工作。要求列出3篇以上的参考文献或论文所在网址，格式要求如下：

①著作：作者、书名、出版社、出版时间、页码。

②论文：作者、论文篇名、刊号、年、卷（期）、页码。

（6）注释。注释是指对论文中的引文出处和某些词语的说明和解释。分尾注、脚注和夹注。其格式与参考文献的格式一致。

毕业论文正文小四号字，采用 A4 纸打印装订成册，某些专业的毕业论文还需要提供相应的程序设计清单及光盘。

毕业论文写作框架如下：

摘要及关键词

Abstract

目录

正文

第一章　相关概述
- 本课题的研究背景及意义
- 本论文的目的和内容

第二章　XXXX 工作出现的问题
- 问题1的相关描述
- 问题2的相关描述

……

第三章　解决 XXX 问题的对策
- 问题1的解决对策
- 问题2的解决对策

……

第四章　结束语

致谢

参考文献

5.3 论文的内容规范

下面介绍毕业论文撰写内容应符合的要求。

1. 标题

标题应该简短、明确、有概括性，让人看后能大致了解文章的确切内容、专业的特点和学科的范畴。标题字数要适当，一般不宜超过20个字。

2. 摘要

摘要也称内容提要，应当以浓缩的形式概括研究课题的主要内容、方法和观点，以及取得的主要成果和结论，应反映整个论文的精华。中文摘要在300字以内为宜，同时要求写出外文摘要，并在250个实词以内为宜。

摘要应写得扼要、精炼、准确，往往在毕业论文全文完成后再写摘要。一篇几百字的摘要总要反复修改几遍才能定稿。在写作中要注意以下几点：

（1）用精炼、概括的语言表达，每项内容均不宜展开论证说明。

（2）要客观陈述，不宜加主观评价。

（3）成果和结论性意见是摘要的重点内容，在文字上用量较多，以加深读者的印象。

（4）要独立成文，选词用语要避免与全文尤其是前言和结论部分雷同。

（5）既要写得简短扼要，又要行文活泼，在词语润色、表达方法和章法结构上要尽可能写得有文采，以唤起读者对全文阅读的兴趣。

3. 目录页

4. 引言

引言是全篇论文的开场白。它主要包括：

（1）选题的缘由。

（2）对本课题已有研究情况的评述。

（3）说明本文所要解决的问题和采用的手段、方法。

5. 概述成果及意义

作为摘要和前言，虽然所定的内容大体相同，但仍有很大区别。主要区别在于：摘要一般要写得高度概括、简略，前言则可以稍微具体些；摘要内的某些内容，如结论意见，可以笼统地表述，而前言中所有的内容则必须明确表述；摘要不写选题的缘由，前言则应明确反映；在文字量上一般情况是前言多而摘要少些。

6. 正文

论文的正文是作者对自己的研究工作的详细表述，它占全文的较多篇幅。主体内容包括研究工作的基本前提、假设和条件；模型的建立、实验方案的拟定；基本概念和理论基础；设计计算的主要方法和内容；实验方法、内容及其结果和意义的阐明；理论论证、理论在实际中的应用等。根据课题的性质，一篇论文可能仅包含上述的一部分内容。

正文的写作要求：

（1）理论分析部分应写明所作的假定及其合理性，所用的分析方法、计算方法、实验方法等哪些是别人用过的，哪些是自己改进的，哪些是自己创造的，以便指导教师审查和纠正。

这一部分所占篇幅不宜过多，应以简练、明了的文字概略表述。

（2）课题研究的方法与手段，分别以下面几种方法说明：

①用实验方法研究课题，应具体说明实验用的装置、仪器、原材料的性能等是否标准，并应对所有装置、仪器、原材料作出检验和标定。对实验的过程或操作方法，力求叙述得简明扼要，对人所共知的或细节性的内容不必过分详述。

②用理论推导的手段和方法达到研究目的的，这方面内容一定要精心组织，做到概念准确，判断推理符合客观事物的发展规律，符合人们对客观事物的认识习惯与程序。换言之，要做到言之有序，言之有理，以论点为中枢，组织成完整而严谨的内容整体。

③用调查研究的方法达到研究目的的，调查目标、对象、范围、时间、地点、调查的过程和方法等，这些内容与研究的最终结果有关系，但不是结果本身，所以一定要简述。但对调查所提的样本、数据、新的发现等则应详细说明。这是结论产生的依据，若写得抽象、简单，结论就立之不牢，分析就难以置信。在写作时应特别予以重视。

（3）结果与讨论是全文的心脏，一般要占较多篇幅。

在写作时，应对研究成果精心筛选，把那些必要而充分的数据、现象、样品、认识等挑选出来，写进去，作为分析的依据，应尽量避免事无巨细，把所得结果和盘托出。在对结果作定性和定量分析时，应说明数据的处理方法和误差分析，说明现象出现的条件及其可证性，交代理论推导中认识的由来和发展，以便别人以此为根据进行核实验证。对结果进行分析后所得到的结论和推论也应说明其适用的条件和范围。恰当运用表和图作结果与分析是科技论文通用的一种表达方式。

7. 结论

结论包括对整个研究工作进行归纳和综合而得出的总结；所得结果与已有结果的比较；在本课题的研究中尚存在的问题，对进一步开展研究的见解与建议。它集中反映作者的研究成果，表达作者对所研究的课题的见解和主张，是全文的思想精髓，是文章价值的体现。一般写得概括、篇幅较短。撰写时应注意以下事项：

（1）结论要简单、明确。在措辞上应严密，但又容易被人领会。

（2）结论应反映个人的研究工作，属于前人和他人已有过的结论可少提。

（3）要实事求是地介绍自己研究的成果，切忌言过其实，在无充分把握时应留有余地，因为在科学问题的探索上是永无止境的。

8. 感谢辞

感谢辞是在论文的结尾处，以简短文字，对课题研究与写作过程中曾给予直接帮助的人员，例如指导教师、答疑教师及其他人员，表示自己的谢意。这不仅是一种礼貌，也是对他人劳动的尊重，是治学者应有的思想作风。

9. 参考文献与附录

参考文献是毕业论文不可缺少的组成部分。它反映毕业论文的取材来源、材料的广博程度及材料的可靠程度。一份完整的参考文献也是向读者提供的一份有价值的信息资料。

此外，有些不宜放在正文中，但有参考价值的内容，可编入论文的附录中，如公式的推演、编写的算法语言程序等。

论文编写完成后，为了醒目和便于读者翻阅，可为论文编写一个目录，目录可分章节，每一章节之后应编写页码。

如果论文中引用的符号较多，为了节省论文的篇幅，并且便于读者查对，可以编写一个符号说明，注明符号所代表的意义，如果是有指数的量，则应注明其指数。

5.4 论文的名词术语约束

科学技术名词（及定义）包括了丰富的科技和文化内涵。人类在创造世界、推动科技向前发展的历史长河中，同时也创造和发展了无数的科技名词，这些科技名词作为知识传播与科技交流的载体与工具，又促进着科技和文化的发展。没有术语就没有知识，我们在论文中一定要严格使用规范术语名词，并注意这些科技名词术语的统一。

5.5 毕业论文的写作步骤

毕业论文的写作步骤大体上分为拟写提纲、写成初稿、修改定稿等步骤。

1. 拟写提纲

毕业论文的篇幅较长，内容比较复杂，动笔写作时先拟一个文字提纲很有必要。陶铸生前对拟定提纲的重要性和必要性讲得很深刻。他说："目的确定以后，最好先拟定简单提纲，写稿提纲和发言提纲的作用一样，是为了文章有组织（短文当然可以不用）。按提纲写稿子，有这样许多好处：一、可以帮助你组织材料；二、可以使想问题周到；三、免得一面写一面想，写时吃力不讨好，又可以避免遗漏。"

拟定提纲要项目齐全，能初步构成文章的轮廓；要从全局着眼，权衡好各个部分；要征求指导教师的意见，注意多加修改，写作时要遵循提纲"框"住自己的头脑。要边写边积极思索，不断开拓自己的思路，才会取得满意的结果。

2. 写成初稿

毕业论文初稿的写作是最艰苦的工作阶段。在执笔时应注意以下几点要求：

（1）要尽可能把自己事先所想到的内容写进去。初稿的内容尽量充分丰富，以方便修改定稿。当然，也要防止一味地堆砌，写成材料仓库。

（2）要合乎文体范围。文句力求精炼简明、深入浅出、通顺易读，避免采用不合语法的口头语言，也要避免采用科技新闻报道式文体。

（3）要顺利表达，不要在枝节上停留。

（4）要写得干净些、清楚些。初稿最好使用页面字数不太多的稿纸，四周有足够的空余之处，便于进行增、删、改。

3. 修改定稿

初次撰写毕业论文的大学生，应注意对论文的精心修改。修改的范围内容上包括修改观点、修改材料，形式上包括修改结构、修改语言等。

①修改观点：一是观点的订正，看一看全文的基本观点以及说明它的若干从属论点是否偏颇、片面或表述得不准确；二是观点的深化，看一看自己的观点是否与别人雷同，有无深意或新意。

②修改材料：就是通过材料的增、删、改、换，使文章支持和说明观点的材料充分精炼、

准确而鲜明生动。

③修改结构：多数是对文章内容的组织安排作部分的调整，小修小改。一般地，出现下面几种情况，都应动手修改：

- 中心论点或分论点有较大的变化。
- 层次不够清楚，前后内容重复或内容未表达完整。
- 段落不够规范，划分得过于零碎或过于粗糙，不能显示层次。
- 结构环节不齐全，内容组织得松散。

④修改语言：包括用词、组句、语法、逻辑等。作为学术性的文章，语言应具有准确性、学术性和可读性。根据这一基本要求，语言的修改从以下几方面着手：

- 把不准确的改为准确的。
- 把罗嗦、重复的改为精练、简洁的。
- 把生涩的改为通俗的。
- 把平庸的改为生动的。
- 把粗俗俚语改为学术用语。

第 6 章　财会专业毕业论文的答辩准备

本章概要

- 答辩的演示文稿设计。
- 答辩的自我陈述。
- 答辩的问题准备。

6.1　答辩的演示文稿设计

演示文稿要按你的课题思路，按重点来介绍。因为你没有很多时间。

论文中有很多东西是收集和整理别人的，或者介绍基础条件的，在逻辑上论文要那样写，但并不意味着所有的一切都要在答辩中讲到，更不意味着那个论文结构就是你介绍自己研究成果的次序和全部内容。有些后台的计算分析过程就是在论文中一笔代过甚至都未出现过的，它也有可能成为你的汇报重点。

总之，要看实际情况来进行答辩汇报。

大家需要对自己的论文选题、方法、结论、相关文献非常熟悉。答辩每个人大约 5 分钟，最好限制在 8 分钟之内，讲清楚后面幻灯片上的内容。回答老师问题有理有据，因为是自己完成的，你理所当然最权威，但不能狡辩。演示文稿尽量做得简洁、漂亮、得体。答辩自信、表达流利、有理有据。要对论文的内容进行概括性的整合，将论文分为引言和实验设计的目的意义、材料和方法、结果、讨论、结论、致谢几部分。其中应该尽量包含以下内容：

①论文题目综述（一张幻灯片）。
②论文简明扼要（一两句话）的说明。
③论文题目背景。
④论文题目意义。
⑤论文题目目标。
⑥论文题目问题。
⑦论文题目框架（一张幻灯片）。
⑧论文题目的展开思路。
⑨论文结构。
⑩相关概念（一张幻灯片）。

若有特别专业或者要特别说明的概念，可以解释。一般无须。

（1）论文题目综述（一张幻灯片）。

简要说明国内外相关研究成果，谁、什么时间、什么成果。

最后很简要地述评，引出自己的研究。

(2) 研究方法与过程（一到两张幻灯片）。

采用了什么方法、在哪里展开、如何实施。

(3) 主要结论（三到五张幻灯片）。

自己研究的成果，条理清晰、简明扼要。

多用图表、数据来说明和论证你的结果。

(4) 系统演示。

如果是系统开发者，则需要提前做好安装演示准备，在答辩时对主要模块演示1～2分钟。

(5) 问题讨论（一张幻灯片）。

有待进一步讨论和研究的课题。

(6) 致谢（一张幻灯片）。

请各位老师批评指正。

在每部分内容的简介中，原则是图的效果好于表的效果，表的效果好于文字叙述的效果。不要满屏幕都是长篇大论，让评委心烦。现在互联网上下载一点图片资料很方便，能引用图表的地方尽量引用图表，的确需要文字的地方，要将文字内容高度概括、简洁明了化，用编号标明。

幻灯片的内容和基调。背景适合用深色调的，例如深蓝色，字体用白色或黄色的黑体字，显得很庄重。值得强调的是，无论用哪种颜色，一定要使字体和背景成明显反差，如图6-1所示。幻灯片要注意的要点是用一个流畅的逻辑打动评委。幻灯片字要大，在昏暗的房间里小字会看不清，最终结果是没人听你的介绍。不要用PPT自带模板，自带模板那些评委们都见过，且与论文内容无关，要自己做，简单没关系，纯色没关系，但是要自己做。时间不要太长，5～8分钟的汇报，10～20页内容足够，主要是你讲，PPT是辅助性的。

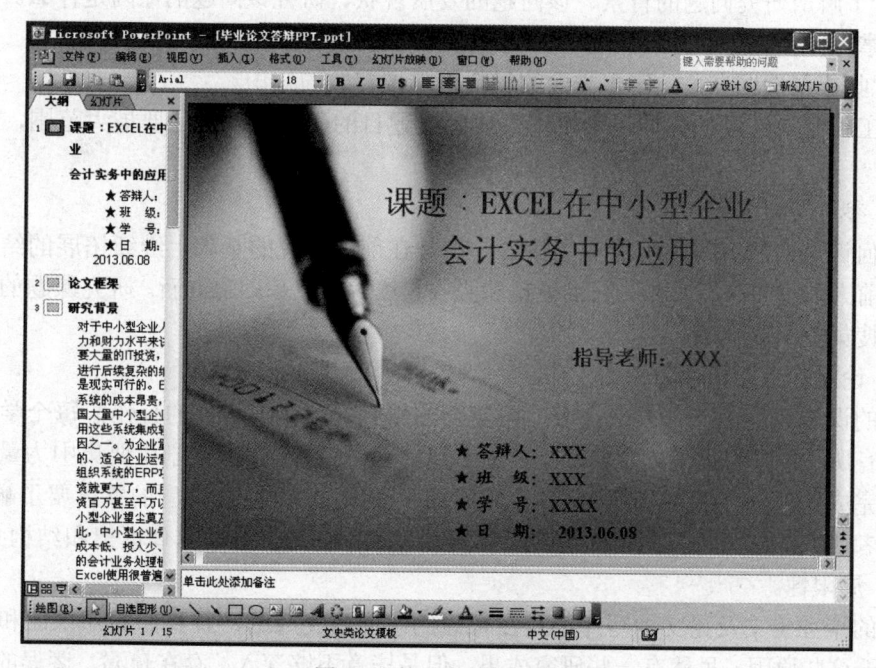

图6-1 毕业答辩演讲稿

6.2 答辩的自我陈述

毕业论文答辩的自我陈述需要做些准备，如提纲、技巧、常见问题等，做好了这些准备，答辩的自我陈述就会得心应手。

毕业论文完成后要进行答辩的自我陈述，以检查学生是否达到毕业论文的基本要求和目的，衡量毕业论文的质量高低。学生口述总结毕业论文的主要工作和研究成果并对答辩委员会成员所提出的问题做出回答。答辩是对学生的专业素质和工作能力、口头表达能力及应变能力进行考核；是对学生知识的理解程度做出判断；对该课题的发展前景和学生的努力方向进行最后一次的直面教育。

6.2.1 答辩的自我陈述提纲

拟定答辩提纲有助于理清答辩的思路，帮助学生组织语言，按照正确的顺序将毕业论文的背景、目的、研究方法、结果等一一阐述清楚。

1. 答辩提纲的内容

答辩提纲主要应该有以下 4 个内容：所研究课题的背景和研究该课题的主要意义；研究该课题的关键是什么；独立解决问题的创新方法；研究依据和研究结果。

（1）熟读自己撰写的论文，从中提取主要内容。

列出自己对这一问题的基本观点、看法、提供的主要论据、结论、理论价值和实际应用的意义。这些是单从论文本身出发，整理此篇论文所涉及的核心内容。这些内容是答辩提纲的重要组成部分。

（2）了解所研究问题的背景、该问题的发展现状、研究该问题的原因是什么。

充分掌握一个课题的背景、现状和由来，有助于在答辩中回答老师的提问。

（3）收集与选题有关的诸多方面的材料，掌握有关的知识。

这项工作是对选题的延伸，学生不仅要熟知题目的研究情况，还要扩大范围，延展到相关领域。

（4）参考资料的来源。

对任何课题的研究都不可能凭空臆造，都是在前人研究的基础上继续拓展的结果，因此必定要对前人的资料进行总结、归纳概括和吸收，然后在此基础上创新。研究课题的参考资料要尽可能搜集全面和准确。

（5）论文作者在该课题中的工作。

较小的课题可能由一个人来完成，而复杂的研究内容需要多人的合作，每个学生承担的工作重点有所不同，毕业论文要求每位学生必须独立做完相应模块。学生要集中力量陈述自己独立工作完成的部分，这是评价论文难易程度的主要依据。学生对课题的整体要了解清楚，对其他合作者研究的部分也要简单知道，虽然不涉及细节问题，但是总体框架和结构必须明确。

（6）局限性。

学生的毕业论文及论文的写作都是在很短的时间内完成的，且我们的知识面和掌握程度有限，鉴于这些原因，虽然有一些研究成果，但是毕竟不够深入，存在疏漏、谬误的地方，因此针对论文的不足之处要谦虚地提出来。

（7）新成果的评价与展望。

正确认识毕业论文取得了哪些新成果。既不能过分自信、不够谦虚，也不能太过自卑，实事求是才是对待科学的认真态度。一个新成果有两个方面的价值，即理论价值和实践价值。如何将新成果推广到实际生活中，取得较好的经济效益，这是我们要思考和研究的问题之一，最后还要展望新成果的发展之路。

2. 答辩提纲的写作

答辩提纲分为引言、正文和结尾三个部分。下面详细介绍每个组成部分的基本内容。写作时要注意提纲挈领，不一定每一项内容都要写在提纲里，答辩提纲的主要目的是在答辩时起到"提示"的作用。

（1）引言。

引言是进入正文的一个手段，是进入答辩高潮环节的有益铺垫，所以书写引言时要投入一定精力，使引言能够引起答辩教师的注意，创造轻松的答辩氛围。

引言要做到引人入胜，如果能够采取听众感兴趣的话题作为切入点，可谓事半功倍、一举多得。其一，可以让答辩教师将精力集中在你的论文之上；其二，可以缓解紧张而又严肃的气氛；其三，就是答辩教师听过很多学生的答辩之后已经十分疲倦，用这种轻松的手法开场，听众的精神状态也会自然地恢复；其四，这还是一种先声夺人的方法，容易让人印象深刻。

特别要注意这种方式要适度，话题的范围要严格围绕论文的内容展开，切不可偏离中心，离题万里。时间的长短也要注意，它的作用仅是引入正题，一般控制在 1~2 分钟以内，然后迅速展开论文核心内容。

在这短短的时间里，都要涉及哪些内容呢？首先是礼貌的自我介绍，这是个人素养的基本体现，印象分很重要；其次是紧扣论文的趣味性材料；最后指明毕业论文课题及自述论文的安排和步骤。

（2）正文。

正文内容分为两部分：一部分是依据论文的主要内容编写，另一部分是专为答辩而准备的某些资料。下面详细介绍这两部分内容。

整理论文的主要内容，对下列论文内容进行浓缩，提取关键信息。

标题、摘要、关键词这三个部分在论文中已经十分精炼，特别是摘要字数虽然少，但是能够说明论文的核心内容。

①目录。

论文各章节的目录处处体现着论文的层次和结构。它能够帮助我们理清思路，抓住论文的梗概，便于查找。目录各层次的标题之间也暗示了其内容之间的相互联系。

②前言。

论文的前言一般包括写作此论文的目的和主要原因、本课题现阶段的发展情况、课题的有关背景和发展历史、研究范围和工作方法、理论原理、预期结果、工作计划。

③论文正文。

论文正文是论文的核心和主体部分，但是它篇幅最长，不适合在答辩提纲中使用。可以摘录正文中的重要观点和内容列入答辩提纲，帮助学生在答辩时对选题进行重点讲解。

④结尾。

首先，结论。通过科学的理论推导和分析，反复的实验论证，实验数据的总结、概括、归纳，得出最终结论。结论应该完整准确、简明扼要、不偏激、不片面。

其次，致谢。在毕业论文和撰写论文的过程中，必定有很多人的帮助和支持，在论文的最后都会对帮助自己的师长、工作伙伴以及协作单位致谢。

最后，要准备专门为答辩而收集的资料，也要将核心内容和索引写在提纲中，其他具体资料可以在答辩中携带，主要包括与该课题有联系的背景资料和文献，适当扩大到本领域范围之内；该课题的现有研究程度、发展方向、发展前景的有关资料。

3. 答辩提纲的试讲

答辩提纲撰写完成之后，经过反复阅读、修改并最终定稿。试讲由此开始，试讲的时间长度应与实际答辩的自述时间长度相同，应以各学校的规定为准，一般为20分钟。

试讲分为两个阶段。第一阶段，由自己独立完成，即讲给自己听。大概掌握发言时间的长短，对答辩提纲不尽如人意的地方再次进行修改、补充、删减，这一过程的记忆工作量很大。提纲不是全部内容，只是属于提示性的文字，主要体现彼此之间的层次与逻辑关系，由此联想到全部内容。试讲的过程应尽量脱稿演讲，对有些记忆起来确实有困难的内容可适当看稿。第二阶段，多人模拟答辩会场的形式，这一阶段与正式答辩的程序和内容完全相同，应当作是一场正式考试。

6.2.2 答辩的自我陈述技巧

学生在答辩前除做好必要的物质和心理上的准备外，还应针对论文选题设计和准备答辩小组可能提出的问题。答辩中的技巧可以帮助学生消除紧张心理，举止大方而有礼貌，突出重点，避开没有足够把握的论题，获得优异的成绩。

1. 答辩程序

（1）自我介绍。

自我介绍作为答辩的开场白，包括姓名、学号、专业。介绍时要举止大方、态度从容、面带微笑、礼貌得体，争取给答辩小组一个良好的印象。好的开端就意味着成功了一半。

（2）答辩人陈述。

收到成效的自我介绍只是这场答辩的开始，接下来的自我陈述才进入正轨。自述的主要内容归纳如下：

①论文标题。向答辩小组报告论文的题目，标志着答辩的正式开始。

②简要介绍课题背景、选择此课题的原因及课题现阶段的发展情况。

③详细描述有关课题的具体内容，其中包括答辩人所持的观点看法、研究过程、实验数据、结果。

④重点讲述答辩人在此课题中的研究模块、承担的具体工作、解决方案、研究结果。

⑤侧重创新的部分。这部分要作为重中之重，这是答辩教师比较感兴趣的地方。

⑥结论、价值和展望。对研究结果进行分析，得出结论；新成果的理论价值、实用价值和经济价值；展望本课题的发展前景。

⑦自我评价。答辩人对自己的研究工作进行评价，要求客观、实事求是、态度谦虚。经过参加毕业论文与论文的撰写，专业水平上有哪些提高、取得了哪些进步、研究的局限性、不足之处、心得体会。

（3）提问与答辩。

答辩教师的提问安排在答辩人自述之后，是答辩中相对灵活的环节，有问有答，是一个相互交流的过程。一般为3个问题，采用由浅入深的顺序提问，采取答辩人当场作答的方式。

答辩教师提问的范围在论文所涉及的领域内，一般不会出现离题的情况。提问的重点放在论文的核心部分，通常会让答辩人对关键问题作详细、展开性论述，深入阐明。答辩教师也会让答辩人解释清楚自述中未讲明白的地方。论文中没有提到的漏洞，也是答辩小组经常会问到的部分。再有就是论文中明显的错误，这可能是由于答辩人比较紧张而导致口误，也可能是答辩人从未意识到，如果遇到这种状况，不要紧张，保持镇静，认真考虑后再回答。还有一种判断类的题目，即答辩教师故意以错误的观点提问，这就需要答辩人头脑始终保持清醒，精神高度集中，正确作答。

仔细聆听答辩教师的问题，然后经过缜密的思考，组织好语言。回答问题时要求条理清晰、符合逻辑、完整全面、重点突出。如果没有听清楚问题，请答辩教师再重复一遍，态度诚恳，有礼貌。

当有问题确实不会回答时，也不要着急，可以请答辩教师给予提示。答辩教师会对答辩人改变提问策略，采用启发式、引导式的问题，降低问题难度。

出现可能有争议的观点，答辩人可以与答辩教师展开讨论，但要特别注意礼貌。答辩本身是非常严肃的事情，切不可与答辩教师争吵，辩论应以文明的方式进行。

（4）总结。

上述程序一一完毕，代表答辩也即将结束。答辩人最后纵观答辩全过程做总结陈述，包括两方面的总结：毕业论文写作的体会和参加答辩的收获。答辩教师也会对答辩人的表现做出点评：成绩、不足、建议。

（5）致谢。

感谢在毕业论文方面给予帮助的人们，并且要礼貌地感谢答辩教师。

2. 答辩的自我陈述注意事项

（1）克服紧张、不安、焦躁的情绪，相信自己一定可以顺利通过答辩。

（2）注意自身修养，有礼有节。无论是听答辩教师提出问题还是回答问题，都要做到礼貌应对。

（3）听明白题意，抓住问题的主旨，弄清答辩教师出题的目的和意图，充分理解问题的根本所在，再作答，以免出现答非所问的现象。

（4）若对某一个问题确实没有搞清楚，要谦虚地向教师请教。尽量争取教师的提示，巧妙应对。用积极的态度面对遇到的困难，努力思考作答，不应自暴自弃。

（5）答辩时语速要快慢适中，不能过快或过慢。过快会让答辩小组成员难以听清楚，过慢会让答辩教师感觉答辩人对这个问题不熟悉。

（6）对没有把握的观点和看法，不要在答辩中提及。

（7）不论是自述，还是回答问题，都要注意掌握分寸。强调重点，略述枝节；研究深入的地方多讲，研究不够深入的地方最好避开不讲或少讲。

（8）通常提问会依据先浅后深、先易后难的顺序。

（9）答辩人的答题时间一般会限制在一定的时间内，除非答辩教师特别强调要求展开论述，否则都不必展开过细，直接回答主要内容和中心思想，去掉旁枝细节，简单干脆，切中要害。

6.3 答辩的问题准备

答辩的问题准备应当尽量充分。学生应在答辩前从思想上和物质上进行充分准备，竖立信心，克服紧张情绪，准备答辩过程中必需的演讲以及辅助道具，提高答辩的质量。

6.3.1 精神准备

1. 明确答辩的目的和意义

（1）鉴别毕业论文的真伪。答辩是学生毕业前的最后一次考核，其首要目的是考察学生毕业论文的真伪性。

（2）评价毕业论文的质量。在辨别论文真伪的基础上，进一步考察学生研究课题的深度与广度，评价论文的优劣程度。毕业答辩有一套完整、公正、客观的评分标准。包括对基本理论、基本技能、专业知识的综合运用；创造性的研究方法和研究成果；学术水平和实际意义；表达分析的条理性和准确性；毕业论文中存在的不足与问题；工作能力和态度、工作量等是否达到基本要求，有无突出表现，答辩小组成员将根据学生的具体情况评分。

（3）考察学生的临场发挥能力、语言表达能力、思维活跃能力。学生自述与回答问题时，应该沉着镇静、口齿清楚、论述充分有力、思维清晰、符合逻辑。对答辩教师的提问，仔细倾听、抓住中心、快速思考、正确作答。

2. 了解答辩的有关规定和要求

毕业论文答辩，是取得学位的一项重要工作。院（系）毕业论文领导机构成立答辩委员会，指导教师可以加入答辩委员会，但不能担任答辩委员会主席的职务，且在自己学生答辩时应回避，不参与意见。答辩委员会在举行答辩前半个月将学生论文分发到答辩委员会成员手中，每位答辩教师应认真负责地对待每篇论文，仔细阅读、准备提问的问题。

答辩教师提出的问题有一定的方向性，主要分为鉴别论文真实性的问题、识别知识掌握程度的问题、判断论文研究深度的问题。出题也有一定的原则，把握目的难易程度和范围，难易深浅相结合，题目（大方向）的数量一般在3个左右。

6.3.2 心理准备

答辩是学生获准毕业、取得学位的必由之路，是走出学校、走向社会的最后一次在校学习的机会。只要认真对待，通过并非难事。

自负与自卑都不可取。以轻视的态度面对答辩，放松精神、漫不经心、精力分散，势必在答辩中难以集中精神，自述丢三落四，回答问题张冠李戴，精神状态懒散，这种自负会让我们搬起石头砸自己的脚，功亏一篑。自卑的心理会使答辩大失水准，甚至由于胆怯而不能正常表达自己的想法，说话颠三倒四，思维停滞，态度唯唯诺诺，无法体现真实的能力和水平。

树立自信心，适当放松心情，不要给自己过大的压力，积极热情，泰然处之，以平常心对待。在答辩之前，搞一个小型的试讲会，模拟提问，努力适应答辩环境，克服恐惧、紧张的心理。

6.3.3 物质准备

物质准备包括论文底稿、参考资料、答辩提纲。

答辩不同于一般的口试，准备工作必须是全方位的。进入答辩会场要携带论文底稿、答辩提纲和参考资料，这三种资料的准备工作尤为重要。

论文底稿要保留，答辩之前要熟读其内容。无论是答辩中的自我陈述还是答辩教师的提问，都是以论文内容作为依据，论文中的重点内容必须牢记。

收集与论文相关的参考资料，分类整理，做好索引，以便查找。参考资料尽量齐全，仔细阅读并学习研究，开拓视野，储备丰富的知识。

答辩提纲作为答辩中必不可少的物质资料，直接影响答辩的质量。答辩提纲的撰写有其特殊的要求、要领。它是论文底稿和参考资料的融合与提炼。从表面上看，一份提纲的篇幅相对于论文来讲是相当少的，但它的内容和信息量是论文与参考资料的总和。

6.3.4 辅助准备

在大约 5 分钟的自我陈述过程中，单用"说"这种枯燥的方式不容易达到好的效果。在答辩过程中应注意吸引答辩教师的注意力，充分调动答辩小组的积极性，使用生动活泼的语言可以收到好的成效；视觉图像往往让人有更加深刻的认知，如果利用视觉反应传达毕业论文的内容，再配以语言解释，这二者的巧妙结合将使答辩变得有声有色。因此可以选择图、表、照片、幻灯、投影等作为辅助答辩的物质材料。

另外，毕业论文答辩还应注意以下几个问题：

（1）精心的准备。

主要指制作一个精美的幻灯片。相信大家答辩时都会用到 PowerPoint，制作一个巨花的幻灯会为你的论文增色不少，尤其对那些实质内容比较苍白的论文来说，一个令人眼花缭乱的 PPT 可以很大程度上弥补论文本身的不足。

（2）演讲时间上的准确把握。

毕业设计答辩各组时间不同但基本上每人讲 10 分钟左右，提问 5 分钟。演讲时时间概念很重要，一定要在规定的时间内讲完，否则会被老师强行制止。正式演讲前最好自己预讲一下，做到心中有数。讲的时候，尽量讲一些重要的、结论性的东西，中间的一些不重要的最好忽略。

（3）灵活的应变。

个人讲演完毕后接着就是提问。回答问题时一定要沉着冷静，相信自己是自己课题方面的大牛（实际上也是这样，一般你做的课题别的老师并不十分清楚，你在做什么只有你自己知道），老师的提问一般多是有惊无险，只要沉着应战一般均可轻松拿下。

总之，答辩就是凭印象给分，你的表现越好，所得分数也就越高，所以尽量给老师留个好印象是十分重要的。因此要做好心理准备。要克服怯场心理，消除紧张情绪，保持良好的心理状态。要有自信意识。这是学生应具备的最基本的一种心理素质。凡是有充分自信意识的学生，在答辩过程中就会精神焕发、心绪镇静、神态自若、思维敏捷、记忆完整。答辩就可以淋漓尽致地发挥。要做到自信，需要对自己的论文从内容、范围到材料有充分的理解和多方面的准备，做到烂熟于心。从整体到局部都有了然于胸的感受，这样就能对提出的种种质疑应付自如，即使不能对答如流，至少也能迎刃而解，问有所答。真正做到"艺高胆大"，有了真才实学，就不怕别人提出质询。

另外还要做好资料的准备。不要忘记将与论文有关的一些图表类资料整理好。如经济类论文答辩时，可能会涉及许多统计表、统计图、测算表、明细表、演示图等。准备许多相关的图表，悬挂在答辩现场，作为讲解的辅助工具。

最后要做好发言提纲的准备。"工欲善其事，必先利其器。"不打无准备之仗。答辩者在答辩前可从以下角度去考虑准备答辩：

- 自己为什么选择这个课题。
- 研究这个课题的意义和目的是什么。
- 全文的基本框架、基本结构是如何安排的。
- 全文各部分之间的逻辑关系如何。
- 在研究本课题的过程中，发现了哪些不同见解，对这些不同的意见自己是怎样逐步认识的，又是如何处理的。
- 论文虽未论及，但与其较密切相关的问题还有哪些。
- 还有哪些问题自己还没有搞清楚，在论文中论述得不够透彻。
- 写作论文时立论的主要依据是什么。

对以上问题应该仔细想一想，必要时要用笔记整理出来，写成发言提纲，在答辩时用。这样才能做到有备无患，临阵不慌。

在答辩时，一般是几位相关专业的老师根据学生的设计实体和论文提出一些问题，同时听取学生个人阐述，以了解学生毕业论文的真实性和对设计的熟悉性；考察学生的应变能力和知识面的宽窄；听取学生对课题发展前景的认识。

答辩中专业老师常会提出的问题分类如下：

- 辨别论文真伪，检查是否为答辩人独立撰写的问题。
- 测试答辩人掌握知识深度和广度的问题。
- 论文中没有叙述清楚，但对于本课题来讲尤为重要的问题。
- 关于论文中出现的错误观点的问题。
- 课题有关背景和发展现状的问题。
- 课题的前景和发展问题。
- 有关论文中独特的创造性观点的问题。
- 与课题相关的基本理论和基础知识的问题。
- 与课题相关的扩展性问题。

学生应该针对这些常见问题提前做好准备，为答辩做好充足准备。

第三部分 财会专业各方向毕业论文实例及选题

本部分概要

- 财务会计方向毕业论文实例及选题。
- 税务会计方向毕业论文实例及选题。
- 电算化会计方向毕业论文实例及选题。
- 财务管理方向毕业论文实例及选题。
- 审计实务方向毕业论文实例及选题。

本部分导言

通过财务会计方向、税务会计方向、电算化会计方向、财务管理方向和审计实务方向的毕业论文实例展示，启发学生掌握财会专业毕业论文中各个环节的操作过程，使学生学会从开始选题到最终完成设计作品的全过程。

第 7 章 财务会计方向毕业论文实例及选题

本章概要

- 财务会计方向概述。
- 财务会计方向毕业论文实例。
- 财务会计方向的各类选题。

7.1 财务会计方向概述

1. 财务会计方向概述

财务会计方向是会计学专业一个主要的分支，本方向包含货币资金、应收款项、存货（原材料、库存商品）、固定资产、无形资产、负债（应付职工薪酬、应交税费）、所有者权益、收入、费用和利润的核算、财务会计报告的编制等，随着社会经济的日益发展，逐步开展预测、决策、控制和分析的一种经济管理活动，是经济管理活动的重要组成部分。

随着社会信息化程度的不断提高，会计行业已经开始和其他的专业慢慢融合，从而产生了很多新职业，这也为以后会计人员的发展提供了更多的选择机会。以会计作为职业会获益很多，其中最重要的是可以了解企业到底是如何运作的。会计领域为从业者提供了不断变化并富有挑战性的工作。

2. 毕业生能力培养目标

高等学校财务会计方向培养具备管理、经济、法律和会计学等方面知识和能力，能在企事业单位及政府部门从事会计实务以及教学、科研方面工作的工商管理学科高级专门人才。财务会计方向毕业生应该具备以下能力：

（1）掌握管理学、经济学和会计学的基本理论、基本知识。

（2）掌握财务会计学的定性、定量分析方法。

（3）具有较强的语言与文字表达、人际沟通、信息获取能力及分析和解决会计问题的基本能力。

（4）熟悉国内外与会计相关的方针、政策、法规和国际会计惯例。

（5）了解本学科的理论前沿和发展动态。

（6）掌握文献检索、资料查询的基本方法，具有一定的科学研究和实际工作能力。

3. 毕业论文相关主干课程

财务会计方向的毕业论文涉及学生在校期间必修和选修的一些专业课，这些课程内容支撑着毕业作品的整个开发过程。相关专业课一般包括：基础会计学、经济法基础、税法、财务会计学、成本会计学、财务管理学、审计学、会计电算化、财务报表分析、会计制度设计。

（1）基础会计学。

本课程主要阐述会计核算的基本理论、基本方法和基本技能，内容包括会计的基本概念、会计核算的基本前提、会计原则、会计要素、会计等式、会计科目和账户、复式记账、借贷记账法的运用、企业主要经济业务及其核算原理、会计凭证、会计账簿、财产清查、会计核算形式、会计报表及其编制原理、会计档案管理、会计机构等。它是会计学的入门学科。

(2) 经济法基础。

经济法基础是以经济法律的基础知识及与经济相关的法律（劳动合同法）为主的一门学科，通过了解企业法、公司法，掌握经济法仲裁、诉讼、劳动合同法、支付结算法律制度等有关法律法规，增强学生的法律意识、法制观念。通过对本课程的学习，使学生掌握法的基本知识和各种法律制度，使学生做到知法、懂法、守法，通过课程中的案例分析进而培养学生发现问题、分析问题、解决问题的能力，并能够在以后的工作中熟练运用各种法律制度。

(3) 税法。

本课程主要帮助学生在最短的时间内对我国的税收制度和如何计算缴纳各类税款有一个基本的了解，基本内容包括税收基础知识，个人所得税的计算，企业所得税的计算，增值税的计算，营业税的计算，消费税的计算，车船税的计算，房产税、契税和印花税的计算，土地税的计算，税收征管基础知识。掌握了上述知识，学生基本可以应对日常生活中常见的税收事项。

(4) 财务会计学。

"财务会计学"是在"会计学基础"之后开设的一门专业主干课程，是构成会计学科体系的核心课程之一。本课程是以我国发布的《企业会计准则》最新发布的具体会计准则、《股份有限公司会计制度》及相关国际惯例为依据，既有财务会计理论的阐述，又有财务会计实务的讲析，成为会计专门人才必修的课程。通过本课程的学习，学生在熟练掌握会计要素的账务处理、会计报表的编制的基础上，能灵活地根据企业的特点，为投资人、债权人、政府机关等报表使用人提供满足其需要的信息。

(5) 成本会计学。

本课程较为详细地介绍了成本及成本会计概念，成本会计的对象、任务及职能，了解制造成本法的特点以及成本会计工作的组织、成本核算的原则要求，了解费用的分类及成本核算的一般程序、各种产品成本的计算理论和方法。

本课程的重点是不同成本对象的计算理论和方法；难点是成本对象的确定和核算工作的组织；教学方法的特色是理论紧密联系实际。

(6) 财务管理学。

本课程主要阐述财务管理的基本理论、基本方法和基本操作技能，并从筹资、投资、资金运营、财务分析等资金运动环节分述其原理及方法，同时对财务预测与预算、财务治理、利润分配与管理等财务活动也进行了阐述。通过本课程的学习，学生能进一步了解和掌握企业财务管理理论、方法和操作技能，培养学生综合分析问题和解决问题的能力，提高学生综合运用财务知识的能力。

(7) 审计学。

"审计学"是对审计学基本理论、基本方法以及审计实务进行理论和实践探讨，并研究其规律性的一门学科。本课程的先修课程包括基础会计、财务会计、管理学、统计学、财务管理等。本课程是财务管理专业、会计学专业的专业核心课程。审计学科是任何学科均不能包容或代替的一门独立学科，因此现代审计学科体系一般由理论审计学、应用审计学、审计技术学和历史审计学 4 个分学科组成。在本课程的教学中侧重于理论审计学并兼顾应用审计学的知识，通过本课程的教学，使学生了解审计在市场经济条件下的地位和作用，认识审计的本质，掌握审计的基本理论、基本方法，并能运用审计的基本原理、方法对企事业单位、股份制企业的经济活动、会计报表进行审查，为评价经济责任、维护财经法纪、加强经营管理、提高经济效益提供依据。

（8）会计电算化。

本课程的培养目标是学生通过本课程的学习，能够掌握实际会计工作岗位中需要的会计核算和操作技能、会计工作岗位之间的业务衔接关系和电算化下的内部控制要求，了解会计人员的职业道德规范等内容，让学生达到会计师的基本素质要求，使学生系统全面地了解会计电算化的产生、发展和会计电算化信息系统的构成，使学生掌握财务软件的维护方法与技巧，熟练掌握财务软件的应用，特别是财务软件各个模块的使用方法与步骤。同时，也培养学生的职业岗位能力、社会适应能力和全面综合素质。

（9）财务报表分析。

通过本课程的学习，学生进一步加深对财务报表的理解掌握，运用财务报表分析和评价，本课程的教学目标是培养具有较强实践能力和一定理论基础的高素质报表分析人才。财务报表能够全面反映企业的财务状况、经营成果和现金流量情况，但是单纯从财务报表上的数据还不能直接或全面说明企业的财务状况，特别是不能说明企业经营状况的好坏和经营成果的高低，只有将企业的财务指标与有关的数据进行比较才能说明企业财务状况所处的地位，做好财务报表分析工作，可以正确评价企业的财务状况、经营成果和现金流量情况，揭示企业未来的报酬和风险。

（10）会计制度设计。

本课程在阐明会计基本理论和基本知识的基础上，重点阐明会计制度设计的内容和方法，具有较强的科学性、先进性和适用性。本课程共十章，第一章介绍基本理论，第二章至第六章介绍会计核算制度的设计，第七章和第八章介绍会计控制制度的设计，第九章介绍会计组织系统的设计，第十章介绍电算化会计系统制度的设计。

7.2 财务会计方向毕业论文实例

7.2.1 ABC 公司应收账款管理问题的研究

1. 毕业论文任务书

毕业论文任务书如表 7-1 所示。

表 7-1　XXXX 大学毕业论文任务书

姓　　名	XXX	学　号	XXXXXXXX	系　　别	经济管理系
专　　业	会计学专业	年级班级	XX 级 X 班	指导教师	XXX
论文题目	见下 ABC 公司应收账款管理问题的研究				
任务和目标	本毕业论文主要完成对"ABC 公司应收账款管理问题"的研究，并撰写题目为《ABC 公司应收账款管理问题的研究》的论文。在对 ABC 公司应收账款余额、账龄等现状进行分析的基础上，对该公司应收账款管理存在的问题进行总结，针对公司的实际情况，对公司应收账款管理问题产生的原因进行分析，对 ABC 公司应收账款管理中存在的问题提出具体建议，具体任务及目标如下：				

任务和目标	1. 应收账款管理情况 （1）应收账款形成的原因。 ①商业竞争。 ②销售实现和收到款项的时间差。 ③信用风险管理不健全。 ④企业内部管理不力。 （2）应收账款管理存在的问题。 ①应收账款制度不建全的问题。 ②应收账款赊销管理不善导致的问题。 2. 应收账款管理问题的对策 ①针对企业应收账款欠款不善导致的问题的对策。 ②针对企业应收账款制度管理不善导致的问题的对策。
基本要求	根据本专业毕业论文环节实施细则的要求，选题必须在财会专业范围以内，包括财务会计、税务会计、电算化会计、财务管理、审计实务等方面的选题。选题应结合我国会计工作实践的技术特征和时效性，要求选择当前会计工作中亟待解决的实际问题进行研究，提倡选择应用性较强的课题。选题时要充分考虑主观条件与客观条件，从实际出发，量力而行，论文的具体题目由学生根据自身情况自行选定，论文撰写应在指导教师指导下独立完成，应做到中心突出，层次清楚，结构合理；必须观点正确，论据充分，条理清楚，文字通顺；并能进行深入分析，见解独到。同时论文总体字数不得少于 8000 字，其中论文摘要 300 字左右，关键词 3~5 个（按词条外延层次由高至低顺序排列）。最后附上参考文献目录和致谢辞。
研究所需条件	1. 具备足够的专业基础知识 （1）具备扎实的会计理论基础，熟悉相关的财会法律、法规。 （2）掌握企业主要业务的会计处理方法和核算原则。 （3）掌握各类财务及相关软件的应用。 （4）具备一定的程序设计、开发及维护能力。 2. 具备搜集资料的网络环境、图书资源和其他条件。 3. 具有较好的文字处理、编辑能力。
任务进度安排	<table><tr><td>序号</td><td>主要任务</td><td>起止时间</td></tr><tr><td>1</td><td>任务书下达、毕业论文正式开始</td><td>2013.11.1~2013.11.12</td></tr><tr><td>2</td><td>完成文献综述、开题报告</td><td>~2014.1.10</td></tr><tr><td>3</td><td>完成论文初稿</td><td>~2014.3.5</td></tr><tr><td>4</td><td>完成论文二稿或中期检查</td><td>~2014.4.10</td></tr><tr><td>5</td><td>上交论文成稿</td><td>~2014.5.19</td></tr><tr><td>6</td><td>论文答辩</td><td>~2014.5.20</td></tr></table>
指导教师签字	日期　　　　　　　年　　月　　日
系部领导签章	日期　　　　　　　年　　月　　日

2．文献综述

文献综述如表 7-2 所示。

表 7-2　XXXX 大学毕业论文文献综述

姓　　名	XXX	学　　号	XXXXXXXX	系　别	经济管理系
专　　业	会计学专业	年级班级	XX 级 X 班	指导教师	XXX
论文题目	ABC 公司应收账款管理问题的研究				
查阅的 主要文献	[1] 雷雯. 应收账款管理、催收、回款与客户关系维护[M]. 北京：企业管理出版社，2012：128-135. [2] 安贺新. 我国社会信用制度建设研究[M]. 中国财政经济出版社，2012：89-101. [3] 财政部企业司.《企业财务通则》解读[M]. 北京：中国财政经济出版社，2011：21-54. [4] 朱荣恩，丁豪裸. 企业信用管理[M]. 北京：中国时代经济出版社，2013：282-312. [5] 常丽娟，张俊瑞. 企业财务信用评价与管理研究[M]. 大连：东北财经大学出版社，2011：48-72. [6] 中国注册会计师协会. 2013 年度注册会计师全国统一考试辅导教材-会计[M]. 北京：中国财政经济出版社，2013：312-350. [7] 鲁欢. 论企业赊销信用风险及其控制措施[D]. 北京：对外经贸大学，2012. [8] 陈英新. 应收账款风险分析及防范措施[J]. 财会通讯，2013（6）：9-12. [9] 王芝杨. 企业如何进行应收账款管理[J]. 经济论坛，2012（13）：14-17. [10] 杨会青. 应收账款风险的分析与对策[J]. 商场现代化，2011（29）：23-27. [11] C.H. Swig, C. F. Lo. Effect of asset value correlation on credit-linked note values [J]. International Journal of Theoretical and Applied Finance, 2009(5): 21-23. [12] Stephen points, A Ross and others.Corporate Finance [M]. Beijing: Mechanical Industry Pres, 2012(2): 5-7.				
文献综述	ABC 公司应收账款管理问题的研究 一、前言 在当今全球市场中，竞争压力和行业惯例要求以赊销或货到付款的方式进行产品和服务的销售。虽然这种销售方式在强化企业市场竞争能力、扩大销售和减少库存方面有着其他结算方式无法比拟的优势，但这将导致企业持有大量的应收账款资产，这种资产是公司资产负债表中数额最大的有形资产之一，其安全与否直接影响着企业的可用资源及损益情况。因此，如何加强对企业应收账款的管理已成为企业财务管理的重要论题。 目前，我国的社会信用基础还比较薄弱，社会信用体系还不完备，因此，我国企业很难直接照搬西方国家的应收账款管理模式，只能根据自身的实际情况，结合应收账款系统化的管理知识来制定自己的管理模式。ABC 公司在应收账款管理上存在不少问题，导致企业应收账款余额不断攀升，三年以上应收账款所占比例居高不下，应收账款周转率等财务指标均落后于同行业平均水平。因此，本文拟从 ABC 公司应收账款管理的实际问题出发，期望对公司应收账款管理进行分析研究后提供一些改进建议，从而建立一套比较实际的而且能够有效运行的应收账款管理体系。 二、ABC 公司应收账款管理问题研究的背景 随着市场经济的日趋发展，企业所面临的市场经济发生了根本性变化的同时，经济增长方式也在发生质的飞跃。在这种经济环境下，如何提升企业的经济效益已经成为一项十分迫切的任务。而行之有效的应收账款管理在企业发展中可以起到事半功倍的效果。应收账款是企业资金中的"血液"，每一次的周转可以产生价值并创造利润。只有有效地控制应收账款、实现公司应收账款的高效管理，才能提高企业的经济效益，使企业的资金焕发新的活力。应收账款具有很强的变现能力，如果不严格控制，就会出现很多问题。所以加强应收账款管理有利于促进公司加强经营核算，使企业的资金流量合理地变动，为企业的开拓进取保驾护航，使公司平稳健康地发展。				

文献综述	三、ABC 公司应收账款管理问题研究的意义 应收账款作为企业流动资金的中流砥柱，需要加倍重视。因此公司必须足够重视应收账款的日常管理和控制，尽量减少因过量应收账款引起的企业垫付资金，减少利息支出和其他相关费用。同时加强对应收账款的质量管理，尽快收回应收账款，使应收账款的总额和账龄保持在一个合理的范围内。总之，在每一种情况下，对公司信用及收款政策的确定都包含着对政策变化所产生的可能收益与成本的比较。而最佳的信用及收款政策往往是那些边际收益等于边际成本的政策。同时，为了使公司信用及收款政策产生的利润达到最大化，公司应该将不同的政策综合起来加以运用，从而达到最佳的效果，形成最佳的解决方案，并形成信用标准、信用期限、现金折扣政策、特定信用条件以及收款支出水平的最优结合。 能否管理好企业的应收账款，进行合理筹划，加速资金周转，提高流动资金利用率，使企业的资金得到良性运转，是目前企业急需解决的首要问题，想要从根本上解决资金管理问题，应该不断完善公司资金链，强化应收账款的日常管理，对促进公司达到价值最大化的目标和未来的长足发展都具有十分重要的意义。 四、应收账款管理思路 对公司应收账款管理存在的问题进行总结，针对公司的实际情况，对公司应收账款管理问题产生的原因进行分析，对 ABC 公司应收账款管理中存在的问题提出具体建议： 1．应收账款管理情况 （1）应收账款形成的原因。 ①商业竞争。 ②销售实现和收到款项的时间差。 ③信用风险管理不健全。 ④企业内部管理不力。 （2）应收账款管理存在的问题。 ①应收账款制度不建全的问题。 ②应收账款赊销管理不善导致的问题。 2．应收账款管理问题的对策 ①针对企业应收账款欠款不善导致的问题的对策。 ②针对企业应收账款制度管理不善导致的问题的对策。 五、结束语 应收账款管理问题已经日趋成为现代企业经营发展的瓶颈，许多企业因为应收账款管理的问题丧失市场竞争力，经营面临困境。如何解决应收账款的管理问题，已经成为企业能否在激烈的市场竞争中立于不败之地的必要因素。 通过对 ABC 公司的应收账款状况进行分析可以发现，公司必须足够重视应收账款的日常管理和控制，尽量减少因过量应收账款引起的企业垫付资金，减少利息支出和其他相关费用。同时加强对应收账款的质量管理，尽快收回应收账款，使应收账款的总额和账龄保持在一个合理的范围内。总之，在每一种情况下，对公司信用及收款政策的确定都包含着对政策变化所产生的可能收益与成本的比较。而最佳的信用及收款政策往往是那些边际收益等于边际成本的政策。同时，为了使公司信用及收款政策产生的利润达到最大化，公司应该将不同的政策综合起来加以运用，从而达到最佳的效果，形成最佳的解决方案，并形成信用标准、信用期限、现金折扣政策、特定信用条件以及收款支出水平的最优结合。 由于本人考虑问题的深度和时间有限，只针对 ABC 公司在管理中的一小部分问题进行研究，研究方面也存在局限性，但本人希望通过对 ABC 有限公司应收账款管理问题的研究来进一步提高解决实际问题的能力，通过对问题原因的分析找出解决问题的合理化建议。

备　　注	
指导教师意见	指导教师签字： 　　　年　　月　　日

3. 论文开题报告

论文开题报告如表 7-3 所示。

表 7-3　XXXX 大学毕业论文开题报告

姓　　名	XXX	学　号	XXXXXXXX	系　　别	经济管理系
专　　业	会计学专业	年级班级	XX 级 X 班	指导教师	XXX
论文题目	ABC 公司应收账款管理问题的研究				
选题依据与意义	一、学术价值、应用价值 随着市场经济的日趋发展，企业所面临的市场经济发生了根本性变化的同时，经济增长方式也在发生质的飞跃。在这种经济环境下，如何提升企业的经济效益已经成为一项十分迫切的任务。而行之有效的应收账款管理在企业发展中可以起到事半功倍的效果。 应收账款是企业资金中的"血液"，每一次的周转可以产生价值并创造利润。只有有效地控制应收账款、实现公司应收账款的高效管理，才能提高企业的经济效益，使企业的资金焕发新的活力。应收账款具有很强的变现能力，如果不严格控制，就会出现很多问题。所以加强应收账款管理有利于促进公司加强经营核算，使企业的资金流量合理地变动，为企业的开拓进取保驾护航，使公司平稳健康地发展。 能否管理好企业的应收账款，进行合理筹划，加速企业的资金周转，提高资金利用率，使企业的资金得到良性运转，是目前企业急需解决的首要问题，想要从根本上解决资金管理问题，应该不断完善公司资金链，强化应收账款的日常管理，对促进公司达到价值最大化的目标和未来的长足发展都具有十分重要的意义。 二、公司应收账款管理国内外研究现状分析 应收账款是影响企业财务状况的重要因素之一，它对企业的生产经营有着极大的影响，加强应收账款的管理是企业正常地进行生产经营，降低财务风险的保障。 在国外，西方国家比较流行的应收账款管理方法是应收账款有价证券化和保理业务。James c.Van.Horne 教授认为整体经济环境和公司的信贷政策是影响公司应收账款管理水平的主要原因。整体经济环境是不可控制的因素，而信贷政策的变量包括交易账户的质量、贷款期限的长短、现金折扣、季节性延迟付款、收账程序等。 目前，我国的社会信用基础还比较薄弱，社会信用体系还不完备，因此我国企业很难直接照搬西方国家的应收账款管理模式，只能根据自身的实际情况，结合应收账款系统化的管理知识来制定自己的管理模式。				

研究内容	摘 要 Abstract 绪 论 1 应收账款概述 1.1 应收账款的含义及影响 1.1.1 应收账款的含义 1.1.2 赊销对公司经营的影响 1.2 应收账款形成的原因 1.2.1 商业竞争 1.2.2 销售实现和收到款项的时间差 1.2.3 信用风险管理不健全 1.2.4 企业内部管理不力 1.3 应收账款管理的目标 1.4 XXX 有限公司概况 2 XXX 有限公司应收账款管理存在的问题 2.1 企业应收账款赊销管理不善导致的问题 2.1.1 应收账款余额较多 2.1.2 三年以上应收账款所占比例较大 2.1.3 关联方应收账款存在着很大比例 2.2 企业应收账款制度不建全导致的问题 2.2.1 企业信用管理薄弱 2.2.2 合同管理不完善 3 针对 XXX 有限公司应收账款管理问题的对策 3.1 针对企业应收账款欠款不善导致的问题的对策 3.1.1 规范应收账款余额管理 3.1.2 降低三年以上应收账款所占比例 3.1.3 解决关联方应收账款存在的问题 3.2 针对企业应收账款制度管理不善导致的问题的对策 3.2.1 加强信用政策的管理 3.2.2 建立完善的合同管理制度 结 论
研究方案	一、本课题研究的目标 ABC 公司应收账款管理的目标是管理好企业的应收账款，进行合理筹划，加速应收账款的周转，提高资金利用率，使企业的资金得到良性运转，促进公司达到价值最大化的目标和未来的长足发展。 根据应收账款管理的目前状况，本次将提出如下应对应收账款管理问题的方案： （1）规范应收账款余额管理。 （2）降低三年以上应收账款所占比例。 （3）解决关联方应收账款存在的问题。 （4）加强信用政策的管理。 （5）建立完善的合同管理制度。 二、本课题研究的内容 对公司应收账款管理问题产生的原因进行分析，在对 ABC 公司应收账款余额、账龄等现状进行分析的基础上，对该公司应收账款管理存在的问题进行总结，针对公司的实际情况，对 ABC 公司应收账款管理中存在的问题提出具体建议。

研究方案	三、预期成果 完成论文，将从制定科学合理且可行的应收账款信用政策强化应收账款的日常管理，如何运用这种信用政策权衡实际销售利润的增加和确定实际采用这种政策企业需要负担的成本。
写作进度安排	1．2013年11月1日——2014年1月10日，完成文献综述及开题报告。 2．2014年1月11日——2014年3月5日，完成论文初稿。 3．2014年3月6日——2014年4月10日，完成中期检查及论文二稿。 4．2014年4月11日——2014年5月19日，上交论文成稿。
指导教师意见	指导教师签字： 　　年　　月　　日
系学术委员会意见	主任签章： 　　年　　月　　日

4．论文中期报告

论文中期报告如表7-4所示。

表7-4　XXXX大学毕业论文中期检查报告

学生姓名	XXX	学号	XXXXXXXX	指导教师	XXX
论文题目	ABC公司应收账款管理问题的研究					
论文中期 完成情况	一、前期工作简述 论文的前期工作主要完成了任务书、文献综述和开题报告的撰写。 二、对公司应收账款现行政策及具体情况进行全面总结 1．应收账款形成的原因 2．公司应收账款管理存在的问题 三、针对公司应收账款现行情况提出应对方案 1．针对企业应收账款欠款不善导致的问题的对策 2．针对企业应收账款制度管理不善导致的问题的对策 四、后期工作安排 1．2014年1月11日——2014年3月5日，完成论文初稿。 2．2014年3月6日——2014年4月10日，完成中期检查及论文二稿。 3．2014年4月11日——2014年5月19日，上交论文成稿。				
完成情况 评价	1．按计划完成，完成情况优（　　） 2．按计划完成，完成情况良（　　） 3．基本按计划完成，完成情况合格（　　） 4．完成情况不合格（　　） 补充说明： 　　　　　　　　　　　　　指导教师签字： 　　　　　　　　　　　　　　　年　　月　　日				

5. 论文封皮

论文封皮示样图如图 7-1 所示。

XXXX 大学
毕 业 论 文

题　　目：	ABC 公司应收账款管理问题的研究
系　　部：	经济管理系
专　　业：	会计学专业
班　　级：	XX 级 X 班
学　　号：	XXXXXXXX
姓　　名：	XXX
指导教师：	XXX
完成日期：	XXXX 年 XX 月 XX 日

图 7-1　论文封皮示样图

6. 论文诚信声明和版权说明

论文诚信声明和版权说明如图 7-2 所示。

毕业论文诚信声明书

本人声明：我将提交的毕业论文《ABC 公司应收账款管理问题的研究》是我在指导教师指导下独立研究、写作的成果，论文中所引用他人的无论以何种方式发布的文字、研究成果均在论文中加以说明；有关教师、同学和其他人员对本文的写作、修订提出过并为我在论文中加以采纳的意见、建议均已在我的致谢辞中加以说明并深表谢意。

论文作者：XXX　　　　　（签字）　时间：　　年　月　日
指导教师已阅　　　　　　（签字）　时间：　　年　月　日

毕业论文版权使用授权书

本毕业论文《ABC 公司应收账款管理问题的研究》是本人在校期间所完成学业的组成部分，是在 XXXX 大学教师的指导下完成的，因此本人特授权 XXXX 大学可将本毕业论文的全部或部分内容编入有关书籍、数据库保存，可采用复制、印刷、网页制作等方式将论文文本和经过编辑、批注等处理的论文文本提供给读者查阅、参考，可向有关学术部门和国家有关教育主管部门呈送复印件和电子文档。本毕业论文无论做何种处理，必须尊重本人的著作权，署明本人姓名。

论文作者：XXX　　　　　（签字）　时间：　　年　月　日
指导教师已阅　　　　　　（签字）　时间：　　年　月　日

图 7-2　论文诚信声明和版权说明

7. 论文正文

《ABC 公司应收账款管理问题的研究》

中文摘要：在现代企业经营过程中，应收账款作为一种信用手段和营销策略，能够充分挖掘和利用企业的现有生产力，提高企业产品的市场占有率，扩大销售，实现利润增长。但是就我国目前来看，大部分企业应收账款管理意识比较淡薄，管理方式比较单一，绝大多数企业仍没有建立起完善的信用管理机制。应收账款的管理水平已经成为制约我国企业生存发展的一个重要因素。许多企业因应收账款管理不善导致资金紧张，甚至陷入财务危机而濒临破产。因此，对企业应收账款的管理研究显得日益重要。

本文以 ABC 公司为研究对象，首先，在对 ABC 公司应收账款余额、账龄等现状进行分析的基础上，对该公司应收账款管理存在的问题进行了总结；其次，针对公司的实际情况，对公司应收账款管理问题产生的原因进行了分析；最后，对 ABC 公司应收账款管理中存在的问题提出具体建议以期能强化管理，包括建立一套完善的应收账款管理体系。

关键词：应收账款；信用政策

Abstract: In the modern business process, accounts receivable as a means of credit and marketing strategies that can fully exploit and utilize existing business productivity, improve product market share, expand sales and profit growth. But for our present situation, most companies accounts receivable management awareness relatively indifferent, management is relatively simple, the vast majority of companies still do not establish a sound credit management mechanism. Accounts receivable management has become an important factor restricting the development of China's enterprises to survive. Many enterprises due to mismanagement of accounts receivable funding constraints, even in financial crisis and on the verge of bankruptcy. Therefore, the study of corporate accounts receivable management is becoming increasingly important.

In this paper, the company of ABC for the study, first of all, on the basis of the status quo Cement Co., Ltd. ABC accounts receivable balance, etc. The aging analysis, the company accounts receivable management problems are summarized. Secondly, the actual situation of the company, because the company's accounts receivable management problems were analyzed. Finally, The company of ABC receivables management problems in specific proposals with a view to strengthen the management, including the establishment of a comprehensive receivables management system.

Key words：Accounts receivable; Credit policy

前　言

在当今全球市场中，竞争压力和行业惯例要求以赊销或货到付款的方式进行产品和服务的销售。虽然这种销售方式在强化企业市场竞争能力、扩大销售和减少库存方面有着其他结算方式无法比拟的优势，但这将导致企业持有大量的应收账款资产，这种资产是公司资产负债表中数额最大的有形资产之一，其安全与否直接影响着企业的可用资源及损益情况。因此，如何加强对企业应收账款的管理已成为企业财务管理的重要议题。

目前，我国的社会信用基础还比较薄弱，社会信用体系还不完备，因此，我国企业很难直接照搬西方国家的应收账款管理模式，只能根据自身的实际情况，结合应收账款系统化的管理知识来制定自己的管理模式。随着社会主义市场经济的进一步发展，越来越多的企业意识到要在激烈的市场角逐中取胜，科学的资金管理已经不容小觑。而应收账款作为企业流动资金中的重要命脉，在企业中的位置日趋显著，甚至对企业的生存和发展有着重大的影响。而在实务中，我国企业的应收账款管理环节薄弱，经常会出现资金管理问题的尴尬局面，究其根源主要是因为企业的应收账款管理不是建立在科学的、理性的管理基础之上。ABC 公司在应收账款管理上存在不少问题,导致企业应收账款余额不断攀升,三年以上应收账款所占比例居高不下,应收账款周转率等财务指标均落后于同行业平均水平。因此,本文拟从陕西海源水泥有限公司应收账款管理的实际问题出发,期望对公司应收账款管理进行分析研究后提供一些改进建议,从而建立一套比较实际的而且能够有效运行的应收账款管理体系。

1 应收账款管理概述

1.1 应收账款的含义及影响

1.1.1 应收账款的含义

应收账款主要指企业因销售商品、提供劳务等经营活动,应向购货单位或接受劳务单位收取的款项,主要包括企业销售商品或提供劳务等应向有关债务人收取的价款及代购或单位垫付的包装费、运杂费等。应收账款是由于企业赊销而形成的。赊销虽然能扩大销售量,给企业带来更多的利润,但同时也存在着一部分货款不能收回的风险。

1.1.2 赊销对公司经营的影响

1. 降低企业的资金使用效率

由于企业的物流与资金流不一致,发出商品开出销售发票,这时销售就已经宣告成立。如果货款不能及时地回收,这种没有及时回收的销售收入就会计入应收账款,同时相应的现金流入就会减少。更甚者如果应收账款拖欠时间较长甚至涉及到跨年度的销售收入不能及时回收,企业很可能动用企业的流动资金去垫付股东年度分红。如果企业为了追求表面效益将大量的流动资金用于垫付股东分红,这势必会影响到企业流动资金的周转。

2. 企业账面利润虚高

由于企业为了提高表面经营状况,通常会增加账面利润,把当期销售的赊销金额计入当期的收入,然而账面的利润虽然增加但是实际的现金金额并没有相应地增加,从而造成大量应收账款的挂账,流动资金短缺。所以,大量的应收账款挂账导致了企业账面销售收入利润虚高,在一定程度上加大了企业的经营风险。

3. 加速企业现金流出

企业为了产生较多的利润常用的手段就是赊销,但过度的赊销只产生了大量的应收账款挂账并未实现大量的现金流入,反而使企业不得不运用自身现有的流动资金垫付销售产品开出发票后产生的各种税金及费用,大大加速了企业的现金流出。

1.2 应收账款形成的原因

1.2.1 商业竞争

商业竞争是产生应收账款的主要原因。在社会主义市场经济条件下存在着激烈的商业竞争。在激烈的商业竞争作用下,企业通过各种手段扩大销售,除了依靠产品质量、价格、售后服务、广告外,赊销也成为了企业销售的手段之一。对于同等价格的产品、相似的质量、一样的售后服务,使用现金销售产品的销售额小于赊销产品的销售额,这也是因为顾客将从赊销中得到好处。出于扩大销售利润的竞争需要,企业不得不以赊销或者其他优惠方式吸引顾客,导致了应收账款的产生。由商业竞争所引起的应收账款是一种商业信用。

1.2.2 销售实现和收到款项存在时间差

企业很多情况下导致销售产品和资金回款脱节,在向购货方发出销售产品并开具了销售发票后，企业财务人员把这笔销售收入计入当期收入。而账面收入增加了，现金收入往往没有同步到位。由于销售产品和资金回笼存在着一定的时间差，从而导致应收账款的产生。通常结算时间的长短和企业的结算手段有关。同时应收账款的产生还与选择的销售结算方式及内部结算单据传递的及时性等有关。但是，这种应收账款通常不会产生坏账，不属于商业信用。因此，本文不再对其进行讨论。

1.2.3 信用风险管理不健全

市场经济是信用经济，而许多企业还没有形成诚信经营的价值理念，在商品交易过程中还存在严重的拖欠资金现象。大多数企业没有完整的客户信用档案，客户资信管理制度不完善，信用决策和信用控制缺乏有效的信息支持。首先，对销售客户缺乏必要的了解，在交易过程中轻易地给客户赊销产品，而不考虑资金的回收问题，致使企业在生产经营中造成大量的呆账、坏账。其次，企业在产品销售后缺少对客户的走访，对客户近期的生产经营状况不了解，对应收账款的追偿没有采取积极的应对措施，造成现金流的缺失而制约企业的发展。

1.2.4 企业内部管理不力

企业在内部控制上并没有建立起相应的管理办法，往往只是关注完成多少收入而忽视了对应收账款的追偿，导致了应收账款的回收与相关部门和个人无直接利害关系，造成相关部门和个人对应收账款的追偿工作不重视，甚至抱着"事不关己，高高挂起"的态度。

1.3 应收账款管理的目标

应收账款管理的目标是要制定科学合理且可行的应收账款信用政策，运用这种信用政策权衡实际销售利润的增加和采用这种政策需要负担的成本。若实际销售利润大于采用这种政策需要负担的成本，这种信用政策就能实施。反之，信用政策不能实施。同时，应收账款管理还包括企业对未来销售前景和对市场情况的预判，以及对应收账款安全性的调查。对于企业而言要避免的不是应收账款本身，而是如何处理应收账款，如何减少应收账款带来的风险，这就需要企业对应收账款有一个清醒的认识，在具体实施和运用时要防微杜渐，加强应收账款的管理，实现有利的一面，回避不利的一面。

1.4 ABC 公司概况

ABC 公司（以下简称"公司"）位于 XX 省 XX 市，注册资本 XXXX 万元，目前是 XX 省较大的一家公司。

2013 年，公司产品价格承接 2012 年第四季度的高价态势，全年价格虽有缓慢回落，但平均价格较 2012 年度有较大幅度提高。公司旗下的子公司相继正式投产，2013 年公司产销量较上年同期有较大增长。在社会各界的关心支持下，公司将依托自身的技术、人才、管理等多方面优势，不断扩大企业产能和"XX"品牌的知名度，实现公司的可持续发展。虽然 ABC 公司已实现了一定品牌效应，并跻身于 XX 省知名公司行列，但在如今国内市场的激烈竞争下，该公司的经营情况并令人很满意。公司的短期偿债能力令人担忧，巨额应收账款更是影响着公司资金的顺畅周转。

2 ABC 公司应收账款管理存在的问题

2.1 企业应收账款赊销管理不善导致的问题

2.1.1 应收账款余额较多

2013 年 12 月 31 日，ABC 公司应收账款余额为 297013 万元，占流动资产的 63%，占资产总额的 39%。与 2012 年相比，在销售收入增长不到 1.5%的情况下，应收账款却同比增长了将近 1.84%，如表 1 所示。

表 1 ABC 公司相关财务指标　　　　　　　　　　　　　　　单位（万元）

项目	2011 年	2012 年	2013 年
期末应收账款余额	215743	161420	297013
期末流动资产	40082	375544	471449
期末总资产	343155	536964	768462
主营业务收入	310365	577457	580442
净利润	147543	161420	172310

从表 1 应收账款余额情况看，应收账款占流动资产、资产总额以及主营业务收入的比重均较高，这会给公司经营带来相当大的不利影响。不仅如此，该公司应收账款增加的幅度大大超过了销售收入增加的幅度，说明公司的盈利质量很不理想，长此以往，将会导致公司缺乏可持续发展以及扩大生产经营规模的现金流，使得企业的运转日益沉重。

2.1.2 三年以上应收账款所占比例较大

截止到 2013 年 12 月 31 日，账龄在一年以内的应收账款占总额的 59.75%，账龄在一至二年的应收账款占总额的 6.5%，账龄在二至三年的应收账款占总额的 1.68%，账龄在三年以上的应收账款占总额的 32.07%，如表 2 所示。

表 2 ABC 公司应收账款账龄分布图

账龄 \ 年份	2011 年	2012 年	2013 年
一年以内	55.01%	56%	59.75%
一至二年	12.89%	13.05%	6.5%
二至三年	12.1%	4.95%	1.68%
三年以上	20%	26%	32.07%

由表 2 应收账款的账龄情况看，ABC 公司多数应收账款账龄较长，一年以上应收账款余额占总额的 40.25%。一般来讲，应收账款逾期拖欠时间越长，账款催收的难度就越大，产生坏账的可能性也就越高。公司三年以上应收账款的比例有递增的趋势，而这部分账款成为坏账的可能性最大，回收的可能性最小，大多数都不能收回或不能足额收回。三年以上所占比例较大，说明公司应收账款质量不佳，目前在应收账款的管理上存在较大的问题。这将严重影响公司资金的顺畅周转，使企业大量的流动资金沉淀在结算环节上，影响资金的循环和周转，导致企业出现支付危机，造成资金链断裂，影响正常的生产经营活动，影响企业的持续经营。

2.1.3 关联方应收账款存在着很大比例

以 2013 年 12 月 31 日为基础，ABC 公司应收账款期末余额中前五名债务人的欠款情况如表 3 所示。

表3　应收账款期末余额中前五名债务人的欠款情况　　　　　单位（万元）

单位名称	与本公司关系	金额	账龄	所占比例（%）
东北大千公司	子公司	144645	一年内	48.7
长江有限公司	子公司	41938	一至五年	14.12
章武工程公司	客户	14969	五年以上	5.04
丽江有限公司	子公司	12712	一至二年	4.28
景山实业公司	客户	10217	一至五年	3.44
合计		224481		75.6

从表3应收账款主要客户单位情况来看，ABC公司前五名债务人中有三个均为集团下属的子公司，关联方之间的应收账款占应收账款总额的75%以上，子母公司之间相互挂账的问题突出，应收账款管理混乱，这将给公司经营带来不良影响。

2.2　企业应收账款制度管理不善导致的问题

2.2.1　企业信用管理薄弱

ABC公司内部控制和监督机制不健全，目前的组织机构及职能设置还不能适应市场竞争及信用管理的要求，缺乏对销售还款流程的有效控制。很多客户的失信行为都是由于企业自身管理混乱造成的，如表4所示，主要表现为：

（1）信用销售的审批程序不健全，财务、销售等相关部门在信用管理上职责不清、权责不对称等。

（2）信用管理薄弱，缺乏足够的信息对客户进行信用分析。由于缺乏对客户信息事中和事后的跟踪调查，企业对客户的运营状况和失信行为缺乏持续连贯的了解，因此对客户的信用状况评价缺乏一定的完整性，更无从谈起对一些信用状况不好的企业进行严格控制。

（3）企业缺乏对客户风险的鉴别能力，对客户失信行为敏感度较低，没有采取果断、迅速的应变措施，对销售产品的发货量和汇款力度上没有专业强化的管理，从而错过了及时处理、减少损失的最好时机。在这种管理状态下，造成了公司应收账款一直居高不下。

表4　应收账款总笔数和欠款原因百分比　　　　　单位（笔）

2012年	笔数	百分比
公司全年应收账款总笔数	127笔	100%
职责不清导致未还款	17笔	13.4%
客户信用了解缺乏导致未还款	22笔	17.3%
管理松懈导致未还款	46笔	36.2%

2.2.2　合同管理不善

合同之所以成为控制经营风险的手段之一，就在于依照法律对交易的相关约定内容和要求通过文字性的表述进行了书面上的确认，规定了双方的权利和义务。可以说签订合同不仅只是为了保证自身的利益，同时也是为客户利益着想的一种行为。但对公司来说大量逾期的应收账款合同存在着合同内容不规范、责任模糊不清等现象，如表5所示，主要体现在：

（1）企业没有制式的合同范本，在签订合同的时候常常用客户的合同范本或者临时起草，合同存在许多漏洞，加大了合同的风险。

（2）企业相关销售人员因为和客户关系好，怕签合同有碍自己的面子或嫌签合同麻烦或一厢情愿地认为不会出现什么问题，双方只是进行口头约定，或因放松警惕对合同条款不认真细致地审查，造成后期出现纠缠不休的情况发生。

（3）企业与客户签订销售合同时，往往没有考虑到企业自身利益的保护，在销售合同中很少设置保护条款。对于设置了保护条款的销售合同的执行力欠佳，缺乏严肃性。如销售合同中规定企业在发出产品，购货方收到产品支付货款后开具发票，然而企业在实际中，往往发票在发出产品的同时就已经开具，失去了对客户的最佳约束力，是造成应收账款的最主要原因。

表 5　应收账款合同原因导致欠款百分比　　　　　　　　　　　　　　　单位（元）

2011 年	数额	百分比
公司全年应收账款总额	626753	100%
合同不完善导致欠款	236171	37.7%
合同未严格执行导致欠款	136482	21.8%

3　针对 ABC 公司应收账款管理问题的对策

3.1　针对企业应收账款欠款不善导致的问题的对策

3.1.1　规范应收账款余额管理

1．在销售合同中明确各项交易条款

在与客户签订销售合同时，要注意明确各项交易条款，以避免日后处理应收账款时与客户产生分歧而带来经营风险。第一，要明确各项交易条件，如价格、付款方式、付款日期、运输情况等。第二，明确双方的权利和违约责任。第三，确定合同期限，合同结束后视情况再行签订新的合同。第四，交易合同加盖客户合同专用章，避免使用私章或个人的签字。

2．减少赊销、代销的运作方式

销售人员为了迅速占领市场，或为了完成销售目标而采取赊销、代销的方式，这种方式是滋生客户拖欠货款的土壤，极易造成呆账、死账的出现。因此，要制定相应的销售奖励政策，鼓励客户采取现款交易方式，尽量减少赊销、代销的比例。

要正确理解产品的铺货率。如果产品铺货率提高，会增加销售机会，但应收账款和经营风险也同时增加。如果降低铺货率，经营风险虽然降低了，但达不到规模销售的目标。所以，正确、合理地解决产品铺货率问题，对降低应收账款、保证货款的安全是有帮助的。因而在产品的不同销售阶段，应采取不同的产品铺货政策。在 ABC 公司中，应该改善赊销和代销方式，比如在所选案例中，应收账款占流动资产比重最大的黄河海原水泥有限公司，需要采取新的赊销方式，减少拖欠应收账款的比重，保证有足够的流动资金支撑公司的正常运营。

3．加强应收账款催收

应收账款作为企业流动资金的中流砥柱，需要加倍重视。所以应该针对施工行业的特殊性质，加强对往来客户的管理，建立各个客户的信用档案并收集其相关资料，利用科学的方法分析对比客户信息，从中分辨其社会经济地位与信用等级，制定不同的应收账款策略。可以根据应收账款的流动性将客户分为三类：

（1）对流动性强、交易多、信誉好、能够及时支付款项的客户，该公司应保证与其长期合作，并给予优厚的信用政策。

（2）对流动性一般的客户，其对货款有一定的付现能力，但是时常拖欠，对此该公司一方面应健全、完善制度，严格按合同施工、收款；另一方面，要加强工程款的催收工作，必要时也可以给予一定的优惠政策，促使其及时付款。

（3）对流动性差的客户，其信誉差或付款能力弱，因此该公司必须对其限制合作，甚至不授予信用额度。

根据科学的划分，选中资信好的客户，使合作做到有的放矢，提高应收账款的质量。同时根据市场的需求状况以及公司的经营目标，设计不同的信用政策来吸引客户。信用条件是指企业要求用户支付工程款项的条件，包括信用期限、折扣期限和现金折扣。信用期限是企业为用户规定的最长付款时间，折扣期限是为用户规定的可享受现金折扣的付款时间，现金折扣是在用户提前回款时给予的优惠。通过不同的信用政策可以增加该公司的工程量，占领市场。

在实际经济活动中，客户拖欠账款的原因是多方面的，因为有时一贯信用良好的客户也会因为某些原因而出现无法按期付款的状况，该公司要根据不同的情况进行应收账款收账策略的调整。当公司的应收账款遭到客户拖欠或者拒绝支付时，首先应当对该客户的信用资料进行重新审核，调查是现在的信用审核机制存在纰漏，还是该客户的信用审查出现了偏差。对于恶意拖欠、信用品质差的客户应当从信用名单中除名，并且加紧催收欠款，态度要强硬。如果催收无果要通过法律程序维护自己的合法权益。对于信用记录一向正常并且良好的客户，在去电发函的基础上，再派人与其沟通协商，争取在延续、增进业务的同时妥善处理欠款的催收问题。

4. 合理控制应收账款规模

加强应收账款的管理可以控制现金流，降低企业财务风险的可能性。当应收账款占用大量的流动资金时，企业的经营风险就会日益增大，所以控制应收账款的规模刻不容缓。

该公司应控制应收账款的规模，应指定专门的财务管理人员负责应收账款的核算和监督，并且及时准确地将掌握的情况反馈给公司负责人，便于公司负责人适当适时地采取对应措施。科学的对应收账款进行管理，便于控制公司流动现金的流入和流出，满足公司正常生产经营的同时又不影响公司日后的发展，避免公司出现流动资金管理问题的窘境。

该公司应分析应收账款的周转率和平均收账期，看流动资金是否处于正常水平。公司可以通过该项指标控制应收账款的规模，使其与同行业或者以前的应收账款进行对比，来对应收账款进行调整，并修正公司的信用条件。

该公司应加强应收账款管理。控制应收账款规模的有效方法是客观地计量公司的收入，使公司的真正实力得到体现。因为我国公司采用的是权责发生制的记账方式，所以公司发生的当期赊销全部计入公司的当期收入，这就出现了账上的利润增加而公司并没能如期实现利润的尴尬局面，而公司还不得不用流动资金来垫付各种税金及费用。如果可以对这种应收账款带来的影响进行客观的评价，并且做好充分的管理工作，降低这种情况带来的损失，保证应收账款的回收率，则能使账面更有说服力和可靠性，领导者才能真正地了解公司的经济实力，为未来的发展做出正确的决策。

该公司应建立健全公司内部监控制度。针对应收账款的特点，努力形成一整套规范化的规章制度来控制应收账款的规模。完善应收账款的事前控制、事中控制和事后控制程序。特别加强应收账款的事前控制和事中控制，对欠款公司的信用程度进行调研。

该公司应对应收账款实施清收责任制和激励制。对每笔业务需要明确责任，谁经手谁负责。对于因各人或人为因素导致的货款无法及时回收或呆账视具体情况予以追究个人责任。同时，建立催收账款的奖励制度，对讨回的老账按收回金额的一定比例提取奖励金，予以奖励，可以控制应收账款的规模，减少流动资金的占用。

3.1.2 降低三年以上应收账款所占比例

1. 定期的财务对账

财务部门要每隔三个月或半年与客户对账一次，形成定期的对账制度。可能会给应收账款的管理带来困难的情况有：第一，销售产品的品种或者规格过多；第二，同种产品回款期限因产品的回款期限不同及因经营条件的不同而有所不同；第三，客户不能按销售单据或发票回款；第四，用货款垫支其他款项，如客户返利、广告款、终端销售推广费用等。

2. 建立信用评定、审核制度

在实际工作中，真正能够做到现款现货的客户很少，公司要建立信用评定、审核制度，对于不同的客户给予不同的信用额度和期限（一般为半年）。对客户的信用情况重新评定。对于应收账款坏账准备计提占比较高的黄河海原水泥有限公司、齐力海原水泥有限公司等多家子公司来说，更是要将信用评定和审核制度的建设提到工作日程上来，自己有建立相应的信用度评价标准，才能够保证应收账款的及时回收。

3. 制定合理的激励政策

要将应收账款的管理纳入到对销售人员考核的项目之中，即个人利益不仅要和销售、回款业绩挂钩，也要和应收账款的管理联系在一起。制定合理的应收账款奖罚办法，使应收账款处在合理、安全的范围之内。黄河海原水泥有限公司、齐力海原水泥有限公司的应收账款坏账所占的比例比较大，公司可以制定合理的绩效激励考核政策，奖励在规定时间内收回坏账的员工。这种方式一经推出，就可以提升员工的工作积极性，从而有效地减少公司的损失，提升应收账款的经济效益。

3.1.3 解决关联方应收账款存在的问题

1. 加强对客户的监管

（1）对新客户的监管。当公司开拓新的市场或对目标市场进行细分时，对经销商进行充分、科学的信用评估是必要的。这项工作可以为公司销售寻找合适的合作伙伴，也可以降低市场竞争所带来的经营风险。

（2）对老客户的监管。首先，要强化客户的回款意识。客户在处理应付款时，一般会根据产品的利润率、销售金额、产品在客户处的地位和双方关系的维护程度等方面来综合考虑，公司要力争成为客户的第一付款者。其次，控制发货以减少应收账款。按照客户的实际经营情况，采用"多批少量"的方法可以有效地控制应收账款，一般以每月发货1~2次为宜，即每次发货量为客户的15~30日的销售量。再次，建立客户的库存管理制度。通过对客户库存的动态管理监测客户的销售频率、销售数量、销售通路、覆盖区域等，及时了解客户的经营状况，保证销售的正常运转，有效地控制应收账款。公司因放宽信用条件引起的应收账款的增加主要来自于销售的增加和平均收款期的延长。如果新客户购买公司产品的原因是因为公司信用政策的改变和信用要求的降低，那么对这些信用质量较差客户应收账款的收取将比原有客户更为困难，需要的时间也会更长。另外，公司信用政策的随意改变将可能造成某些现有客户对公司按期支付货款的要求变得不是那么重视。

2. 加强对销售人员的监管

销售人员是公司应收账款问题处理的主要手段，因此要从终端销售人员入手，加强销售人员的监管，在最短时间或限期内收回应收账款。在我们所选的案例中，三年以上应收账款账龄占比最多的齐力海原水泥有限公司，需要对销售人员进行原则性教育，加强销售人员的终端管理和维护能力，提高其回款意识和追款技巧，以保证流动资金的快速流转。

加强销售人员的原则性教育。在实际销售管理过程中，销售人员如何处理公司与客户的关系是一个重要课题。销售人员在同客户维持良好关系的同时，一定要加强他们的原则性教育，销售人员要不折不扣地执行公司制定的销售政策，尤其是应收账款管理政策。

加强销售人员的终端管理和维护能力。公司要建立一套行之有效的终端管理办法，不仅可以降低公司的经营风险，确保货款安全，同时也可以提升销售业绩，提高公司形象、产品形象，这对及时清欠应收账款也是有益的。

首先公司要加强销售人员对货款的回收意识。要注意以下两个问题：第一，时间越长，货款的追收率越低；第二，注意收款期限，客户拖欠时间不应超过回款期限的三分之一，如超过应马上采取行动追讨，如果不马上追讨，意味着将回款的机会让给别的公司，同时本公司的经营风险就会相应地提高。

其次公司要提高销售人员的追款技巧。销售人员在追收账款中扮演着很重要的角色，在日常工作中要加强销售人员在这方面的培训。销售人员要注意终端经营不善的危险信号。在日常拜访中，检查终端的经营状况是销售代表重要的工作之一。终端可能会出现下列状况：零售商的正常营运费用无法支付、负责人无正当理由突然失踪、业务人员频繁更换、商品大打折扣、货架出现大量的空位、大量使用礼品券抵偿供应商的货款、大量无法兑付的空头支票、不正常的盘点等。发现以上问题要特别注意，应及时将此信息通报给自己的经销商，以避免经销商的经营损失。因此，公司要提升终端销售人员的应收账款管理回收和追款技巧。

3.2 针对企业应收账款制度管理不善导致的问题的对策

3.2.1 加强信用政策的管理

为了综合评价客户信用状况的优劣，ABC 公司应确定评价标准，明确信用优劣等级的分级标准。首先根据现有客户的年销售额度的大小将其划分成大客户和小客户。其次，将客户按照现有应收账款余额和账龄等信誉状况分为 A、B、C、D 四大类。大客户是指年销售额在 100 万元以上的客户，小客户是指年销售额在 100 万元以下的客户。在确定了评级标准后，根据评级结果的不同给予不同的销售政策。具体信用等级如表 6 所示。

表 6 客户信用等级评定参照表

信用等级	信用状况	含义	100 万元以上（含 100 万元）的大客户	100 万元以下的小客户
A 级	信用优良	企业具有优良的信用记录，信用程度较高，应收账款的回收风险较小	年末账龄小于 1 年的应收账款占应收账款总额比率大于或等于 60%，且没有账龄超过 2 年的应收账款	期末没有应收账款或应收账款金额较小，账龄小于 1 年
B 级	信用较好	企业的信用程度良好，在正常情况下偿还债务没有问题	年末应收账款占年销售额的比率小于 40%，且没有账龄超过 2 年的应收账款	年末应收账款应小于 50 万元，且账龄小于 1 年

信用等级	信用状况	含义	100万元以上（含100万元）的大客户	100万元以下的小客户
C级	信用一般	该类企业的信用记录正常，但偿债能力有波动	年末应收账款保证在年销售额的50%以内	年末应收账款小于50万元
D级	信用欠佳	该类企业信用程度较差，有较多不良信用记录	年末应收账款超过年销售额的50%，有超过2年的应收账款	年末应收账款超过50万元，且账龄超过1年

信用额度是指企业根据自身经营情况的分析和对每一位客户的偿付能力进行分析后，可以允许给予该客户不支付现款金额的最大的赊销额度。信用额度的确定对应收账款的回收有着重要的意义，它能最大限度地防止赊销额度的滥用，降低公司的损失。在当代经济社会企业中，信用额度的高低多半取决于企业对流动资金的需求量和流动资金短时间回款时间期。如果企业的流动资金需求量大，要求回款时间期短，则信用额度就小；如果企业的流动资金需求量小，要求回款时间期较长，则信用额度就可以相应地放大。

信用期限是企业销售商品或提供劳务，允许顾客从购买商品或接受劳务服务到付款之间的时间，或者说是企业给予客户的付款期间。例如，若企业允许客户在提供服务运出货物后的30天内付款，则信用期为30天。

公司应提供给客户多长的信用期限，即通常所说的账龄长短比例根据企业规模、经济实力、企业策略、市场竞争程度、企业成长阶段的不同而不同。如果信用期过短，不足以吸引客户，会使营业收入下降、市场竞争力降低；信用期过长，对营业收入增加固然有利，但所得的收益有时会被增长的费用抵消，甚至造成企业亏损。因此，确定恰当的信用期是非常重要的。

公司应针对不同等级的客户实行不同的信用政策，如表7所示。

表7 信用政策

信用等级	赊销额度	赊销期限
A级	500万元至1000万元赊销	50天内
B级	300万元至500万元赊销	30天内
C级	300万元以下赊销	10天内
D级	先款后货	无

赊销额度和赊销期限并不是一成不变的，随着市场变化和企业自身情况变化，采取的赊销政策也应该相应改变，以适应企业的发展。

由于客户的经营状况不断变化，不时会出现有的客户信用上升，有的客户信用下降的情况。如果不对客户进行动态跟踪评价，并根据评价结果及时调整销售政策，就可能出现没有对信用上升的客户放宽政策而致使客户流失，或没有及时发现客户信用下降而导致货款难以回收的局面，因此客户信用评价应定期重评。

对于第一次交易的客户，应一律采取"先款后货"的销售政策，一般应在销售一年后，对客户的信用情况有较多了解的情况下，再正常评价调整销售政策。

3.2.2 建立完善的合同管理制度

针对 ABC 公司合同管理混乱、合同评审流于形式等问题，应该完善公司对合同的管理。

1. 合同的签订

提到公司合同管理不善，如何更好地解决这个问题是十分重要的。首先，企业的销售业务应实行合同管理制度。与客户签订销售合同必须授权相关人员处理。对于涉及合同金额过大或者销售合同事宜较为重大的要经过公司法律专业人士审核无误后方能签订。未经授权的相关人员不能与任何人或公司签订销售合同，否则合同不具有任何法律效力。其次，企业应对即将签订的销售合同开展认真细致的审查工作，例如对客户提出的交货期、付款方式等进行认真审查，如遇销售合同上注明的条款与协商条款有出入，并且授权人员无权决定时要及时请示上级或相关公司领导，决定是否接受订单。最后一旦接受相关条款签订销售合同后，企业要按合同上的相关要求全面履行，不得有任何违约行为。再次，销售合同一经签订，双方不得随意对销售内容条款做变更，如有一方想对销售合同做出变更事宜，首先应与对方充分协商，达成一致后签订补充合同或新合同，以维护购销双方的合法权益。

2. 合同的管理

销售部门应在合同签订后交由专人对合同进行统一管理，并制作合同台账，同时财务部门应予以配合，随时对合同的执行情况进行跟踪检查，最终起到监督和预防作用。

结　论

应收账款管理问题已经日趋成为现代企业经营发展的瓶颈，许多企业因为应收账款管理的问题而丧失市场竞争力，经营面临困境。如何解决应收账款的管理问题已经成为企业能否在激烈的市场竞争中立于不败之地的必要因素。

通过对 ABC 公司的应收账款状况进行分析可以发现，公司应收账款的质量问题让人担忧。因此公司必须足够重视应收账款的日常管理和控制，尽量减少因过量应收账款引起的企业垫付资金，减少利息支出和其他相关费用。同时加强对应收账款的质量管理，尽快收回应收账款，使应收账款的总额和账龄保持在一个合理的范围内。总之，在每一种情况下，对公司信用及收款政策的确定都包含着对政策变化所产生的可能收益与成本的比较。而最佳的信用及收款政策往往是那些边际收益等于边际成本的政策。同时，为了使公司信用及收款政策产生的利润达到最大化，公司应该将不同的政策综合起来加以运用，从而达到最佳的效果，形成最佳的解决方案，并形成信用标准、信用期限、现金折扣政策、特定信用条件以及收款支出水平的最优结合。

由于本人考虑问题的深度和时间有限，只针对 ABC 公司在管理中的一小部分问题进行了研究，研究方面也存在局限性，但本人希望通过对 ABC 公司应收账款管理问题的研究来进一步提高解决实际问题的能力，通过对问题原因的分析找出解决问题的合理化建议。通过建立科学合理的应收账款管理制度可以加快应收账款的周转，增强该公司流动资金的利用率。要吸取落后管理模式的教训，优化资金结构，拓宽发展模式，并根据该公司的发展情况制定适合其未来长足发展的管理模式，这样才能使其适应市场深化改革的需要并且立于不败之地。

参考文献

[1] 中国注册会计师协会. 2013 年度注册会计师全国统一考试辅导教材-会计[M]. 北京：中国财政经济出版社，2013：312-350.

[2] 财政部企业司.《企业财务通则》解读[M]. 北京：中国财政经济出版社，2011：21-54.
[3] 常丽娟，张俊瑞. 企业财务信用评价与管理研究[M]. 大连：东北财经大学出版社，2011：48-72.
[4] 朱荣恩. 丁豪裸. 企业信用管理[M]. 北京：中国时代经济出版社，2013：282-312.
[5] 安贺新. 我国社会信用制度建设研究[M]. 北京：中国财政经济出版社，2012：89-101.
[6] 雷雯. 应收账款管理、催收、回款与客户关系维护[M]. 北京：企业管理出版社，2012：128-135.
[7] 鲁欢. 论企业赊销信用风险及其控制措施[D]. 北京：对外经贸大学，2012.
[8] 陈英新. 应收账款风险分析及防范措施[J]. 财会通讯，2013（6）：9-12.
[9] 王芝杨. 企业如何进行应收账款管理[J]. 经济论坛，2012（13）：14-17.
[10] 杨会青. 应收账款风险的分析与对策[J]. 商场现代化，2011（29）：23-27.
[11] C.H. Swig, C. F. Lo. Effect of asset value correlation on credit-linked note values [J]. International Journal of Theoretical and Applied Finance, 2009(5): 21-23.
[12] Stephen points、A Ross and others. Corporate Finance [M]. Beijing: Mechanical Industry Press, 2012(2): 5-7.

致　谢

　　这篇论文的完成，首先要衷心地感谢我的论文导师 XXX 老师，从论文的选题到定稿都得到了导师的悉心指导，在此我深表感谢；XXX 老师治学严谨的风范、为人认真负责的精神使我受益匪浅，并将影响我今后的工作和生活。在此，我还要感谢教育过我的所有老师们，他们不但教授了我专业知识，充实了我的头脑，还教会了我怎样做人。他们循循善诱的教导和不拘一格的思路给予我无尽的启迪。另外，我要感谢经济管理系的所有任课老师，是你们的教导和培养才让我顺利完成学业。最后还要感谢学校，学校给了我良好的学习环境，提供了完善的设施设备，方便我查阅资料。

　　通过几个月对期刊杂志、相关书籍的查询和对网络资料的搜索，积累了大量的资料，形成了本文中的观点。但是，由于时间仓促以及自身理论水平和实践经验有限，文章中难免会出现差错和疏漏之处。在这里，恳请各位审查、批阅论文的老师及领导批评指正。

7.2.2　SYZ 企业财务报表分析

1. 毕业论文任务书
毕业论文任务书如表 7-1 所示。
2. 文献综述
文献综述如表 7-2 所示。
3. 论文开题报告
论文开题报告如表 7-3 所示。
4. 论文中期报告
论文中期报告如表 7-4 所示。
5. 论文封皮
论文封皮示样图如图 7-3 所示。

> **XXXX 大学**
> **毕 业 论 文**
>
> 题　　目：SYZ 企业财务报表分析
> 系　　部：经济管理系
> 专　　业：会计学专业
> 班　　级：XX 级 X 班
> 学　　号：XXXXXXXX
> 姓　　名：XXX
> 指导教师：XXX
> 完成日期：XXXX 年 XX 月 XX 日

图 7-3　论文封皮示样图

6. 论文诚信声明和版权说明

论文诚信声明和版权说明如图 7-4 所示。

> **毕业论文诚信声明书**
>
> 本人声明：我将提交的毕业论文《SYZ 企业财务报表分析》是我在指导教师指导下独立研究、写作的成果，论文中所引用他人的无论以何种方式发布的文字、研究成果均在论文中加以说明；有关教师、同学和其他人员对本文的写作、修订提出过并为我在论文中加以采纳的意见、建议均已在我的致谢辞中加以说明并深表谢意。
>
> 　　　　　　　　　　　　　　　论文作者：XXX　　　（签字）时间：　　年　月　日
> 　　　　　　　　　　　　　　　指导教师已阅　　　　（签字）时间：　　年　月　日
>
> **毕业论文版权使用授权书**
>
> 本毕业论文《SYZ 企业财务报表分析》是本人在校期间所完成学业的组成部分，是在 XXXX 大学教师的指导下完成的，因此本人特授权 XXXX 大学可将本毕业论文的全部或部分内容编入有关书籍、数据库保存，可采用复制、印刷、网页制作等方式将论文文本和经过编辑、批注等处理的论文文本提供给读者查阅、参考，可向有关学术部门和国家有关教育主管部门呈送复印件和电子文档。本毕业论文无论做何种处理，必须尊重本人的著作权，署明本人姓名。
>
> 　　　　　　　　　　　　　　　论文作者：XXX　　　（签字）时间：　　年　月　日
> 　　　　　　　　　　　　　　　指导教师已阅　　　　（签字）时间：　　年　月　日

图 7-4　论文诚信声明和版权说明

7. 论文正文

《SYZ 企业财务报表分析》

中文摘要：随着我国市场经济体制的深化以及资本市场的快速发展，企业外部环境发生了巨大的变化。财务报表分析不但是企业内部的一项基础工作，而且对税务、银行、财政、审计以及企业的广大投资者和主管部门全面地了解企业生产的经营情况具有很大的作用。财务报表分析的基本功能就是将大量的财务报表数据进行整理、加工、分析、比较并转换成对特定决策有益的信息，着重对企业经营成果是否优良、财务状况是否健全等进行评价和解释，减少决策的不确定性。

本文以 SYZ 企业为例，共分三大部分来对其财务报表分析中的问题及对策进行讨论。第一部分在概念上对财务报表分析进行概述，分别阐述财务报表分析的含义、目的、作用，以及财务报表分析的几种相关方法；第二部分对该公司在进行财务报表分析中发现的问题进行具体的分析，具体的问题有：偿债能力分析中的短期偿债能力弱和长期偿债能力弱、营运能力分析中的固定资产周转率低和应收账款周转率低、盈利能力分析中的公司净利润下降和总资产报酬率下降；第三部分是对所提出的问题提出相对应的解决对策，使得该公司能够进一步优化企业的经营成果、健全该公司的财务状况并且减少该公司决策的不确定性。

关键词：财务报表分析；偿债能力；营运能力；盈利能力

Abstract: With the deepening of China's market economic system and the rapid development of capital markets, Enterprise external environment has undergone tremendous changes. Financial statement analysis is not only the internal basic work, and taxation, banking, finance, audit, and corporate investors and authorities fully understand enterprises ' production and management situation has a big role. Financial statement analysis is the basic function of a large amount of the financial statement data for sorting, processing, analysis, comparison and conversion into useful information to specific decisions, focus on business results quality, soundness evaluation and interpretation of the financial situation, reduce uncertainty decisions.

This paper, the SYZ enterprise, for example, it is divided into three major parts to discuss the problems and countermeasures in financial statement analysis. First in concept Shang on financial report analysis for has overview, respectively described has financial report analysis of meaning, and purpose, and role, and and financial report analysis of several related method, second on the company in for financial report analysis in the found of problem for has specific of analysis, specific of problem has: claims debt capacity analysis in the of short-term claims debt capacity weak and long-term claims debt capacity weak, and operating capacity analysis in the of fixed assets turnover low and should accounts receivable paragraph turnover low, and profit capacity analysis in the of profit quality low and total assets paid rate low. The third part is to propose solutions that correspond to the issues raised by, enabled the company to further optimize the company's business results and improve the company's financial position and reduce uncertainties in the company's decision.

Key words: Financial Statement Analysis; Solvency; Operation capacity; Profitability;

前　言

随着社会的不断发展，目前财务报表的分析已经成为企业所关注的话题。财务与经营分析在现代企业发展中起着举足轻重的作用，它通过加速各项经济指标向生产力的转化推动了企业从小到大、从弱到强的长足发展，进而带动了整个产业的蓬勃和兴旺，但是单纯从财务报表上显示的数据还不能直接或全面地说明企业的财务状况，特别是不能说明企业经营状况的好坏和经营成果的高低，只有将企业的财务指标与有关的数据进行比较才能说明企业财务状况所处的地位。财务报表分析不仅对企业内部的生产经营管理有着重要的作用，而且对企业外部投资决策、贷款决策、赊销决策等也有着重要的作用。

财务分析是整体业务的金融功能,包括研究历史数据,以获得有关当前和今后一个公司财务状况良好的信息的一个方面。财务分析可以应用在各种情况下,给公司经营管理者提供信息,他们需要做出关键决策。财务报表分析是以企业的基本活动为对象、以财务报表为主要信息源、以分析和综合为主要方法的系统认识企业的过程。企业的各项基本活动是财务报表分析的对象,企业的所有活动都要用钱用物,并形成会计事项。将这些会计事项通过分类、计算和汇总等方法的处理,最终编制成财务报表。做好财务报表分析工作,可以有效地提高企业的偿债能力、营运能力、盈利能力,揭示企业未来的报酬和风险。通过对财务报表的分析可以及时地发现 SYZ 企业存在的问题,提出相应的解决对策,这样才能让公司更好地发展。

1 财务报表分析概述与企业简介

1.1 财务报表分析的概述

1.1.1 财务报表分析的概念

财务报表分析,又称财务分析,是通过收集、整理公司财务会计报告中的有关数据,并结合其他有关补充信息,对公司的财务状况、经营成果和现金流量情况进行综合比较和评价,为财务会计报告使用者提供管理决策和控制依据的一项管理工作。财务分析已经成为了解企业财务状况、经营成果的工具。它通常是以会计核算和报告资料为依据,采用一系列专门的分析技术和方法,对企业等经济组织过去和现在的有关筹资活动、投资活动、经营活动的偿债能力、营运能力、盈利能力和增长能力状况等进行分析与评价,为企业的投资者、债权人、经营者及其他关系企业的组织或个人了解企业过去、评价企业现在状况、预测企业未来情况、做出正确决策与评估提供精准的信息或依据的经济应用学科。

财务报表分析的主要内容:

（1）分析企业的偿债能力,分析企业权益的结构,估量对债务资金的利用程度。

（2）评价企业资产的营运能力,分析企业资产的分布情况和周转使用情况。

（3）评价企业的盈利能力,分析企业利润目标的完成情况和不同年度盈利水平的变动情况。

1.1.2 财务报表分析的目的

财务报表分析的目的是进行财务分析的最终目标,财务分析的最终目标是为财务报表使用者做出相关决策提供可靠的依据。财务分析的目的受财务分析主体的制约,不同的财务分析主体进行财务分析的目的是不同的。财务分析的一般目的可以概括为:掌握企业生产经营的规律性、了解企业的经营管理现状和存在的问题、为企业制定未来战略服务。

（1）掌握企业生产经营的规律性。企业的生产经营活动,随着生产的发展、业务量的大小等遵循一定的规律性。不同的行业,由于生产销售的不同特点,对资金的占用、需求遵循不同的规律。财务报表分析就是要通过对有关数据进行分析,掌握和认识企业生产经营中资金运动的变化规律,从而掌握资金运动的这种规律性,为企业的财务管理和生产经营服务,做到心中有数。

（2）了解企业的经营管理现状和存在的问题。企业生产经营的规律性具体反映在财务分析指标的各项数值中。通过指标数值的比较,可以发现经营管理问题,找出差距,为企业的经营决策服务。同时通过财务报表分析,可以及时诊断企业的"健康"状况,为企业的决策和日常管理服务。

（3）为企业制定未来战略服务。企业的优势和弱点反映在企业偿债能力、营运能力、盈利能力等各项指标数值上。一个服装企业、一个家电企业，或者在同一行业规模不同的企业，即使它们的年营业额和年末存货都分别是 1 亿元和 2000 万元，但它们所揭示的财务状况、经营成果和企业所具有的优势和劣势则很不同。通过分析有关指标，可以认清企业的优势和劣势，制定经营管理策略和发展战略。同时，通过比较、分析这些指标，还可以弄清竞争对手的优势和劣势，以便采取有效的竞争策略，做到知己知彼，为企业在市场上开展竞争和制定发展战略服务。

1.1.3 财务报表分析的作用

财务报表分析既是财务预测的前提，也是对过去经营活动的总结。随着经济体制改革的深入发展、市场经济的逐步形成，企业财务报表分析工作的作用已经显得越来越重要。企业财务报表分析的作用大致分为：评价企业财务状况及经营业绩的依据、为投资者和债权人提供决策信息的重要工具、为企业内部人员提供可靠资料、实现理财目标的重要手段。

（1）评价企业财务状况及经营业绩的依据。通过财务报表分析，可以了解企业偿债能力、营运能力、盈利能力和现金流量状况，便于企业管理者及其他报表使用人合理评价经营者的财务状况和经营业绩，并通过分析将影响财务状况和经营成果的主观原因和客观原因、微观因素和宏观因素区分开来，以划清经济责任，合理评价经营者的工作业绩以奖优罚劣，促进经营者管理水平的提高。

（2）为投资者和债权人提供决策信息的重要工具。投资者通过财务报表分析，可以了解企业的获利能力和偿债能力，做出正确的投资决策。

（3）为企业内部管理人员提供可靠信息。通过财务报表分析可以获得各种会计信息和其他资料。企业内部管理人员可以通过财务报表分析发现有价值的信息，想方设法改善经营业绩，从而使投资人和债权人对财务报表满意。

（4）实现理财目标的重要手段。企业理财的根本目标是实现企业价值最大化。通过财务报表分析，不断挖掘潜力，从各个方面揭露矛盾，找出差距，充分认识未被利用的人力、物力资源，寻找利用不当的原因，促进企业经营活动按照企业价值最大化的目标运行。

1.2 财务报表分析的方法

1.2.1 偿债能力分析

企业的偿债能力是指企业用其资产偿还长期债务与短期债务的能力。具体表现在企业支付现金能力和偿还债务能力两个方面，是促进企业良性发展的关键。

长期偿债能力的指标是资产负债率。资产负债率=负债总额/总资产，可与行业平均值比较。短期偿债能力是指企业以流动资产偿还流动负债的能力，即资产转换成现金的速度。其常用的衡量指标有：流动比率、速动比率、现金比率。其计算公式如下：

流动比率=流动资产/流动负债

速动比率=速动资产/流动负债 =(流动资产-存货)/流动负债

现金比率=现金类资产/流动负债 =(货币资金+有价证券或短期投资)/流动负债

=(速动资产-应收账款)/流动负债

1.2.2 营运能力分析

企业的营运能力主要指企业营运资产的效率与效益。营运资产的效率一般指资产的周转速度。企业营运资产的效益通常是指企业的产出额与资产占用额之间的比率。

流动资产周转率，是指企业一定时期内主营业务收入净额同平均流动资产总额的比率。流动资产周转率是评价企业资产利用率的一个重要指标，其公式为：

流动资产周转率（次）=主营业务收入净额/平均流动资产总额

固定资产周转率，是企业一定时期营业收入与平均固定资产净值的比率，是衡量固定资产利用效率的一项指标，其公式为：

固定资产周转率（周转次数）=营业收入/平均固定资产净值

平均固定资产净值=(固定资产净值年初数+固定资产净值年末数)/2

1.2.3 盈利能力分析

盈利能力就是公司赚取利润的能力。一般来说，公司的盈利能力是指正常的营业状况。反映公司盈利能力的指标很多，通常使用的主要有：销售净利率、总资产收益率、净资产收益率等。

净资产收益率=净利率/平均净资产

总资产收益率=净利率/平均总资产

营业收入利润率=利润总额/营业收入净额

以上三个指标值越大，盈利能力越强。

2 SYZ 企业财务报表分析发现的问题

2.1 偿债能力分析

企业偿债能力是反映企业财务状况和经营能力的重要标志。企业偿债能力，静态地讲，就是用企业资产清偿企业债务的能力；动态地讲，就是用企业资产和经营过程创造的收益偿还债务的能力。企业有无现金支付能力和偿债能力是企业能否健康发展的关键。企业偿债能力分析是企业财务分析的重要组成部分。偿债能力是企业偿还到期债务的承受能力或保证程度，包括短期偿债能力和长期偿债能力。

2.1.1 短期偿债能力弱

对企业而言，短期偿债能力至关重要，如果 SYZ 企业不具备一定的短期偿债能力，就表明该公司不仅无法满足短期债权人的要求。对债权人来说，如果想要按期取得利息、确保收回本金，就要具备足够的偿还能力才可以保证其债权的安全。如果企业的短期偿债能力发生问题，企业就会耗费大量精力去筹集资金，不仅加大了企业筹资的难度，而且还会增加紧急筹资的成本，影响企业的盈利能力。一般来说，我们通常认为企业的流动比率越大，其短期偿债能力越强。其计算公式为：

流动比率=流动资产/流动负债

具体指标分析如表1所示。

表1 SYZ 企业 2011－2013 年度短期偿债能力指标　　　　　　　　单位（元）

项目	2011 年	2012 年	2013 年
流动资产	18613551.17	17194361.56	15914064.81
速动资产	13295393.69	9093171.98	12241588.32
流动负债	17727191.59	16533039.96	17487983.31
流动比率	1.05	1.04	0.91
行业平均流动比率	1.56	1.78	1.69
速动比率	0.75	0.55	0.7
行业平均速动比率	0.93	0.89	0.91

从表1中可以计算出SYZ企业2011年的流动比率为1.05,2012年为1.04,2013年为0.91,相对来说还比较稳健,但是流动比率都不高。2012年是三年中最低的一年,1元的负债也只有0.91的资产作为保障,所以企业的偿债能力并不高,但是企业的短期偿债能力相对比较平稳。一般认为流动比率为2:1的比例比较适宜。该比例表明企业的财务状况趋于稳定,除了可以满足日常生产经营活动的流动资金需求外,偿付到期的短期债务也有足够的财力。如果该比例较低,则表明企业也许捉襟见肘,难以偿还到期债务。从SYZ企业的发展趋势来看,该公司的流动比率较低,三年呈逐年下降的趋势,而且在行业平均流动比率中也呈现偏低趋势,在行业竞争中不占优势,表明短期偿债能力逐渐减弱。

速动比率是企业速动资产与流动负债的比率。这一比率用以衡量企业流动资产中能立刻用于偿还流动负债的财力。其计算公式为速动比率=速动资产/流动负债,则可根据表1计算出:

2011年速动比率:13295393.69/17727191.59=0.75

2012年速动比率:9093171.98/16533039.96=0.55

2013年速动比率:12241588.32/17487983.31=0.7

根据经验,一般认为速动比率1较为合适。它表明企业的每一元短期负债都有一元易于变现的资产作为抵偿。如果速动比率偏低,则说明企业的偿债能力可能存在问题;如果速动比率偏高,又说明企业可能因为拥有过多的货币性资产,一些可能取得利润的投资和获利的机会可能失去。从以上数据可以看出SYZ企业的速动比率低于适宜水平,有下降趋势,同时可以看出在行业平均速动比率中,该公司也呈劣势,说明企业偿还短期债务的能力有待提高,需要采取措施加以扭转。

综合上面的两个指标可以看出,SYZ企业的流动比率和速动比率处于同行业的中等水平,而且近三年也没有呈现上升的迹象,说明该公司在短期偿债能力上低于同行业比较优秀的企业,所以建议该企业采取相应措施以改善现状。

2.1.2 长期偿债能力弱

长期偿债能力是指企业对债务的承担能力和对偿还债务的保障能力。它是反映SYZ企业财务安全和稳定程度的重要指标。SYZ企业举借长期负债有利于扩大该公司的生产经营和规模,但同时也加大了该公司的资金成本与财务风险。所以,对长期偿债能力进行分析是评价SYZ企业财务状况的重点。反映企业长期偿债能力的主要财务指标为资产负债率,其计算公式为:资产负债率=负债总额/资产总额×100%。

具体指标分析如表2所示。

表2 SYZ企业2011—2013年度长期偿债能力指标　　　　　　　　　　单位(元)

项目	2011年	2012年	2013年
资产总额	20614938.80	29963975.85	20188316.20
负债总额	14842759.60	22703288.05	15746886.65
所有者权益总额	5772179.2	19706892.20	4441429.55
资产负债率	0.72	0.76	0.78
行业平均资产负债率	0.53	0.61	0.59

从表 2 中可以计算出 SYZ 企业 2011 年的资产负债率为 0.72，2012 年为 0.76，2013 年为 0.78。从表 2 中可以清楚地看到，SYZ 企业 2011 年的负债在 2010 年的基础上大幅上升，2013 年相对于 2012 年的负债上升额度又有所下降。这主要是因为 2012 年，SYZ 企业的投资额以及资产总额都大幅增加，本企业的自由资产已经不能满足需要。SYZ 企业在其资产不断增加的过程中也更多地依赖于长期负债借款，这也是 2012 年该公司负债大幅上升的原因。长期负债的不断增加会给企业带来巨大的财务风险，财务风险的扩大进而也会引发企业的经营风险。一般情况下认为资产负债率不应高于 50%，而国际上通常认为重工业资产负债率等于 60% 时较为适当。从以上数据可以看出 SYZ 企业的资产负债率高于适宜水平，且对于行业平均资产负债率来说也有上升趋势，高于行业平均水平。也就是说，资产负债率指标越大，SYZ 企业的总资本中负债所占比例较大，承担的风险也很大，所以 SYZ 企业必须在经营的过程中考虑到长期负债会给企业带来的诸多问题。

2.2 营运能力分析

SYZ 企业的营运能力就是应充分利用该公司的现有资源创造社会财富的能力，其实质就是沈阳华恒机械制造公司要以更少的资产应用、更短的时间周转，生产更多的产品，创造更多的营业收入。所以，影响 SYZ 企业财务状况是否稳定和获利能力强弱与否的关键是该公司对营运能力的分析。反映企业营运能力的主要财务指标有：固定资产周转率和应收账款周转率等。

2.2.1 固定资产周转率低

固定资产周转率是指企业一定时间内销售收入与固定资产平均净值之间的比值，表明固定资产的周转速度。它反映企业的固定资产周转状况和运用效率。运用固定资产周转率时，需要考虑固定资产净值因计提折旧而逐年减少和因更新重置而突然增加的影响；在不同的企业间进行分析比较时，还要考虑采用不同的折旧方法对净值的影响等其他因素。一般而言，固定资产周转率偏高，则表明固定资产的周转速度越快，企业固定资产利用充分，周转天数越少，企业固定资产投资适当，结构分布合理，固定资产运用效率高，营运能力较强。反之，则表明固定资产运用效率不高，企业运行能力较差。其计算公式为：

固定资产周转率=营业收入/固定资产平均净值

固定资产周转天数=计算期天数/固定资产周转率

固定资产平均净值=(年初应收账款+年末应收账款)/2

具体指标分析如表 3 所示。

表 3　SYZ 企业 2011－2013 年度营业收入与固定资产平均净值　　　　　单位（元）

项目	2011 年	2012 年	2013 年
营业收入	7358544.34	9572111.0	7943169.71
固定资产平均净值	1284213.67	1734821.33	1522357.38
固定资产周转率	5.73	5.52	5.22
行业平均固定资产周转率	6.31	6.54	6.25

从表 3 中的数据可以看出 SYZ 企业 2011 年的固定资产周转率为 5.73，固定资产周转天数为 62.83 天，2012 年的固定资产周转率为 5.52，固定资产周转天数为 65.22 天，2013 年固定资产周转率为 5.22，固定资产周转天数为 68.97 天。SYZ 企业三年来固定资产周转率发展持续降

低,且在行业平均固定资产周转率中也呈现下等水平,这表明SYZ企业固定资产利用不充分,固定资产投资不得当,没有能够充分发挥固定资产的使用效率。

2.2.2 应收账款周转率低

应收账款周转率是指公司在一定时期内的赊销净额与应收账款平均余额之间的比率,或称应收账款周转次数,用时间表示的应收账款周转率就是应收账款的周转天数,也称平均收现期。一般来说,反映公司应收账款的管理效率的高低及变现速度快慢的就是应收账款周转率这一指标。如果该指标稳定提高则表示:账龄变短,收账速度加快;资产流动性变强的同时短期偿债能力也会变强;可以减少坏账损失和收账费用,公司流动资产的投资收益也会有所增加。其计算公式为:

应收账款周转率＝赊销收入净额/平均应收账款余额

应收账款周转天数=计算期天数/应收账款周转率

平均应收账款余额=(年初应收账款+年末应收账款)/2

具体指标分析如表4所示。

表4 SYZ企业2011－2013年度营业收入与平均应收账款余额　　　　　　单位(元)

项目＼年份	2011年	2012年	2013年
营业收入	205506248.26	188654745.27	192496906.81
平均应收账款余额	14095078.76	15893407.35	18670892.99
应收账款周转率	14.58	11.87	10.31
应收账款周转天数	24.69	30.32	34.92

2011年应收账款周转率:205506248.26/14095078.76=14.58

2011年应收账款周转天数:360/14.58=24.69

2012年应收账款周转率:188654745.27/15893407.35=11.87

2012年应收账款周转天数:360/11.87=30.32

2013年应收账款周转率:192496906.81/18670892.99=10.31

2013年应收账款周转天数:360/10.31=34.92

从表4中的数据可以看出SYZ企业2011年的应收账款周转率为14.58,应收账款周转天数为24.69天;2012年的应收账款周转率比2011年减少了2.71,2011年应收账款周转天数却比2010年增加了5.63天;2013年应收账款周转率为10.31,比2012年减小了1.56,应收账款周转天数却增加了4.6天。说明SYZ企业应收账款的流动性在逐年减慢,短期偿债能力也相应地减弱,应注意加强应收账款的管理工作。

2.2.3 存货周转率低

存货作为流动资金的重要组成部分的同时又是比较特殊的。存货的周转速度越快,存货的占用水平越低,流动性越强,存货转换为现金或应收账款的速度越快。存货周转率是衡量和评价企业各项管理状况的综合性指标之一。当公司存货周转率偏低时,就会影响资金周转,造成流动资金管理问题。该公司也不例外,该公司2011至2013年度存货周转率变动如表5所示。

表 5 SYZ 企业存货周转率变动表

资产项目 \ 年份	2011 年	2012 年	2013 年
存货	1184.72 万元	1621.08 万元	2258.28 万元
销货成本	4813.34 万元	5793.98 万元	7021.64 万元
存货周转率	4.71 次	4.13 次	3.62 次

由表 5 可知，存货和销货成本在近三年都在递增，通过这两项主要指标来计算存货周转率可以衡量该公司的存货周转趋势。公司的存货周转率主要是由存货周转次数和存货周转天数体现的，存货周转次数是由销货成本除以存货平均余额得出的，而存货周转天数则是由每年的 360 天除以存货周转次数得到的，从而反映存货在这一年中周转的频率。施工企业平均存货周转率为 6.78 次，而该公司 2010 年的存货余额为 859.16 万元，2010 至 2011 年的存货平均余额为 1021.94（(859.16+1184.72)/2）万元，2013 年的存货周转次数约为 4.71（4813.34/1021.94）次，存货周转天数约为 76（360/4.71）天。2011 至 2013 年的存货平均余额为 1402.90（(1184.72+1621.08)/2）万元，2012 年度的存货周转次数约为 4.13（5793.98/1402.90）次，存货周转天数约为 87（360/4.13）天。2012 至 2013 年的存货平均余额为 1939.68（(1621.08+2258.28)/2）万元，2013 年度的存货周转次数约为 3.62（7021.64/1939.68）次，存货周转天数约为 99（360/3.62）天。存货周转率低且呈逐年降低的趋势，存货周转天数较长导致存货积压占用该公司大量流动资金，导致了流动资金管理问题。存货周转率低导致流动资金不能及时变现的主要原因有：

（1）该公司忽视了存货管理的重要性，未能及时针对公司的实际情况对存货的流动资金占用进行合理的决策分析。

（2）该公司在购进存货时未能及时了解市场动态和客户的需求，销售预测不准确是存货居高不下的主要原因。公众爱好具有易变性，很多因素都会引起不规则的购买倾向，导致存货积压。

（3）该公司订货周期不稳定。在存货购进时没有及时有效地同各个部门进行沟通，统筹规划存货购进数量，而是为了追求片面的经济效益而盲目地进行大批量的采购而导致存货积压，占用了流动资金。

（4）该公司没有制定有效的沟通信息网络，使得库存、在途货物以及需求等基本信息经常发生偏差，使公司在经营中面临着账目繁杂、库存凌乱、经营数据统计困难等难题，导致不能精确估算存货而使流动资金管理出现问题。

再者企业存货储存成本偏高，企业对存货的需求决定采购多少存货，并且能够及时地补充。但是如果企业对于存货的需求量预计不准确，通常会为了不使生产中断而大量地储备原材料，无形中增大存货的存储成本，导致企业流动资金管理问题。该公司原材料中水泥的采购数量是逐年增加的，存储成本也随着采购数量的增加而增加。表 6 中的数据表明原材料的数量由 2011 年的 360 吨增长至 2013 年的 680 吨，分别于 2012 年增长了 140 吨（500-360），2011 年增长了 180 吨（680-500），增长幅度分别是 7.8%（140/180×100%）和 7.2%（360/500×100%）。存储成本也从 2011 年的 30.06 万元增至 2013 年度的 40.84 万元。增长比例分别为 13.60%（(34.16-30.06)/30.06×100%）和 19.56%（(40.84-34.16)/34.16×100%）。

该公司 2011~2013 存货采购数量及存储成本如表 6 所示。

表 6 SYZ 企业存货采购数量及存储成本　　　　　　　　　　　　　　　　单位（万元）

年份 项目	2011 年 数量（吨）	2011 年 储存成本	2012 年 数量（吨）	2012 年 储存成本	2013 年 数量（吨）	2013 年 储存成本
AA 材料	360	30.06	500	34.16	680	40.84
BB 材料	600	10.42	820	12.20	1600	19.08
合计	—	40.48	—	46.36	—	59.92

注：以存货中的原材料为例说明。

分析存货存储成本偏高导致流动资金管理问题的原因有：

（1）该公司存储的原材料受价格波动的原因近几年都没有进行合理订购，导致存货长时间积压，使存储费用占用大量的流动资金。

（2）该公司对存货没有进行合理的存放和充分利用仓容，日渐提升的仓库租赁费用和占地费用都对公司的流动资金产生了不必要的浪费。

（3）该公司对存货进行存储的维护费、保险费和人工费用的提升。

2.3　盈利能力分析

盈利能力分析也是企业的资金增长能力分析，盈利能力指标主要是企业对增值的追求，要求资金的增值能力。资金增值能力是 SYZ 企业关注的重点问题，其主要财务指标为销售净利率和销售毛利率。

2.3.1　公司净利润下降

销售净利率指净利润占营业收入的百分比，表示每元营业收入带来多少的净利润。这一指标主要用于衡量企业营业收入的收益水平，该比率约接近 1，说明企业收益质量高，企业能够利用资产的实际收效来获取企业的净利润，同时这一指标也可用于衡量企业经营活动现金流量的获利能力。其公式为：

$$销售净利润 = 净利率/营业收入 \times 100\%$$

具体指标分析如表 7 所示。

表 7 SYZ 企业 2011－2013 年度销售盈利能力指标　　　　　　　　　　　　　单位（元）

年份 项目	2011 年	2012 年	2013 年
营业收入	205506248.26	188654745.27	192496906.81
净利润	53239960.69	52550068.32	55474324.73
销售净利润	3.86%	3.59%	3.47%
行业平均销售净利润	6.96%	6.71%	7.21%

2011 年销售净利润=53239960.69/205506248.26×100%=3.86%
2012 年销售净利润=52550068.32/188654745.27×100%=3.59%
2013 年销售净利润=55474324.73/192496906.81×100%=3.47%

由表 7 可以清楚地看出，该公司 2011 年度至 2013 年度的销售净利率由 3.86%下降到 3.47%，且都低于行业平均水平，其中 2011 年的销售净利润与当年行业平均销售净利润比率相差最大，这可能是由当年人工等成本过高导致营业收入减少的原因所致。行业平均销售净利润水平多保持在7%左右，而近三年该公司都没有达到平均水平，这说明SYZ企业没有很好地控制成本，产品质量略微有所下降，管理水平没有得到很好的改善，具体指标分析如表8所示。

表8 SYZ企业2011—2013年度销售盈利能力指标   单位（元）

年份 项目	2011年	2012年	2013年
营业收入	205506248.26	188654745.27	192496906.81
营业成本	168545637.01	100687693.19	103875467.98
销售毛利率	6.22%	5.98%	3.76%
行业平均销售毛利率	7.89%	8.71%	8.35%

2011年销售毛利率=205506248.26-168545637.01/205506248.26×100%=6.22%
2012年销售毛利率=188654745.27-100687693.19/188654745.27×100%=5.98%
2013年销售毛利率=192496906.81-103875467.98/192496906.81×100%=3.76%

从表8中可以计算出，该公司2010年到2012年的销售毛利率由6.22%降低到3.76%，说明该公司没有足够多的毛利额，抵补各项期间费用的能力弱，盈利能力低。且SYZ企业2012年销售毛利润率明显低于同行业优秀企业的高水平，从SYZ企业近三年的销售净利润以及销售毛利率连续下降来看，距离高水平企业的销售利润率指数还有不少的距离，说明SYZ企业的经营活动现金流量的获利能力还需要进一步提升。

2.3.2 总资产报酬率下降

总资产报酬率是反映企业综合利用的效果，也是衡量企业利用债权人和所有者权益总额所取得的盈利，该指标越大，表明盈利能力越强、财务管理水平越高。这是一个综合性很强的评价指标，用以衡量公司自有资本的效率。一般认为，公司净资产收益率越高，说明公司自有资本获取收益的能力越强、运营效益越好，说明对公司投资人和债权人的保证程度越高。其公式为：

$$净资产收益率=净利润/平均净资产×100\%$$

具体指标分析如表9所示。

表9 总资产报酬率（%）

年份	第一季	中期	前三季	年度
2011年	10.96	12.05	12.83	13.72
2012年	10.09	12.36	13.68	9.56
2013年	10.88	9.05	10.71	8.44

从表9中可以看出，该企业的总资产收益率比较平衡，但是呈现逐年下降的趋势。其三年的总资产报酬率分别是13.72%、9.56%、8.44%，2012年总资产报酬率比2011年总资产报酬率下降了4.16%，2013年总资产报酬率比2012年总资产报酬率下降了1.12%，总体来看SYZ企业的总资产报酬率相对较低，这也很大程度上影响着SYZ企业的盈利能力。

3 SYZ 企业存在问题的解决对策

3.1 偿债能力分析问题的对策

根据上述的分析我们可以看出,从 SYZ 企业的偿债能力分析来看短期偿债能力弱,长期偿债能力也不强,所以说明企业的综合偿债能力并不是很好。根据这种状况我们应该加强企业的短期偿债能力和长期偿债能力。

3.1.1 加强短期偿债能力

短期偿债能力一般也称为支付能力。主要是通过流动资产的实现来偿还到期的短期债务。从短期偿债能力对企业的影响可以看出,企业必须十分重视短期偿债能力的分析和研究。了解影响短期偿债能力的因素,通过分析企业短期偿债能力的变动情况、变动原因来促进企业短期偿债能力的提高。影响短期偿债能力的因素总的来说有企业内部因素和外部因素。企业内部因素是指企业自身的营业状况、资金情况、融资能力等。企业外部因素主要是指企业所处的经济环境。根据以上对于影响短期偿债能力因素的归纳,大致将加强短期偿债能力的对策总结为三点:企业偿债能力的声誉、企业存有可动用的银行贷款指标、企业拥有可以很快变现的长期资产。

(1) 提高企业偿债能力的声誉。如果企业的偿债能力一贯很好,在银行界及金融市场上有一定的声誉,那么当其在短期偿债方面发生困难时,可以很快地通过向银行申请贷款、发行债券或股票等方式筹集资金,偿还其短期或到期的债务。这个增加企业短期偿债能力的因素取决于企业自身的信用状况及当时的筹资环境。根据分析 SYZ 企业的流动比率可知,该公司并没有足够的资金来偿还到期的短期借款和利息,要维持现有的借款规模十分艰难,这也恰恰证明了该公司更应该通过提高声誉来转变这一现象。

(2) 确保企业存有可动用的银行贷款指标。如果企业存有银行已承诺但尚未办理贷款手续的银行贷款限额,则企业的现金可随时增加,其短期偿债能力可随时增强,这一情况有时会在财务状况说明书中有所体现。

(3) 确保企业拥有可以很快变现的长期资产。企业可能有一些长期资产可以迅速变为现金,这将增强企业的短期偿债能力。但是信贷人员必须特别谨慎的是确定企业是否确实拥有可以立刻变现的长期资产。因为一方面长期资产一般是营运中的资产,另一方面闲置的长期资产一般在短期内不易变现。但某些长期投资项目可以例外,这取决于投资本身的性质。

3.1.2 加强长期偿债能力

长期偿债财务比率主要是通过财务比率来分析权益与资产之间的关系,分析不同权益之间的内在联系,从而对企业的长期偿债能力、资本结构是否健全合理等作出客观评价。长期偿债能力是指企业偿还非流动负债的能力。影响企业长期偿债能力的主要因素有企业的盈利能力、投资效果、权益资金的增长和稳定程度、权益资金的实际价值和企业经营现金流量。长期偿债能力分析内容包括三个方面:第一,资产规模对长期负债能力影响的分析;第二,盈利能力对长期偿债能力影响的分析;第三,现金流量对长期偿债能力影响的分析。综上所述,可将加强长期偿债能力的对策大致分为以下两点:

(1) 提高企业负债水平及风险程度。根据对 SYZ 企业资产负债率的计算,可以看出的是该企业通过借款给生产经营提供更多的资金,对企业获利具有正面的影响。根据该公司资产负债表可以看出 2013 年资产负债率比 2012 年增长了 0.04%，2013 年资产负债率比 2012 年增长了 0.02%。这样资产负债率逐年提升说明企业的债务风险也随之增加，所以该公司应该充分地利用财务杠杆的调整提高企业的负债水平及风险程度，把带给企业的财务风险转化为带给企业的获利贡献。

（2）提高对企业及债权人的警示。资产负债率不能过高，如果该比率达到 100%，则表明企业已资不抵债、达到破产警戒线；企业资产负债率很高时，表明风险加大，此时应尽量降低负债比率，通常认为，70%~80%的资产负债率是债权人可以接受的最低水平。所以，应通过不定时的数据分析来提高对企业及债权人的警示，以便做到及时正确地改善偿债决策。

3.2 营运能力分析问题的对策

3.2.1 提高固定资产周转率

首先，由于固定资产的周转速度受折旧方法的影响，因此 SYZ 企业应注意折旧政策的变化及差异。其次，固定资产周转速度的快慢受固定资产内部总结构的影响，因此 SYZ 企业应在固定资产结构中加大生产经营和使用中固定资产的比重。在合理配置固定资产的同时，努力改善生产设备的利用效率，不断提高时间产量。这样有助于加速固定资产的周转，提高其利用效率。最后，SYZ 企业还必须有一定的销售力度作保障，在市场秩序稳定的情况下，该公司应加速销售收入与利润的实现，固定资产效能增加，进而使该公司的营运能力得到增强。

同时，要想提高 SYZ 企业的生产用固定资产的利用效率，应在提高生产设备利用效率的同时，优化固定资产内部结构。

对于 SYZ 企业来说，需要优化固定资产结构，途径有两个：存量调整和增量调整，对公司的产品结构进行调整。公司固定资产的结构从产出角度来看主要表现为产品的结构，根据市场的变化、新技术的应用与科学技术水平的发展等，公司企业内部每个生产环节间会出现生产能力不均衡的情况，要通过固定资产在不相同的产品间与不相同的生产环节间的转移来使产品的组合能够更加适应市场的需求，从而取得更好的经济效益。而固定资产的增量调整实际上就是通过调整新增的投资方式来对公司固定的资产进行优化配置。增量的投入并不是减少有些生产部门的生产能力，只能加强能力紧张部门，以此优化固定资产的内部结构，固定资产周转率也就提高了。

3.2.2 提高应收账款周转率

应收账款是一种客观存在，一方面企业的销售业务由于结算方式和结算时间的不同，企业的营运资金必然会存在一部分被客户占用，另一方面竞争机制迫使企业以各种手段扩大销售，除依靠质量、价格、服务和广告等外，赊销也是扩大销售的手段之一，商业竞争是应收账款形成的主要原因。

SYZ 企业的应收账款如果得不到有效控制，必然会影响企业的资金周转速度和现金流量，影响企业的技术改进、设备更新、原辅材料采购等一系列工作，影响企业下一步的发展。企业应着重分析应收账款的合法性和合理性，建立客户的信用级别，加强内部管理，控制应收账款的总量、结构和回收期限，加速周转，防止损失。所以 SYZ 企业要建立健全应收账款管理的结构体系，加强应收账款的变现能力。

（1）SYZ 企业要改变应收账款回收"只是销售和财务部门的事"的片面认识，建立以销售部及清欠办公室为清收主体，财务部为应收账款核算考核主体，质量部、服务处、纪委和劳人处相互配合的组织管理体系。

（2）SYZ企业的清欠办公室要对在销售过程中遇到的法律援助事项负有解释和用法律手段维护公司利益的责任并负责应收账款指标的落实和分解。

（3）SYZ企业的财务部门对应收账款分类信息的准确性和指标的反馈考核负有全责，还应负责应收账款的核算考核。

（4）SYZ企业要明确销售部对回收货款和应收账款的清收负有全责，谁销售谁负责，是应收账款回收的责任部门。

3.2.3 提升存货周转率

通过对企业存货周转率的分析，可以了解企业目前的存货周转情况以及影响存货周转的因素。该公司存货占用资金大、存货周转率低，客观上影响公司流动资金的周转。通过行之有效的存货日常管理，可以加强存货的成本控制，提高存货的周转效率，为加快存货向现金流的转化奠定基础。决定适当的库存额可以提升存货的周转率，具体可以从以下两方面来考虑：

（1）从流动资金周转的角度来考虑存货库存来提升存货周转率。

企业的经营中难免关联到流动资金的问题，而存货又是流动资金的重要组成部分，所以只要能改善存货周转率，流动资金管理问题就比较容易应付。存货周转率对该企业的库存管理具有十分重要的意义，所以要对总资产和商品库存额之间的比例、库存周转率、销售额、毛利率的关系有一个清楚的认识，这样才能对存货周转率低的情况进行具体判断。而且必须研究存货之间为何种程度的比例，并且将它与过去的实绩及其他关系密切的同行的标准进行比较，以此来调整批购及库存数量，避免持有太多的库存。

从流动资金方面决定适当的库存额还有一个重要的方面是分析该公司流动资金的周转情况，找出是哪些原因导致资金周转出现了问题，是库存量供大于求，还是销售环节出现了问题，这些导致流动资金管理问题的情况都是由不恰当的库存量引起的，所以流动资金的周转情况对于提升该公司的存货周转率有着重要的作用。

（2）综合考虑行业和该公司实际情况决定公司的存货库存。

在施工作业方面，大多数企业在决定库存量时总是对原材料的品种没有通盘的研究，通常是无计划地分别进行，也不曾有过统筹的综合的总库存方面的方案，长年累月自然会出现大量的存货积压，这样必然会产生流动资金管理问题。要想在激烈的市场角逐中取胜，必然需要的是一种建立在真实数据之上、科学的、理性的库存管理。

针对该公司承揽业务的实际情况，对业务的库存进行分别管理。可以考虑各种商品的特性，依照各个品种和多数商品的集团来管理，按照品种和集团之别来积存，综合地控制不同类别的原材料，使之压缩整体的库存量。面对不确定的市场，该公司要保持适当的库存，就必须定期地对市场动态进行调查，及时掌握市场需求和变化。在该公司流动资金有空闲时，可以适当地有计划地采购一些下一季度的畅销品，有计划地拥有"备荒库存"；当该公司出现流动资金管理问题时，就得减少批购商品的品种，以此来合理调整库存。这样，参照过去的经验和顺应实际情况来决定适当的库存量才好。

总之，通过加强对存货的管理和控制，在满足公司生产经营需要的基础上，加快存货周转速度，减少在现金流循环过程中存货阶段的滞留时间，将为有效地加速现金流回收提供有利条件，减少流动资金管理问题带来的负面影响。

再者要优化库存管理，科学的市场调研可以使公司更加了解市场，对企业的存货管理有着至关重要的作用。该公司通过市场调研可以根据数据对市场的需求进行可行性分析，从而调节公司存货需求量进行采购，优化公司的库存管理，可以减少该公司在存货中花费更多的额外费用而使流动资金减少。

首先，利用 ABC 控制法就可以对该公司的存货进行有效的管理，在存储费用的使用上做到有的放矢，根据不同类型的存货制定不同的存货管理制度。这样做可以减少该公司存货储存上占用的流动资金，避免出现公司流动资金管理问题的情况。运用 ABC 控制法一般有如下几个步骤：

（1）计算每一种存货在一定时间（一般为一年）内的资金占用额。

（2）计算每一种存货资金占用额占全部资金占用额的百分比，并按大小顺序排列，编成表格。

（3）该公司可以根据事先测定好的标准，按照存货的重要程度，将存货分成 ABC 三种类型。

A 类存货属于库存控制的重点，具有品种较少但占用资金较多的特点，一般为生产经营的常用材料，如钢材、水泥等，占全部存货总额的 80%左右。对于 A 类存货一般采用连续控制的方式，随时检查库存的情况。要计算每个项目的经济订货量和订货点，尽可能地适当增加订购次数，以减少存货的积压，也就是减少其昂贵的存储费用和大量的资金占用。B 类存货为一般存货，品种数量较多，资金占用额一般，品种约占全部存货总额的 15%左右，应对其进行适当控制和日常管理，例如小五金。C 类存货虽然品种繁多，但占用资金不多，品种约占全部存货的 60%~65%，资金占全部存货总额的 5%左右，一般可采用比较简单的方法进行管理，例如水暖配件。

对 ABC 三种存货进行分别控制如下：对于 A 类存货的控制，要对每个项目的经济订货量和订货点进行计算，根据该公司的需要尽可能适当增加订购次数，以减少存货的积压，减少其昂贵的存储费用和大量的流动资金占用；与此同时，还应该为该类存货分别设置永续盘存卡片，以加强日常控制，减少流动资金不必要的日常损失。对 B 类存货的控制不必像 A 类那样严格，但也要事先计算每个项目的经济订货量和订货点，同时也可以分别设置永续盘存卡片来反映库存动态，平时只要进行定期的概括性检查即可，以节省存储和管理成本。对于 C 类存货的控制，由于它们为数众多，而且单价又很低，存货成本也较低，因此公司可以根据需求适当增加每次订货数量，以减少全年的订货次数来降低成本，提升利润空间。

其次，该公司通过对市场的充分了解，可以对公司内部资源进行有效的整合，充分利用第三方物流。公司仅利用内部的物流资源，有时是难以应对激烈的市场竞争要求的，此时利用第三方物流对公司加强存货管理是十分有利的：一是有利于降低存货的储存费用、运输费用、差旅费等，从而降低公司成本，提高产品的竞争力；二是减少了存货储存对流动资金的占用，提高了资金的利用率；三是第三方物流公司专门从事物流工作，有着丰富的专业知识和经验，有利于公司提升公司形象，占领市场。

通过有效地加强存货的日常管理，可以提高存货周转的效率，加强存货的成本控制，为加快存货向现金流的转换奠定了基础。

3.3 盈利能力分析问题的对策

3.3.1 提高公司净利润

对于企业管理者来说，进行经济管理决策的基础就是净利润。对于企业的投资者而言，获得投资回报的大小的基本因素是净利润，并且评价 SYZ 企业管理的业绩、盈利能力以及偿债能力的一个基本指标也是净利润，净利润是一个综合指标，既能分析也能反映该公司多方面的情况。SYZ 企业在目前较低的净利润率现状下，采取员工成本优化将有助于提高未来的净利润。SYZ 企业应采取优化组织结构的方式提升运营效率，降低人员成本，把节约的资源投入到集团的核心业务上。相关管理人员和职责安排都将随着组织架构的变化而进行相应调整，有助于提高净利润。加强资产管理，减少非流动资产处置净损失率；在不触及法律红线的基础上合理避税，减少企业所得税。

从 SYZ 企业的盈利能力综合分析中影响销售净利率变动的因素看，要想提高公司的盈利能力，就要提高净利润。在提高产品质量和有利于企业竞争的基础上提高产品单价，增收节支降低单位产品销售成本、税费率、营业费率。正确决策投资以提高公允价值变动净收益率和投资净收益率。加强资产管理，减少非流动资产处置净损失率。集约化经营、低成本建设、新机制运行，促进公司可持续发展，努力节支降耗，优化创新，使生产经营、改革改造等各项工作取得突破，以便在这快速发展的市场经济下找到适合电子公司的生存方式。提高 SYZ 企业的净利润，使公司稳步向前发展。

3.3.2 提高公司总资产报酬率

对于 SYZ 企业来说，提高公司资产报酬率即可优化固定资产内部结构，途径有两个：存量调整和增量调整，对公司的产品结构进行调整。公司固定资产的结构从产出角度来看主要表现为产品的结构，根据市场的变化、新技术的应用与科学技术水平的发展等，公司企业内部每个生产环节间会出现生产能力不均衡的情况，要通过固定资产在不相同的产品间与不相同的生产环节间的转移来使产品的组合能够更加适应市场的需求，从而取得更好的经济效益。而固定资产的增量调整实际上就是通过调整新增的投资方式来对公司固定的资产进行优化配置。增量的投入并不是减少有些生产部门的生产能力，只能加强能力紧张部门，以此优化固定资产的内部结构，固定资产产值率也就提高了。

提高设备利用率。首先加强设备日常维修保养是设备利用率的保证，采取的措施，一是加大 SYZ 企业专业技术人员培训力度，按期安排专业技术人员到国外大公司参观和培训，而且要保持技术队伍稳定，以一定的规则约束本公司的技术队伍，避免培训完的人才流失；二是完善 SYZ 企业的相关管理制度，加强设备故障的动态管理；三是健全公司设备维修档案；四是确保维修配件的供应。其次加强设备综合管理是提高设备利用率的基础。加强前期管理，严格把关，给先进的锅炉设备的使用、维修、保养创造一个良好的"先天"条件。对每道工序的设备加工质量分析和统计，广泛开展设备点检，坚持以状态维修为主的维修方式。建立严格考核、全方位的约束激励机制，认真落实岗位质量责任制。从基础工作入手，加大设备管理工作力度，实行设备专业技术人员分片管理，责任落实到个人。还有加强设备资产管理，提高设备运营效率，应转变观念、提高认识、加强管理、盘活存量资产、不断提高设备资产运营效率。针对不同设备的有形、无形磨损状况，适时进行技术改造。最后要加强制度建设，确保生产设备安全正常运行。重视设备修前预检和配件准备工作，避免因设备大修和修换件准备不到位而出现延长停修时间和加大修理成本的状况，保证设备修理质量，使设备处于完好状态。

结束语

财务报表分析以企业财务报告反映的财务指标为主要依据，对企业的财务状况和经营成果进行评价和剖析，以反映企业在运营过程中的利弊得失、财务状况及发展趋势。它既是对已完成财务活动的总结和评价，又是对企业发展趋势的财务预测，是报表使用者深刻认识企业财务状况的"探测仪"。企业生存和发展的根本目的是实现企业价值最大化，企业经营者通过财务报表分析能促进自身目标的实现。通过财务报表分析，企业可以确认企业的偿债能力、营运能力、盈利能力和现金流量等状况，合理地评价自己的经营业绩，并促进管理水平的提高。

总之，财务报表分析对企业经营管理尤其重要，通过报表分析能够确认目前企业的状态，找出企业经营管理的问题及差距，从而在企业经营管理的各方面揭露矛盾，并不断挖掘潜力，充分认识未被利用的人力物力资源，促进企业实现企业价值最大化。

参考文献

[1] 费峥宇. 浅析财务报表分析在企业管理中的作用[J]. 现代商业，2013（23）：31-32.

[2] 侯志才. 浅谈财务报表分析方法[J]. 财会通讯，2012（35）：13-14.

[3] 李青. 销售及应收账款业务处理[J]，2013（11）：23-25.

[4] 张桂玲. 财务报表分析[J]，2012（7）：64-65.

[5] 余海永. 浅析财务报表分析的问题与对策[J]. 中国外资，2011（4）：56-57.

[6] 徐淑华. 我国上市公司财务报表分析方法的局限性及改进措施[J]，2012（3）：15-16.

[7] 张波. 上市公司财务报表重述原因及对策[J]. 中国证券期货，2012（6）：20-21.

[8] 宋军. 财务报表分析[J]，2012（9）：47-48.

[9] 胡亦. 企业财务报表分析中存在的问题及应对策略研究[J]. 华章，2011（25）：6-8.

[10] 陆春芬. 财务报表分析的作用及局限性[J]. 企业导报，2011（08）：35-36.

[11] K.R.Subramanyam.Classic materials, industrial and commercial management accounting and financial series, bilingual teaching materials, financial statement analysis, 2010(1): 32-3.

致　谢

经过几个月的实践，回顾写论文的点点滴滴，想起在论文写作过程中付出的一步步努力，我感触颇深。在大学里我不仅学到了专业会计知识，而且接受到了老师们的教导，老师们都学识渊博，对学生认真负责。如果说要为大学学习生涯致谢的话，首先就要感谢每一位教导过和帮助过我的老师，真心地感谢老师们，希望老师们在未来的工作和生活中一切顺利。

毕业论文从选题到结构框架目录等，从逻辑思路到观点形成，甚至每一个句子和标点等，都是在老师的耐心反复教导下最终确定的，论文凝聚了老师难以计量的心血和汗水。在此我由衷地感谢老师精心的指导。他严谨的治学精神、精益求精的工作作风，深深地感染和激励着我。在此谨向老师致以诚挚的谢意和崇高的敬意。最后，我希望将大学毕业后作为我人生新的开始，在以后的工作和生活中运用所学的知识为社会贡献出自己的一份力量，让我们一起努力，共同成长，创造自己想要的人生！

7.3 财务会计方向的各类选题

本节将介绍一些财务会计方向常见的、有代表性的毕业论文选题，并对其进行详细的解析。

7.3.1 关于公司成本控制问题的研究

选题研究领域：成本控制问题
选题类型：理论与应用研究
选题完成形式：论文
选题参加人数：个人独立完成
选题知识准备：

在现代企业的经济浪潮中，成本费用的管理已经成为企业管理不可或缺乃至至关重要的一部分。

成本费用就一般意义而言是指企业在生产经营中所发生的各种资源的耗费，其经济实质用货币来表示就是企业在产品经营中耗费资金的总和。企业对成本费用管理的目的在于降低企业的成本费用，使企业提高盈利能力，从而增强企业的行业竞争力。而在企业的生产经营过程中又有诸多因素对企业成本费用的管理产生着影响。

简明地介绍了成本费用的概念，本着全面性、及时性等成本费用管理原则从企业的营业成本与期间费用两方面入手，全面细致地分析成本费用管理过程中存在的问题,包括直接人工、直接材料、制造费用等。而且针对这些问题笔者对症下药，对企业的经营管理提出了加强对直接人工的管理、严格控制材料的消耗与制造费用等一系列合理有效的建议与对策，旨在提高企业的利润额，使其变得更高更强。

选题设计大纲举例——《关于公司成本控制问题的研究》：
1　成本费用管理概述
（1）成本费用的含义。
（2）成本费用管理的原则。
①责任权利相结合原则。
②全面性原则。
③效益性原则。
④及时性原则。
（3）成本费用管理的目的。
①降低企业成本费用。
②获取良好的经济效益。
③增强企业竞争力。
2　公司成本费用管理存在的问题
（1）企业成本过高。
①直接人工费过高。

②直接材料消耗过多。
③制造费用控制不严格。
（2）企业期间费用过高。
①销售费用过高。
②管理费用过高。
③财务费用过高。
3　公司成本费用管理对策
（1）严格控制企业成本。
①加强对直接人工的管理。
②严格控制材料的消耗。
③严格控制制造费用。
（2）合理降低期间费用。
①降低销售费用。
②降低管理费用。
③降低财务费用。

相似选题扩展：
（1）浅谈如何加强中小企业成本控制管理。
（2）XX 企业成本控制存在的问题及对策。
（3）企业成本管理与成本控制的研究。
（4）浅谈施工企业的成本管理。
（5）论企业进行成本管理的意义。
（6）企业成本控制与管理的意义和国内外研究状况。

7.3.2　会计诚信建设的思考及对策

选题研究领域： 会计诚信建设
选题类型： 理论与应用研究
选题完成形式： 论文
选题参加人数： 个人独立完成
选题知识准备：

会计诚信表达的是会计对社会的一种基本承诺，即客观公正、不偏不倚地把现实经济活动反映出来，并忠实地为会计信息使用者服务。

在市场经济条件下，会计等中介机构被称为"经济警察"，代表着独立、诚信、公正、良心。随着经济资源配置的社会化和两权分离现实的广泛出现，对资源使用过程及结果作出如实记录并及时向资源所有者和经营者进行报告的责任历史地落在了会计身上。

会计诚信的缺失，不但对所有者，而且对经营者都将是致命的伤害。尤其在证券市场上，会计一旦丧失诚信，则必然给社会带来灾难性的后果。

选题设计大纲举例——《会计诚信建设的思考及对策》：
1　会计诚信历史和现实文化背景
2　会计诚信是什么

3 会计诚信下降的原因
(1) 会计诚信下降的根本原因。
(2) 从博弈论看非诚信的内在原因。
4 会计诚信建设的对策
(1) 加强诚信教育。
①从业前进行诚信教育。
②从业后的教育和管理。
(2) 建立起等级评价机制。
①建立起等级评价机制的相关制度。
②建立起等级评价信息的查询制度。
③成立等级评价机制的专门机构。
(3) 弥补产权制度缺陷，完善公司治理结构。

相似选题扩展：
(1) 关于会计诚信问题的思考。
(2) 浅谈会计诚信危机与职业道德。
(3) 浅析会计诚信建设的关键。
(4) 会计诚信建设的意义。
(5) 浅谈如何加快会计诚信体系建设。
(6) 诚信体系建设与财务会计。

7.3.3 企业流动资金管理问题研究

选题研究领域：流动资金管理
选题类型：理论与应用研究
选题完成形式：论文
选题参加人数：个人独立完成
选题知识准备：

随着社会主义市场经济的进一步发展，越来越多的企业意识到要在激烈的市场角逐中取胜，科学的流动资金管理已经不容小觑。流动资金作为企业的经济命脉，在企业中的位置日趋显著，甚至对企业的生存和发展有着重大的影响。

实务中，我国企业的流动资金管理环节薄弱，经常会出现流动资金管理问题的尴尬局面，究其根源主要是因为企业的流动资金不是建立在科学的、理性的管理基础之上。当企业的流动资金管理缺乏方向性时，就会不同程度地存在着资金结构不合理的问题，成为制约企业发展的瓶颈。以企业为研究对象：

首先从流动资金管理的理论入手来阐述流动资金管理对公司的重要性，从而突出流动资金在公司发展中的核心地位。

其次分析该企业存在流动资金管理问题的因素。

进而提出切实的解决对策，才能夯实公司流动资金管理这个基础，确保公司的经济效益，实现公司利润价值最大化，使公司向着更加健康、科学的方向发展。

选题设计大纲举例——《企业流动资金管理问题研究》：

1 流动资金管理的概述
（1）流动资金管理的含义。
①流动资金管理的含义。
②流动资金管理的方法。
（2）加强流动资金管理的重要性。
①企业平稳经营的加强。
②流动资金使用率的提高。
2 流动资金管理存在的问题
（1）应收账款管理不善。
①应收账款拖欠严重。
②应收账款占用流动资金比例大。
（2）存货管理不善。
①存货周转率低。
②存货储存成本偏高。
3 流动资金管理问题的对策
（1）完善应收账款管理。
①加强应收账款催收。
②合理控制应收账款规模。
（2）加强存货管理。
①提升存货周转率。
②优化库存管理。

相似选题扩展：
（1）企业流动资金管理的国内外研究现状。
（2）商品流通企业流动资产管理研究。
（3）浅谈企业流动资金管理策略。
（4）关于企业流动资产的管理方法探讨。
（5）企业流动资金不足的原因及对策。
（6）浅谈中小企业流动资金不足制约企业发展问题。
（7）论企业流动资金紧缺的成因与对策。
（8）中小企业流动资金贷款需求量测算方法的简化运用。
（9）加强流动资金管理实现企业理财目标。
（10）浅谈如何加强流动资金管理提高企业经济效益。
（11）施工企业流动资金经营分析。

7.3.4 浅议小企业会计规范化管理

选题研究领域：小企业会计规范化管理
选题类型：理论与应用研究
选题完成形式：论文

选题参加人数：个人独立完成

选题知识准备：

当下的小企业已经逐渐成为我国国民经济中不可缺少的一部分，其在增加就业岗位、促进市场竞争、推动技术进步、方便百姓生活，甚至是维护社会各方面稳定和谐以及推动整个国民经济稳步前进方面都发挥着举足轻重的作用。

但是小企业毕竟与大企业有着很大不同，比如企业的规模、资金量、人才质量和经营方式等都有着很大差别，随着会计规范化工作逐渐由大型企业向小企业的快速扩展，小企业原有的会计处理方法和制度等都暴露了很多弊端和不足。

选题设计大纲举例——《浅议小企业会计规范化管理》：

1 小企业会计的重要性
（1）会计能数据化反映企业的生存和竞争能力。
（2）会计参与企业的经营管理。
（3）会计应监督企业的经济运行。

2 小企业会计工作存在的问题
（1）会计核算方面的不规范。
（2）会计机构与岗位设置不规范。
（3）会计核算存在违规操作。
（4）会计制度缺失。
（5）会计监督不力。
（6）内部会计管理制度中存在的不规范问题。

3 小企业会计工作存在问题的对策及规范化建议
（1）认真贯彻执行《小企业会计制度》及相关法规。
（2）规范会计账簿的设置和登记。
（3）严格做好凭证的审核和管理。
（4）健全会计机构设置，提高会计人员素质。
（5）淡化家族制管理，经营权适度分离。
（6）完善会计核算方法。
（7）强化资金管理，加强财务控制。
（8）加强会计监督。

相似选题扩展：
（1）关于我国中小企业会计规范化问题的思考。
（2）浅议中小企业会计规范化问题。
（3）对中小企业的会计现状及管理规范化的思考。
（4）浅议中小企业内部会计控制现状及对策。
（5）中小企业会计制度实施情况分析。
（6）我国中小企业会计核算的现状与探索。
（7）中小企业会计核算方法存在的问题。
（8）中小企业会计核算存在的问题及对策研究。
（9）浅谈中小企业会计人员素质现状及提升措施。

7.3.5 企业存货管理中存在的问题及对策研究

选题研究领域：存货管理
选题类型：理论与应用研究
选题完成形式：论文
选题参加人数：个人独立完成
选题知识准备：

随着现代企业管理制度的日趋完善，存货管理也已成为现代企业管理的重要组成部分。存货是指企业在日常活动中持有以备出售的产成品或商品、处在生产过程中的在产品、在生产过程或提供劳务过程中耗用的材料和物料等。存货区别于固定资产等非流动资产的最基本的特征是，企业持有存货的最终目的是为了出售，不论是可供直接销售，如企业的产成品、商品等；还是需要经过进一步加工后才能出售，如原材料等。

加强存货管理是保证生产正常进行的物质基础，能有效地服务于基本生产、技术改造的全过程。存货管理的好坏已成为衡量企业管理制度是否完善、存货储备是否合理、流动资金占用是否最佳的重要标志。

针对存货管理现状进行研究，对存货管理存在的问题进行分析，提出解决办法，以确保存货管理工作的有效进行，降低企业的平均资金占用水平，提高存货的周转速度和总资产周转率，最终提高企业的经济效益。

选题设计大纲——《企业存货管理中存在的问题及对策研究》：

1 企业存货管理的概述
2 企业存货管理的现状
3 企业存货管理存在的问题
（1）存货核算计量方面不够准确。
（2）存货管理制度不够完善。
（3）存货管理未能完全实现电算化。
（4）存货储备量不合理使之流动资金占用额高。
（5）未能充分利用第三方的物流管理。
4 存货管理存在问题的分析
（1）导致存货管理低效的内部原因。
（2）导致存货管理低效的外部原因。
5 加强企业存货管理的对策
（1）严格执行财务制度规定，使账、物、卡相符。
（2）建立科学高效的存货管理制度，完善内部控制。
（3）建立适合企业自身发展需要的管理系统。
（4）加强存货采购治理，合理运作采购资金，控制采购成本。
（5）存货的规划，合理整合内部物流资源，充分利用第三方物流。

相似选题扩展：
（1）浅谈企业存货计价方法的选择。
（2）中小企业存货核算方法的研究。

（3）浅析中小企业存货管理及解决对策。
（4）企业库存管理问题及库存控制方法。
（5）浅谈企业存货核算的方法与技巧。
（6）浅析我国环境的企业存货核算。
（7）存货计价方法在会计核算中的应用。
（8）存货现行核算与计价方法浅析。
（9）工业企业计划成本法下存货核算与管理问题浅析。
（10）浅析存货发出方法的原理在产品成本计算上的运用。
（11）企业存货按实际成本核算发出成本计价方法探讨。
（12）浅析新企业会计准则对存货核算的影响。
（13）浅议工业企业存货周转率的计算方法。
（14）论存货的计价方法对企业会计核算的影响。

第8章 税务会计方向毕业设计实例及选题

本章概要

- 税务会计方向概述。
- 税务会计方向毕业论文实例。
- 税务会计方向的各类选题。

8.1 税务会计方向概述

1. 税务会计方向概述

税务会计方向是会计学专业的一个主要分支，本方向包涵所得税会计、流转税会计、财产税会计、纳税申报、合理避税、税收筹划等，税务会计不仅能按照税法规定正确计算和缴纳税款，做到不重不漏、准确无误，又在税法规定的期限内缴纳税款，做到不拖不占、迅速缴库，而且企业税务会计需要在多种纳税方案中通过事先筹划，合理安排公司筹资、投资、经营、利润分配等财务活动，针对采购、生产经营以及内部核算等进行合理决策，利用国家法规积极进行税务筹划，同时对企业经营过程涉及的诸多税种（增值税、所得税、营业税、消费税、关税、出口退税等）进行业务处理，既可准确核算各种应纳税金进行申报纳税，提高财税人员工作效率，又可对企业账务、票证、经营、核算、纳税情况进行评估，更好地帮助企业正确执行国家税务政策，进行整体经营筹划及纳税风险防范，为企业管理决策献计献策，为创利打下坚实的基础。既保证了企业完成纳税义务，又能平衡税收负担，也提高了税后利润，实现了自身的持续健康发展。

2. 毕业生能力培养目标

高等学校税务会计方向培养具备依据税收法规，运用会计基本理论和方法，对税务资金运动进行连续、系统、全面的核算与筹划，使纳税人在不违反税法的前提下，及时、准确地缴纳税金并向税务部门提供税务信息的会计人才。

税务会计方向毕业生应该具备以下能力：

（1）掌握税收相关法律和会计学的基本理论、基本知识。

（2）熟练掌握计算机操作技能，具有计算机网络纳税申报操作的能力。

（3）具有较强的语言与文字表达、人际沟通、信息获取能力，以及分析和解决税务问题的基本能力。

（4）具备各税种以税法为标准的计算及纳税申报能力。

（5）具有促使纳税人在税法范围内认真履行纳税义务，又保护纳税人合法利益的纳税筹划能力。

（6）掌握文献检索、资料查询的基本方法，具有一定的科学研究和实际工作能力。

3. 毕业论文相关主干课程

税务会计方向的毕业论文涉及学生在校期间必修和选修的一些专业课,这些课程内容支撑着毕业作品的整个开发过程。相关专业课一般包括:基础会计学、经济法基础、税法、财务会计学、成本会计学、税务会计、财务管理学、税收实务、审计学、会计电算化、纳税筹划、财务报表分析。

(1) 基础会计学。

本课程主要阐述会计核算的基本理论、基本方法和基本技能,内容包括会计的基本概念、会计核算的基本前提、会计原则、会计要素、会计等式、会计科目和账户、复式记账、借贷记账法的运用、企业主要经济业务及其核算原理、会计凭证、会计账簿、财产清查、会计核算形式、会计报表及其编制原理、会计档案管理和会计机构等。它是会计学的入门学科。

(2) 经济法基础。

经济法基础是以经济法律的基础知识及与经济相关的法律(劳动合同法)为主的一门学科,通过了解企业法、公司法掌握经济法仲裁、诉讼、劳动合同法、支付结算法律制度等有关法律法规,增强学生的法律意识、法制观念。通过对本课程的学习,学生应掌握法律的基本知识和各种法律制度,使学生做到知法、懂法、守法,通过课程中的案例分析进而培养学生发现问题、分析问题、解决问题的能力,并能够在以后的工作中熟练运用各种法律制度。

(3) 税法。

本课程主要帮助学生在最短的时间内对我国税收制度和如何计算缴纳各类税款有一个基本的了解,基本内容包括税收基础知识,个人所得税的计算,企业所得税的计算,增值税的计算,营业税的计算,消费税的计算,车船税的计算,房产税、契税和印花税的计算,土地税的计算,税收征管基础知识。掌握了上述知识,学生基本可以应对日常生活中常见的税收事项。

(4) 财务会计学。

"财务会计学"是在"会计学基础"之后开设的一门专业主干课程,是构成会计学科体系的核心课程之一。本课程是以我国发布的《企业会计准则》最新发布的具体会计准则、《股份有限公司会计制度》及相关国际惯例为依据,既有财务会计理论的阐述,又有财务会计实务的讲析,成为会计专门人才必修的课程。通过本课程的学习,学生在熟练掌握会计要素的账务处理、会计报表编制的基础上,能灵活地根据企业的特点为投资人、债权人、政府机关等报表使用人提供满足其需要的信息。

(5) 成本会计学。

本课程较为详细地介绍了成本及成本会计概念,成本会计的对象、任务及职能,了解制造成本法的特点以及成本会计工作的组织、成本核算的原则要求,了解费用的分类及成本核算的一般程序、各种产品成本的计算理论和方法。本课程的重点是不同成本对象的计算理论和方法,难点是成本对象的确定和核算工作的组织,教学方法的特色是理论紧密联系实际。

(6) 税务会计。

本课程与财务会计相对,是以税法法律制度为准绳,以货币为计量单位,运用会计学的原理和方法,对纳税人应纳税款的形成、申报、缴纳进行反映和监督,税务与会计结合而形成的一门交叉学科。税务会计主要学习纳税人应纳税款的形成、记录、计算、编制纳税申报表、申报、缴纳、监督等。

(7) 财务管理学。

本课程主要阐述财务管理的基本理论、基本方法和基本操作技能,并从筹资、投资、资金运营、财务分析等资金运动环节分述其原理及方法，同时对财务预测与预算、财务治理及利润分配与管理等财务活动进行阐述。通过本课程的学习，学生能进一步了解和掌握企业财务管理理论、方法和操作技能，培养学生综合分析问题和解决问题的能力，提高学生综合运用财务知识的能力。

（8）税收实务。

本课程主要包括税收理论和税收实务两部分内容，重点突出税收实务。在税收理论方面，主要阐述税收的本质、职能以及与税收制度建立、涉税业务运用有关的基础理论和基本知识。在税收实务方面，系统反映和介绍税收实体法和税收程序法的最新内容，包括每一税种的立法精神、征收制度、税额计算和申报缴纳方法，主要税种的会计处理以及我国税收管理体制、征收管理法规和税务行政司法制度。

（9）审计学。

"审计学"是对审计学基本理论、基本方法以及审计实务进行理论和实践探讨，并研究其规律性的一门学科。本课程先修课程包括基础会计、财务会计、管理学、统计学、财务管理等。本课程是财务管理专业、会计学专业的专业核心课程。审计学科是任何学科均不能包容或代替的一门独立学科，因此现代审计学科体系一般由理论审计学、应用审计学、审计技术学和历史审计学4个分学科组成。在本课程的教学中侧重于理论审计学并兼顾应用审计学的知识，通过本课程的教学，使学生了解审计在市场经济条件下的地位和作用，认识审计的本质，掌握审计的基本理论、基本方法，并能运用审计的基本原理、方法对企事业单位、股份制企业的经济活动、会计报表进行审查，为评价经济责任、维护财经法纪、加强经营管理、提高经济效益提供依据。

（10）会计电算化。

本课程的培养目标，是学生通过本课程的学习能够掌握实际会计工作岗位中需要的会计核算和操作技能、会计工作岗位之间的业务衔接关系和电算化下的内部控制要求，了解会计人员的职业道德规范等内容，让学生达到会计师基本素质的要求，使学生系统全面地了解会计电算化的产生和发展、会计电算化信息系统的构成，掌握财务软件的维护方法与技巧，比较熟练地掌握财务软件的应用，特别是财务软件各个模块的使用方法与步骤。同时也培养学生的职业岗位能力、社会适应能力和全面综合素质。

（11）纳税筹划。

本课程是指学生通过税收相关法律的学习帮助纳税人在不违背税法立法精神的前提下，利用税法中固有的起征点、免征额、减税、免税等一系列的优惠政策和税收惩罚等倾斜调控政策，通过对企业筹资、投资及经营等活动的巧妙安排，达到为企业节税的目的。

（12）财务报表分析。

通过本课程的学习，学生进一步加深对财务报表的理解和掌握，运用财务报表进行分析和评价。本课程的教学目标是培养具有较强实践能力和一定理论基础的高素质报表分析人才。财务报表能够全面反映企业的财务状况、经营成果和现金流量情况，但是单纯从财务报表上的数据还不能直接或全面说明企业的财务状况，特别是不能说明企业经营状况的好坏和经营成果的高低，只有将企业的财务指标与有关的数据进行比较才能说明企业财务状况所处的地位。做好财务报表分析工作，可以正确评价企业的财务状况、经营成果和现金流量情况，揭示企业未来的报酬和风险。

8.2 税务会计方向毕业论文实例

8.2.1 浅析房地产开发公司的合理避税

1. 毕业论文任务书

毕业论文任务书如表 8-1 所示。

表 8-1 XXXX 大学毕业论文任务书

姓　　名	XXX	学　　号	XXXXXXXX	系　　别	经济管理系
专　　业	会计学专业	年级班级	XX 级 X 班	指导教师	XXX
论文题目	浅析房地产开发公司的合理避税					
任务和目标	本毕业论文主要完成对"房地产开发公司的合理避税"的研究,并撰写题目为《浅析房地产开发公司的合理避税》的论文。在对房地产开发公司的税务现状进行分析的基础上,对该公司合理避税存在的问题进行总结,针对公司的实际情况,对公司税务状况进行分析,对 XX 房地产开发公司的合理避税存在的问题提出具体建议。具体任务及目标如下: 一、企业在开发阶段避税中存在的问题 1. 营业税避税时存在的问题 2. 城镇土地使用税避税时存在的问题 3. 印花税避税时存在的问题 二、企业在商品销售阶段避税中存在的问题 1. 营业税避税时存在的问题 2. 土地增值税避税时存在的问题 3. 企业所得税避税时存在的问题 三、企业在开发阶段避税中存在问题的解决对策 1. 选择合适的合同订立方式以及合作建房方式 2. 了解税收的征管范围和优惠政策 3. 根据实际情况采用适当的税收核算方法 四、企业在销售商品阶段避税中存在问题的解决对策 1. 选择合适的商品销售方案 2. 合理控制增值额 3. 充分利用相关优惠政策				
基本要求	根据本专业毕业论文环节实施细则的要求,选题必须在财会专业范围以内,包括财务会计、税务会计、财务信息系统、财务管理、审计实务等方面的选题。选题应结合我国会计工作实践的技术特征和时效性,要求选择当前会计工作中亟待解决的实际问题进行研究,提倡选择应用性较强的课题。选题时要充分考虑主观条件与客观条件,从实际出发,量力而行,论文的具体题目由学生根据自身情况自行选定,论文撰写应在指导教师指导下独立完成,应做到中心突出,层次清楚,结构合理;必须观点正确,论据充分,条理清楚,文字通顺;并能进行深入分析,见解独到。同时论文总体字数不得少于 8000 字,其中论文摘要 300 字左右,关键词 3～5 个(按词条外延层次由高至低顺序排列)。最后附上参考文献目录和致谢辞。				

研究所需条件	1. 具备足够的专业基础知识 （1）具备扎实的会计理论基础，熟悉相关的财会法律、法规。 （2）掌握企业主要业务的会计处理方法和核算原则。 （3）掌握各类财务及相关软件的应用。 （4）具备一定的程序设计、开发及维护能力。 2. 具备搜集资料的网络环境、图书资源和其他条件。 3. 具有较好的文字处理、编辑能力。			
任务进度安排	序号	主要任务		起止时间
	1	任务书下达、毕业论文正式开始		2013.11.1～2013.11.12
	2	完成文献综述、开题报告		～2014.1.10
	3	完成论文初稿		～2014.3.5
	4	完成论文二稿或中期检查		～2014.4.10
	5	上交论文成稿		～2014.5.19
	6	论文答辩		～2014.5.20
指导教师签字		日期		年　月　日
系部领导签章		日期		年　月　日

2. 文献综述

文献综述如表 8-2 所示。

表 8-2　XXXX 大学毕业论文文献综述

姓　　名	XXX	学　号	XXXXXXXX	系　别	经济管理系
专　　业	会计学专业	年级班级	XX 级 X 班	指导教师	XXX
论文题目	浅析房地产开发公司的合理避税				
查阅的主要文献	[1]　陈爱玲. 浅谈我国的税收筹划问题[J]. 财政与税务，2010（3）. [2]　王英. 房地产企业所得税税务筹划的财务运用分析[J]. 财经界，2011. [3]　孙宇光. 关于避税概念的探讨[J]. 税务经济，2009（3）. [4]　赵淑杰. 知识经济下企业合理避税新途径思考[J]. 管理学家，2011（9）. [5]　周乔亮. 深讨处置国有不动产纳税问题[J]. 行政事业资产与财务，2011（3）. [6]　曹进成. 矿产资源综合利用政策研究及需求分析[J]. 中国矿业，2012（3）. [7]　陈安君. 房地产开发企业所得税汇算清缴政策解析[J]. 商业会计，2013（1）. [8]　高彦民. 我国房地产企业税收的博弈分析[D]. 东北财经大学，2012. [9]　崔宝军. 论合理避税在企业财务管理工作中的应用[J]. 商场现代化，2013. [10]　罗会了. 高新技术企业合理避税问题研究[J]. 法制与经济（下旬刊），2012. [11]　荆亚妮. 论企业加强纳税筹划的几种实物方式[J]. 经济研究导刊，2013（29）. [12]　张中秀. 合法节税[M]. 北京：中国人民大学出版社，2009. [13]　Fukumoto, Mayumi. Empirical studies of China's imports and world trade. Hong Kong University of Science and Technology, 2011.				

文献综述	浅析房地产开发公司的合理避税 一、前言 随着我国社会主义市场经济体制的逐步建立、改革开放的进一步深化，产业结构加速调整，多种经济成分并存，经济更趋活跃。根据我国的税收制度，收入高的人所要交的税也就高。俗语说："愚昧者偷税，胡涂者漏税，狡猾者骗税，精明者合理避税。"在微利时代，税务筹划将成为高消费者减低税收负担，增加盈利收益的重要手段。企业为了自己的利益，必须采取多种方法来减少税收，而逃税是非法的，要受到法律的制裁；逃税必须支付税收来偿还；抗税要依法追究刑事责任，只有避税的方式安全可靠，自然成为首选。 近些年来，房地产企业发展迅速，一跃成为国家经济的重要组成部分并在社会主义市场经济中成功占有重要地位。房地产企业本身具有一定的独特性，与其他的企业不同，这种特性导致了房地产企业的税务问题也具有相应的独特性。逐渐地，合理避税成为房地产企业谈论的热门话题，如何合理避税就需要房地产企业的财务部门进行灵活的思考。同时合理避税需要企业进行大量的考察与详细的计划，不是简单操作就能完成的。企业应该尽量降低合理避税过程中产生的风险，只有这样企业才能减少税金支出，获得最优的利润。合理避税对于房地产企业来说是非常重要的，其影响意义深远。 二、合理避税问题研究的背景 随着我国改革开放的不断深入，在巨大的经济利益背后，也带来了大量的外资企业，加剧我国市场内部的竞争压力，特别是中小型企业。外资企业不仅有着强大的技术支持，而且都有着强烈的税收筹划意识和能力。在这种情况下，企业要想在激烈的市场竞争中拥有一席之地，就必然要对企业的经营生产进行整体全面的运筹，尽量缩减成本，为企业在竞争中获得更大的弹性范围。基于税收的无偿性特点，合理避税成为纳税人的必然选择。企业在合法的前提下追求税收的最小化，是企业统筹经营活动的关键。 三、合理避税问题研究的意义 企业合理避税造成的是一种双赢局面，无论对政府还是对纳税人。就政府而言，税收可以缩短差距，实现了其调控的目的。对纳税人而言，合理避税可以降低其税收外部成本，促进企业稳定发展。 首先有助于推进我国税收法制化的进程。税收的法制化是依法治国的重要内容，是发展社会主义市场经济的客观需要。在纳税人的合理避税行为与税务机关征管行为的互动博弈过程中，可增强纳税人自觉运用法律的意识，也可进一步促进税收法制的完善。这对于抑制偷税、漏税、欠税、抗税和逃避行为的发生有着重要的意义。作为有着独立地位的企业，与其让它运用违法的手段增加利益，倒不如在合法的前提下减少成本。 其次有利于实现社会资源的优化配置。税收在我国，另一项重要手段是经济调控。正如前面所说，国家对不同的行业有不同的税收政策，基于合理避税，会从经济利益最大化的目标出发，对企业进行制度改造和产业结构调整。另外这些税收优惠政策，会使得投资人调整自己的经营投资方向，引导社会资源的有效配置。因此，合理避税实际上是顺应了国家对社会资源配置的引导，优化了产业结构和生产力的合理布局、社会经济资源的配置，实现了国民经济持续、健康、快速的发展。 再次有利于提高企业的经营水平。在我国的经济环境下，来自外企的竞争压力十分巨大，外企所依靠的恰恰是其出色的经营策略。合理避税要求对企业的生产经营进行统筹策划。这就在一定程度上要求企业提高对资金、成本、利润这经营管理和会计管理的三要素的统筹，基于合理避税的以上三大好处，我们可以看到合理避税对于企业长远发展有很大的好处，而企业的长远发展对于税收来说至关重要。合理避税优化企业经营手段，合理避税优化产业结构，使得产业发展方向向国家希望的高含金量低污染发展，增强经济结构，扩大利润范围。国家税收收入自然有效力地增长。 总而言之，合理避税无论对企业自身还是对国家，都有其进步的意义。我们不可以狭隘的思想阻止这种进步，相反合理避税是企业成长的一种表现，我们应当乐见其成。

文献综述	四、结束语
	我国市场经济体制得到不断完善，市场化程度不断提高，在为各类市场主体提供广阔的发展空间的同时却加剧了市场主体间的竞争。而在现今的市场环境下，企业只有不断地降低成本，才能在市场上占领一席之地。在企业的众多成本开销中，税收成本是企业重要的外部成本之一，依法纳税是每个企业应尽的义务，但是较重的税收负担有时又成为制约企业向更大规模发展的桎梏，所以对企业来说，掌握合理避税的方法至关重要，在合理合法的范围内降低财务成本，提高企业竞争力。
	而在诸种方式方法中，偷税是违法的，要受法律制裁；漏税须补交；欠税要还；抗税要追究刑事责任；唯有避税既安全又可靠，是企业的首选良策。现阶段房地产行业纳税人税收负担大，实施避税的重要性不言而喻。但避税并不是逃税、漏税，而是在尊重税法、遵守税法的前提下，利用税法中还不完善的地方以及相关的优惠政策合理避税。企业合理避税不仅是为企业减轻了沉重的税负，节约了大量资金，增强了企业的市场竞争力，使企业的长远战略规划更为合理有效，使企业利润实现最大化，更客观上促进了国家税收制度的健全和完善。
备 注	
指导教师意见	指导教师签字： 年　月　日

3. 论文开题报告

论文开题报告如表 8-3 所示。

表 8-3　XXXX 大学毕业论文开题报告

姓　　名	XXX	学　号	XXXXXXXX	系　别	经济管理系
专　　业	会计学专业	年级班级	XX 级 X 班	指导教师	XXX
论文题目	浅析房地产开发公司的合理避税					
选题依据与意义	一、学术价值、应用价值 企业合理避税的前提条件是：依法纳税、依法尽其义务，按照《中华人民共和国税收征收管理法》及其细则和具体税种的法规条例，按时足额交纳税款。只有在这个基础上，才能进行合理避税，才能视合理避税为企业的权力，才能受到法律和社会的认可和保护。 而避税可以认为是纳税人利用某种法律上的漏洞或含糊之处的方式来安排自己的事务，以减少他本应承担的纳税数额。虽然避税行为可能被认为是不道德的，但避税所使用的方式是合法的，而且不具有欺诈性质。避税是对已有税法不完善及其特有缺陷所作的显式说明，它说明了现有税法的不健全特征。税务当局往往要根据避税情况所显示出来的税法缺陷采取相应措施，对现有税法进行修改和纠正。所以，通过对避税问题的研究可以进一步完善国家税收制度，有助于社会经济的进步和发展。 二、合理避税国内外研究现状分析 在财会税务实践中，我们翻阅具体税法细则才发现，无论国内还是国外，都有对税法中"非不允许"、"非不应该"的成功利用。对每一个具体的纳税人来说，理解、分析和研究合理避税并不断进行实践，这不仅可以直接给纳税人带来经济利益和货币收入，使他们创造的商品价值和商业利润有更多的部分合法留归纳税人自己，而且还能够帮助纳税人正确树立法制观念和依法纳税意识，从而提高纳税人素质。					

选题依据与意义	合理避税不同于偷税、逃税，它不是对法律的违背和践踏，而是以尊重税法、遵守税法为前提，以对法律和税收的详尽理解、分析和研究为基础，是对现有税法不完善及其特有的缺陷的发现和利用。同时，合理避税有助于保证政府和执法部门及时发现税制及税法中所存在的问题，进一步根据社会经济发展和税收征收管理的实践来健全税收制度，完善税法，有助于实现经济生活规范化和社会生活规范化，有助于建立一个健全的法治社会，有利于我国在世贸组织这个大家庭中与国际社会接轨，有利于我国企业的健康发展。
研究内容	摘　要 Abstract 绪　论 1　合理避税概述 1.1　合理避税的含义 1.2　合理避税的内容 1.3　合理避税的方法 1.4　合理避税的意义 2　房地产公司避税中存在的问题 2.1　企业在开发阶段避税中存在的问题 2.1.1　营业税避税时存在的问题 2.1.2　城镇土地使用税避税时存在的问题 2.1.3　印花税避税时存在的问题 2.2　企业在商品销售阶段避税中存在的问题 2.2.1　营业税避税时存在的问题 2.2.2　土地增值税避税时存在的问题 2.2.3　企业所得税避税时存在的问题 3　房地产公司合理避税中存在问题的解决对策 3.1　企业在开发阶段避税中存在问题的解决对策 3.1.1　选择合适的合同订立方式以及合作建房方式 3.1.2　了解税收的征管范围和优惠政策 3.1.3　根据实际情况采用适当的税收核算方法 3.2　企业在销售商品阶段避税中存在问题的解决对策 3.2.1　选择合适的商品销售方案 3.2.2　合理控制增值额 3.2.3　充分利用相关优惠政策 结　论
研究方案	一、本课题研究的目标 房地产公司的目标是掌握合理避税的方法，在合理合法的范围内降低财务成本，实现合理避税，提高企业竞争力。具体目标如下： 1．企业在开发阶段避税中存在的问题 （1）营业税避税时存在的问题。 （2）城镇土地使用税避税时存在的问题。 （3）印花税避税时存在的问题。 2．企业在商品销售阶段避税中存在的问题。 （1）营业税避税时存在的问题。 （2）土地增值税避税时存在的问题。 （3）企业所得税避税时存在的问题。

研究方案	3. 企业在开发阶段避税中存在问题的解决对策 （1）选择合适的合同订立方式以及合作建房方式。 （2）了解税收的征管范围和优惠政策。 （3）根据实际情况采用适当的税收核算方法。 4. 企业在销售商品阶段避税中存在问题的解决对策 （1）选择合适的商品销售方案。 （2）合理控制增值额。 （3）充分利用相关优惠政策。 二、本课题研究的内容 在对房地产开发公司的税务现状进行分析的基础上，对该公司合理避税存在的问题进行总结，针对公司的实际情况，对公司税务状况进行分析，对 XX 房地产开发公司的合理避税存在的问题提出具体建议。 三、预期成果 完成论文，并帮助企业在合理合法的情况下正当避税，为企业增加更多的流动资金，有利于企业的长远发展。
写作进度安排	1. 2013 年 11 月 1 日——2014 年 1 月 10 日，完成文献综述及开题报告。 2. 2014 年 1 月 11 日——2014 年 3 月 5 日，完成论文初稿。 3. 2014 年 3 月 6 日——2014 年 4 月 10 日，完成中期检查及论文二稿。 4. 2014 年 4 月 11 日——2014 年 5 月 19 日，上交论文成稿。
指导教师意见	指导教师签字： 年　　月　　日
系学术委员会意见	主任签章： 年　　月　　日

4. 论文中期报告

论文中期报告如表 8-4 所示。

表 8-4　XXXX 大学毕业论文中期检查报告

学生姓名	XXX	学　号	XXXXXXXX	指导教师	XXX
论文题目	浅析房地产开发公司的合理避税				
论文中期完成情况	一、前期工作简述 论文的前期工作主要完成任务书、文献综述和开题报告的撰写。 二、对房地产公司避税现行政策及具体情况进行全面总结 1. 企业在开发阶段避税中存在的问题 （1）营业税避税时存在的问题。 （2）城镇土地使用税避税时存在的问题。 （3）印花税避税时存在的问题。				

论文中期完成情况	2．企业在商品销售阶段避税中存在的问题 （1）营业税避税时存在的问题。 （2）土地增值税避税时存在的问题。 （3）企业所得税避税时存在的问题。 三、针对房地产公司避税现行情况提出应对方案 1．企业在开发阶段避税中存在问题的解决对策 2．企业在销售商品阶段避税中存在问题的解决对策 四、后期工作安排 1．2014年1月11日——2014年3月5日，完成论文初稿。 2．2014年3月6日——2014年4月10日，完成中期检查及论文二稿。 3．2014年4月11日——2014年5月19日，上交论文成稿。
完成情况评价	1．按计划完成，完成情况优（ ） 2．按计划完成，完成情况良（ ） 3．基本按计划完成，完成情况合格（ ） 4．完成情况不合格（ ） 补充说明： 指导教师签字： 　　年　月　日

5．论文封皮

论文封皮示样图如图 8-1 所示。

```
            XXXX大学
           毕 业 论 文


  题    目：浅析房地产开发公司的合理避税
  系    部：经济管理系
  专    业：会计学专业
  班    级：XX 级 X 班
  学    号：XXXXXXXX
  姓    名：XXX
  指导教师：XXX
  完成日期：XXXX 年 XX 月 XX 日
```

图 8-1　论文封皮示样图

6．论文诚信声明和版权说明

论文诚信声明和版权说明如图 8-2 所示。

毕业论文诚信声明书

本人声明：我将提交的毕业论文《浅析房地产开发公司的合理避税》是我在指导教师指导下独立研究、写作的成果，论文中所引用他人的无论以何种方式发布的文字、研究成果均在论文中加以说明；有关教师、同学和其他人员对本文的写作、修订提出过并为我在论文中加以采纳的意见、建议均已在我的致谢辞中加以说明并深表谢意。

论文作者：XXX	（签字）	时间：	年 月 日
指导教师已阅	（签字）	时间：	年 月 日

毕业论文版权使用授权书

本毕业论文《浅析房地产开发公司的合理避税》是本人在校期间所完成学业的组成部分，是在XXXX大学教师的指导下完成的，因此本人特授权XXXX大学可将本毕业论文的全部或部分内容编入有关书籍、数据库保存，可采用复制、印刷、网页制作等方式将论文文本和经过编辑、批注等处理的论文文本提供给读者查阅、参考，可向有关学术部门和国家有关教育主管部门呈送复印件和电子文档。本毕业论文无论做何种处理，必须尊重本人的著作权，署明本人姓名。

论文作者：XXX	（签字）	时间：	年 月 日
指导教师已阅	（签字）	时间：	年 月 日

图 8-2 论文诚信声明和版权说明

7. 论文正文

《浅析房地产开发公司的合理避税》

中文摘要：随着我国市场经济的深入发展，税款征收和合理避税在社会经济和企业的经营管理中扮演着很重要的角色。合理避税，也被称为企业的合法避税、税收筹划，是指纳税人在已知相关税收法律法规和其他有关法律的前提下，利用税法等相关法律的差异、疏漏、模糊之处，精心统筹企业经营活动等涉税事项，达到规避或减轻税负的行为。在法律允许的情况下，以合法的手段和方式来达到纳税人减少缴纳税款的经济行为是纳税人的权利。充分利用纳税的筹划工具为企业合理地减少税负，有利于为企业实现税后的利润最大化。与此同时，企业合理避税在客观上促进了国家税收制度的健全和完善。

本文以XX房地产公司为例，主要从三个部分进行阐述，第一部分主要以合理避税概述为主要内容，具体包括合理避税的含义、合理避税的内容、合理避税的方法和意义，以及企业的简单介绍；第二部分是分析企业在进行合理避税时存在的问题，主要包括企业在开发阶段在营业税、城镇土地使用税、印花税方面避税时存在的问题，企业在销售商品阶段在营业税、土地增值税、企业所得税避税时存在的问题；第三部分是对第二部分企业中存在的问题提出相应的解决对策，为企业合理地减少税负，实现企业税后利润最大化。

关键词：合理避税； 营业税； 企业所得税

Abstract: With the further development of China's market economy, tax collection and reasonable tax avoidance plays a very important role in the management of social economy and in the enterprise. Reasonable tax avoidance of enterprises also known as legitimate tax avoidance, tax planning, is refers to the taxpayer in the familiar environment related tax tax basis, without a direct violation of the tax law, using the difference of tax law and other relevant laws, omissions, ambiguities, through careful arrangements for operating activities, financing activities, investment activities and other tax related matters, to avoid or reduce tax behavior. To the extent permitted by law, to use legal means and ways to achieve the taxpayers pay taxes reduce economic behavior is the rights of taxpayers. Make full use of tax planning tool for the enterprise reasonable to reduce the tax burden, for enterprises to maximize after tax profits.

In this paper, XX Real Estate Co., Ltd as an example, mainly from the three parts to elaborate, The first part mainly summarized as the main content of the rational avoidance tax: A reasonable tax avoidance, including the meaning of reasonable tax content, reasonable tax avoidance method, significance and the brief introduction. The second part is the analysis of existing in the rational avoidance tax when enterprises, including enterprises in the development stage in the business tax, urban land use tax, stamp tax avoidance problem; enterprise exists in the business tax, land value-added tax, enterprise income tax at the stage when the sales problem. The third part is to put forward corresponding countermeasures on the existing problems in the second part of enterprise, for the enterprise reasonable to reduce the tax burden, enterprises to maximize after tax profit.

Key words：Reasonable tax avoidance;Business tax;corporate income tax

前　　言

随着我国社会主义市场经济体制的逐步建立、改革开放的进一步深化，产业结构加速调整，多种经济成分并存，经济更趋活跃。根据我国的税收制度，收入高的人所要交的税也就高。俗语说："愚昧者偷税，胡涂者漏税，狡猾者骗税，精明者合理避税。"在微利时代，税务筹划将成为高消费者减低税收负担，增加盈利收益的重要手段。企业为了自己的利益，必须采取多种方法来减少税收，而逃税是非法的，要受到法律的制裁；逃税必须支付税收来偿还；抗税要依法追究刑事责任，只有避税的方式安全可靠，自然成为首选。

近些年来，房地产企业发展迅速，一跃成为国家经济的重要组成部分并在社会主义市场经济中成功占有重要地位。房地产企业本身具有一定的独特性，与其他的企业不同，这种特性导致了房地产企业的税务问题也具有相应的独特性。逐渐地，合理避税成为房地产企业谈论的热门话题，如何合理避税就需要房地产企业的财务部门进行灵活的思考。同时合理避税需要企业进行大量的考察与详细的计划，不是简单操作就能完成的。企业应该尽量降低合理避税过程中产生的风险，只有这样企业才能减少税金支出，获得最优的利润。合理避税对于房地产企业来说是非常重要的，其影响意义深远。

1　合理避税概述

1.1　合理避税的含义

合理避税是在法律允许的情况下，以合法的手段和方式来达到纳税人减少缴纳税款的经济行为。一般情况下，纳税人可以考虑避税，避税被认为是借用法律上含糊不清的地方的方式来处理自身的业务，减少纳税人原本需要缴纳的纳税金额。尽管避税这样的行为可能被人们认为是不道德的，但是避税所用的方法、手段是合法的，性质上也不属于欺诈。避税行为只是借用了税法不完善的地方，是对税法中存在问题的一种表现。它说明现有税法是不完善的。税务机关往往要根据避税的具体情况采取适当措施，改变现有税法显示出的缺陷并给予纠正。因此，通过对避税问题的深入探讨可以更加完善我国的税收制度，以帮助社会及其经济的发展和进步。

避税指纳税人在不违背税法规定的前提下，利用税收允许的办法或税法上的漏洞，做适当的财务安排和税收筹划，以不违法的手段减轻和解除税负，躲避纳税义务的行为。企业的合理避税是指纳税人在熟知相关税境的税收法规的情况下，以不直接触犯税法为前提，利用税法等相关法律的差异、疏漏、模糊之处，精心统筹企业经营活动等涉税事项，以达到规避或减轻税负的行为。也就是说，企业合理避税就是企业通过对税法等相关法律疏落处的合理利用，以达到减少纳税金额的目的。与偷税、逃税、欠税相比，企业合理避税首先具有合法性，合理避税是在完全符合税法，不违反税法的前提下进行的。其次是筹划性，合理避税是在应税行为发生之前，以纳税人的税法知识和财务知识对企业经营活动进行统筹，以得到较少的缴税要求。再次是专业性，合理避税是对企业的专业性规划，而不是鲁莽地逃避责任。

1.2 合理避税的内容

合理避税是企业降低成本的重要手段，它的产生是市场经济发展的必然产物，其最大限度地发挥经济杠杆在税收中所起到的作用，总体而言，纳税人采取的税收筹划方法均是根据我国的税收政策来进行的，推进产业布局更深一步的发展，有助于社会及其经济更好地长期发展下去。本文就我国开发企业采取的一些纳税筹划手段进行大概的探讨研究，探讨房地产企业如何合理避税，利用各种手段提高综合收益，促进经济的良性发展。房地产企业作为中国经济的最重要产业之一，其相关的经营项目非常多，内容非常繁杂，需要大量资金、复杂的产品开发以及特色商品的开发管理都是其存在的特性。由于房地产行业的特殊性，导致了其拥有繁杂的纳税问题和多种多样的避税技巧。税收优惠政策是国家发给企业的"税收优惠券"，利用税收优惠政策减少应纳税额和降低税负是所有纳税筹划方法中风险最小的一种，并且是国家完全认可的避税方法。通晓、理解、用足税收优惠政策能使年营业额巨大的房地产企业成功、有效、安全地规避掉巨额税款，从而将利润最大限度地留归企业。

1.3 合理避税的原则及方法

1.3.1 合理避税的原则

合理避税是以合法的手段和方式来达到纳税人减少缴纳税款的经济行为。企业合理避税的方法必须遵循以下原则：

（1）合法或不违法原则。

（2）保护性原则，即企业经营者在有混合销售行为时，要掌握计税原则，按不同税率（退税率）分别设账、分别核算（它与财务会计的设账原则不同），特别是增值税实行专用发票抵扣制，依法取得并认真审核，妥善保管。

（3）实效性原则，在经营中必须遵循规定，如销售（营业）收入的确认、准予扣除项目的确认、增值税进项税额的确认与抵扣时间、销售与销项税额的确认时间、出口退税申报时间、减免税期限等。

（4）整体综合性原则，要对所有税种进行整体筹划，综合衡量。

1.3.2 合理避税的方法

基本的合理避税方法有调整计税基础、采用适用税率、掌握优惠政策、确定适用税种。

（1）调整计税基础，是指纳税人通过缩小计税基础的方式来减轻纳税人义务和规避税收负担的行为。纳税人缴纳税款时税务机关主要根据计税基础来进行计算，计税基础和税率决定着纳税人缴纳的具体税额。税基是计算应纳税额的直接依据，而且一般与纳税额成正比例关系，税基的缩小就意味着纳税人纳税义务的减轻。在纳税人无法改变税率的前提下，只能尽量降低税基或递延税基的实现,才有可能实现降低税负的目的。

(2)采用适用税率。税率,是对征税对象的征收比例或征收额度。税率是计算税额的尺度,也是衡量税负轻重与否的重要标志。同计税基础一样,税率也决定着纳税人缴纳的具体税额。从我国目前的税收政策来看,主要有两种情况影响着适用税率的高低:一种是根据纳税人从事行业的性质和身份不同的差别,导致相应的适用税率不一样;另一种是因为采用超额或超率累进税率,导致之间的数额等级不一样而致使适用税率的差别。事实上,当纳税人因身份造成税率不一样时,可以根据实际情况选择纳税人身份,从而选择税负较低的那类。当采用超额或超率累进税率时,数额等级不同造成适用税率不一样,这时应注重税率的临界点再进行合理避税。

(3)掌握优惠政策。指的是一种在向纳税人征税时给予纳税人特殊的优惠政策,并给予鼓励和关心税收的若干规定。例如放弃所有的税收或部分支付,或给予回扣按照他们的收入征收一定的比例,从而降低其税收负担。税收优惠税率是国家使用特定的手段,通过税收优惠来调控经济,国家可以支持一些特定的地区、产业、企业和产品的发展,促进产业结构调整和经济社会的协调发展。通过税收优惠可以达到降低税负的目的。

(4)确定适用税种。总体上来说,每种经济业务都有相应确定的适用税种。但对一些个别的经济业务来说,稍微改变一下方式,就能够改变社会的情况,以此来达到避税的目的。

1.4 合理避税的意义

随着我国市场经济的深入发展,纳税筹划在社会经济生活中扮演着越来越重要的角色。合理避税是纳税人的一项权利,而不是纳税人对法定义务的抵制和对抗,也不是对税法法律的滥用,而是纳税人依据法律的"非不允许"进行选择和决策的一种行为。充分利用纳税筹划工具具有积极的社会意义,一方面,你可以有意识地利用全社会的法律法规意识加快税法的完善过程;另一方面,可以帮助企业降低巨额税收成本,增大利益。合理避税的重要之处主要表现在以下几个方面:

(1)税收筹划有助于提高企业的管理水平。税收筹划是纳税人基于众所周知的税法,对业务进行税收筹划方案的开发,以达到节税的目的。税收筹划不只是对涉税事项的企业规划,更是对企业生产、销售等各个环节的统筹安排,体现了统一的税收筹划方案。税收筹划方案的开发和运营都是贯穿在整个企业管理过程中的,需要企业各个部门之间顺畅无阻的配合才能实现。财务部门要规范自身的管理,实现财务核算方法的优化;库存等管理部门必须严格库存管理的各项要求,以符合监管。这些都在客观上促进了企业管理水平的提高。

(2)税收筹划有利于优化社会资源配置。税收一方面是国家利用法律手段对社会财富的再分配,同时也是国家对经济进行宏观调控的重要手段。在社会主义市场经济的基础上,根据客观形势和社会经济发展的需要,国家运用不同的税收优惠政策,在投资方向、融资渠道、企业组织形式和产品结构、投资领域等方面实现对社会经济的调节。纳税人作为经济领域中的"经济理性人",会从经济利益最大化的目标出发,自觉地运用这些税收优惠政策调整自己的经济行为,尽量避免税收负担较重的投资和经营,选择税收负担较轻的投资和经营,引导社会资源和资金流向宏观调控所指向的领域。因此,税收筹划实际上是顺应了国家对社会资源配置的引导,优化了社会经济资源的配置,实现了国民经济的持续、健康、快速发展。

(3)税收筹划有助于推进我国税收法制化的进程。

在我国实行依法治国,加快建立社会主义市场经济体制,税收法制化是法治的一项重要内容和客观需要。纳税人从自身经济利益最大化的目标出发,充分研究现有的法律制度,自觉运用法律手段，实现合理节约税收成本。在纳税人的税收筹划行为与税务机关征管行为的互动博弈过程中，可以增强纳税人自觉运用法律的意识，也将进一步促进税法的完善。因此，税收筹划的发展可以有效地推动税收法制化的进程。

（4）税收筹划可以帮助纳税人提高经济效益，实现纳税人的业务目标。纳税人参与社会经济，基本目标是在合法合理的基础上，获得最大的经济利益。而税收是国家运用法律手段进行的一种强制性征收行为，是对社会生产过程中利益的再分配过程，它和纳税人要实现的经济利益最大化的经济目标是相反的，是减少纳税人经济利益的一种行为，是对纳税人自身已获经济利益的一种削弱。税收筹划的目的就是在熟知相关法律的基础上，利用税法法律中存在的漏洞以及优惠政策，有意识地进行纳税行为的筹划，降低纳税人的税收负担，减少纳税人的经营成本和费用，防止纳税人增加不必要的成本和现金流出。

2 房地产公司避税中存在的问题

2.1 企业在开发阶段避税中存在的问题

2.1.1 营业税避税时存在的问题

房地产开发企业销售不动产时应在收讫或取得营业收入（房款）凭据后，就全部价款和价外费用按销售不动产税目5%的税率缴纳营业税。房地产开发企业从事建筑工程作业，应按包括工程所用原材料及其他动力价款在内的营业额，依建筑行业税目所适用的税率3%纳税。在开发阶段，XX房地产公司在营业税避税方面存在两方面的问题：一是在合同订立上存在问题，二是在合作建房方式上存在问题。这样就没有实现企业利润的最大化。

（1）合同订立存在的问题。

企业签订合同因其内容性质的问题会涉及不同的税目。承包单位没有跟建设单位签订施工合同，只是参与协调施工流程的情况下，一律按照服务业税目进行征收，税率为5%。而在签订合同的情况下，一律按照建筑业税目征收，税率为3%。2011年XX房地产公司承包了一个施工项目。项目承包下来后，房地产公司将工程转包给了北方第二建筑队进行建设，并签订了7300万元的合同，之后房地产公司又收到了60万元的中介费。根据税法规定，XX房地产公司应缴纳营业税3万元。在这里，房地产公司营业税避税就存在了一个问题。如果XX房地产公司在签订承包项目合同时将60万元的中介费加进去，使合同的金额变为7360万元，之后再将工程转给北方第二建筑队。工程结束后，向其支付7300万元款项。在支付费用和收入不变的情况下，房地产公司应缴纳的营业税变为1.8万元，如表1所示。

表1　XX房地产公司施工项目开发阶段应纳营业税额比较　　　　　　　　单位（万元）

营业税税目	税基	税率	应纳营业税额
服务业	600000	5%	3
建筑业	600000=(7360-7300)	3%	1.8

从表1中可以清楚地看出，XX房地产公司2011年承包施工项目，合同签订之后是按照服务业税目进行纳税的，实际缴纳了营业税3万元，税率为5%。但如果房地产公司将收到的60万元中介费也算到合同当中，因合同内容性质的变化，营业税税目也会随之发生变化，变为建筑业税目，在税基不变的前提下，税率变为3%，这样应缴纳的营业税额为1.8万元，比实际缴纳的税额少了1.2万元。而造成公司多缴纳营业税额的原因是公司在订立合同时并没有

明确合同内容的性质,进而没有选择合适的合同订立方式。

（2）合作建房方式存在的问题。

房地产开发企业在开发项目时,往往会与别的经济主体进行合作来完成建房。具体的合作方式有以下两种:

①"以物易物"方式。即参与合作的两个经济主体通过等价交换的形式来进行交易。交易项目为土地使用权和商品房的所有权。

②双方通过合股成立合营企业。即土地拥有者和出资方各自拿出土地和资金,以合作股份的形式开展业务。

自 2003 年 1 月 1 日起,以无形资产投资入股或以不动产投资入股的前提下,参与接受投资方利润分配、共同承担投资风险的行为,不征营业税。这是企业在合作建房方面进行避税的一个重点。XX 房地产公司 2012 年与 XXXX 集团合作建成了两栋商品房,由 XX 房地产公司提供土地,XXXX 集团提供资金,合同中写到在工程竣工后由双方平分商品房。由专业机构评估后该工程价值 6530 万元,双方平分的价值为 3265 万元。之后,XX 房地产公司以转让无形资产为税目纳税 163.25 万元。具体的计算方式为:3625 万元×5%=163.25 万元。

通过对合作方式的了解,可以清楚地看到 XX 房地产公司此次并没有进行合理的避税。自 2003 年 1 月 1 日起,以无形资产投资入股或以不动产投资入股的前提下,参与接受投资方利润分配、共同承担投资风险的行为,不征营业税,我们可以得知,XX 房地产公司应与 XXXX 集团进行合股,成立合营企业,共同承担投资风险,共同分享投资利润,最后将分得的商品房以不动产投资入股,在投资后转让其股权的话则可以免缴营业税。这样的话 XX 房地产公司就省去了 163.25 万元的营业税。

2.1.2 城镇土地使用税避税时存在的问题

城镇土地使用税是以开征范围的土地为征税对象,按规定税额对拥有土地使用权的单位和个人征收的一种行为税。城镇土地使用税以纳税人实际占用的土地面积为计税依据,依照规定税额计算征收,主要是利用税收优惠和征收范围。

2.1.3 印花税避税时存在的问题

印花税是以经济活动中签立的各种合同、产权转移书据、营业账簿、权利许可证照等应税凭证文件为对象所征的税。印花税由纳税人按规定应税的比例和定额自行购买并粘贴印花税票,即完成纳税义务。一般来说,印花税的筹划方法大致有三种:压缩金额筹划法、利用模糊金额法、分开核算法,选择合适的筹划方法才能使企业避税产生更好的效果。

2.2 企业在商品销售阶段避税存在的问题

2.2.1 营业税避税时存在的问题

我国的房地产似乎一直处于稀缺的卖方市场状态,即使保持了年均 20%多的增长速度,但仍然难以满足不断增加的需求,商品房价格一直居高不下,因此国家近些年来出台了很多抑制房价的政策,导致消费者都将钱留在手里,等待更好的购房机会。2013 年项目公司为了吸引更多的消费者前来购房,推出了一项优惠活动:在开盘期间前来预定商品房的顾客可以免交一年的物业费以及免费享受小区会所一年的使用权。到活动截止日,实现了 3200 万元的收入,免交的物业费总计 50 万元,会所使用权价值 15 万元。根据税法规定,在买卖过程中免费赠送有形或无形的东西视同销售。XX 公司在活动期间举办了免交物业费和提供会所使用权活动,要把此项活动等同视同销售,并把相应的价值加到商品房的总销售收入中。相加后的总价作为计税基数来计算并缴纳营业税。实际缴纳营业税(3200+50+15)×5%=163.25万元。但其实XX公司这样的销售方式虽然刺激了消费者的购房欲望，但却为自己增加了纳税负担，主要是其没有选择一个合适的促销方式。如果采取优惠2%的手段来进行折扣的话，直接赠送总价64万元的折扣，XX房地产公司把赠送的总价直接作为折扣，折扣金额从成交价中抵减，把剔除购房折扣后的金额作为计税基数来计算并缴纳营业税，这样XX公司需要缴纳的营业税为[3200-(3200×2%)]=156.8万元。相比之前，减少了纳税额。造成这种情况的主要原因还是销售方案不合适，财务人员对销售阶段的营业税不够熟悉，没有掌握相关的纳税项目，导致其不清楚可以抵扣的项目。

2.2.2 土地增值税避税时存在的问题

土地增值税实际上就是反房地产暴利税，是指房地产经营企业等单位和个人，有偿转让国有土地使用权以及在房屋销售过程中获得的收入，扣除开发成本等支出后的增值部分，要按一定比例向国家缴纳的一种税费。XX房地产公司2013年3月在合肥开发了一个普通住宅小区，可以出售的住宅面积为20.55万平方米。销售价格平均为7800元，销售总收入为160290万元，缴纳的营业税为8014.5万元，城市建设维护税及教育费附加为801.45万元，取得土地使用权费用和开发成本为95260万元，增值额为27636.05万元。XX公司土地增值税避税存在的问题是，没有了解到房地产开发企业建造普通标准住宅用于出售，增值率不超过20%的，可免缴土地增值税。因此公司根据土地增值税临界点调整价格，改变增值额，让增值税率不高于20%。计算土地增值税税额，可按增值额乘以适用的税率减去扣除项目金额乘以速算扣除系数的简便方法计算，具体公式如下：

（1）增值额未超过扣除项目金额50%，土地增值税税额=增值额×30%。

（2）增值额超过扣除项目金额50%未超过100%，土地增值税税额=增值额×40%－扣除项目金额×5%。

（3）增值额超过扣除项目金额100%未超过200%，土地增值税税额=增值额×50%－扣除项目金额×15%。

（4）增值额超过扣除项目金额200%，土地增值税税额=增值额×60%－扣除项目金额×35%。

公式中的5%、15%、35%为速算扣除系数。

最终计算结果如表2所示。

表2 改变增值额前后缴纳土地增值税额对比　　　　　　　　　　　　　单位（元）

项目	原缴纳土地增值税额	改变后应缴纳土地增值税额
销售方式	按现状销售	新建运动场、公园耗费
追加投资	0	1000
销售收入	160290	160290
可扣除项目金额	132653.95	133953.95
增值额	27636.05	26336.05
增值率	20.8%	19.6%
应缴纳土地增值税	27636.05×30%=8290.815	0

通过表2可以清楚地看出，因为公司追加了1000万元的投资，使增值率低于了20%，就可以免交土地增值税。如果当时公司采用了这样的方法，虽然增加了1000万元的投资，但却

可以免交土地增值税。这里避税存在的问题主要是由于企业没有掌握土地增值税的临界点以及相应的政策。

2.2.3 企业所得税避税时存在的问题

企业所得税是对我国内资企业和经营单位的生产经营所得和其他所得征收的一种税。企业所得税的征税对象是纳税人取得的所得，包括销售货物所得、提供劳务所得、转让财产所得、股息红利所得、利息所得、租金所得、特许权使用费所得、接受捐赠所得和其他所得。税法规定：开发产品销售收入的范围为销售开发产品过程中取得的全部价款，包括现金、现金等价物及其他经济利益，企业代有关部门、单位和企业收取的各种基金、费用和附加等，凡纳入开发产品价内或由企业开具发票的，应按规定全部确认为销售收入；未纳入开发产品价内并由企业之外的其他收取部门、单位开具发票的，可作为代收代缴款项进行管理。与其他行业相比，房地产项目开发是对各种社会资源的整合运用，资金使用量大，涉及领域广泛，而且产业链和运作周期相对较长。在房地产项目的经营、开发和管理过程中，适当地运用税收筹划策略可以为企业节省大量不必要的税收支出，为企业获得更大的经济利益。XX 房地产公司下属的安徽信达项目公司 2012 年为其住宅小区街心花园、喷泉、路灯设备总计花费 200 万元，按照 200 万元全额的投资金额进行了所得税的缴纳。但国家有优惠政策规定，企业购置并实际使用规定的环境保护、节能节水、安全生产等专用设备的，该专用设备的投资额的 10%可以从企业当年的应纳税额中抵免。但信达公司并没有对购置相应的设备进行合理地避税，主要原因还是公司对国家的优惠政策没有足够的了解和合理地运用。

3 房地产公司合理避税中存在问题的解决对策

3.1 企业在开发阶段避税中存在问题的解决对策

3.1.1 选择合适的合同订立方式以及合作建房方式

在开发阶段，信达公司因为没有选择更适合自身的合同订立方式以及合作建房方式，导致在营业税避税方面存在一些问题，没有尽可能减少纳税额。因此选择合适的合同订立方式以及合作建房方式就可以更好地解决公司在开发阶段营业税避税存在的问题。

（1）合同订立方式。在签订合同时，根据合同内容的性质涉及不同的税目。假设承包单位在承包建筑安装业务时，不管有无参加工程施工过程，只要与建设单位签订了施工合同的，一律按建筑业税目征收，税率为 3%。如果承包单位没有跟建设单位签订施工合同，仅仅参与协调整个施工流程的事务，一律按服务业税目征收，税率为 5%。两种不同的税率，为营业税提供了适当的筹划空间。需要说明的是，服务业的税负并非高于建筑业，建设单位要根据自己的实际情况选择有利的承包方法。

（2）合作建房方式。房地产开发企业在开发项目时，往往会与别的经济主体进行合作来完成建房。具体的合作方式有以下两种：

①纯粹的"以物易物"方式。即参与合作的两个经济主体通过等价交换的形式来进行交易，交易项目为土地使用权和商品房的所有权。具体的交易方式又有以下两种：

- 通过交易，两个经济主体各自拥有部分产权。在这个交易程序里，提供土地者应以"转让无形资产"为税目而上缴税款，而提供资金者应以"销售不动产"为税目而上缴税款。若提供土地者把竣工后分得的商品房进行出售，则应以"销售不动产"为税目进行再次缴税。

- 一些土地拥有者为了获得部分产权，向出资方出租土地。这种交易模式下，出租方应以"服务业-租赁业"为税目而上缴税款，出资方应以"销售不动产"为税目进行缴税。

②双方通过合股成立合营企业。即土地拥有者和出资方各自拿出土地和资金，以合作股份的形式开展业务。工程竣工后，假设合作者共同承担风险和享受利润，按照税法的有关规定，对土地持有者和出资方都不征税。

3.1.2 了解税收的征管范围和优惠政策

根据税法相关政策的规定，城镇土地使用税也可以选择符合自身的筹划措施。筹划的方法主要从征管范围和优惠政策和角度出发。

（1）全国范围内各地按照各自发展的特征，从实际出发，制定了符合规律的科学的税收政策。若房地产公司在国有土地上进行了建设，但在实现销售收入之前因为资金周转不灵而不能及时纳税的，可根据所在地执行的税收政策享受纳税递延的优惠。

（2）尽可能地用到各项税收优惠政策。

3.1.3 根据实际情况采用适当的税收核算方法

印花税目前可以采用三种核算方法来进行合理避税：压缩金额筹划法、利用模糊金额法、分开核算法。公司应该根据实际情况选择适当的方法进行税前的合理筹划，达到合理避税的最终目的。

（1）压缩金额筹划法。

印花税的计税依据是合同上所载的金额，因而出于共同利益，双方或多方当事人可以经过合理的规划，使各项费用及原料等的金额通过非违法的方式而载于合同之外，从而压缩合同的表面金额，达到少缴税款的目的。规划压缩方法量可广泛应用于印花税规划，如相互易货交易合同，双方尽量相互提供优惠的价格，使得合同金额下降到一个合理的水平。当然，要注意限制，以免被税务机关调整价格，得不偿失，导致最终税负较重。

（2）利用模糊金额法。

在现实经济生活中，各种经济合同的当事人在签订合同时，有时会遇到计税金额无法最终确定的情况。而我国印花税的计税依据大多数都是根据合同所记载的金额和具体适用的税率确定，计税依据无法最终确定时，纳税人的应纳印花税税额也就相应地无法确定。为保证国家税款及时足额入库，税法采取了一些变通的方法。税法规定，有些合同在签订时无法确定计税金额，如技术转让合同中的转让收入是按销售收入的一定比例收取或按其实现利润多少进行分成的；财产租赁合同，只是规定了月（天）租金标准而却无租赁期限的。对这类合同，可在签订时先按定额5元贴花，以后结算时再按照实际的金额计税，补贴印花。这便给纳税人进行避税筹划创造了条件。

（3）分开核算法。

如果两个或两个以上的业务项目在同一凭证上记载，但却适用不同税率的前提下，要么把这两项的总和作为应纳税额而进行贴花，要么两项分开核算后按税率高的贴花。遇到这种情况时分开核算是明智的选择。这种方法被称为分开核算筹划法。

3.2 企业在销售商品阶段避税中存在问题的解决对策

3.2.1 选择合适的商品销售方案

国内的房地产市场日趋火爆，创造出了一个又一个的财富奇迹，在很多地区，房地产业甚至成为当地经济发展的支柱。在这种大的风潮之下，人们纷纷涌向房地产领域，不论之前做过何种工作，仿佛一旦进入房地产就可以资产翻倍。然而，经过几年盲目的火爆之后，房地产市场的泡沫不断增大，国家和政府也已经意识到了这个问题，一些调控措施不断出台，房地产市场终于开始逐渐回归理性。因此消费者的购房欲望没有之前那么强烈了，房地产公司为了提高消费者的购买欲望会出台各种各样的促销手段。企业最终的目的就是实现利润的最大化，因此在促销过程中需要考虑到税负的问题，与其选择赠送消费者有形或无形的优惠靠增加税负来提高卖房率，倒不如选择直接给购房者折扣优惠，既可以增加消费者的购房欲望，还能进行合理避税，实现利润的最大化。

3.2.2 合理控制增值额

以税法中的政策法规作为筹划执行的参照，实施土地增值税筹划的最好办法是想尽一切办法控制增值额。

（1）当收入一定时，增值额越小扣除项目就越多。增值额越小可以采用越低的税率来增大企业的经济效益。

（2）当收入不确定时，采用降低收入来控制增值额的办法。也就是像营业税的筹划方法一样，如通过折扣的方式来降低商品房的价格。价格降低可以直接实现"薄利多销"的经营目标，最终实现企业少缴甚至不缴土地增值税的目的。

（3）尽量增多扣除项目。在开发过程中，尽可能地想到跟优惠政策挂钩的项目，以此达到增加扣除项目，减少开发成本的目的。例如增加住宅区的绿化面积、提供更好的公共设施。这一策略一方面会增加开发成本，但另一方面会加大可扣除的项目的总额，同时实现优化小区环境。

3.2.3 充分利用相关优惠政策

新税法根据国民经济和社会发展的需要，对现行税收优惠政策进行适当调整，将现行企业所得税以区域优惠为主的格局调整为以产业优惠为主、区域优惠为辅的新的税收优惠格局。企业所得税的税收优惠方式也呈现多样性和灵活性，更大程度上偏向了减轻纳税人负担的目标。有直接的优惠方式：免税收入、税额减免、纳税扣除、优惠税率、税收抵免、盈亏互抵、优惠退税；还有间接的优惠方式：延期纳税、加速折旧、准备金制度等。

定期减免优惠主要是对基础产业和环境保护、节能节水项目的减免。公共基础设施项目是公共产品，为全社会提供公共服务，是经济发展的命脉，是政府行为。新税法规定：企业从事国家重点扶持的公共基础设施项目投资经营的所得，可以免征、减征企业所得税。新税法实施条例规定从项目取得第一笔生产经营收入所属纳税年度起，第一年至第三年免征企业所得税，第四年至第六年减半征收企业所得税。企业按规定享受减免税优惠的项目，在减免税期未满时转让的，受让方自受让之日起可以在剩余期限内享受规定的减免税优惠；减免税期满后转让的，受让方不得就该项目重复享受减免税优惠。《中华人民共和国企业所得税法实施条例》第八十八条规定，符合条件下的环境保护、节能节水项目，包括公共污水处理以及公共垃圾处理。

结　　论

我国市场经济体制得到不断完善，市场化程度不断提高，在为各类市场主体提供了广阔的发展空间的同时却加剧了市场主体间的竞争。而在现今的市场环境下，企业只有不断降低成本才能在市场上占领一席之地。在企业的众多成本开销中，税收成本是企业重要的外部成本之一，依法纳税是每个企业应尽的义务，但是较重的税收负担有时又成为了企业向更大规模发展的桎梏，所以对企业来说，掌握合理避税的方法至关重要，在合理合法的范围内降低财务成本，提高企业竞争力。

而在诸种方式方法中，偷税是违法的，要受法律制裁；漏税须补交；欠税要还；抗税要追究刑事责任，唯有避税，既安全又可靠，是企业的首选良策。现阶段房地产行业纳税人税收负担大，实施避税的重要性不言而喻。但避税并不是逃税、漏税，而是在尊重税法、遵守税法的前提下，利用税法中还不完善的地方以及相关的优惠政策合理避税。企业合理避税不仅是为企业减轻了沉重的税负，节约了大量资金，增强了企业的市场竞争力，使企业的长远战略规划更为合理有效，使企业利润实现最大化，更客观上促进了国家税收制度的健全和完善。

参考文献

[1] 陈爱玲. 浅谈我国的税收筹划问题[J]. 财政与税务，2010（3）.
[2] 王英. 房地产企业所得税税务筹划的财务运用分析[J]. 财经界，2011.
[3] 孙宇光. 关于避税概念的探讨[J]. 税务经济，2009（3）.
[4] 赵淑杰. 知识经济下企业合理避税新途径思考[J]. 管理学家，2011（9）.
[5] 周乔亮. 深讨处置国有不动产纳税问题[J]. 行政事业资产与财务，2011（3）.
[6] 曹进成. 矿产资源综合利用政策研究及需求分析[J]. 中国矿业，2012（3）.
[7] 陈安君. 房地产开发企业所得税汇算清缴政策解析[J]. 商业会计，2013（1）.
[8] 高彦民. 我国房地产企业税收的博弈分析[D]. 东北财经大学，2012.
[9] 崔宝军. 论合理避税在企业财务管理工作中的应用[J]. 商场现代化，2013.
[10] 罗会了. 高新技术企业合理避税问题研究[J]. 法制与经济（下旬刊），2012.
[11] 荆亚妮. 论企业加强纳税筹划的几种实物方式[J]. 经济研究导刊，2013（29）.
[12] 张中秀. 合法节税[M]. 北京：中国人民大学出版社，2009.
[13] Fukumoto, Mayumi. Empirical studies of China's imports and world trade. Hong Kong University of Science and Technology, 2011.

致　谢

这篇论文的完成，首先要衷心地感谢我的论文导师 XXX，从论文的选题到定稿都得到了 XXX 导师的悉心指导；其次我要感谢经济管理系的所有任课老师，是你们的教导和培养才让我顺利完成学业；再次我还要感谢教育过我的所有老师们，你们不但教授了我专业知识，充实了我的头脑，还教会了我们怎样做人；最后还要感谢我的大学，学校给了我良好的学习环境，提供了完善的设施设备，方便了我们查阅资料。

通过几个月对期刊杂志、相关书籍的查询和对网络资料的搜索，我积累了大量的资料，形成了本文中的观点。但是，由于时间仓促以及自身理论水平和实践经验有限，文章中难免会出现差错和疏漏之处。在这里，恳请各位审查、批阅论文的老师及领导批评指正。

8.2.2　关于企业税务风险防范与管控的研究

1. 毕业设计任务书

毕业设计任务书如表 8-1 所示。

2. 文献综述

文献综述如表 8-2 所示。

3. 论文开题报告

论文开题报告如表 8-3 所示。

4. 论文中期报告

论文中期报告如表 8-4 所示。

5. 论文封皮

论文封皮示样图如图 8-3 所示。

XXXX 大学

毕 业 论 文

题　　目：关于企业税务风险防范与管控的研究
系　　部：经济管理系
专　　业：会计学专业
班　　级：XX 级 X 班
学　　号：XXXXXXXX
姓　　名：XXX
指导教师：XXX
完成日期：XXXX 年 XX 月 XX 日

图 8-3　论文封皮示样图

6. 论文诚信声明和版权说明

论文诚信声明和版权说明如图 8-4 所示。

毕业论文诚信声明书

本人声明：我将提交的毕业论文《关于企业税务风险防范与管控的研究》是我在指导教师指导下独立研究、写作的成果，论文中所引用他人的无论以何种方式发布的文字、研究成果均在论文中加以说明；有关教师、同学和其他人员对本文的写作、修订提出过并为我在论文中加以采纳的意见、建议均已在我的致谢辞中加以说明并深表谢意。

论文作者：XXX　　　　（签字）　时间：　　年　月　日
指导教师已阅　　　　　（签字）　时间：　　年　月　日

毕业论文版权使用授权书

本毕业论文《关于企业税务风险防范与管控的研究》是本人在校期间所完成学业的组成部分，是在 XXXX 大学教师的指导下完成的，因此本人特授权 XXXX 大学可将本毕业论文的全部或部分内容编入有关书籍、数据库保存，可采用复制、印刷、网页制作等方式将论文文本和经过编辑、批注等处理的论文文本提供给读者查阅、参考，可向有关学术部门和国家有关教育主管部门呈送复印件和电子文档。本毕业论文无论做何种处理，必须尊重本人的著作权，署明本人姓名。

论文作者：XXX　　　　（签字）　时间：　　年　月　日
指导教师已阅　　　　　（签字）　时间：　　年　月　日

图 8-4　论文诚信声明和版权说明

7. 论文正文

<h2 style="text-align:center">《关于企业税务风险防范与管控的研究》</h2>

中文摘要：随着我国不断融入经济全球化潮流以及社会主义市场经济的逐步深化，企业的交易行为和交易模式越来越复杂，与此同时，国家税收法规政策体系越来越繁杂，税务机关的征管技术与征管力度不断提高和加强，使得企业行为的各个环节都与涉税事项密不可分，企业税务问题逐渐突出，并已成为企业风险的制造者之一。然而，在我国企业中，国有企业以及中小企业等对税务风险没有高度重视。本文从我国企业实际出发，结合税务总局《大企业税务风险管理指引（试行）》文件，紧紧围绕企业税务风险，具体阐述企业税务风险的定义及其主要特点，同时分析了加强企业税务风险防范的意义，并介绍企业可能面临的三类税务风险，然后从宏观、经营、管理、法律四个视角具体探讨企业税务风险的防范策略，力争在最大限度上防范或降低企业税务风险。

关键词：企业税务；税务风险；防范策略

Abstract: As China continued the trend of economic globalization and the gradual deepening of the socialist market economy, Business transactions is more complex. At the same time, the state's tax system is becoming more complex in the regulations and policies. The collection technology of the tax authorities continues to become stricter, making the behavior of all aspects of the business tax-related matter with the closely related, and business tax issues become more apparent. In China's enterprises, state-owned enterprises and small and medium enterprises, the tax risk is not highly valued. In this paper, form the reality of our business, combined with the SAT, "large corporations' tax risk management guidelines (Trial)" document, I explained the definition of corporate tax risks, characteristics, the significance of risk prevention, and introduce some tax risks which companies may faced, and then propose some measures which preventing and controlling the tax risk, striving to maximize the risk to prevent or reduce the corporate tax.

Key words: corporate tax   tax risk   risk management

<h2 style="text-align:center">前　　言</h2>

企业要想在竞争中求得生存，就必须提高自己的经济效益，减少自己的成本费用支出，增加现金净流量。而在各类成本费用中，税收是非常重要的一个方面。因此分析和防范税务风险就成为企业经营管理中重要的研究课题。

企业税务风险，通常是指纳税人没有充分利用税收政策或者税收风险规避措施失败而付出的代价，是由经济活动环境的复杂性、多样性，以及纳税人认识的滞后性、对税收政策理解的失误等共同作用的结果。因此，纳税人必须在经营行为发生前，对本企业将要面临的整体的税务风险水平有一个客观清醒的认识，树立新型守法的纳税理念，并且在经营行为发生前做好一系列的工作。在此基础上，切实有效地分析影响企业税务风险防范效益的因素，使企业的税务风险防范更具有效性和准确性。我国税务机关也开始重视企业税务风险，在 2009 年 5 月 5 日，国家税务总局发布了《大企业税务风险管理指引（试行）》，明确指出税务机关会对企业建立与实施税务风险管理的有效性进行评价，并据以确定税收管理的对应措施，这使企业提高税务风险管理水平、增强企业税务风险防范能力迫在眉睫。

1 企业税务风险概述

1.1 企业税务风险概念

企业税务风险，是指纳税人纳税风险规避措施失败或者没有充分利用税收优惠法规而受损的可能性，表现在两个方面：一是因主客观原因导致企业对税收法规的理解和执行发生偏差，遭受税务等部门的查处而增加税收滞纳金、罚款、罚金等额外支出的可能性；二是企业因多缴税款或未用足税收优惠政策等而减少应得经济利益的可能性。本文分析的企业税务风险主要是指前一方面的税务风险。

税务风险是企业生产过程中不可回避的，是与企业共生的，因此税务风险是企业生产过程中必须正视的重要风险。

需要注意的是，税务风险性质与一般商业风险性质不同。一般商业风险的特点是风险越大，收益越大，同时未来可能的损失也越大。然而，税务风险不同，它的特点是损失与收益不成正比，未来损失的风险远大于未来收益。这是由于我国税收制度决定的，税法规定，纳税人多缴税款只允许在自结算缴纳税款之日起三年内可以向税务机关要求退还。而纳税人少缴税款，尤其是偷漏逃税款，税务机关可以保留无限期追索的权力，一旦被查出来，企业将会面临巨额的罚款与滞纳金。因此，企业由于税务风险带来的收益往往伴随着更大的损失风险。

1.2 影响税务风险的因素

1.2.1 纳税人行为的影响

（1）纳税人纳税意识的影响。

税务风险的防范措施既要合法又要合理，即对于企业而言，其行为不仅在形式上要合法，在实质上也要顺应政府的立法意图。对于税务机关而言，应该依法征税，并且保护和鼓励纳税人努力在税法允许的条件下节税。如果纳税人主观纳税意识不强，甚至有意识地钻税法的漏洞，那么很容易遭受经济上的损失。例如，企业将收来的销货款未及时入账，挂在往来账上反映，而购销双方又没有办理相应的结算协议，因此该企业便发生了偷漏税的行为，按税法的规定必须补缴税款并缴纳一定数量的罚款，使企业面临一定的经济损失。企业如果有了依法纳税、依法节税的意识，能够合理运用不同的结算方式，不仅可以为企业节约大量的流动资金，而且还有效避免了税务部门的经济处罚。

（2）纳税人对税法理解程度的影响。

有时候纳税人的纳税事宜从表面看是按税法规定执行了，但是由于对有关税收政策的精神理解不透，忽视规范的纳税操作的程序与步骤，甚至不熟悉税务机关的执法规章与程序，往往导致税务风险的增大，造成事实上的偷税，受到税务机关的处罚。

1.2.2 国家征税的影响

（1）国家征税行为对企业的影响。

对于企业而言，纳税是一种直接的现金支出，意味着其当期既得经济利益的损失。虽然国家在公共设施和福利上的支出给予了企业一定量的经济补偿，但这类补偿既不对等也不易量化。往往税负越重，就意味着纳税人可支配收入越少。如果纳税人的收入不能及时变现，而又必须及时申报与缴纳税款，就会使企业面临"欠税"的风险，当"欠税"无法得到税务机关递延纳税许可时，企业又会面临税务处罚的风险。此外，税负的高低也会引起企业在投资、经营等方面的决策发生变化，进而改变企业的纳税方案，如放弃原本不纳税或是少纳税的投资方案，承受一定量的经济损失。因而，国家征收税款是企业面临的不可避免的最直接的税务风险。

(2) 国家税收制度对企业的影响。

企业税务风险的强弱很大程度上取决于国家税收制度的健全与完善。健全完善的税收制度是纳税人依法纳税、维护自身利益的有力保障。纳税人采取各种措施防范税务风险，其前提就是对国家各种税收制度的充分了解、精确把握与灵活运用。只有对每一税种的每一细微处都了如指掌，采取税收优惠政策及时、到位，各项法律、法规、政策、制度的运用准确、完整，才能设计出风险最小、收益最大的纳税规划方案；否则企业就会面临税收负担增加的风险或没有充分地享受税收优惠政策，使企业不能获得最多最大的收益。

(3) 税务执法力度对企业的影响。

税务机关的税务执法行为对维护税法的权威性、震慑不法分子偷逃国家税款的行为、保障国家税收收入的不断增长起着重要作用。据国家审计署2004年9月审计公报显示：部分重点税源大户税收严重流失，主要存在税务部门为计划把税源留企业、地方政府越权减免企业税务、税务机关对企业会计核算和纳税申报审核不严、税务部门擅自扩大优惠政策范围四大问题（注：2004年9月16日，中国国家审计署发布的第四号审计公报公布了788户企业税收征管情况审计调查结果）。说明税务部门执法力度不强，增大了纳税人的税务风险，即被税务机关处罚的风险增大。

1.2.3 企业环境的影响

(1) 宏观环境的不断变化调整。

宏观环境复杂多变是企业面临各种税务风险的外部重要原因之一。宏观环境包括经济环境、政策环境、法律环境、制度环境、投资环境、社会环境、文化环境、资源环境等因素。这些环境存在于企业之外，但对企业的生产运营会产生重大的影响，进而影响企业的税负。由于企业税务风险的防范本身是在经济行为发生前进行的有计划谋略，需要企业的经营者和管理者根据实际需要对未来将面临的各种税务风险进行全方位的预测、评估。而企业宏观环境的变化往往又是不确定的，也是无法预见和无法改变的。虽然宏观环境的复杂性和多变性可能为企业带来某种机会，也可能使企业面临某种风险，如果宏观环境不利于企业的发展，或者企业对宏观环境的变化反应滞后、措施不力，则不仅会加大企业的税务风险，还会增加企业防范税务风险的难度。

(2) 企业内部管理制度不健全。

企业内部完整的制度体系是企业防范税务风险的基础。企业内部的管理制度包括企业财务制度、内部审计制度、投资控制及担保制度、业绩考核及激励制度、企业风险管理制度、人才管理制度等。企业的制度是否健全，其制定是否合理、科学，从根本上制约着企业防范税务风险的程度。如果企业缺乏完整系统的内部管理制度，就不能从源头上控制防范税务风险，也就无法有效地提高防范税务风险的效益。例如，企业财务人员及管理者对税务风险及其对企业运营的影响认识不足、对税法的精神理解不透、防范税务风险的技术不高、企业内部的管理系统混乱、从事税务风险防范人员的素质不高等，便会导致税务风险防范措施的失误或失败，加重企业税负，甚至是接受税务处罚，使企业蒙受不必要的经济损失。

1.3 企业防范税务风险的作用及意义

企业面临着种种税务风险，税务风险对公司的负面影响不仅是深刻的，而且会是全方位的，不仅会给企业带来经济利益的损失，更可能会损害公司信用等。因此，加强企业税务风险防范具有重要意义。

1.3.1 企业防范税务风险的作用

（1）积极进行税务风险防范，有利于企业规避税务风险，及时发现企业税收管理中存在的问题，有利于加强企业管理，合理、合法降低企业税负，在为企业节省税收的同时也为企业带来真正最大的经济效益。

（2）实施企业税务风险防范，可以避免发生不必要的经济损失。经常对企业进行税务审计，进行纳税风险控制，能够让企业依法纳税，避免受到税务机关的经济处罚。

（3）企业自身进行税务风险防范，可以避免不必要的信用损失。如果企业出现特殊情况，被税务机关认定为偷税、漏税，会对企业的信用造成严重影响，纳税信用将会受到严重损害。通过税务风险防范，可以有效降低或避免企业纳税风险，维护纳税信用。

（4）税务风险可能带来公司管理层的变动和人员受损，引发公司和相关责任人的刑事责任。通过税务风险控制降低税务风险，可以减少相关管理人员的错误，减小或消除税务风险给管理层带来的影响。

（5）实施税务风险防范，还有助于营造良好的税企关系，创造和谐的征纳税关系。

1.3.2 企业防范税务风险的意义

每个企业都有其经营发展的目标，在实现经营目标的过程中存在着影响目标实现的不确定因素，这些不确定因素就是所说的风险。风险客观存在，并且对企业的发展构成一定的威胁。在市场经济条件下，企业作为市场的主体参与市场竞争，必须认清面临的各种风险，正确理解风险的存在，这样才能在市场竞争中识别、防范、化解和规避风险，才能避免运营中不可预见的损失，达到预期的经营发展目标。如果一个企业没有经营发展的眼光，没有风险管理的意识，没有防范风险的措施，它将只能是"积之不厚，行之不远"。因此，研究现代企业风险，就必须对企业风险进行识别、预测并加以有效防范和科学管理。大企业的风险主要有：经营风险、市场风险、财务风险、人事风险、税务风险等。而大企业的税务风险则主要表现在企业的纳税行为不符合税收法律法规的规定，应纳税而未纳税、少纳税，从而面临补税、罚款、加收滞纳金、刑罚处罚以及声誉损害等风险；也有企业经营行为适用税法不准确，没有用足有关优惠政策的风险。近年来，国家相关部门已将公司是否存在税务违规记录和纳税信用问题作为银行贷款、企业上市和海关对企业进行分类管理等工作开展的一个参考条件，公司税务管理工作做不好，给国家带来的是税收流失，给企业带来的是税务风险，甚至是经营风险。事实上，企业作为纳税人面临的各种税务风险问题是一个早就存在的客观现象，并且随着我国市场经济的深入发展，企业必将有越来越多的税务事项需要进行税务风险防控。例如，国美、苏宁等诸多国内知名电器公司就因为增值税滞留票问题遭受了国税部门的专题调查，企业经营和声誉都遭受了严重的损失。而有些企业由于不懂或不熟悉税收政策而适用了不准确的税法，不但未享受到本应享受的优惠政策，多缴纳了税款，增加了不必要的税收负担，而且承担了较大的税务风险。所以，企业如何加强税务管理、控制纳税风险已成为大企业面临的一个重要课题。加强企业的税务管理，也对税收管理人员的业务能力提出了更高的要求。如何帮助大企业防范和控制税务风险既是大企业税收管理的一项重要内容，也是优化大企业税收服务的基本要求。因此，税务机关要优化服务，就应当为企业排忧解难，提供包括防控税务风险在内的专业服务。

总而言之，企业实施税务风险防范对于企业来说意义重大，企业通过税务风险防范力争涉税零风险，不仅可以减少不必要的经济损失和信用损失，也可以令企业的管理更全面，账目更清楚，发展更稳健。

2 企业的税务风险

2.1 税法环境引发的税务风险

2.1.1 经济环境变化导致的风险

企业的生产与发展离不开其所处的经济环境，因此企业的涉税事宜也与经济环境密不可分。经济环境一般存在两种情形：一种是，政府为了促进经济增长，实行积极的财政政策与货币政策，在税收层面上表现为制定减免税或退税等税收优惠政策，此时企业的税负相对较轻或稳定；另一种是，政府为了引导或抑制某个产业的发展或调整整个宏观经济，实行紧缩的财政政策，在税收层面表现为利用税收杠杆调整税收政策，加大企业的税负。政府在不同经济背景下运用税收手段针对不同产品或行业实行差别税收政策，使得税收政策处于不断变化之中。所以企业的涉税行为会因经济环境变化而导致税务风险。

2.1.2 我国税法体系自身缺陷导致的风险

我国整个税法体系建立在保障国家行政利益的基础之上，税务机关与纳税人在法律地位上平等，但在权责关系上并不完全对等。税法赋予行政机关过多自由裁量权，从而使纳税人税务风险大大增加。同时，在税法体系建设上，我国还没有建立完善的税法体系，部分税收法规存在重复滞后的一面，往往引起税收规定与企业实际情况相背离；同时，部分税收法规变动太快，使企业及时掌握新政策的难度加大，从而使企业的税务风险不断加大。

2.1.3 税收政策变化导致的风险

在经济发展的不同阶段，税收政策必须随着经济环境和条件的变化而不断调整，因此税收政策尤其是优惠政策具有相对短暂的时效性。我国正处于经济转型期，税收政策作为国家重要的经济杠杆，调整更为频繁，呈现出期限短、变化快、分散细小的特点。而企业的决策往往具有一定的长期性与规划性，如不能快速及时地掌握政策变化的信息，很可能导致税收政策的错用滥用，从而导致税务风险。

2.2 税收政策遵从引发的税务风险

2.2.1 税务机关与纳税人信息不对称导致的风险

税务机关对新政策的出台往往缺乏提醒相关纳税人予以重视关注的说明，而一些具有适用性或比照性的政策往往处于半公开的状态,税务机关对这些政策的宣传指导力度不够或者偏小，一般仅限于有限范围的解释，纳税人很容易忽视相关税收政策或者错误地使用税收政策，从而跌入税务陷阱中。

2.2.2 税务机关行政执法偏差导致的风险

税务机关行政执法偏差主要表现在以下两个方面：

（1）我国税法体系尚不够完善，税收制度往往只对一些基本问题作出相关规定，而对于税收条款具体设置则不够完善。同时无法涵盖所有的税收征管事项，以及有些税法条款未能及时随经济环境变化，因此可能由于税务机关和纳税人对税法理解的不一致而导致税务风险。

（2）税务机关执法人员素质不一以及税法在一些具体税收事宜上给予税务机关以自由裁量权，因此税务机关的执法可能出现偏差，导致企业税务风险。

2.2.3 纳税人员专业素质有限导致的风险

企业在日常生产经营过程中，相关办税人员的素质有限，对有关税收法律法规理解不深入、不细致，同时由于其他原因不能及时掌握最新的政策变动导向，从而虽然在主观上没有偷漏税的企图，但在实际纳税行为上却违反了税收法律法规的规定，造成事实上的偷漏税，给企业带来税务风险。

2.3　企业自身经营引发的税务风险

2.3.1　管理层缺乏依法纳税观念导致的风险

企业管理层应树立依法诚信纳税的意识，某些企业管理者未能正确树立依法诚信纳税意识，未能认真履行纳税人应负的法律义务，存在以为处理好与税务机关的关系远甚于加强对税收政策的理解与掌握的误区。这种靠人情而不是靠真正依法纳税来解决涉税事宜，反而增大了企业的税务风险。

2.3.2　企业涉税人员专业素质与职业道德导致的风险

专业素质与职业道德会深深影响纳税人员的工作。由于税法体系的繁杂以及新政策的频繁出台，导致相关纳税人员不能及时准确把握法律法规政策，可能存在盲目纳税行为，造成企业税务风险的上升。纳税人员的职业道德更为重要。如果纳税人员缺乏职业道德，责任心缺失，如伪造、变造、隐匿记账凭证等，就会导致税务风险的产生，而且这种税务风险是很难控制与应对的，对企业的破坏作用也是极大的。

2.3.3　企业财务管理水平导致的风险

企业的财务管理水平以及会计核算水平等都会影响企业相关纳税人员税额的计算与缴纳。企业可能出现失真的会计信息与财务信息，从而影响涉税资料的真实性与合法性，而据此计算的税额也将失真，进而给企业带来税务风险。

2.3.4　税收筹划方案选择导致的风险

税务筹划是指在税法规定的范围内，通过对经营、投资、理财等活动的事先筹划和安排，尽可能获得节税的税收利益。但是，税务筹划必须在税法规定范围内，如果企业误解这一点，认为筹划就是尽可能少纳税或不纳税，甚至授意或唆使筹划人员通过非法手段达到所谓"节税"的目的，这样实质上是一种偷税行为，会给企业带来税务风险。

2.3.5　企业滥用税法及偷税行为导致的风险

追求利益的最大化是企业存在的最直接也是最重要的目标之一。而税收则是国家强制无偿参与企业利润分配，因而许多企业为获得更大的利益，采用偷漏税甚至其他违法行为方式进行避税。这是与国家税法相违背的，我国税收征管法对偷漏税行为的打击力度是很大的，因此这种税务风险对企业危害是极大的。

3　企业税务风险的防范策略

企业在防范税务风险的过程中应合理有效地运用现有的税法，以及相关的经济、财会政策，结合自身的特点建立一套系统化、规范化、科学化的税务风险防范机制，以提高税务风险防范的效益。

3.1　适应宏观环境，积极应对税务风险

宏观环境的要求与变化是造成企业面临税务风险的重要原因。因此，企业应努力做到：

（1）研究宏观环境。

外部宏观环境虽然存在于企业之外，企业无法改变，但企业可以通过调整自己的经营行为来适应环境的变化。例如，对不断变化的外部宏观环境进行分析研究，尤其是对国家产业政策、行业政策、相关的法律法规、市场变化、新产品、新技术及国际形势的变化等进行分析研究，时刻把握其变化的趋势及规律，了解分析环境变化对企业生产经营的影响程度，同时充分考虑宏观环境的变化使企业面临税务风险的可能性、严重性和影响程度，如是否影响企业的总体税负水平、税务风险的存在将持续多久、其对企业的业绩指标影响多大等。

（2）采取应对措施。

针对企业面临可能出现的各类风险，在熟练把握有关涉税法律法规、了解纳税人财务状况与要求的前提下，及时制定各种应变措施，并对其生产经营行为的发展形式、状态进行监控，及时进行信息反馈。对可能发生或与预期不符的情况进行反映，适时地调整其业务目标及实施过程，以便通过风险的防范与管理来降低因宏观环境的不确定性因素给企业带来的税务风险，提高风险防范效益。

3.2 健全制度基础，防范控制税务风险

企业税务风险的防范程度与企业的各项制度是否健全、完善有着密切的联系，制度是一切风险防范行为措施的保障与基础。因此，提高企业税务风险防范效益，必须建立健全企业内部的各项管理制度，规范企业经营管理行为，以提高企业驾驭税务风险的能力。

（1）完善制度。

制定规范企业理财行为、处理协调企业内部各种关系的具体规章制度，制定相应的税务风险防范与管理办法，实施税务风险的防范与监督管理。企业内部的管理制度不仅对企业管理层有着一定的约束，对与企业理财活动相关的机构设置、人员配备及权限职责的规范也有一定的制衡作用。管理制度的健全、科学是企业理财活动合法性的有效手段，也是企业防范税务风险发生的最基本、最重要的保证。

（2）明确责任。

将税务风险防范机制引入企业内部管理，使企业、管理者、员工都有一种强烈的责任意识与风险意识，使责、权、利三者相结合，共同承担企业的税务风险责任。主要涉及：一是责任机制，即税务风险与责任共存、与利益同在，充分发挥员工的主人翁精神，把税务风险的防范措施落实到每一个员工；二是权力机制，即给企业管理者及员工相应的权力，施展其才华，通过权力的制衡减少因滥用权力产生的不必要的税务风险；三是激励机制，即注重企业运营效果与财务效益情况的业绩考核，适时采用激励机制，对优秀专业人才实行市场导向型薪酬制度，用优秀的人才，创更多的收益，同时给予税务风险化解者奖励。

3.3 建立预测系统，评估监控税务风险

（1）正确评价税务风险。

在企业日常经营运作之前，应对企业未来的税务风险进行识别与评价，综合运用各种分析方法与手段，对企业的内部经营、外部环境的各种资料以及财务数据进行系统、全面、前瞻性的预测，重视资金的时间价值，重点考虑生产运营、投融资过程中资金收付的风险。例如，分析未来税务风险可能出现的原因，以及税务风险给企业的生产经营行为与投资方向等带来多大的损害？分析风险是否会增加企业的成本支出，是否对企业未来的利润有潜在的影响？是否会影响企业未来的信誉？分析税务风险的可能性、严重性和影响程度以及这一风险是否影响企业的总体税负水平？它的出现将持续多久等。通过税务风险的评估预测，为采取相应措施，化解企业税务风险的负面影响打好基础。

（2）适时监控税务风险。

税务风险的监控是在对企业未来税务风险做出正确评价的基础上，在纳税义务发生前，系统地对企业的经营全过程进行审阅，寻找最易引起税务部门关注的理财事项，并对其进行事先的合理策划，以实现税务的零风险。监控的过程体现在以下几个方面：

①纳税事项的合理合法化的审阅，即经济活动的范围与方式都必须符合国家的税收法律、政策、制度与规定。

②对纳税事项进行合理规划，即根据纳税人的性质与活动的不同，事先采取不同的税收政策，进行事前的合理规划；根据政策的复杂性、税制的局限性、企业经营模式的多变性，在企业经营活动中不断地调整分析纳税模式、测定其税收负担，制定可行的纳税计划，进行有效的事中控制；根据企业事后的经营成果与管理方案，定期地进行事后审核与评阅，测算企业可能面临的税收隐患，并及时采取措施消除隐患、规避风险。

3.4 税务风险防范的法律策略

除了企业自身原因，众多外部原因也可能导致税务风险的产生，例如税务机关执行的偏差等。企业应当转变观念，充分利用纳税人的权利，当企业与税务机关产生税务争议时，应当依照法律程序充分表达自己合理的法律意见，并坚决维护自身的合法权益。主要法律方式有税务行政复议和行政诉讼。

3.4.1 税务行政复议

当纳税人及其他当事人认为税务机关具体行政行为侵犯其合法权益时，可依法向税务行政复议机关申请行政复议，行政复议是纳税人保护自身权益的重要手段。企业作为申请人可以在税务机关作出具体行政行为之日起 60 日内提出行政复议申请。复议机关应当自受理申请之日起 60 日内作出行政复议决定。

3.4.2 行政诉讼

若纳税人对行政复议决定不服，则可进入行政诉讼程序。纳税人应学会用法律的武器来保护自己的合法权益，但也要考虑成本与可能造成的影响。在现实生活中也存在一些纳税人在没有全面掌握和理解税收法规的情况下就进入诉讼程序，造成人力、财力和时间上的浪费。

3.4.3 营造良好的税企关系

在现代市场经济条件下，税收是调整产业结构、扩大就业机会、刺激国民经济增长的重要手段。由于各地具体的税收征管方式不同，税务执法机关拥有较大的自由裁量权。因此，企业要注重对税务机关工作程序的了解，加强联系和沟通，争取在税法的理解上与税务机关取得一致，特别是在某些模糊和新生事物的处理上得到税务机关的认可。值得注意的是，企业要防止对"协调与沟通"的曲解，即认为"协调"就是与税务机关的个人搞好关系，使之"睁一只眼，闭一只眼"，以达到少缴税、少处罚或不处罚的目的。随着税务机关稽查力度的不断加强，以及国家反腐败和对经济案件打击力度的加大，这种做法不仅不会帮助企业少缴税，反而会加大企业的税务风险。

3.5 规范税务风险防范策略

3.5.1 制定防范税务风险的规程

（1）制定防范税务风险的具体步骤、方法、注意事项。

税务风险防范与企业的具体业务、最终目标密切相关，并由企业内部的各部门共同努力、相互支持，全方位地进行风险防范。因此，需要在明确防范目标、充分了解企业生产运营的前提下，合法地谋求税收损失的最小化；了解引起企业税务风险的关键因素与指标，努力排除税务风险防范过程中的不确定性；根据所从事的业务及收入、费用的情况确定防范税务风险的各种渠道方法，以及防范税务风险应注意的意外事项。

（2）明确防范税务风险所依据的法律法规。

在制定税务风险防范方案的同时，汇集纳税人涉税活动所依据的法律、法规、政策，并对其进行可行性的研究，避免陷入法律纠纷。当出现对政策的理解把握有偏差时，及时向税务机关咨询。

（3）预测防范过程中可能面临的各种风险。

在法律许可的范围内制定出不同的防范税务风险的方案后，除了准确地计算各方案的应纳税额，准确进行会计账务处理外，还要对影响税务防范效益的各因素将来可能发生的变动进行分析，对影响税务计划实施的外部环境变化及敏感程度进行分析，防止企业内外因素的变化产生的不必要的风险。

（4）及时评价总结防范措施。

税务风险防范措施实施后，经常、定期地进行信息的反馈，及时了解纳税方案的执行情况，对税务风险防范策略进行正确的评估总结，并保留资料存档，为以后制定税务风险防范措施提供参考和借鉴。

3.5.2 采取有效的税务风险防范技巧

（1）实现绝对税额的降低。

表现为直接减少应纳税款，可通过以下途径实现：

①选择重要税种，寻求防范税务风险的最大空间。企业的税收负担与企业的经营范围、组织与决策密切相关。经营范围越广，企业组织越庞大，企业决策越复杂，涉及的税种也就越多。每个税种的性质不同，税务风险防范的途径、方法及其收益也不同，因此选择有重大影响的税种通常就是税务风险防范的重点。从税种本身条件看，税务风险防范的空间越大，风险防范收益的潜力就越大。一般来讲，所得税类的风险防范空间大于流转税类。

②用好用足税收优惠政策，挖掘增收的潜力。充分利用税收优惠政策以防范税务风险是现代企业经营战略调整中最直接有效的方法，也是企业节税增收的核心与落脚点。如税法规定，对新办的独立核算的从事咨询业（包括科技、法律、会计、审计、税务等咨询业）、信息业、技术服务业的企业或经营单位，自开业之日起，第一年至第二年免征所得税（注：财政部、国家税务总局《关于企业所得税若干优惠政策的通知》[1994]1号）。企业选择免税期限的执行期时，可充分利用这一政策，以减少不必要的税收负担。

③全方位运用各项政策，降低企业整体税负。防范税务风险，降低企业整体税负是一门很复杂的实践技术，必须综合衡量。其一，不能只盯住某一纳税环节或某一种税负的高低，一种税（比如流转税）少交了，另一种税（比如所得税）则可能要多交。因此，应综合衡量各种税负之间的此消彼长，以确定整体税负的轻重。其二，不能仅限于税收领域，税务风险的防范涉及企业理财活动的全过程，与财务会计、外汇管理、进出口贸易、国际结算等多种领域发生联系。其三，不能只考虑短期效益和局部利益，还应兼顾长期效益和整体利益，其绩效大小综合反映了企业筹资、投资和生产经营的素质和水平。

④选择恰当的税务代理，合法的转移一部分税务风险。委托注册税务师代为办理税务事宜是纳税人的一项权利。由于税务代理人是经国家税务总局及其省、自治区、直辖市国家税务

局批准从事税务代理的专门人员，具有注册税务师、注册会计师、审计师、律师资格，或是在税务部门从事税务实际工作 15 年以上者，他们通晓税法、财会知识、法律知识，以及税收征管工作，可以根据企业的实际经营情况为企业设计全方位的纳税方案，可在帮助企业依法完税的同时合法地降低企业的税务风险。

（2）实现相对税额的降低。

即税款总体数额不变，企业赚取的是资金的时间价值。包括两个方面：

①选择适当的成本费用分摊方法，减少企业当期的应纳税额。不同的成本费用分摊方式，如费用分摊法、存货计价方法、固定资产折旧方法等也会扩大或缩小企业成本，从而影响企业利润水平。因此，企业可以选择有利的方法来计算成本，减少税基，实现各项成本费用和摊销额的最大化，以减少应税所得额，从而降低企业税负。

②实现整体税负的递延交纳，使资金具有时间价值。这种方法所带来的并不是税金支出的减少，而是由于符合法律规定地利用某种纳税日期的时间差相应地增加利息收入或减少利息支出。如缩短折旧年限有利于加速成本收回，可以使后期成本费用前移，从而使前期会计利润发生后移。在税率稳定的情况下，尽管折旧期限的改变并未从数字上影响到企业所得税税负的总和，但考虑到资金的时间价值，所得税的递延交纳相当于向国家取得了一笔无息贷款。

3.5.3 提高全员防范税务风险的素质

（1）增强管理层的税务风险防范意识。

在竞争开放的市场经济条件下，企业作为独立的法人参与市场竞争，追求自身利益的最大化是其最终的根本目标。大多数企业的管理层都具备了一定的风险防范意识，尤其是税务风险的防范意识增强，但随着经济一体化、全球化的发展，企业面临的税务风险也越来越多，稍有不慎，便会使企业陷入经营困境。因此先要加强企业管理层的税务风险防范意识，只有管理层的税务风险防范意识增强了，才能减少经营决策中的失误，正确引导企业员工积极参与防范税务风险，形成特有的企业文化。

（2）选择专门的税务风险防范人员。

防范税务风险是一项具有高度科学性、综合性、技术性的经济活动，因此对具体操作人员有着较高的要求，大多要由专业人员和专门部门进行，纳税人无论是根据自身情况组建专门机构，还是聘请税务顾问或者直接委托中介机构进行，税务风险防范人员都必须具备以下素质：

①通晓税法。即充分了解税收政策、法规，准确把握政策对纳税人的可用度，找到实施税收风险防范措施的合理空间。

②熟悉财会制度。即税务风险的防范不仅仅是懂得税收政策，还需要准确、严谨的会计处理来支持，否则纳税人无法对几个纳税方案进行比较和选择。

③适时的灵活应变能力。即能适应税种的多样性、政策的动态性、企业的差别性和企业要求的特殊性，要求参与税务风险防范的人员不仅要精通税收法律法规、财务会计和企业管理等方面的知识，而且还应具有较强的语言沟通能力、文字综合能力、营销能力等，在充分了解企业经营行为基本情况的基础上，运用专业知识和专业判断能力为企业出具防范税务风险的方案或建议。

（3）全体员工共同参与税务风险的防范。

企业税务风险不仅仅局限于企业的理财过程，其他部门对企业的理财、运营会产生不同程度的影响，进而影响企业纳税方案的选择。因此，企业税务风险的防范需要企业内部各职能部门间的相互配合与协作，形成一种相互牵制的内部风险管理制度，只有全体员工的积极参与才能使税务风险的防范形成一种风尚。

<h2 style="text-align:center">结 论</h2>

税务风险存在于企业的各个环节之中,要想有效防范,必须了解引起企业税务风险产生的关键因素,从根本上排除税务风险产生的不确定性,努力减少税务风险对企业的影响,减少税务风险引发的其他成本。随着我国融入经济全球化潮流和社会主义市场经济的深化,企业的交易行为和模式越来越复杂,相应地国家税收法规政策体系也越来越繁杂,税务机关的征管也越来越严格,使得各种涉税事项深深地嵌入企业行为的各个环节,企业税务问题变得越来越多变,并已成为企业风险的制造者。稍有不慎,企业税务风险转化为利益损失,不仅会吞噬企业利润、阻碍商业目标的实现,还会给企业形象带来负面影响,企业应当引起足够的重视,通过从宏观、企业、管理、法律等视角全面分析防范税务风险,努力实现税务风险的防范与化解,促进企业健康发展。

<h2 style="text-align:center">参考文献</h2>

[1] 范忠山,邱引珠. 企业税务风险与化解[M]. 北京:对外经济贸易大学出版社,2003.
[2] 计金标. 纳税筹划[M]. 北京:中国人民大学出版社,2004.
[3] 杨小舟. 公司治理、内部控制与企业风险管理[M]. 北京:中国财政经济出版社,2006.
[4] 国家税务总局. 大企业税务风险管理指引.
[5] 冯艳琴. 企业税务风险防范研究[J]. 商业文化,2009(1).
[6] 韩灵丽. 公司的税务风险及其防范[J]. 税务研究,2008(7).
[7] 尹淑平,杨默如. 企业税务风险成因及管理系统构建[J]. 财会通讯,2009(10).
[8] 严君子. 企业税务风险的产生与防范[J]. 国际商务财会,2009(10).
[9] 李琳. 浅谈大型企业的税务风险管理[J]. 交通财会,2009(10).
[10] 杨凌云. 税务风险管理研究[J]. 财会金融,2009.
[11] 张平平. 企业税务风险及防范探析[J]. 现代商贸工业,2010(1).
[12] 付宝红. 论企业税务风险及其防范[J]. 中国集体经济,2009(12).
[13] 许小青,柳建华. 对税收筹划若干问题的探讨. 求实,2003(6).
[14] 李艳珍. 关于企业建立财务风险防范机制的思考. 工业技术经济,2004(6).
[15] 张凯,邹国金. 大企业税务风险管理解析[J]. 税务研究,2009.
[16] 蔡昌. 税务风险防范、化解与控制[M]. 北京:机械工业出版社,2007.
[17] Haroldene F. Wunder. Tax risk management and the multinational enterprise[J]. Journal of International Accounting, Auditing and Taxation, 2009(1).

<h2 style="text-align:center">致 谢</h2>

还记得初入大学时我迈入这个校园,心中满是期盼,总是憧憬我的大学生活,然而几年过去,在这里有回忆,有感动,有喜悦,也有伤心,正是这"酸甜苦辣"的大学生活,伴着我成长。这些都离不开我的老师们,感谢我的老师们每天不辞辛劳地传授我们知识,感谢我的老师们每天都用灿烂的微笑帮我们解决问题,使我们以后无论走到哪里都充满信心。

我也要感谢在大学里陪我走过、留下欢声笑话的同学们,大学生活也因有你们而精彩,使我难忘,我们的友谊也会长存,我愿同学们工作顺利,前程似锦!

8.3 税务会计方向的各类选题

本节介绍一些税务会计方向常见的、有代表性的毕业论文选题,并对其进行详细的解析。

8.3.1 关于所得税会计处理方法的研究

选题研究领域: 所得税会计处理方法的研究
选题类型: 理论与应用研究
选题完成形式: 论文
选题参加人数: 个人独立完成
选题知识准备:

我国的所得税制度是伴随着我国经济体制改革的不断进行确立和发展起来的。随着经济体制改革的进行,我国原有的税制已不适应市场经济的要求,影响税收作用的发挥。因此,我国对税制进行了改革和调整。我国自1992年颁布《税收征管法》和1993年颁布《企业所得税条例》开始,就确立了会计制度服从税法的计税原则,1994年财政部下发的《企业所得税处理的暂行规定》是我国企业所得税会计处理的主要依据。新税法的颁布,使税法标准与会计准则的差异不断扩大,我国会计和税法的改革正朝着各自独立的方向发展。

所得税会计产生的原因主要是会计收益与应税收益存在的差异所致。会计收益和应税收益是经济领域中两个不同的经济概念,分别遵循不同的原则,规范不同的对象,体现不同的要求。因此,同一企业在同一会计期间按照会计准则计算的会计收益与按照国家税法计算的应税收益之间的差异是不可避免的,故在计算所得税时,不可能直接以会计收益为依据,而要以所得税法规定对会计收益进行调整后才能正确地计算出应税收益,因而就产生了调整这一复杂过程的专门的所得税会计。企业会计制度与税法的规定之间存在着一定的差异,存在着不一致、不协调的地方。而且这种差异不可能消除,我们就要弄清差异所在,在实际工作中协调好会计与税法的关系,并积极研究和采取措施,尽可能地缩小这种差异。

选题设计大纲举例——《关于所得税会计处理方法的研究》:

1 浅谈所得税会计
(1)我国所得税会计的成因。
(2)我国所得税会计的两种处理方法。
①应付税款法。
②纳税影响会计法。
2 特殊事项下会计与税法差异的研究
(1)债务重组下会计准则与税法的差异。
(2)企业改制、兼并和重组中会计准则与税法的差异。
3 会计制度与税法不一致带来的问题
(1)容易引起税源的流失。
(2)造成纳税调整项目增多。
(3)会计制度规定合理合法,而税法未确认的,影响纳税人的合法权益。

4　浅议解决这一差异的办法

（1）企业会计制度与税法的规定能一致的应当尽可能一致。

（2）企业会计制度与税法之间可以保留必要的、少量的不一致。

（3）税法中有些政策亟待明确。

相似选题扩展：

（1）企业所得税税率调整对企业投资税收效应的实证分析。

（2）我国新企业所得税法与 WTO 规则从冲突走向协调。

（3）高新技术企业所得税筹划。

（4）现行市场经济条件下以所得税为主体税种的税制模式之可行性研究。

（5）关于企业所得税纳税筹划的研究分析。

（6）我国企业所得税税制改革问题研究。

（7）关于企业所得税会计相关问题的探讨。

8.3.2　浅谈营改增对企业的影响

选题研究领域：营改增对企业的影响

选题类型：理论与应用研究

选题完成形式：论文

选题参加人数：个人独立完成

选题知识准备：

随着我国改革开放进程的加深以及我国市场经济的建立和发展，我国传统的税收政策已经无法满足现阶段我国经济的发展需求，尤其是体现在营业税的征收方面。营业税的征收正日渐显现出其固有的缺陷和不合理性。在这种情况下，营业税改征增值税成为深化我国税制改革的必然趋势。

营业税改征增值税试点改革是国家实施结构性减税的一项重要举措，也是一项重大的税制改革。2012年1月1日起在上海市交通运输业和部分现代服务业开展营业税改征增值税试点改革，拉开营业税改增值税的改革大幕，同年8月营改增试点分批扩大。按照规划，最快有望在十二五（2011年至2015年）期间完成"营改增"。到目前为止，已在全国范围内展开。据财政部统计显示"营改增"试点运行的基本情况，2013年减税规模超过1400亿元。面对着统计数据几家欢喜几家愁，因为有少部分企业的税收不降反增，反而加重了他们的税务负担。

随着营业税改增值税的进一步推进，范围从上海的试点向全国展开。目前财政部和税务总局正在完善现行已经纳入部分行业的"营改增"试点方案，同时研究建筑业、房地产业、金融业等行业的试点方案，积极推进相关行业纳入营改增试点，力争全面完成营改增扩围任务。但是营业税和增值税在税收政策和内涵上有明显的差异，因此"营改增"必然会对企业产生深刻的影响。

选题设计大纲举例——《浅谈营改增对企业的影响》：

1　营改增的背景及改革现状

（1）营改增的背景。

（2）我国营改增税制改革现状。

2　营改增对企业的影响

（1）原增值税纳税人。
①增值税一般纳税人。
②增值税小规模纳税人。
（2）营改增试点企业。
①营改增后增值税一般纳税人。
②营改增后增值税小规模纳税人。
（3）营改增后一般纳税人企业财务数据的变化。
①营改增对营业收入的影响。
②营改增对营业成本的影响。
（4）案例分析。
3 营改增背景下对企业的建议
（1）企业应当增强纳税的预见性，提高风险防范能力。
（2）非试点地区企业应关注营改增的进程，制定应对计划。
（3）试点企业应理性对待财务报表的结构变化，调整财务分析方法。

相似选题扩展：
（1）增值税征收的经济效率分析。
（2）关于增值税与营业税制度整合的思考。
（3）增值税转型对地方财政收入的影响分析。
（4）增值税征收范围的扩大对相关行业（企业）的影响。
（5）增值税纳税人放弃免税权现象与规则的制度分析。

8.3.3 浅谈工资薪金的个人所得税影响

选题研究领域： 个人所得税的工资薪金项目

选题类型： 理论与应用研究

选题完成形式： 论文

选题参加人数： 个人独立完成

选题知识准备：

个人所得税法是所得税法的重要组成部分。我国现行个人所得实行的是分类所得税制，其中以个人工资薪金所得税为主体。而为了发挥出我国税收调节个人收入分配等作用，我国现行个人所得实行的是分类所得税制，其中以个人工资薪金所得税为主体。从七级超额累进税率表可以看出，在每一级的边缘进带，收入可能只差一元，但是所承担的个人所得税的税收负担就会相差很大。而且我国还有大量的中低收入家庭也被纳入了工资薪金所得税的征收范围，加重了他们的基本生活负担，妨碍了税收公平，也增加了征管对象的数量和征管成本，影响了征管效率。因而可以看出，我国现行个人工资薪金所得税存在着一些缺陷，有必要对其进行适当的改进。

个人工资薪金所得税是我国个人所得税的主体，在我国税法体系中的地位逐年提高，它是国家调节收入分配的重要手段。随着我国经济的日益发展，人们的生活水平不断提高，贫富差距却也日益扩大。而我国现行的个人工资薪金所得税的税制设计却在一定程度上制约着其功能的发挥。

选题设计大纲举例——《浅谈工资薪金的个人所得税影响》：
1 我国现行个人工资薪金所得税的发展史以及改革的意义
　（1）我国现行个人工资薪金所得税发展史。
　（2）我国现行个人工资薪金所得税的改革意义。
2 我国现行个人工资薪金所得税制存在的缺陷
　（1）费用扣除标准偏低。
　（2）费用扣除标准没有更好地体现地区差异。
　（3）税率累进级次过多，总体累进级距过大。
3 对我国现行个人工资薪金所得税税制的建议
　（1）完善个人工资薪金所得税的理论依据。
　（2）提高费用扣除标准。
　（3）个人工资薪金所得税累进税率的改进。
　（4）费用扣除标准充分反映地区差异。

相似选题扩展：
（1）论个人所得税法的理念及其改革趋势。
（2）个人所得税法改革与个人收入分配差距调节。
（3）对个人所得税调节贫富差距的作用的认识。
（4）我国个人收入分配税收调控研究。
（5）完善我国个人所得税制的立法思考。
（6）我国个人所得税税源管理研究。
（7）完善个人所得税扣除项目和标准的思考。
（8）个人所得税征收模式的转变研究。
（9）论个人所得税在收入调节体系中的地位与作用。
（10）如何进一步完善个人所得税申报制度。

8.3.4　解析纳税人权利

选题研究领域：纳税人权利
选题类型：理论与应用研究
选题完成形式：论文
选题参加人数：个人独立完成
选题知识准备：

纳税人的权利就是指纳税人在依法履行纳税义务时或纳税义务完结后，法律对其依法可以作出或不作出的一定行为，以及要求作出或不作出一定行为的许可或保障，包括纳税人的合法权益受到侵犯时的救助与补偿。税收是纳税人为获得政府提供的公共产品支付的代价。在税收分配关系中，代表政府的征税机关与纳税人之间不是单纯的征收和被征收关系，而更多的是平等主体之间的平等关系。这种平等关系在许多国家被作为税法的重要内容加以规定。公民为了享受国家提供的各种公共物品，必然要有一定的支付；但公民须缴纳税款并不意味着仅承担义务而不享有权利。世界各国都根据本国国情对纳税人的权利作出了或多或少的确认，将其规定为法定权利甚至是宪法权利。

在大力推进依法治国和依法治税的过程中，当事人的民主法制意识不断增强，需要对纳税人重新定位，纳税人除了要依法履行纳税义务外，还可依法享有各种纳税权利。纳税人的内涵除了纳税义务外，还应有纳税权利的内容。准确的纳税人，既包括纳税义务人，也包括纳税权利人，即纳税人=纳税义务人+纳税权利人。

选题设计大纲举例——《解析纳税人权利》：

1 纳税人权利的基本内容
（1）税收立法权。
（2）税款使用权。
（3）依法履行纳税义务的权利。
（4）最低生活费等不得课税的权利。
（5）只接受"正当程序"的权利。
（6）对课税处分有陈述申辩的权利。
（7）对违法课税处分等有接受救济的权利。
（8）纳税人秘密保护权。
（9）税收法律知情权。
（10）自行处理纳税事宜权。

2 纳税人权利的法理分析
（1）纳税人与纳税义务人。
（2）纳税人权利是人权在税法领域的具体化。
（3）纳税人权利是税权配置的结果。

3 保护纳税人权益
（1）保护纳税人权益是税务机关的法定职责。
（2）保护纳税人权益必须规范税务行政行为。
（3）保护纳税人权益必须提升纳税服务。

相似选题扩展：
（1）税收征管权的纵向划分问题。
（2）税收行业税收负担研究。
（3）纳税人权利保护的国际比较研究。
（4）试析民主理财与税收征管中的纳税人参与。
（5）促进我国经济可持续发展的税收政策分析。
（6）论财税视角的我国出口退税政策选择。
（7）谈税收法定主义原则与依法征税。
（8）对完善我国个人所得税制的思考。
（9）房地产税收制度完善与思考。
（10）从纳税人人格假设的视角提高税收征管效率。

8.3.5 浅议中小企业税收筹划

选题研究领域： 中小企业税收筹划

选题类型：理论与应用研究
选题完成形式：论文
选题参加人数：个人独立完成
选题知识准备：

税收筹划又称为纳税筹划、税务筹划，其本质是指纳税人为维护自己的权益，在法律法规许可的范围内，通过经营、投资、理财活动的事先筹划和安排，达到尽可能减少纳税成本，谋求最大税收利益的一种经济行为。税收筹划的前提条件是必须符合国家法律及税收法规；税收筹划的方向应当符合税收政策法规的导向；税收筹划的发生必须是在生产经营和投资理财活动之前；税收筹划的目标是使纳税人的税收利益最大化。所谓"税收利益最大化"，包括税负最轻、税后利润最大化、企业价值最大化等内涵，而不仅仅是指税负最轻。

由于税收筹划经常是在税法规定性的边缘操作，其风险无时不在。所谓税收筹划的风险是指税收筹划活动因各种原因失败而付出的代价。由于税收筹划经常在税法规定性的边缘操作，而税收筹划的根本目的在于使纳税人实现税后利益最大化，这必然蕴涵着较大的风险。当前随着税收筹划在跨国公司和国内大型企业的普遍应用，已经引起了越来越多的中小企业重视。然而由于中小企业在规模、资金、人员素质、融金渠道方面与跨国公司和大型企业的巨大差异，其税收筹划的方法和风险也有所不同。因此中小企业在进行税收筹划时一定要树立风险意识，认真分析各种可能导致风险的因素，积极采取有效措施，预防和减少风险，避免落入偷税漏税的陷阱，从而实现税收筹划的目的。

选题设计大纲举例——《浅议中小企业税收筹划》：

1 税收筹划的理解
2 税收筹划产生的原因
3 中小企业如何进行税收筹划
（1）税收筹划应遵循的基本原则。
（2）税收筹划的步骤。
（3）税收筹划风险的形式。
（4）复杂的税制为纳税人提供筹划空间。
（5）纳税人筹划的一般方法。
4 中小企业税收筹划的风险
（1）税收筹划基础不稳导致的风险。
（2）税收政策变化导致的风险。
（3）税务行政执法不规范导致的风险。
（4）税收筹划目的不明确导致的风险。
5 中小企业税收筹划风险防范及建议
（1）正确认识税收筹划，规范会计核算基础工作。
（2）牢固树立风险意识，密切关注税收政策的变化趋势。
（3）加快税收筹划人才的培训。
（4）加强与税务机关的沟通，寻求技术支持。
（5）贯彻成本效益原则，实现企业整体效益最大化。

相似选题扩展:
(1) 企业转让房地产的税收筹划。
(2) 税收筹划在企业经营管理中的应用。
(3) 论如何提升企业税务筹划能力。
(4) 转让定价税收政策研究与关联企业税收筹划。
(5) 商品流通企业的税收筹划问题。
(6) 税收筹划在企业经营中的联动效应。
(7) 个人转让房产的税收筹划分析。
(8) 论企业税收筹划与经济的可持续发展。

第 9 章　电算化会计方向毕业论文实例及选题

本章概要

- 电算化会计方向概述。
- 电算化会计方向毕业论文实例。
- 电算化会计方向的各类选题。

9.1　电算化会计方向概述

1. 电算化会计方向概述

电算化会计，也叫会计电算化，是财会专业一个常见的分支方向，也是目前各类企业财会工作的主流改革方向。本方向包涵会计电算化商品软件的初始化应用与管理、会计电算化系统自行开发与维护、会计电算化商品软件的二次开发与对接等相关内容，涉及财会专业理论基础、财务信息系统的应用、财务信息系统开发语言等相关知识。

近年来，随着会计制度的不断完善和相关部门的政策引导，越来越多的企业投入到了财会信息开发和推广业务中来，各企业中的财务部门也先后引入了一些国内外较为成熟的 ERP 财务系统、财务应用系统和会计核算软件，如用友公司推出的 U8、T3 系列软件，金蝶公司的 K3、KIS 系列软件，广泛用于收发存业务较多的商业企业的速达软件、管家婆软件、金算盘软件等，这些都为各企业的会计电算化工作的选择提供了更多的选择空间。当然，也有很多的企业根据自身的业务特点自行开发了一套完整的财务信息系统或财务信息系统的一个应用模块。总之，财务信息系统的出现简化了会计核算中繁重的工作程序，大大提高了会计核算的精度，为企业的发展提供了快速、便捷的决策信息。

2. 毕业生能力培养目标

高等学校电算化会计专业的毕业生要了解财务信息系统的发展现状和未来走向，掌握扎实的财务核算制度、核算方法、财务电算化软件的应用流程等相关知识，具备相关财务系统的开发能力，能紧跟会计电算化的技术更新和行业进步。学生毕业后能够成为会计电算化领域的高级应用人才，或者成为其他相关产业和行业中的会计电算化方向的技术人员或管理人员。

电算化会计专业方向毕业生应该具备以下能力：

（1）会计核算能力。
（2）财务分析能力。
（3）会计核算软件的应用与管理能力。
（4）会计核算系统的设计能力。
（5）会计核算系统的开发能力。
（6）会计核算系统的维护与测试能力。

3. 毕业论文相关主干课程

电算化会计专业方向的毕业论文涉及学生在校期间必修和选修的一些专业基础课、专业核心课，这些课程内容为毕业论文提供了有力的技术支持。相关专业课一般包括：计算机基础与应用、计算机程序设计基础、基础会计学、财务会计学、成本会计学、财务管理学、税法、审计学、会计信息系统、会计电算化、会计制度设计等。

（1）计算机基础与应用。

本课程内容涉及计算机各领域的基本概念和知识层面的内容，以及大学生必不可少的计算机操作和应用技能。课程全面系统地介绍有关计算机的基础知识、基本操作以及常用应用软件的使用。其中包括计算机系统基础知识，操作系统概述，Windows XP 操作系统的主要功能和基本操作，Microsoft Office 办公软件的主要组成部分——Word 文字处理、Excel 电子表格和 PowerPoint 演示文稿的使用方法，网络基础知识和网络信息安全，国际互联网 Internet 的应用，多媒体技术以及目前常用工具软件的使用等。

（2）计算机程序设计基础。

本课程以 Visual Basic 为语言工具，通过讲授和上机指导，使学生理解程序设计的基本概念、结构化程序设计的基本思想；了解面向对象程序设计的基本思想；理解可视化编程的基本概念和基本方法；了解常用的算法，具备根据给定算法编制程序的能力；初步具备使用 Visual Basic 设计简单 Windows 环境下的应用程序的能力；认识 Visual Basic 的应用领域，为后续专业课程、毕业论文及将来实际工作的相关应用打下基础。

（3）基础会计学。

该课程以会计七大核算方法为主线，在基本理论上以循序渐进的方式将有关会计要素、会计的前提条件和会计准则等贯穿在教学过程中加以阐述；在基本方法上强调常用会计处理方法的运用，如永续盘存制和实地盘存制、权责发生制和收付实现制等；在基本操作技术上介绍会计处理中涉及的主要操作环节，如会计凭证的编制与审核、对账与过账、结转与结账、试算平衡、会计报表的编制等。特别强调以会计的基本理论来指导基本方法和操作技术。

通过掌握常用的数据结构和算法，学生养成良好的程序设计风格，提高程序分析和设计能力。

（4）财务会计学。

"财务会计学"是在"会计学基础"之后开设的一门专业主干课程，是构成会计学科体系的核心课程之一。本课程是以我国发布的《企业会计准则》最新发布的具体会计准则、《股份有限公司会计制度》及相关国际惯例为依据，既有财务会计理论的阐述，又有财务会计实务的讲析，成为会计专门人才必修的课程。通过本课程的学习，学生在熟练掌握会计要素的账务处理、会计报表编制的基础上，能灵活地根据企业的特点为投资人、债权人、政府机关等报表使用人提供满足其需要的信息。

（5）成本会计学。

本课程较为详细地介绍了成本及成本会计概念，成本会计的对象、任务及职能，了解制造成本法的特点以及成本会计工作的组织、成本核算的原则要求，了解费用的分类及成本核算的一般程序、各种产品成本的计算理论和方法。

本课程的重点是不同成本对象的计算理论和方法，难点是成本对象的确定和核算工作的组织，教学方法的特色是理论紧密联系实际。

（6）财务管理学。

本课程主要阐述财务管理的基本理论、基本方法和基本操作技能，并从筹资、投资、资金运营、财务分析等资金运动环节分述其原理及方法，同时对财务预测与预算、财务治理及利润分配与管理等财务活动进行阐述。通过本课程的学习，使学生能进一步了解和掌握企业财务管理理论、方法和操作技能，培养学生综合分析问题和解决问题的能力，提高学生综合运用财务知识的能力。

（7）税法。

本课程主要帮助学生在最短的时间内对我国税收制度和如何计算缴纳各类税款有一个基本的了解，基本内容包括税收基础知识，个人所得税的计算，企业所得税的计算，增值税的计算，营业税的计算，消费税的计算，车船税的计算，房产税、契税和印花税的计算，土地税的计算，税收征管基础知识。掌握了上述知识，学生基本可以应对日常生活中常见的税收事项。

（8）审计学。

"审计学"是对审计学基本理论、基本方法以及审计实务进行理论和实践探讨，并研究其规律性的一门学科。本课程先修课程包括基础会计、财务会计、管理学、统计学、财务管理等。本课程是财务管理专业、会计学专业的专业核心课程。审计学科是任何学科均不能包容或代替的一门独立学科，因此现代审计学科体系一般由理论审计学、应用审计学、审计技术学和历史审计学4个分学科组成。在本课程的教学中侧重于理论审计学并兼顾应用审计学的知识，通过本课程的教学，使学生了解审计在市场经济条件下的地位和作用，认识审计的本质，掌握审计的基本理论、基本方法，并能运用审计的基本原理、方法对企事业单位、股份制企业的经济活动、会计报表进行审查，为评价经济责任、维护财经法纪、加强经营管理、提高经济效益提供依据。

（9）会计信息系统。

会计信息系统是一门讲授计算机在会计领域的应用原理、技术和方法的课程。它不仅是一门实用性很强的课程，而且是一门跨学科的课程，同时又是一门会计专业理论、方法与实践相融合的课程。它是会计学与IT技术相结合的产物，主要理论基础涉及会计学、信息论、系统论，而赖以发展的技术基础则主要是现代信息技术。随着会计信息化实践的不断深入与丰富，其理论体系也在不断地完善与发展。会计信息系统已是会计学知识结构的一个重要组成部分。由于计算机的应用改变了传统会计核算方法和核算程序，拓展了会计信息系统的功能和作用，从而给会计信息质量、内部会计控制、会计组织机构、会计档案管理和审计工作等都带来了巨大的影响。因此，计算机会计信息系统的原理和实务操作已成为财会类大学毕业生必须掌握的一门知识和基本技能。

（10）会计电算化。

本课程的培养目标是，学生通过本课程的学习能够掌握实际会计工作岗位中需要的会计核算和操作技能、会计工作岗位之间的业务衔接关系和电算化下的内部控制要求，了解会计人员的职业道德规范等内容，让学生达到会计师基本素质的要求，使学生系统全面地了解会计电算化的产生和发展、会计电算化信息系统的构成，掌握财务软件的维护方法与技巧，比较熟练地掌握财务软件的应用，特别是财务软件各个模块的使用方法与步骤。同时也培养学生的职业岗位能力、社会适应能力和全面综合素质。

(11) 会计制度设计。

本课程在阐明会计基本理论和基本知识的基础上，重点阐明会计制度设计的内容和方法，具有较强的科学性、先进性和适用性。本课程共分十章，第一章介绍基本理论，第二章至第六章介绍会计核算制度的设计，第七章和第八章介绍会计控制制度的设计，第九章介绍会计组织系统设计，第十章介绍会计电算化系统制度的设计。

9.2　电算化会计方向毕业论文实例

9.2.1　Excel 在中小型企业财务管理中的应用

1. 毕业论文任务书

毕业论文任务书如表 9-1 所示。

表 9-1　XXXX 大学毕业论文任务书

姓　　名	XXX	学　　号	XXXXXXXX	系　　别	经济管理系
专　　业	会计学专业	年级班级	XX 级 X 班	指导教师	XXX
论文题目	Excel 在中小型企业财务管理中的应用				
任务和目标	企业财务处理核算面临着经营环境日益复杂多变的情况，用相对比较固定的数据处理系统是难以实现企业财务管理目标的。Excel 为解决现代企业财务处理核算问题提供了非常简便易行的工具。用 Excel 解决财务处理核算的具体问题信息处理量大、可靠性高、可维护性强、能有效贯彻系统集成思想，是提高企业财务管理水平的便捷有效的工具。本文主要针对固定资产折旧应用、在筹资决策中的应用进行分析，来完成 Excel 在中小型企业财务管理中的应用的论文写作。具体任务和目标如下： 一、分析中小型企业财务管理的内容及要求 1. 财务管理的概念 2. 中小企业财务管理的内容 3. 中小企业财务管理的要求 二、提出 Excel 在中小企业财务管理中存在的问题 1. Excel 在中小企业财务管理运用中的优势 2. Excel 在中小企业财务管理运用中的不足 三、列举 Excel 在中小企业财务管理中的具体应用 1. Excel 在中小企业固定资产折旧中的应用 ①直线法计提折旧函数 SLN()。 ②双倍余额递减法计提折旧函数 DDB()。 ③年数总和法计提折旧函数 SYD()。 ④固定资产的折旧方法及 Excel 对其的应用。 2. Excel 在筹资决策中的应用 ①资本结构决策的资本成本比较法。 ②资本结构决策的每股收益分析法。				

基本要求	根据本专业毕业论文环节实施细则的要求，选题必须在财会专业范围以内，包括财务会计、税务会计、财务信息系统、财务管理、审计实务等方面的选题。选题应结合我国会计工作实践的技术特征和时效性，要求选择当前会计工作中亟待解决的实际问题进行研究，提倡选择应用性较强的课题。选题时要充分考虑主观条件与客观条件，从实际出发，量力而行，论文的具体题目由学生根据自身情况自行选定，论文撰写应在指导教师指导下独立完成，应做到中心突出，层次清楚，结构合理；必须观点正确，论据充分，条理清楚，文字通顺；并能进行深入分析，见解独到。同时论文总体字数不得少于 8000 字，其中论文摘要 300 字左右，关键词 3～5 个（按词条外延层次由高至低顺序排列）。最后附上参考文献目录和致谢辞。		
研究所需条件	1. 具备足够的专业基础知识 （1）具备扎实的会计理论基础，熟悉相关的财会法律、法规。 （2）掌握企业主要业务的会计处理方法和核算原则。 （3）掌握各类财务及相关软件的应用。 （4）具备一定的程序设计、开发及维护能力。 2. 具备搜集资料的网络环境、图书资源和其他条件。 3. 具有较好的文字处理、编辑能力。		
任务进度安排	序号	主要任务	起止时间
	1	任务书下达、毕业论文正式开始	2013.11.1～2013.11.12
	2	完成文献综述、开题报告	～2014.1.10
	3	完成论文初稿	～2014.3.5
	4	完成论文二稿或中期检查	～2014.4.10
	5	上交论文成稿	～2014.5.19
	6	论文答辩	～2014.5.20
指导教师签字		日期	年　月　日
系部领导签章		日期	年　月　日

2. 文献综述

文献综述如表 9-2 所示。

表 9-2　XXXX 大学毕业论文文献综述

姓　　名	XXX	学　　号	XXXXXXXX	系　　别	经济管理系
专　　业	会计学专业	年级班级	XX 级 X 班	指导教师	XXX
论文题目	Excel 在中小型企业财务管理中的应用				
查阅的主要文献	[1] 韩良智. Excel 在财务管理中的应用（第二版）[M]. 北京：清华大学出版社，2012. [2] 荆新. 财务管理学（第六版）[M]. 北京：中国人民大学出版社，2012. [3] 张山凤. 基于 Excel 的筹资决策分析模型[J]. 办公自动化杂志，2011. [4] 李玄. Excel 在现代财务管理中的应用[J]. 商业文化（下半月），2012. [5] 许长荣. 基于 Excel 的固定资产折旧函数运用[J]. 财会月刊，2011（2）. [6] 杨桦. 基于 Excel 的筹资决策模型设计[J]. 经济研究导刊，2011（15）. [7] 李晓玲. Excel 模型在固定资产折旧计算的应用探讨[J]. 中国商界，2010（12）. [8] 包子敏. Excel 在财务管理信息化中的应用[J]. 数字技术与应用. 2012（1）. [9] 王晓霜. 如何利用 Excel 建立固定资产折旧计算模型[J]. 吉林省经济管理干部学院学报，2008（10）.				

查阅的主要文献	[10] 何伟. 基于 Excel 技术的筹资分析与决策[J]. 吉林省经济管理干部学院学报, 2008（6）. [11] 伍星. 浅谈中小企业财务管理[J]. 科技经济市场, 2009（8）. [12] 蓝凤好. 谈现代企业财务管理[J]. 商业文化（下半月）, 2011（6）.
文献综述	Excel 在中小型企业财务管理中的应用 一、前言 财务管理是指每个单位范围内有关资金的组织、筹措、调拨、使用、结算、分配以及资金使用效益管理工作的总称。我国的企业大多数是中小企业，全年的总销售额占全国的一半以上，它是经济发展中最具活力与活跃的因素。我国的中小企业中有很大一部分都在为了存续经营而奋斗，这就造成他们单纯追求产品销量和市场份额，而忽视对自身财务管理的现状。管理思想僵化落后，使财务管理仅局限于生产经营型管理格局之中，财务管理和风险控制的作用均没有得到充分发挥。 目前企业日常的财务管理都要用到财务软件，市场上流通的财务软件也不少，像用友、金蝶等软件，有些企业甚至花费巨资购买 ERP 软件，结果却没有带来预期的效果。分析其主要原因是中小企业的行业特点、业务内容和数据核算等方面存在巨大差异，模块化的 ERP 软件使用起来并不是很方便，于是需要一个更加灵活有效的计算软件来实现。在中小企业的财务处理中，每月每天都做很多类似数据排序、汇总、计算、分析、制作图表等的工作，唯一不同的是每次处理的数据不一样而已。有没有一个数据处理软件能够对各种财务数据进行处理分析，或者易于被财务人员接受而应用于中小型企业的财务管理工作中呢？ 我国中小企业的数量占的比重比较高，很多企业花费几十万元的价格购买大型的财务软件不仅会得不偿失，而且会使得很多功能白白地闲置，而且由于 ERP、CRM 等概念在企业中出现，各个企业自身情况千差万别，大型的财务软件必须要经过调整才能适应企业的开发运用，但是这个开发工作费时费力。因此 Excel 因为其简单易学和具备了基本的企业财务所需的功能而在众多的财务软件中崭露头角。 二、中小型企业信息化管理的应用背景 我国的中小企业普遍经营规模小，资本构成比例低，发展时间不长，受自身体制和宏观环境影响大，在财务管理上存在很多薄弱环节，如财务风险控制制度不健全、现金流量管理不当、实物资产控制薄弱、成本管理不严、管理人员和会计人员素质较低等。中小企业在财务管理中存在的问题是由宏观经济环境和自身因素造成的。针对这些问题，必须结合中小企业的特点，从建立严密的财务风险控制制度、现金流量预算、应收账款管理、实物资产和成本控制等方面入手加以改善和提高。加强财务风险控制对于保证中小企业的健康发展、充分发挥其潜力、增强竞争力、抵御风险具有重要的意义。 当今社会正处于财务管理信息化的一个信息时代，企业想要实现财务管理的目标，就要掌握资讯，而且要能够有效地利用企业内部和外部的信息，同时还要加强在计算机网络技术方面的应用。把这丰硕的资源及时并且有效地转变成有用的信息，以此来推进财务管理的信息化。 随着电算化的普及，专业的财务处理软件也不断完善，中小型企业为了使财务处理更高效和准确，做出合理可行的方案，提高企业的综合竞争力，突破传统财务处理数据的计算和公式，更加注重对数据的分析能力，以适应多变的经济环境，应对社会发展的需要。 三、Excel 对中小型企业财务管理工作的意义 Excel 是可以经常接触到的一种软件，直观和友好的界面、出色的计算功能和图表工具，再加上成功的市场营销，使得 Excel 成为最流行的微机数据处理软件。它不仅具有强大的制表和绘图功能，而且还内置了数学、财务、统计和工程等多种函数，同时提供了数据管理与分析等多种方法和工具。通过它可以进行各种数据处理、统计分析和辅助决策操作，因此被广泛地运用于财务、会计和管理等工作中。

文献综述	Excel 电子表格的技术和功能日渐成熟和强大，把它与财务管理的理论相结合，能够实施众多的财务管理模型并发挥它们的作用，促进财务管理的科学化。在现在的财务工作中把 Excel 运用在财务数据处理方面已经变得相当普遍和流行，Excel 经常被用来进行成本核算、财务分析、筹资决策分析、投资决策分析等工作，而且 Excel 可以和大多数的财务软件直接对接，获取数据非常方便。 四、结束语 企业财务管理面临着经营环境日益复杂多变的情况，用相对比较固定的数据处理系统是难以实现企业财务管理目标的。Excel 为解决现代企业财务处理核算问题提供了非常简便易行的工具。用 Excel 解决财务处理核算的具体问题信息处理量大、可靠性高、可维护性强、能有效贯彻系统集成思想，是提高企业财务管理水平的便捷有效的工具。 通过对前人的研究进行分析和总结，本文用具体事例介绍了 Excel 在数据处理与分析、筹资决策中的应用，充分体现了 Excel 在财务中的实用性和易用性。第一部分阐述了 Excel 和财务管理的内容及它们的联系；第二部分阐述的是 Excel 在财务管理中存在的适应性，并通过和财务软件的对比来进行详细说明；第三部分通过案例来阐明 Excel 在财务管理中的具体应用。鉴于 Excel 在财务管理方面的应用范围太广，本文简单列举了几个常用的实例。 Excel 在企业财务管理中的应用还远远未开发完。财务人员应加大对 Excel 的认识，加强对 Excel 的学习，掌握其功能，挖掘 Excel 在财务成本管理中的潜能，这样不仅把财务人员从繁重的劳动中解放出来，而且提高了会计信息处理能力的准确性与时效性，提高企业的管理水平与经济效益。 此外，用 Excel 替代财务软件的中小型企业在今后的财务管理方面不仅要解决财务的实际问题，更应对财务中的实际问题进行分析、预测，为以后的经济业务提供依据，从而促进企业未来经济利益的快速发展。
备 注	
指导教师意见	指导教师签字： 年　　月　　日

3. 论文开题报告

论文开题报告如表 9-3 所示。

表 9-3　XXXX 大学毕业论文开题报告

姓　　名	XXX	学　　号	XXXXXXXX	系　　别	经济管理系
专　　业	会计学专业	年级班级	XX 级 X 班	指导教师	XXX
论文题目	Excel 在中小型企业财务管理中的应用					
选题依据与意义	一、学术价值、应用价值 对于中小型企业的人力、物力和财力水平来讲，不需要大量的 IT 投资，不需要进行后续复杂的维护，才是现实可行的。ERP 实施系统的成本昂贵，也是我国大量中小型企业没有使用这些系统集成软件的原因之一。为企业量身定做的、适合企业运营模式和组织系统的 ERP 项目的投资就更大了，而且通常耗资百万甚至千万以上，中小型企业望尘莫及。因此，中小型企业需要搭建成本低、投入少、见效快的会计业务处理模型。Excel 使用很普遍，人们应用很熟练，Excel 文件本身是通用办公软件，很容易修改和扩展，而且有操作的灵活性，所以它可以随着企业管理的要求不断修改，使其符合企业每个发展阶段经营模式和组织变革的需要。				

选题依据与意义	二、中小型企业信息化管理国内外研究现状分析 企业信息化管理面临着经营环境日益复杂多变的情况，用相对比较固定的数据处理系统是难以实现企业财务管理目标的。Excel 为解决现代企业财务处理核算问题提供了非常简便易行的工具。用 Excel 解决财务处理核算的具体问题信息处理量大、可靠性高、可维护性强、能有效贯彻系统集成思想，是提高企业财务管理水平的便捷有效的工具。但是我们不难发现，在日常财务工作中，虽然 Excel 得到了广泛的应用，其实在很多单位它只是被用来制作一些简单表格或者用于加减乘除类的汇总，Excel 强大的函数汇总功能却很少涉及。在这方面还需要企业财务工作者进行进一步改善。
研究内容	摘　要 Abstract 前　言 1　概述 1.1 中小型企业信息化管理的应用背景 1.2 Excel 对中小型企业财务管理工作的意义 2　Excel 的特点和功能 2.1 Excel 的概念 2.2 Excel 的特点和功能 3　中小企业财务管理的内容及要求 3.1 财务管理的概念 3.2 中小企业财务管理的内容 3.3 中小企业财务管理的要求 4　Excel 在中小企业财务管理中的优势 4.1 Excel 在中小企业财务管理运用中的优势 4.2 Excel 在中小企业财务管理运用中的不足 5　Excel 在中小企业财务管理中的具体应用 5.1 Excel 在中小企业固定资产折旧中的应用 5.1.1 直线法计提折旧函数 SLN() 5.1.2 双倍余额递减法计提折旧函数 DDB() 5.1.3 年数总和法计提折旧函数 SYD() 5.1.4 固定资产的折旧方法及 Excel 对其的应用 5.2 Excel 在筹资决策中的应用 5.2.1 资本结构决策的资本成本比较法 5.2.2 资本结构决策的每股收益分析法 6　结束语 致　谢 参考文献
研究方案	一、本课题研究的目标 用 Excel 替代财务软件的中小型企业在今后的财务管理方面不仅要解决财务的实际问题，更应对财务中的实际问题进行分析、预测，为以后的经济业务提供依据，从而促进企业未来经济利益的快速发展。 （一）Excel 能够帮助中小型企业缩短时间，提高效率和准确度 Microsoft Excel 是美国微软公司开发的一个功能强大、技术先进、使用方便的表格数据综合管理与分析系统，是管理处理人员公认的强有力的数据管理与分析软件工具。Excel 凭借其自身丰富的计算工具、精密的分析工具以及灵活多样的表达形式，使企业财务处理管理更加容易，而且可以使财务处理人员能够根据企业多变的经济环境建立各种管理分析模型，高效、准确地进行财务处理分析工作，对促进管理理论和管理实践紧密结合，提高中小型企业的管理水平具有重要的作用。

研究方案	（二）Excel 财务模型将中小型企业财务理论和实务融为一体 中小型企业财务处理模型人员根据日常工作把有单据的交易行为和一些服务记载到相应的账簿中，经过一定的思考和基础理论结合，记录财务处理凭证、账簿、财务报表，相关业务数据之间的间接和直接联系反映在其中。财务处理人员要具备很强的专业知识和财务处理实务功底，才能很好地帮助企业节约资源或者提出更有利于企业发展的计划。 （三）正确运用财务处理模型，科学应用分析工具，提高竞争力 财务管理科学取得的成就不大的原因在于财务科学中大部分的重点不在于这些重要的问题，如"企业是什么？""财务处理模型是什么？""企业和财务处理模型做的是什么？"财务处理模型人员对这些工具（Excel）进行管理，财务处理模型人员要对各种假设进行检验；他们要确定应提出一些什么样的正确的问题；他们要提出各种可供选择的方案而不是提出答案；他们要把注意力集中在理解上，而不是集中在公式上。财务处理模型不是计算的方法而是分析的工具，它的目的是帮助财务处理模型人员深入认识和进行诊断。 （四）中小型企业综合实力的体现 有序的手工记账能够反映企业的内部管理合理，而中小型企业基于 Excel 有序的财务处理更能体现该企业的综合实力，提高了人员工作效率，更加有利于现存的中小型企业。大家都知道在经济危机中，有些大型企业可以依靠国家政策度过难关，但是中小型企业则受到重大创伤，甚至可能引起该企业倒闭。"船小好调头"这个说法对于较灵活的中小型企业在面对巨大的浪潮时也需要改变，寻找自己的"一座避风的港湾"。 二、本课题研究的内容 1. 第一部分阐述了 Excel 和财务管理的内容及它们的联系。 2. 第二部分阐述的是 Excel 在财务管理中存在的适应性，并通过和财务软件的对比来进行详细说明。 3. 第三部分是通过案例来阐明 Excel 在财务管理中的具体应用。鉴于 Excel 在财务管理方面的应用范围太广，本文简单列举了几个常用的实例。 三、预期成果 完成论文，通过对前人的研究进行分析和总结，本文用具体事例介绍了 Excel 在数据处理与分析、筹资决策中的应用，充分体现了 Excel 在财务中的实用性和易用性。
写作进度安排	1. 2013 年 11 月 1 日——2014 年 1 月 10 日，完成文献综述及开题报告。 2. 2014 年 1 月 11 日——2014 年 3 月 5 日，完成论文初稿。 3. 2014 年 3 月 6 日——2014 年 4 月 10 日，完成中期检查及论文二稿。 4. 2014 年 4 月 11 日——2014 年 5 月 19 日，上交论文成稿。
指导教师意见	指导教师签字： 年　　月　　日
系学术委员会意见	主任签章： 年　　月　　日

4. 论文中期报告

论文中期报告如表 9-4 所示。

表 9-4　XXXX 大学毕业论文中期检查报告

学生姓名	XXX	学　号	XXXXXXXX	指导教师	XXX
论文题目		Excel 在中小型企业财务管理中的应用			
论文中期 完成情况		一、前期工作简述 论文的前期工作主要完成了任务书、文献综述和开题报告的撰写。 二、完成中小企业财务管理的相关分析 （一）分析中小企业财务管理的内容及要求 1．财务管理的概念 2．中小企业财务管理的内容 3．中小企业财务管理的要求 （二）提出 Excel 在中小企业财务管理中存在的问题 1．Excel 在中小企业财务管理运用中的优势 2．Excel 在中小企业财务管理运用中的不足 三、列举 Excel 在中小企业财务管理中的具体应用 1．Excel 在中小企业固定资产折旧中的应用 ①直线法计提折旧函数 SLN()。 ②双倍余额递减法计提折旧函数 DDB()。 ③年数总和法计提折旧函数 SYD()。 ④固定资产的折旧方法及 Excel 对其的应用。 2．Excel 在筹资决策中的应用 ①资本结构决策的资本成本比较法。 ②资本结构决策的每股收益分析法。 四、后期工作安排 1．2014 年 1 月 11 日——2014 年 3 月 5 日，完成论文初稿。 2．2014 年 3 月 6 日——2014 年 4 月 10 日，完成中期检查及论文二稿。 3．2014 年 4 月 11 日——2014 年 5 月 19 日，上交论文成稿。				
完成情况 评价		1．按计划完成，完成情况优（　　） 2．按计划完成，完成情况良（　　） 3．基本按计划完成，完成情况合格（　　） 4．完成情况不合格（　　） 补充说明： 指导教师签字： 　　　　年　　月　　日				

5．论文封皮

论文封皮示样图如图 9-1 所示。

XXXX 大学

毕 业 论 文

题　　目：Excel 在中小型企业财务管理中的应用
系　　部：经济管理系
专　　业：会计学专业
班　　级：XX 级 X 班
学　　号：XXXXXXXX
姓　　名：XXX
指导教师：XXX
完成日期：XXXX 年 XX 月 XX 日

图 9-1　论文封皮示样图

6. 论文诚信声明和版权说明

论文诚信声明和版权说明如图 9-2 所示。

毕业论文诚信声明书

本人声明：我将提交的毕业论文《EXCEL 在中小型企业财务管理中的应用》是我在指导教师指导下独立研究、写作的成果，论文中所引用他人的无论以何种方式发布的文字、研究成果均在论文中加以说明；有关教师、同学和其他人员对本文的写作、修订提出过并为我在论文中加以采纳的意见、建议均已在我的致谢辞中加以说明并深表谢意。

　　　　　　　　　　论文作者：XXX　　　（签字）　时间：　　年　月　日
　　　　　　　　　　指导教师已阅　　　　（签字）　时间：　　年　月　日

毕业论文版权使用授权书

本毕业论文《EXCEL 在中小型企业财务管理中的应用》是本人在校期间所完成学业的组成部分，是在 XXXX 大学教师的指导下完成的，因此本人特授权 XXXX 大学可将本毕业论文的全部或部分内容编入有关书籍、数据库保存，可采用复制、印刷、网页制作等方式将论文文本和经过编辑、批注等处理的论文文本提供给读者查阅、参考，可向有关学术部门和国家有关教育主管部门呈送复印件和电子文档。本毕业论文无论做何种处理，必须尊重本人的著作权，署明本人姓名。

　　　　　　　　　　论文作者：XXX　　　（签字）　时间：　　年　月　日
　　　　　　　　　　指导教师已阅　　　　（签字）　时间：　　年　月　日

图 9-2　论文诚信声明和版权说明

7. 论文正文

《Excel 在中小型企业财务管理中的应用》

中文摘要：目前，我国大多数企业解决会计核算问题都是利用专业的会计电算化软件进行的。会计处理的大部分工作是对各种表格进行加工、处理，而 Excel 是非常优秀的电子表格软件，它能够利用自身的多功能工具将杂乱的数据筛选整理成可用的信息之后进行分析、交流以及分享得到的结果。由于它在数据处理、统计分析和辅助决策操作方面的作用，所以被广泛地应用于管理、财经、金融等多个领域。熟练掌握运用 Excel 建立各种财务管理模型的方法，有助于财务管理人员在复杂多变的理财环境中迅速准确地判断、合理地决策，从而高效地开展财务管理工作。

本文通过对前人研究成果的整理、分析，首先介绍了 Excel 的特点和功能，如其强大的表格处理功能、绘图和图形处理功能等，通过对这些功能的介绍我们可以深入地了解 Excel 的特点；其次通过对比说明 Excel 在中小型企业财务管理中的适应性及它的优点和不足；之后用具体实例分析 Excel 在固定资产折旧、筹资决策中的应用；最后，在前述阐明的基础上进一步分析总结。

关键词：Excel；财务管理；折旧；筹资决策

ABSTRACT: At present, most Chinese enterprises use professional computerized accounting software to resolve accounting issues .Most of the work for the accounting is to process and handle various of forms,while Excel is a the excellent spreadsheet software, it can use its own multi-function screening tool messy data into usable information for analysis, exchange and sharing of the results obtained. Due to its role in data processing, statistical analysis and decision support operational, it is widely used in management, finance, finance and other fields. Proficiency in the use of Excel to create a variety of financial management model, which helps financial management staff quickly and accurately determine the rational decision-making in the midst of the financial environment, in order to efficiently carry out financial management.

In this paper, through sorting and analysis of the predecessors' research results,first introduced the features and functionality of Excel,firstly introduces the characteristic and function of Excel, such as its powerful form handling, drawing and graphics processing capabilities, etc.,through the introduction of these features we can deeper understanding of the features of Excel; Secondly by comparing to indicate the Excel adaptability, its advantages and disadvantages in the small and medium-sized enterprise financial management .After to analyse Excel application in the depreciation of fixed assets, financing decision with a concrete instance, and finally,to further analysis and summary on the basis of the former clarification .

Keywords: Excel; Financial management; Depreciation; Financing decisions

前　言

　　财务管理是指每个单位范围内有关资金的组织、筹措、调拨、使用、结算、分配以及资金使用效益管理工作的总称。我国的企业大多数是中小企业，全年的总销售额占全国的一半以上，它是经济发展中最具活力与活跃的因素。我国的中小企业中有很大一部分都在为了存续经营而奋斗，这就造成他们单纯追求产品销量和市场份额，而忽视对自身财务管理的现状。管理思想僵化落后，使财务管理仅局限于生产经营型管理格局之中，财务管理和风险控制的作用均没有得到充分发挥。

　　目前企业日常的财务管理都要用到财务软件，市场上流通的财务软件也不少，像用友、金蝶等软件，有些企业甚至花费巨资购买 ERP 软件，结果却没有带来预期的效果。分析其主要原因是中小企业的行业特点、业务内容和数据核算等方面存在巨大差异，模块化的 ERP 软件使用起来并不是很方便，于是需要一个更加灵活有效的计算软件来实现。在中小企业的财务处理中，每月每天都做很多类似数据排序、汇总、计算、分析、制作图表等的工作，唯一不同的是每次处理的数据不一样而已。有没有一个数据处理软件能够对各种财务数据进行处理分析，或者易于被财务人员接受而应用于中小型企业的财务管理工作中呢？

我国中小企业的数量占的比重比较高，很多企业花费几十万元的价格购买大型的财务软件不仅会得不偿失，而且会使得很多功能白白地闲置，而且由于 ERP、CRM 等概念在企业中出现，各个企业自身情况千差万别，大型的财务软件必须要经过调整才能适应企业的开发运用，但是这个开发工作费时费力。因此 Excel 因为其简单易学和具备了基本的企业财务所需的功能而在众多的财务软件中崭露头角。

1 概述

1.1 中小型企业信息化管理的应用背景

我国的中小企业普遍经营规模小，资本构成比例低，发展时间不长，受自身体制和宏观环境影响大，在财务管理上存在很多薄弱环节，如财务风险控制制度不健全、现金流量管理不当、实物资产控制薄弱、成本管理不严、管理人员和会计人员素质较低等。中小企业在财务管理中存在的问题是由宏观经济环境和自身因素造成的。针对这些问题，必须结合中小企业的特点，从建立严密的财务风险控制制度、现金流量预算、应收账款管理、实物资产和成本控制等方面入手加以改善和提高。加强财务风险控制对于保证中小企业的健康发展、充分发挥其潜力、增强竞争力、抵御风险具有重要的意义。

当今社会正处于财务管理信息化的一个信息时代，企业想要实现财务管理的目标，就要掌握资讯，而且要能够有效地利用企业内部和外部的信息，同时还要加强在计算机网络技术方面的应用。把这丰硕的资源及时并且有效地转变成有用的信息，以此来推进财务管理的信息化。

随着电算化的普及，专业的财务处理软件也不断完善，中小型企业为了使财务处理更高效和准确，做出合理可行的方案，提高企业的综合竞争力，突破传统财务处理数据的计算和公式，更加注重对数据的分析能力，以适应多变的经济环境，应对社会发展的需要。

1.2 Excel 对中小型企业财务管理工作的意义

Excel 是可以经常接触到的一种软件，直观和友好的界面、出色的计算功能和图表工具，再加上成功的市场营销，使得 Excel 成为最流行的微机数据处理软件。它不仅具有强大的制表和绘图功能，而且还内置了数学、财务、统计和工程等多种函数，同时提供了数据管理与分析等多种方法和工具。通过它可以进行各种数据处理、统计分析和辅助决策操作，因此被广泛地运用于财务、会计和管理等工作中。

Excel 电子表格的技术和功能日渐成熟和强大，把它与财务管理的理论相结合，能够实施众多的财务管理模型并发挥它们的作用，促进财务管理的科学化。在现在的财务工作中把 Excel 运用在财务数据处理方面已经变得相当普遍和流行，Excel 经常被用来进行成本核算、财务分析、筹资决策分析、投资决策分析等工作，而且 Excel 可以和大多数的财务软件直接对接，获取数据非常方便。

2 Excel 的特点和功能

2.1 Excel 的概念

Microsoft Excel 是微软公司办公软件 Microsoft Office 的组件之一，是 Microsoft 为 Windows

和 Apple Macintosh 操作系统的计算机编写和运行的一款试算表软件。Excel 是微软办公套装软件的一个重要的组成部分，它可以进行各种数据的处理、统计分析和辅助决策操作，广泛地应用于管理、统计财经、金融等众多领域，主要用来进行有繁重计算任务的预算、财务、数据汇总等工作。

2.2 Excel 的特点和功能

Excel 作为 Microsoft 公司开发的办公软件，是目前最佳的电子表格系统，已经被世界财经管理人员公认为卓越的信息分析和信息处理软件工具，它具有以下特点和功能：

（1）强大的表格处理功能。

工作表（电子表格）由一组行、列和单元组成，并被 Excel 用来存储和处理数据。它替代了传统意义上的笔、账簿和计算器。Excel 有文本、数字和时间等多种类型的数据。它的制表功能简单易操作，而且表中的数据如果互相有运算关系，刷新时数据也会随之更改。利用 Excel 可以对表格进行各种操作，如增删、排序和排版，通过对单元格的编辑，可以使得数据更加清晰、直观，由此可以相对地减少工作量，所以电子表格的创建和处理是 Excel 的主要功能之一。

（2）强大的绘图和图形处理功能。

为了有利于管理人员进行财务决策，Excel 的绘图和图形处理功能能够把表、图、文三者相结合，把数据以饼图、条形图、折线图等各种图形展示出来。

（3）强大的数据处理功能。

在 Excel 中可以对数据进行搜寻、排序、筛选、分类、统计、合并汇总、自动求和、求平均值、求最大最小值等操作，可以解决财务管理中所有数据计算的问题，包括时间价值的计算、财务分析、风险分析、成本计算、本量利分析等所需的数据处理。

（4）丰富的函数。

Excel 除了拥有加、减、乘、除等计算的功能，还提供了大量丰富的函数，它是 Excel 预设的一部分公式，使得用户可以利用这些简便的函数来完成各种复杂的计算操作。Excel 软件中包括 300 余种函数，分类为：财务、统计、逻辑、字符、数据库、工程、日期时间、信息、数学和三角、查找和引用函数，通过充分利用这些函数，可以提高运算的准确性和效率。Excel 函数具备了从资金时间价值计算、固定资产折旧到计算收益率在内的大量财务分析函数，可以承担在财务成本管理中的大部分运算。

（5）提供多样的分析工具和决策功能。

Excel 支持数学模型，为财务管理和分析提供多样的分析工具和决策功能。例如，Excel 提供了一组数据分析工具，称为"分析工具库"，它包括了移动平均、指数平滑、回归分析等工具，可以帮助财务人员进行财务预测和分析。又如，Excel 提供了方案、单变量求解、规划求解等工具，财务人员可以通过这些工具进行假设分析：分析各种可能方案、寻求达到目标值所要求的条件及求得最优值。此外，还可以通过数据透视表从各种数据源中提取数据，并将其组合成新结果。

（6）样板功能。

Excel 中的模板是一种用来生成其他工作簿的格式文件，包括与模板文件特征相同的样式、文本、宏、名称、布局、设置、数据公式、工作表控制及 VB 模块表，每一个由模板文件生成的工作簿即是模板的复制品。模板在财务管理、制作报表的数据录入支出账项以及保证各个分支部门预算规范的一致性方面是十分有用的。

（7）使用外部数据功能。

Excel可以读取和输出各种格式的数据文件，并且可以从会计软件的数据库中引入数据，省时省力，减少错误操作的发生率。Excel数据源的多样性加强了它在财务管理中的适用性和便利性。

（8）普及性强。

Excel是一个公共软件平台，非常普及。它是微软公司的主导产品之一，兼容性好，与其他软件的配合很好，生命力强。

3 中小企业财务管理的内容及要求

3.1 财务管理的概念

财务管理是指每个单位范围内有关资金的组织、筹措、调拨、使用、结算、分配以及资金使用效益管理工作的总称。即企业组织财务活动、处理财务关系的一项综合性的管理工作。财务管理是基于企业再生产过程中客观存在的财务活动和关系而产生的，是组织企业资金活动、处理企业同各方面的财务关系的一项经济管理工作，是企业管理的重要组成部分。

我国的企业大多数是中小企业，全年的总销售额占全国的一半以上，它是经济发展中最具活力与活跃的因素。我国的中小企业中有很大一部分都在为了存续经营而奋斗，这就造成他们单纯追求产品销量和市场份额，而忽视对自身财务管理的现状。管理思想僵化落后，使财务管理仅局限于生产经营型管理格局之中，财务管理和风险控制的作用均没有得到充分的发挥。我国的中小企业普遍经营规模小，资本构成比例低，发展时间不长，受自身体制和宏观环境影响大，在财务管理上存在很多薄弱环节，如财务风险控制制度不健全、现金流量管理不当、实物资产控制薄弱、成本管理不严、管理人员和会计人员素质较低等。中小企业在财务管理中存在的问题是由宏观经济环境和自身因素造成的。针对这些问题，必须结合中小企业的特点，从建立严密的财务风险控制制度、现金流量预算、应收账款管理、实物资产和成本控制等方面入手加以改善和提高。加强财务风险控制对于保证中小企业的健康发展、充分发挥其潜力、增强竞争力、抵御风险具有重要的意义。

3.2 中小企业财务管理的内容

（1）筹资活动的管理。

筹资活动的管理是指对资产负债表右边内容的管理。计划经济条件下，企业的资金是上级单位下拨的。市场经济条件下，市场为企业提供了许多筹集资金的渠道，可以发行股票，可以发行债券，可以向银行借款，还可以租赁。企业到底通过哪几种渠道来筹集资金，每一种渠道筹集的资金各占多大的比重。筹资管理就是侧重于资金的来源渠道、所需的数额、项目构成及成本的管理。

（2）投资活动的管理。

投资活动的管理是指对资产负债表左边内容的管理。企业筹集的资金有不同的用途，有很多的投资渠道，如固定资产投资就可以投资很多项目，在证券市场上买股票、基金、债券等。投资活动的管理就是侧重于资金的投向、规模、构成的管理。

（3）经营活动的管理。

经营活动的管理是指对投资项目经营中的占用资金的管理，包括现金管理、存货管理和应收账款的管理。

(4) 分配活动的管理。

分配活动的管理是指对企业盈利后的资金分配的管理。它研究的是：如何在所有者当中进行分配、分什么股利、分多少等。分配的决策同时又是投资的决策，因为分配多了留的就少，分配少了留的就多，留下来的资金又构成了下一个循环的资金来源，所以从这个意义上说分配的决策也就是筹资的决策，或者说分配的决策同时又是筹资的决策。

3.3 中小企业财务管理的要求

在现代市场经济环境中，由于现代企业理财置身于瞬息万变中，而且风险性极高，因此企业财务管理也要与时俱进，对企业财务管理提出了更高的要求。

（1）重视企业财务管理的重要性。企业要做好财务管理，先要从人才选拔等方面去调动科技人才的积极性，要建立企业奖励制度。使企业有更好的生存基础，就能在保证社会效益和经济效益的同时获取优秀人才，形成最佳的良性结构，这是企业财务关系中最重要的组成部分。

（2）做好中小企业财务管理指标的分析。在企业财务评价指标体系中，一个重要的组成部分是反映知识价值的指标。不论是中小企业的投资者、企业的管理者还是债权人，在现在的知识经济时代，都必将越来越关心和重视资本价值的指标。企业财务评价指标体系中的重要组成部分必然就是反映企业知识、反映知识资本价值的指标。

（3）投资管理、筹资是企业财务管理中的重要工作。企业要选择最适合自己的融资方式和资源，这是在筹资决策时最重要的。而且要增强企业竞争力，关键因素是具有专业技术的人才、技术创新和知识。

（4）中小型企业财务管理的特点是，仅有一个会计信息系统是远远不够的，应建立能够反映各业务环节的财务信息系统；财务管理工作应成本低、后续实施简单；流程再造是循序渐进的，系统应很方便修改。这样财务管理信息才会使企业受益，提高企业管理水平。

4　Excel 在中小企业财务管理中的优势

Excel 是微软办公套装软件的一个重要的组成部分，它可以进行各种数据的处理、统计分析和辅助决策操作，广泛地应用于管理、统计财经、金融等众多领域，主要用来进行有繁重计算任务的预算、财务、数据汇总等工作。对于中小企业而言，最迫切需要解决和提高的是基础管理，包括基础数据管理、基本业务流程设计、内部控制设计和人的行为规范等，企业要上企业管理软件，通常希望最好能通过这个过程帮助企业解决当前存在的问题和困难。通常中小型企业都是把财务软件跟 Excel 结合起来使用来解决财务问题。Excel 作为管理软件中的一种，它更能具体地帮助企业会计工作的顺利进行并更好地发展企业的经济。如今基本上所有的中小企业都实现了会计电算化，同时 Excel 的运用也为大家所必须掌握。Excel 不但能够建立财务分析与管理模型，而且还能使得财务管理理论和实践相结合，进而提高企业财务的管理与分析水平。

4.1　Excel 在中小企业财务管理运用中的优势

对于中小型企业人力、物力和财力水平来讲，不需要大量的 IT 投资，不需要进行后续复杂的维护，才是现实可行的。ERP 实施系统的成本昂贵，也是我国大量中小型企业没有使用这些系统集成软件的原因之一。为企业量身定做的、适合企业运营模式和组织系统的 ERP 项目的投资就更大了，而且通常耗资百万甚至千万以上，中小型企业望尘莫及。因此，中小型企业需要搭建成本低、投入少、见效快的会计业务处理模型。Excel 使用很普遍，人们应用很熟练，Excel 文件本身是通用办公软件，很容易修改和扩展，而且有操作的灵活性，所以它可以随着企业管理的要求不断修改，使其符合企业每个发展阶段经营模式和组织变革的需要。用好 Excel 意味着：大大减少工作量和劳动强度、节省时间去处理更为重要的任务、及时快速的决策支持，具体表现为：

（1）功能强大。

Excel 不但可以进行数据的运算，还能够对数据进行分析处理，其本身具有的财务函数可以轻松实现相关指标的计算，并且其强大的数据处理功能可以帮助用户建立分析模型。在财务运用中的特色如下：

①同时选择多个科目：凭证制作多借多贷时，可一次性地选择多个科目，再填入借贷金额，提高录入的效率。

②科目没有借贷限制：在制作会计凭证时，没有借贷方向的做账限制，只需要按会计记账要求正确记账即可。

③可跨年度进行查询：系统不需要进行人工年度结转，只需按每月关账操作即可，同时可跨年度进行查询分析。

④可对财务宏观管理：系统提供会计日常工作检查表，可查询凭证、科目余额、资产负债表和利润表，图形显示。

⑤可自主对数据进行管理：将一般由软件商才能提供的服务通过数据中心将数据管理权限交给客户，自主管理。

⑥可按需进行功能扩展：根据各用户的实际需要进行快速的功能扩展，如从财务角度进行成本核算、实现由财务级的业务处理直接转化为凭证的方式，提高业务处理的效率。

（2）流通性强。

Excel 是目前应用最广泛的办公软件，易学易用，而且可以与绝大多数财务软件和数据库进行数据对接，或者通过简单的方式就可以实现数据的转化，为财务分析提供了便利条件。此外，Excel 可方便地使用外部数据功能，借助于 Excel 函数可读取和输出多种格式的数据文件，从很多数据源包括会计软件的数据库中引入数据，节省获取基础数据的时间，提高效率和减少错误。

（3）易学易用，成本低，花费少。

在没有专门的财务管理软件的情况下，利用 Excel 开发的财务管理系统开发周期短、费用低、维护简单方便，可有效地推进财务管理信息化进程。Excel 简单易学、操作灵活，可以削减采用大型专业财务管理软件产生的高额购置成本和培训费用。

（4）适用性强。

Excel 既可以适用于财务管理方面，也可以应用于非财务管理方面，而且它的适用对象既可以是决策层，也可以是管理层和事务层，都可以根据各自的需求进行适应性的二次开发，这使得财务管理工作处理起来更得心应手。

4.2 Excel 在中小企业财务管理中的不足

目前财务软件在财务信息处理中具有很强的优势，很多财务人员认为只需要财务软件就能够操作整个财务流程，这种想法是错误的，因为财务软件和 Excel 相比本身存在一些缺陷，这会导致它们在财务管理中的应用存在一定的局限性。

(1) 较差的通用性。

由于企业的实际情况差别较大，很难开发一个普遍适用于各类企业的财务分析模块或软件，所以企业对于到手的软件需要根据自己企业的状况单独设置后才能使用。尽管财务软件种类繁多，但功能却大同小异，大多数基本上包括总账、往来账、存货、工资、固定资产、销售、成本、报表等一些模块。而 Excel 就不用进行初始系统设置，直接可以运用，界面友好、操作简便，而且可以和各种软件实行对接以及从各种数据源调入数据进行分析。

(2) 各模块功能不匹配，与其他软件难以对接。

对于专业开发的财务软件，这类软件开发者一般不是专业的财务会计工作者，或者对于企业财务与管理的需求没有吃透，导致软件存在功能瑕疵。例如在软件开发中，开发商按功能模块式的开发，致使整个软件在最终的整合过程中，只是各模块间的简单汇总，无法真正做到无缝链接；企业难以增加自己需要的功能等，各子系统之间无法相互灵活进入，给操作人员的使用带来不便。而 Excel 可以和大部分的软件实行对接，而且各个工作簿和工作表之间可以方便地进行数据的链接操作。

5　Excel 在中小企业财务管理中的具体应用

5.1　Excel 在中小企业固定资产折旧中的应用

影响固定资产折旧的因素：

(1) 固定资产原值。企业会计准则规定，企业的固定资产折旧，以固定资产账面原值价为计算依据。

(2) 固定资产的净残值。固定资产的净残值是指固定资产报废时预计可以收回的残值收入扣除预计清理费用后的数额。固定资产的账面原价减去预计净残值即为固定资产应提折旧总额。

(3) 预计使用年限。固定资产预计使用年限是指固定资产预计经济使用年限，即折旧年限，它通常短于固定资产的实物年限。以经济使用年限作为固定资产的折旧年限是因为计算折旧时，不仅需要考虑固定资产的有形损耗，还要考虑固定资产的无形损耗。

按照会计制度的规定，企业可采用的固定资产折旧计算方法主要包括直线法、双倍余额递减法、年数总和法和工作量法等，企业可根据实际情况确定其采用的固定资产折旧计算方法，但一经采用就不得随意变更。对于直线法、双倍余额递减法、年数总和法而言，在 Excel 中均有相应的财务函数，会计、审计人员可利用其进行固定资产折旧的计算与复核，帮助其更好地完成工作。

5.1.1　直线法计提折旧函数 SLN()

直线法是将固定资产的折旧均衡地分摊到各期的一种方法。采用这种方法计算的每期折旧额均是相等的。

格式：SLN(cost,salvage,life)

参数说明：cost 为固定资产的原始成本；salvage 为固定资产报废时的预计净残值；life 为固定资产可使用年数的估计数。

例如企业购买一台线切割机床，价值 50000 元，使用年限 10 年，残值为 5000 元。在工作表中选择某一单元格，然后输入"=SLN(50000,5000,10)"，确认后则显示计算结果为年折旧额 4500 元。

5.1.2 双倍余额递减法计提折旧函数 DDB()

双倍余额递减法是一种加速折旧方法，是用直线法折旧率的二倍作为折旧率，折旧基数是该期固定资产账面净额。一般在进行最后两期折旧额的计算时，用直线法将固定资产净值平均分摊。

功能：返回固定资产在某期间（period）的折旧数额，折旧数额是根据资产的原始成本（cost）、预计使用年限（life）、预计净残值（salvage）及递减率（factor）按倍率递减法计算而得出的。DDB 函数参数均为正。

格式：DDB(cost,salvage,period,factor)

例如企业购买一条涂装设备生产线，价值 50 万元，预计使用年限 5 年，预计净残值为 5 万元，采用双倍余额递减法函数计算各期的折旧额，后两年改为直线法计提折旧。

第 1 年折旧额：¥200,000.00

双倍余额递减法计提折旧公式= DDB(500000,50000,5,1)

第 2 年折旧额：¥120,000.00

双倍余额递减法计提折旧公式= DDB(500000,50000,5,2)

第 3 年折旧额：¥72,000.00

双倍余额递减法计提折旧公式= DDB(500000,50000,5,3)

第 4、5 两年每年的折旧额计算公式为：SLN(账面折余价值,残值,2)

第 4、5 年折旧额均为：¥29,000.00

5.1.3 年数总和法计提折旧函数 SYD()

年数总和法也是一种加速折旧法，它是将固定资产的原值减去净残值后的净额，乘以一个逐年递减的分数，计算每年的折旧额，这个分数的分子代表固定资产尚可使用的年数，分母代表使用年数的逐年数字总和。

功能：返回某项固定资产按年数总和法计算的每期折旧金额。

格式：SYD(cost,salvage,life,per)

参数说明：cost 为固定资产的原始成本；salvage 为固定资产报废时的预计净残值；life 为固定资产可使用年数的估计数；per 为指定要计算第几期折旧数额。life 与 per 参数应采用相同的单位，且 per 应小于或等于 life。

例如，企业有一台电动单梁悬挂起重机，原值为 80000 元，预计使用年限为 5 年，预计净残值为 8000 元，采用年数总和法计算折旧，则各年折旧额的计算公式为：

第 1 年折旧额：¥24,000.00

年数总和法折旧额公式=SYD(80000,8000,5,1)

第 2 年折旧额：¥19,200.00

年数总和法折旧额公式=SYD(80000,8000,5,2)

第 3 年折旧额：¥14,400.00

年数总和法折旧额公式=SYD(80000,8000,5,3)

第 4 年折旧额：¥9,600.00

年数总和法折旧额公式=SYD(80000,8000,5,4)

第 5 年折旧额：¥4,800.00

年数总和法折旧额公式=SYD(80000,8000,5,5)

5.1.4　固定资产的折旧方法及 Excel 对其的应用

利用 Excel 能很方便地计算出各年的折旧额。我们可以通过下面的例子来介绍如何应用 Excel 来计算各种折旧方法下的折旧额。

案例：某企业购买了一台塑胶射出成型机，型号 SM-350，价值为 60 万元，预计使用年限为 10 年，预计净残值 6 万元。

首先建立模型格式：在一张空白的 Excel 工作表中将其重命名为固定资产折旧计算，具体格式如图 1 所示。

图 1　固定资产折旧计算表

然后输入公式：在每种折旧计算方法下的单元格中输入折旧计算函数的公式，如在 B10、C10 和 D10 单元格内分别输入的每种折旧计算方法的函数公式如下：

B10= SLN(B5,B7,B6)

C10 =DDB(B5,B7,B6,1)

D10= SYD(B5,B7,10,1)

接着利用填充柄功能，选中需要复制的公式单元格，将鼠标放置在该单元格的右下角，指针形状变为黑的细"十"字状时往下拖动到需要填充公式的单元格中，将公式复制到每列的其他单元格中。在 B20、C20 和 D20 单元格内利用求和公式求出每种折旧计提方法的折旧合计数，如图 2 所示。

年份	直线法	双倍余额递减法	年数总和法
1	=SLN(B5, B7, B6)	=DDB(B5, B7, B6, 1)	=SYD(B5, B7, 10, 1)
2	=SLN(B5, B7, B6)	=DDB(B5, B7, B6, 2)	=SYD(B5, B7, 10, 2)
3	=SLN(B5, B7, B6)	=DDB(B5, B7, B6, 3)	=SYD(B5, B7, 10, 3)
4	=SLN(B5, B7, B6)	=DDB(B5, B7, B6, 4)	=SYD(B5, B7, 10, 4)
5	=SLN(B5, B7, B6)	=DDB(B5, B7, B6, 5)	=SYD(B5, B7, 10, 5)
6	=SLN(B5, B7, B6)	=DDB(B5, B7, B6, 6)	=SYD(B5, B7, 10, 6)
7	=SLN(B5, B7, B6)	=DDB(B5, B7, B6, 7)	=SYD(B5, B7, 10, 7)
8	=SLN(B5, B7, B6)	=DDB(B5, B7, B6, 8)	=SYD(B5, B7, 10, 8)
9	=SLN(B5, B7, B6)	=SLN(B5-SUM(C10:C17), B7, 2)	=SYD(B5, B7, 10, 9)
10	=SLN(B5, B7, B6)	=SLN(B5-SUM(C10:C17), B7, 2)	=SYD(B5, B7, 10, 10)
合计	=SUM(B10:B19)	=SUM(C10:C19)	=SUM(D10:D19)

图 2　固定资产折旧计算公式

最后输入固定资产折旧计算的相关资料数据。

输入相应的公式后，会计人员即可根据企业每项固定资产的原值、净残值、使用年限等相应资料输入到固定资产折旧计算表中的相应位置，模型就会自动计算出每种方法下的各年折旧额了。将塑胶射出成型机的各项数据输入到相应的单元格中，则模型就会自动计算出各年的折旧额，具体如图3所示。

	A	B	C	D
1	固定资产折旧计算			
2	资产名称	塑胶射出成型机		
3	规格型号	SM-350		
4	数量	1		
5	原值	600000.00		
6	使用年限	10.00		
7	预计残值	60000.00		
8				
9	年份	直线法	双倍余额递减法	年数总和法
10	1	¥54,000.00	¥120,000.00	¥98,181.82
11	2	¥54,000.00	¥96,000.00	¥88,363.64
12	3	¥54,000.00	¥76,800.00	¥78,545.45
13	4	¥54,000.00	¥61,440.00	¥68,727.27
14	5	¥54,000.00	¥49,152.00	¥58,909.09
15	6	¥54,000.00	¥39,321.60	¥49,090.91
16	7	¥54,000.00	¥31,457.28	¥39,272.73
17	8	¥54,000.00	¥25,165.82	¥29,454.55
18	9	¥54,000.00	¥20,331.65	¥19,636.36
19	10	¥54,000.00	¥20,331.65	¥9,818.18
20	合计	¥540,000.00	¥540,000.00	¥540,000.00

图3　固定资产折旧计算结果

从这个案例当中我们可以看出，运用Excel能够轻松解决固定资产折旧问题。

5.2　Excel在筹资决策中的应用

企业筹集资金，是指企业根据其生产经营、对外投资和调整资金结构的需要，通过筹资渠道和资金市场，运用筹资方式，经济有效地筹措资金的过程。筹资决策是企业财务管理中的一项重要内容，它是企业开展经营的前提，又在很大程度上影响着企业的投资活动、分配方案等。企业的筹资决策起着连接实业投资市场和金融市场的桥梁作用。

企业各种资金的构成及其比例关系是企业筹资决策的核心。企业应综合考虑有关影响因素，运用适当的方法确定最优资本结构，并在以后追加筹资中继续保持最优资本结构。根据资本结构理论的基本原理，企业可以选择的筹资方法主要包括比较资本成本法和每股收益分析法等。运用Excel进行筹资决策分析可以迅速地建立分析模型，使问题变得容易解决。Excel提供了多种函数和工具，我们可以利用这些工具进行定量分析，帮助管理者做出正确的决策。本文将介绍用资本成本比较法和每股收益分析法来进行长期筹资决策方法的Excel操作。

5.2.1　资本结构决策的资本成本比较法

资本成本比较法是指在适度财务风险的条件下测算可供选择的不同资本结构或筹资组合方案的综合资本成本率，并以此为标准相互比较，确定最佳资本结构的方法。在企业筹资实务中，企业对拟定的筹资总额可以采用多种筹资方式来筹集，每种筹资方式的筹资额亦可有不同安排，由此会形成若干预选资本结构或筹资组合方案。在资本成本比较法下，可以通过综合资本成本率的测算及比较来作出选择。下面将介绍利用Excel测算综合资本成本率的具体操作过程。

案例：某企业拟筹资5000万元，有三个筹资组合方案可供选择，资料如图4所示。

	A	B	C	D	E	F	G
1		公司筹资方案资料					单位：万元
2	筹资方式	方案一		方案二		方案三	
3		筹资额	资本成本率	筹资额	资本成本率	筹资额	资本成本率
4	长期借款	400	6%	500	6.5%	800	7.0%
5	长期债券	1000	7%	1500	8.0%	1200	7.5%
6	优先股	600	12%	1000	12.0%	500	12.0%
7	普通股	3000	15%	2000	15.0%	2500	15.0%
8	合计	5000		5000		5000	

图 4 筹资方案资料

假定三个筹资组合方案的财务风险相当，都是可以承受的。

操作过程：

（1）因为"筹资比重=各种筹资方式的筹资金额/总的筹资金额"，所以在 C13 中输入"=B4/$B$8"，在 E13 中输入"=D4/$D$8"，在 G13 中输入"=F4/$F$8"，然后利用填充柄功能，选中需要复制的公式单元格，将公式复制到每列的其他单元格中。

（2）在单元格 B17 中输入"=SUMPRODUCT(C4:C7,C13:C16)"，在 D17 中输入"=SUMPRODUCT(E4:E7,E13:E16)"，在 F17 中输入"=SUMPRODUCT(G4:G7,G13:G16)"。

（3）企业的筹资比率及综合资本成本的计算结果如图 5 所示。

		筹资比率及综合资本成本的计算					
10							
11							单位：万元
12		方案一筹资比率		方案二筹资比率		方案三筹资比率	
13	筹资方式	长期借款	8%	长期借款	10%	长期借款	16%
14		长期债券	20%	长期债券	30%	长期债券	24%
15		优先股	12%	优先股	20%	优先股	10%
16		普通股	60%	普通股	40%	普通股	50%
17	综合资本成本率	12.32%		11.45%		11.62%	

图 5 筹资比率及综合成本的计算

通过 Excel 的计算，三个方案的综合资本成本率分别为 12.32%、11.45%和 11.62%，经比较方案二的综合资本成本率最低，故在适度财务风险的条件下应选择筹资组合方案二作为最佳筹资组合方案，由此形成的资本结构也确定为最佳资本结构。

5.2.2 资本结构决策的每股收益分析法

每股收益分析法，是利用每股收益无差别点来进行资本结构决策的方法。每股收益无差别点是指两种或两种以上筹资方案下普通股每股收益相等时的息税前利润点，亦称息税前利润平衡点，有时亦称筹资无差别点。运用这种方法，根据每股收益无差别点可以分析判断在什么情况下可以利用债务筹资来安排及调整资本结构，进行资本结构决策。下面将介绍用每股收益分析法来进行筹资决策方法的 Excel 操作。

案例：某公司目前拥有长期资本 8500 万元，其中资本结构为：长期负债 1000 万元，普通股 7500 万元，普通股股数为 1000 万股。现计划追加筹资 1500 万元，有两种筹资方式供选择：①增发普通股；②增加负债。有关资料如图 6 所示。

每股收益分析的公式表示为：

$$\frac{(\overline{EBIT}-I_1)(1-T)}{N_1}=\frac{(\overline{EBIT}-I_2)(1-T)}{N_2}$$

式中，$\overline{EBIT}$ 表示息税前利润平衡点，即每股收益无差别点；I_1、I_2 表示两种增资方案下的年利息；N_1、N_2 表示两种增资方案下的普通股股数。

	A	B	C	D	E	F	G
1		公司目前和追加筹资的资本结构表				单位：万元	
2	资本种类	目前资本结构		追加筹资后的资本结构			
3				增发普通股		增加长期债务	
4		金额	比率	金额	比率	金额	比率
5	长期债务	1000	12%	1000	10%	2500	25%
6	普通股权益	7500	88%	9000	90%	7500	75%
7	资本总额	8500	100%	10000	100%	10000	100%
8	其他资料：						
9	年债务利息额	90		90		270	
10	普通股股数（万股）	1000		1300		1000	
11	企业所得税税率	25%					
12	息税前利润	1600					

图 6　公司目前和追加筹资的资本结构表

根据上述资料，将有关资料代入公式进行测算：

$$\frac{(\overline{EBIT}-90)(1-25\%)}{1300}=\frac{(\overline{EBIT}-270)(1-25\%)}{1000}$$

$$\overline{EBIT}=870（万元）$$

经测算，结果表明：当息税前利润为 870 万元时，增发普通股和增加长期债务的每股收益相等。为验证其结果，还可列表测算，如图 7 所示。

	A	B	C	D
14		每股收益无差别点测算表		单位：万元
15	项目		增发普通股	增加长期债务
16	息税前利润		870	870
17	减：长期债务利息		90	270
18	税前利润		780	600
19	减：所得税		195.00	150.00
20	税后利润		585.00	450.00
21	普通股股数（万股）		1300	1000
22	普通股每股收益（元）		0.45	0.45

图 7　每股收益无差别点测算表

根据资料中的数据关系，设息税前利润分别为 90 万元、270 万元、500 万元、870 万元、1000 万元、1600 万元，得到每股收益与息税前利润的关系如图 8 所示。

	A	B	C	D	E	F	G
24		每股收益与息税前利润的关系					
25	息税前利润(万元)	90	270	500	870	1000	1600
26	增发普通股(元)	0	0.1	0.24	0.45	0.53	0.87
27	增加长期债务(元)		0	0.17	0.45	0.55	1

图 8　每股收益与息税前利润的关系表

再将它们之间的关系绘制成图表，选中 B25:G27 的单元格区域，然后单击"插入图表"，选择插入"XY 散点图"，并选择散点图中的平滑线散点图，单击"下一步"按钮，会出现"数据区域"对话框，在"系列"选项框中把系列中的名称分别改为普通股、长期债务，然后单击"下一步"按钮，在弹出的对话框中把图表标题改为"每股收益无差别点分析示意图"，X 轴名称填入"息税前利润（万元）"，Y 轴名称填入"每股收益（元）"，如图 9 所示。

单击"下一步"按钮，出现对话框，选择"作为其中对象插入"，然后单击"完成"按钮，即出现图表，再分别双击 X、Y 轴设置坐标轴的格式，将图表根据需要分别设置图案、刻度、字体等，并将无差别点进行标注，结果如图 10 所示。

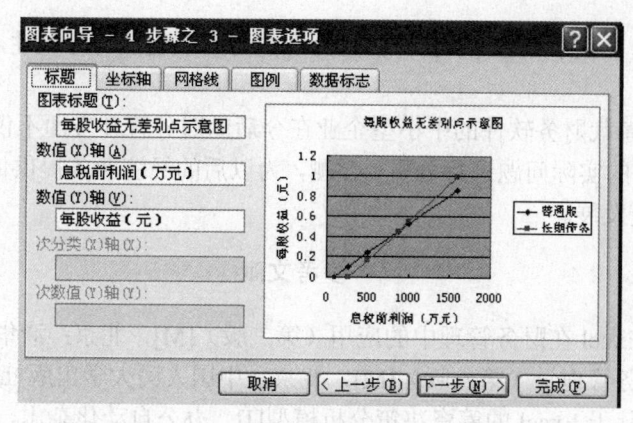

图 9　图表向导

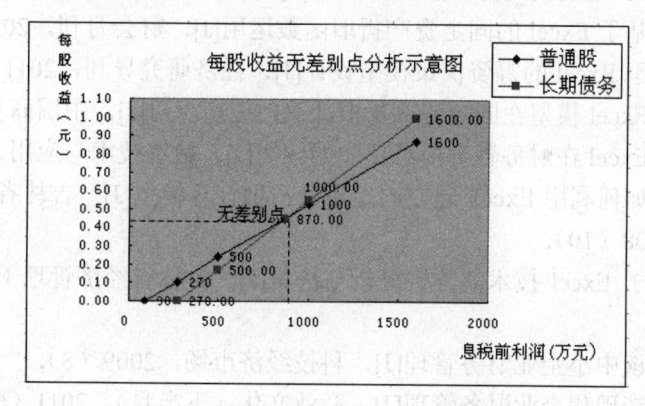

图 10　每股收益无差别点分析示意图

从图 10 中可以看到，当息税前利润大于 870 万元时，增加长期债务比增发普通股更有利；而当息税前利润小于 870 万元时，增发普通股比增加长期债务更有利。

从以上的两个案例中我们可以看出，运用 Excel 的图表功能能够把表、图、文三者相结合，把数据以图形展示出来，能够轻松解决筹资决策问题，更有利于管理人员进行财务决策。

结束语

企业财务管理面临着经营环境日益复杂多变的情况，用相对比较固定的数据处理系统是难以实现企业财务管理目标的。Excel 为解决现代企业财务处理核算问题提供了非常简便易行的工具。用 Excel 解决财务处理核算的具体问题信息处理量大、可靠性高、可维护性强、能有效贯彻系统集成思想，是提高企业财务管理水平的便捷有效的工具。

通过对前人的研究进行分析和总结，本文用具体事例介绍了 Excel 在数据处理与分析、筹资决策中的应用，充分体现了 Excel 在财务中的实用性和易用性。第一部分阐述 Excel 和财务管理的内容及它们的联系；第二部分阐述的是 Excel 在财务管理中存在的适应性，并通过和财务软件的对比来进行详细说明；第三部分通过案例来阐明 Excel 在财务管理中的具体应用。鉴于 Excel 在财务管理方面的应用范围太广，本文简单地列举了几个常用的实例。

Excel 在企业财物管理中的应用还远远未开发完。财务人员应加大对 Excel 的认识，加强对 Excel 的学习，掌握其功能，挖掘 Excel 在财务成本管理中的潜能，这样不仅把财务人员从繁重的劳动中解放出来，而且提高了会计信息处理能力的准确性与时效性，提高了企业的管理水平与经济效益。

此外，用 Excel 替代财务软件的中小型企业在今后的财务管理方面不仅要解决财务的实际问题，更应对财务中的实际问题进行分析、预测，为以后的经济业务提供依据，从而促进企业未来经济利益的快速发展。

参考文献

[1] 韩良智. Excel 在财务管理中的应用（第二版）[M]. 北京：清华大学出版社，2012.
[2] 荆新. 财务管理学（第六版）[M]. 北京：中国人民大学出版社，2012.
[3] 张山凤. 基于 Excel 的筹资决策分析模型[J]. 办公自动化杂志，2011.
[4] 李玄. Excel 在现代财务管理中的应用[J]. 商业文化（下半月），2012.
[5] 许长荣. 基于 Excel 的固定资产折旧函数运用[J]. 财会月刊，2011（2）.
[6] 杨桦. 基于 Excel 的筹资决策模型设计[J]. 经济研究导刊，2011（15）.
[7] 李晓玲. Excel 模型在固定资产折旧计算的应用探讨[J]. 中国商界，2010（12）.
[8] 包子敏. Excel 在财务管理信息化中的应用[J]. 数字技术与应用. 2012（1）.
[9] 王晓霜. 如何利用 Excel 建立固定资产折旧计算模型[J]. 吉林省经济管理干部学院学报，2008（10）.
[10] 何伟. 基于 Excel 技术的筹资分析与决策[J]. 吉林省经济管理干部学院学报，2008（6）.
[11] 伍星. 浅谈中小企业财务管理[J]. 科技经济市场，2009（8）.
[12] 蓝凤好. 谈现代企业财务管理[J]. 商业文化（下半月），2011（6）.

致 谢

通过一段时间的努力，毕业论文终于做好了。在本次毕业设计和论文写中，最要感谢的是我的家人、老师和同学以及学校给予的良好的学习环境，在这次的毕业设计当中我又学到了很多知识，同时也发现了自身很多的不足，感谢这次给予我帮助的同学们。

非常感谢我的指导老师 XXX，在我做毕业设计过程中，XX 老师总是会悉心给予我指导和帮助，指出我的不足之处，从而让我能发现并能及时改正。在老师的细心指导之下，我才能顺利地完成我的毕业设计。

最后感谢每一位给予我帮助的人，感谢大家的关心与支持。

9.2.2　XXXX 公司会计电算化工作出现的问题及对策

1. 毕业论文任务书
毕业论文任务书如表 9-1 所示。
2. 文献综述
文献综述如表 9-2 所示。
3. 论文开题报告
论文开题报告如表 9-3 所示。

4. 论文中期报告

论文中期报告如表 9-4 所示。

5. 论文封皮

论文封皮示样图如图 9-3 所示。

XXXX 大学

毕 业 论 文

题　　目：XXXX 公司会计电算化工作出现的问题及对策
系　　部：经济管理系
专　　业：会计学专业
班　　级：XX 级 X 班
学　　号：XXXXXXXX
姓　　名：XXX
指导教师：XXX
完成日期：XXXX 年 XX 月 XX 日

图 9-3　论文封皮示样图

6. 论文诚信声明和版权说明

论文诚信声明和版权说明如图 9-4 所示。

毕业论文诚信声明书

　　本人声明：我将提交的毕业论文《XXXX 公司会计电算化工作出现的问题及对策》是我在指导教师指导下独立研究、写作的成果，论文中所引用他人的无论以何种方式发布的文字、研究成果均在论文中加以说明；有关教师、同学和其他人员对本文的写作、修订提出过并为我在论文中加以采纳的意见、建议均已在我的致谢辞中加以说明并深表谢意。

　　　　　　　　　　　　　　论文作者：XXX　　　　（签字）　时间：　　年　月　日
　　　　　　　　　　　　　　指导教师已阅　　　　　（签字）　时间：　　年　月　日

毕业论文版权使用授权书

　　本毕业论文《XXXX 公司会计电算化工作出现的问题及对策》是本人在校期间所完成学业的组成部分，是在 XXXX 大学教师的指导下完成的，因此本人特授权 XXXX 大学可将本毕业论文的全部或部分内容编入有关书籍、数据库保存，可采用复制、印刷、网页制作等方式将论文文本和经过编辑、批注等处理的论文文本提供给读者查阅、参考，可向有关学术部门和国家有关教育主管部门呈送复印件和电子文档。本毕业论文无论做何种处理，必须尊重本人的著作权，署明本人姓名。

　　　　　　　　　　　　　　论文作者：XXX　　　　（签字）　时间：　　年　月　日
　　　　　　　　　　　　　　指导教师已阅　　　　　（签字）　时间：　　年　月　日

图 9-4　论文诚信声明和版权说明

7. 论文正文

《XXXX 公司会计电算化工作出现的问题及对策》

中文摘要：会计电算化也叫计算机会计，是指以电子计算机为主体的信息技术在会计工作中的应用。具体而言，就是利用会计软件指挥在各种计算机设备替代手工完成或在手工下很难完成的会计工作过程，会计电算化是以电子计算机为主的当代电子技术和信息技术应用到会计实务中的简称，是一个应用电子计算机实现的会计信息系统。它实现了数据处理的自动化，使传统的手工会计信息系统发展演变为电算化会计信息系统。会计电算化是会计发展史上的一次重大革命，它不仅是会计发展的需要，而且是经济和科技对会计工作提出的要求。就现在来看，会计电算化已经广泛普及，逐步显示了巨大的优越性，得到各大企业的青睐，提高了工作效率。但由于商务交流的迅速发展，新兴的、先进的事物不断出现，对我国会计电算化工作提出了更高的要求，现有的会计电算化工作也出现了一些问题，比如会计人员操作电算化软件的能力、会计电算化工作的安全性等。因此，本文拟通过对 XXXX 公司会计电算化工作进行分析，找出企业会计电算化工作中存在的问题，进行原因分析，加以解决，这对我国会计工作乃至经济发展都有重大意义。

关键词：XXXX 公司；会计电算化；管理

Abstract：Computerized accounting is also called computer accounting, refers to the application, the electronic computer as the main body of information technology in accounting work specifically, is to use accounting software, accounting work process command in various computer equipment to replace manual or very difficult to complete in hand, computerized accounting is a computer-based contemporary electronic technology and information technology applied to the accounting practice of accounting information system, is a computer application. It realizes the automatic data processing, so that the development of the traditional manual accounting information system evolved into computerized accounting information system. Computerized accounting is an important revolution in the accounting history, it is not only the need of accounting development, and is the economy and technology for accounting work demands. Now, the accounting computerization has wide spread, gradually shows great advantages, each big enterprises, improve work efficiency. But because of the rapid development of business communication, advanced things new, emerging, set a higher request to the accounting computerization in China, the existing accounting computerization work also has some problems, such as accounting personnel to operate the computerization software capabilities, accounting computerization work safety and so on. Therefore, this paper tries to XXXX for accounting computerization work analysis, find out the enterprise accounting computerization work existence question, carries on the reason analysis, solution, it is of great significance for the accounting work and economic development in China.

Key words: XXXX Company; Accounting computerization; Management

前　言

近些年来，随着经济的不断发展，会计工作也成为每家企业都必须重视的一块内容。而会计工作内容的不断扩增、不断复杂化，也使得会计电算化渐渐有取代手工会计的趋势。而我国的会计电算化工作起步较晚,从 20 世纪 80 年代直到今天,虽然经历了二三十年的不断进步,但是其发展较西方发达国家还是落后许多。就现在来看,会计电算化已经广泛普及,逐步显示了巨大的优越性,得到各大企业的青睐,提高了工作效率。但由于商务交流的迅速发展,新兴的、先进的事物不断出现,对我国会计电算化工作提出了更高的要求,现有的会计电算化工作也出现了一些问题,比如会计人员操作电算化软件的能力、会计电算化工作的安全性等。

本论文将从会计电算化研究理论出发,结合 XXXX 公司会计电算化应用的实际情况,查阅国内外会计电算化著作以及各类分析文章、报刊杂志等,并与行业人员交流,实地进入企业调研,认真收集有关资料。通过收集分析的资料发现会计电算化工作存在的问题,并提出解决的对策,希望给 XXXX 公司的发展带去一些帮助。

1 会计电算化相关概述

1.1 会计电算化的概念

会计电算化就是使用现代化的计算机设施,利用专业开发的会计软件,来代替传统手工记账进行会计业务的处理;它利用计算机软件取代会计人员的手工记录与核算,并代替会计人员分析会计信息、做出各项报表数据,帮助管理人员做出决策,它可以减轻整个企业的会计工作量,提升财务部门的效率和质量,进而推动公司的进一步发展。

也可以说是指与会计工作电算化相联系的所有范围,包括会计电算化的整体规划、开发与应用会计电算化软件、培养会计电算化人才、会计电算化相关的行业制度建设、电算化应用软件市场开发与拓展等。会计电算化是硬件与软件、人与计算机相结合的体系,它的基础是完善的、可靠的电算化软件资源,并由专业的会计人员、硬件设备和信息资源等组成整个体系。

会计电算化已经成为一门学科,融合会计学、管理学、计算机学和信息学于一身,在社会经济金融的各个方面都开始发挥着独特的巨大作用,发挥着推动金融经济以及管理的各个方面慢慢向现代化前进的作用。电算化会计不仅可以使会计工作的效率和质量得到巨大的明显的提升,还可以降低会计从业人员的工作任务强度,并进一步促使会计职能发生转变。现在社会中经济管理水平不断攀升和信息科技的迅猛扩张,促使传统的手工会计记账正慢慢被电算化处理会计所替代,会计人才的需求也不断扩大,想要使经济与社会的发展对会计人才的需要得到满足,就必须大批培养全面的复合型会计人员,不但要求能熟练处理会计业务,还要求必须掌握基础的计算机操作应用。

1.2 会计电算化的特点

1.2.1 数据处理流程带来的简约化

在传统的手工处理会计业务时有着固定的顺序,一般要先对原始凭证进行审核,然后记录成记账凭证,再登记成账簿,再核算各项成本,再固定日期来结账,最后再去编制财务报表,这是一整套的传统会计处理流程。而如果我们使用计算机会计软件来处理会计的各项业务时,整体操作顺序和手工差不多。但是通过计算机会计软件来进行会计业务处理,可以直接用计算机软件生成各种账簿和报表,免去了手工繁琐的计算和登记,这是一个极大的便利。但是给会计人员带来便利的同时,也会暴漏一个问题:使用计算机核算简化了会计数据的处理和加工流程,却使得传统手工记账时的内部各人员之间的牵制和各账目互相比对核对的作用无法发挥。电算化软件简化了会计数据的操作,使人工记账时常用的相互制约和内部相互监控缺失,所以在使用电算化软件处理会计业务的时候,要在流程中插入对各项数据的审核和对各个组成部分的监控检查，一定要加大对整个流程时序的操控，避免反复输入、错误输入，这样才能保证电算化会计提供的会计信息是可靠的、正确的。

1.2.2 数据的规范化和自动化

使用计算机软件进行会计处理的时候，就必须符合计算机的规范，输入计算机中的会计数据也要符合相应的标准，具有规范性。这就要求输入会计软件中的相关数据尽可能地规范化，如相关科目、成本、各项材料、无形资产、库存商品等会计数据要有一定标准规范的符号代码，这样电算化软件才可以有效地进行业务处理。所以电算化软件所使用的会计信息必须有一定的代码和标准。当会计人员把对应会计数据的代码输入电算化软件后，整个系统就可以自动处理加工这些数据。它的整个数据信息的处理流程都在电算化软件中自动进行，这也使会计人员输入的会计信息数据在整个系统中有效地传递和共享。要达到这个目标，首先要加强控制信息的输入，加大对数据的管理与检测，尽可能减少输入方面的错漏；然后在整个软件程序中也要有相关的审核与检验设置，会计电算化人员可以再次对输入的会计信息数据进行校对，检查它的正确与规范与否，最终确保会计数据的准确；最后在软件的数据处理中，为了防止操作不当带来的混乱甚至错误，必须加强控制整个信息处理流程。

1.2.3 组织和人员协调及内部控制的网络化

会计人才永远都是决定会计业务效率与质量的重中之重。会计电算化系统不再是只依赖会计方面的人才，它还必须具有计算机人才、软件操作人员、维护人员等。会计电算化要求会计人员要同时具有相应的计算机操作知识和专业的会计业务处理能力。它从传统的会计人员组成各个部门相互配合、监督转变为由电算化系统操作与维护、会计信息保存与管理、直接处理电算化会计业务的部门组成，进而构成了区别于以前的内部控制体系。新的体系带来了新的会计管理制度，包括相关处理职能责任制度、会计信息审核稽查制度、计算机软件与硬件维护制度、电子档案保存管理制度等。

1.3 会计电算化的作用

1.3.1 提高会计工作的效率和质量

传统的手工记账，不但占用大批会计人员的时间与精力投入到繁琐的记账与核算中，也容易出现错误，对会计人员的业务能力也有很高的要求，一些小公司甚至找不到合格的会计人员。如果使用会计电算化软件来进行会计处理，本来需要进行大量计算、核对、分类、分析、归集、登记等的繁杂任务都能由计算机软件来轻松完成，减少了会计处理的时间，加强了会计数据的时效性，使得企业能够尽快利用有效的数据进行决策。而且电算化数据具有规范性，能够随时发现相关的错误，及时进行修改。电算化软件对会计信息数据的输入有很高的规范要求，使得数据在处理过程中始终能够得到控制，减少了传统会计处理经常存在的不规范、易出错的问题，这也使企业的会计核算质量得到了提升。这也可以减轻会计业务处理的难度，一些刚毕业的会计从业人员进行简单的培训就可以使用会计电算化软件来为公司处理业务，一些中小公司的会计处理核算水平也可以得到有效的提升。

1.3.2 为企业管理工作现代化奠定基础

使用会计电算化软件的公司必须对自身的会计工作制度乃至整个公司的管理制度进行更新升级，才可以从传统手工记账转换到会计电算化记账中来。要建立相关的处理职能责任制度、会计信息审核稽查制度、计算机软件与硬件维护制度、电子档案保存管理制度等。必须更新原有的会计部门、加大电算化会计制度管理、实行职责权限分级操控、明细电算化各岗位的责任。

企业也要根据电算化工作的特点来进行职能分配，合理安排各个岗位，建立统一规范的电算化工作流程，建立具有效率的电算化流程，这样才能保证电算化工作的效率和质量。公司也要建立有效的内部控制体系，合理安排各个审核与稽查的职能岗位，保证职权分离，能够及时发现工作中的疏漏甚至违规之处，及时进行修整。就像系统的开发人员和维护人员，为了防止舞弊行为，原则上不能进行系统的管理与操作等。用合理的管理制度来进行电算化工作的监督、控制、审核，可以减少电算化工作中发生错误的可能，确保会计处理数据的真实可靠，进一步促进公司管理工作的进行，带来更大的效益。

会计电算化相关工作人员要适应电算化的工作也必须去进行培训，接受新的知识来提升自己，包括专业知识、计算机知识等，这也会促进企业整体会计部门的素质提升，带动财务工作向良性发展。在会计电算化体系中，财务会计人员利用计算机软件系统，在处理会计数据的同时可以很方便地分析会计数据，进行会计的控制与决策甚至会计预测等相关财务工作，进一步发挥会计工作的管理职能。从另一个角度来看，使用会计电算化提升了公司整体的财务工作效率，使得企业可以投入更多的人员与精力进入到管理经营领域，促进会计工作职能向管理方面进行提升，使会计电算化工作带动财务运营管理的提高，进而提高公司整体的经营效益，带动公司向管理现代化方向大步前进。

1.4 XXXX 科技有限公司概况

XXXX 科技有限公司是当地一家中型企业，创建于 2006 年，注册资本 300 万元。经营范围包括 PH 计、酸度计、电导率仪、溶解氧仪、酸碱盐浓度计等环保产品的代理销售，以及环保工程设计、施工等。公司一直立足于环保方面的开发与生产，在环保产品推广与销售等领域，为客户提供全方位的体验。该公司坚持"技术带领进步，专业保证客户，诚信视为根本，质量确保发展"的经营方针，一直秉承"为客户打造专业服务"的理念，树立了"技术决定企业生命"的思想，全力打造"不断创新，不断追求"的企业精神，用真诚与质量面对竞争，共创美好未来。XXXX 公司已经在日常生产运营中使用电算化进行会计工作，给公司带来了极大的便利。但是 XXXX 公司在会计电算化工作中还存在着各种各样的问题，制约着该公司会计工作乃至管理工作的发展。解决这些问题对 XXXX 公司意义重大。

2 XXXX 科技有限公司会计电算化工作出现的问题

2.1 企业内部电算化工作发展滞后

2.1.1 公司内部对电算化工作的重要性认识不足

目前，许多企业还未充分认识到会计电算化的意义及其重要性，XXXX 公司购买电算化软件以来的培训情况如表 1 所示。

表 1 XXXX 公司 2011 年至 2013 年电算化培训情况

年份	2011 年	2012 年	2013 年
电算化培训次数	1 次	0 次	0 次

从表 1 可知，XXXX 公司虽然从 2011 年已经开始应用电算化会计，但是对会计电算化对企业发展的决定性意义认识不足，电算化培训情况不容乐观，具体原因如下：

（1）公司中上层的领导单纯从片面解读会计电算化工作，仅仅把它当作一种新型的会计核算工具，没有认识到会计电算化不但可以提升会计职能，还可以改善企业的运营与管理，甚至改进企业的管理工作流程，部分人员觉得用计算机软件代替手工记账就是会计电算化，甚至把它当作面子工程，作为企业形象工程。

（2）在企业实际的电算化工作应用中，大多数管理人员没有根据公司自身情况面向公司实际的经营模式与财务需要来具体调节电算化系统，缺乏对会计电算化的全面看待与使用的观念和能力。基层的会计处理人员也没有看到会计电算化对企业发展的意义，仅仅认为它是一种自动处理系统，减轻工作量而已。而且该公司也只是部分部门全面使用了电算化，像采购、库存管理等一些部门，仍然在使用手工记账。在对该公司进行实地考察时，很多财务人员对电算化系统操作得不是很娴熟，而且对其原理、应用拓展等完全不了解，仅仅是机械式地操作自己负责的职能模块。该公司也很少举行培训讲座等培养员工的电算化操作能力，也没用对电算化工作的重要性进行过宣传。

2.1.2　电算化专业人才比重较低

会计电算化工作需要的不是单纯的专业会计人员，而需要的是一种全面的复合型人才。会计软件是建立在计算机知识上的，具有相应的计算机能力才可以熟练地操作整个会计电算化系统。而由于该系统用于会计处理，所以也要求相关人员具有一定的会计实务处理能力。这是会计财务能力与计算机知识的结合。特别是财务系统监管等重要职能岗位的会计人员，必须了解整个电算化系统核算处理会计数据的流程，并具有较高的会计实务能力。XXXX 公司会计电算化工作需要全面型的人才来带动，如表 2 所示。

表 2　XXXX 公司 2011 年至 2013 年电算化人才结构分析

年份	2011 年	2012 年	2013 年
在职会计人员总数	19	21	20
受专业培训人数	12	11	11
新招电算化人才数	0	1	0

由表 2 可以看出，XXXX 公司领导仅仅从单一角度解读会计电算化工作，仅把会计电算化作为企业现代化、技术化的标志，把计算机作为电算化工作的重点，忽视了人才的作用，忽视了自身电算化人员的培养；并且一些电算化会计负责人自身都不熟悉电算化职能，不习惯新型的电算化管理工作，难以发挥导向作用，还沉迷在以前的人工会计流程中，从技术到思想都很落后。会计电算化包含计算机硬件与会计学知识两种能力，该公司在职的会计人员虽然在开始经过了简单的电算化培训，但仍然无法满足公司内部电算化整体工作的需要，表现在：

（1）会计人员知识不全面。XXXX 公司的老会计人员经过多年练习，可以熟练地进行手工账务处理，但大多不熟悉计算机硬件以及电算化软件，而新招收的年轻会计人员则正好反过来，经过简单培训可以流畅地操作电算化软件，但是处理会计实务的能力又不足，都无法满足 XXXX 公司的电算化需求。要使计算机硬件知识和会计实务能力融会贯通，必须经过大量的培训与练习。

（2）缺乏内部电算化人才再培训。电算化技术随着科技的迅猛发展也日新月异，短短数年计算机设备更新换代了很多次，电算化软件系统也进行过多次更新提升。而 XXXX 公司在职会计人员大多是几年前受的培训，所接受的知识陈旧过时、实用性不强，实际操作能力差，缺乏对会计人员的再培训和定期考核，无法应对越来越正规的电算化软件和会计业务。

2.1.3 电算化方面资金投入不够

会计电算化工作是不断投入不断关注的长期发展的工作，不可能一蹴而就。在发展过程中需要不断进行更新换代，需要大量的不间断的资金来帮助会计电算化工作在公司中的普及化和先进化；无论是为财务人员配备合适的计算机提供硬件支持，还是不断购入、更新、升级更高端便捷的电算化处理软件，或者是提供资金组织电算化应用培训讲座等，都需要公司不断的资金投入。XXXX 公司近三年电算化投入如表 3 所示。

表 3　XXXX 公司 2011 年至 2013 年电算化投入

年份	2011 年	2012 年	2013 年
在计算机硬件上的投入	72432 元	6543 元	12865 元
在电算软件上的投入	12261 元	852 元	913 元
员工电算培训投入	6521 元	0 元	0 元

在表 3 可以看出，XXXX 公司在资金投入上存在很大不足。该公司财务部门未做到人手一台计算机，一些普通会计职位甚至要两人合用一台计算机，有时两人轮流使用计算机登账，极大地影响了会计处理的效率。该公司的会计处理软件还是两年前采用的，没有投入资金进行后续的升级换代，虽然在使用中发现了不少问题，而且渐渐跟不上现在的节奏，但是仍未进行维护升级。在人员培训上，也没有进行定期的资金投入支持。这些因素都大大制约了 XXXX 公司电算化工作的进展。

2.2　企业电算化工作管理制度不健全

2.2.1　企业电算化岗位职能混乱

会计电算化岗位包括对计算机进行维护操作的专业人员和会计软件使用、整体业务管理的各个岗位，企业要结合软件系统操作与维护的特点，结合本单位的实际要求来实行会计电算化，划分具体的会计电算化职能岗位。具体可分为：操作电算化软件、审核数据、记账、计算机维护、电算审查、后期数据整理等工作岗位。会计电算化系统的责任与权利要得到有效的规范制约，开展电算化工作，公司要结合本单位会计工作的特点制定相应的职能岗位，对内部的电算化操作人员的管理工作也要加强。要规范好电算化系统内部各岗位人员的职责，把操作权限与责任利益结合，完善会计电算化工作的岗位责任制，如表 4 所示。

表 4　XXXX 公司会计电算化主要岗位人员设置

电算岗位	电算主管	出纳	记账操作	审核	审查维护	数据分析
负责人员	李XX	王XX 李 四	张XX 周XX	金XX 李 四	付XX	无

由表 4 反映的岗位设置情况看，XXXX 公司缺乏相应的管理制度，对岗位职能的划分不明确，未对操作人员的权限进行严格的设置，这样就会使得一些人员在进行操作的时候出现错误的操作也很难发现。还有部分岗位人员重叠，致使失去独立监督的功能，像出纳兼任了审核职位。而且 XXXX 公司实行会计电算化，用软件处理代替了手工记账，用计算机自动进行记账、输出报表等工作，所以任何对软件的操作都会影响到会计数据处理的结果，而软件操作难

以分清责任。该公司未明确职责，划分权限，也导致会计电算化工作中出现了一些错误，而且不能追究责任，影响了整个公司会计电算化工作的管理。

2.2.2 缺乏保障电算化工作安全性的措施

一个公司的会计财务信息都是关系到企业发展的机密，甚至能影响企业的扩张发展，但是使用会计电算化处理会计信息后，纸质数据转换为电子数据，成为计算机中的一小段代码，进而威胁到了企业财务信息的安全，XXXX公司电算化安全性分析如表5所示。

表5 XXXX公司2011年至2013年电算化安全性分析

年份	2011年	2012年	2013年
计算机数目	14台	16台	16台
安装专业防护软件	8台	9台	11台
纸质档案保存情况	保存完好	保存完好	保存完好
电子档案保存情况	部分损坏、丢失	部分丢失	保存完好

目前，XXXX公司电算化工作重点放在理财和会计信息处理上，不够重视随之而来的会计信息泄露风险。网络技术日新月异的今天，给企业的发展带来了动力，但也给企业的财物安全出了难题。会计电算化系统放在计算机上，接触到网络，随时都会有病毒侵袭甚至黑客窥视的危险。XXXX公司没有考虑到网络环境带来的危机，没有给自身的电算化系统安装有针对性的防护手段，如果某天发生问题，财务会计信息泄露出去，将会大大危害企业的利益。

而且XXXX公司虽已实施会计电算化，但因为实施时间不长，电算化会计人员和管理层不了解新型的电子会计档案，没有管理电子档案的经验。大多时候只是知道保存好一些纸质账簿档案，但是像放置会计资料的磁盘就未能得到重视和保护，有部分电子会计档案被人为破坏或自然损坏，使企业会计信息的完整性遭到破坏，也带来了信息泄漏的风险。而且XXXX公司使用的落后的电算化软件也缺乏检测记录的功能，对于具体的数据操作流程没有留下记载，一旦电算化工作出现问题就无法分清责任，进行处理。

2.2.3 缺乏对会计电算化管理功能的应用

对会计电算化的应用极大地方便了XXXX公司的账务处理流程，但是还是受传统手工会计的影响，XXXX公司存在着重视报账功能忽视管理功能的现象。就目前XXXX公司会计电算化的应用现状来看，没有把会计电算化应用到管理企业运营的层面上，仅仅作为记账工具，仅仅用于处理会计数据，这样就只用到了它的核算功能，没有发挥它的强大的分析与预测，甚至帮助管理层决策的职能。在传统的人工记账过程中，在信息传递方面存在不够及时的问题，因为会计活动的凭证、数据等要先在账务处理部门周转很长时间，达到一定时间、数量才会向下一级部门流转，而且只有月底结账之后才可以得到相应的经营数据。这种传统方式导致经济上的相关信息无法及时传递，使企业不能及时分析和操控整体的运营，不能在第一时间进行准确的决策，也使得整个财务管理都受到不良影响，不利于企业发展。而电算化工作在帮助企业更快速地进行财务核算之外，还能迅速传递财务信息，使企业各部分的运营周转情况都能及时传递到公司的管理层，还能帮助管理者分析和预测财务数据，大大提高了企业的财务管理能力，进而帮助企业做出有效决策，促进企业发展。XXXX公司缺乏对会计电算化管理功能的应用，存在"重视账务，轻视财务"的问题。

3 解决会计电算化存在问题的对策

3.1 加快企业会计电算化工作的发展

3.1.1 提高公司内部对电算化工作重要性的认识

会计电算化把计算机硬件、电算化软件还有会计专业知识结合到一起来处理会计业务，用计算机处理取代手工记账，用计算机核算取代人工核算，甚至帮助企业进行财务信息的分析，帮助管理人员进行决策，大大提高了企业财务工作的效率和质量，进而带动了企业财务管理工作的提升，带动企业发展。企业从管理层到基层会计都要转变观念，学习、重视会计电算化，要体会到会计电算化不单是一种会计处理方式的转变，它是对企业整体工作效率的提升，降低基层会计人员的工作数量，也提高了工作质量，并且会计部门有更多地发挥机会用于做企业的财务管理工作，提供准确数据以及分析资料，帮助企业管理层进行决策，促进和带动企业整体的发展步伐。

首先，应该提高公司管理人员对电算化重要性的认识。企业管理层要认可会计电算化工作的重要性，大力支持会计电算化在公司的普及和进一步发展。要统一思想，认识到会计电算化相对传统人工会计的先进之处，把会计电算化作为推动企业发展的重要力量。具体可以实行这些方式：要实行直接管理制度，设立直接管理电算化工作的领导层，实时监控审核电算化工作的进展；要根据 XXXX 公司的实际业务情况制订适合 XXXX 公司的会计电算化发展规划，明确发展路径，不断推进电算化工作。其次，要加强对企业财务人员的宣传培训，让他们认识到会计电算化工作的重要性，并通过培训提升他们会计电算化的操作能力。在具体实施会计电算化的过程中，在树立电算化工作的发展目标与发展规模的基础上，要加大对电算化系统的分析研究，对电算化工作各环节各职能岗位的权限和职责做出规定，带给企业最大的效益。

3.1.2 加强会计电算化人才的培养

人才是 XXXX 公司会计电算化工作的基础，会计电算化的开展需要吸收、培养大量电算化人才。而且经济的发展要求企业提供更准确更详实的财务信息，未来会计数据也会向网络化信息处理发展。这些内外因素都要求会计电算化工作人员要在熟练掌握会计实务处理能力的同时，补足自身的计算机能力。由于 XXXX 公司存在电算化专业人才不足的问题，因此长期加大对专业的会计电算化财务人员的吸收和培养是非常重要的。想要吸收到满足 XXXX 公司发展需要的会计电算化人才可以有两种办法：从外界引入高素质电算化人才和直接对本企业自身的会计人员进行专业全面的培训。第一，可以多吸收大学中电算化专业的学生，他们具有当前最新最先进的会计电算化知识，对企业电算化工作进程有巨大的推动力；第二，要尽力加强对本企业在职会计人员的培训教育，他们具有丰富的会计实务处理能力，多进行培训提升他们的会计电算化能力后，把两个措施相结合，将成为未来企业会计电算化工作的核心动力。而且对本企业电算化管理层的培训工作也要经常性地进行，并与基层电算化操作人员进行经验交流，把知识在实务中吸收掉。若只进行单纯的速成电算化培训，也难以从根本上提高企业会计电算化的水平，所以在吸纳高校会计电算化毕业新生的同时，还应从内部选拔出具有相当会计实务能力的会计骨干到高校进修，这样新老结合，形成全面的人才梯次，可以有效地带动 XXXX 公司电算化工作的发展。

3.1.3 加大电算化工作的资金投入

会计电算化工作需要长久的资金支持才能不断发展。

首先需要在硬件设施上加大投入。因为会计电算化工作是立足于电子计算机基础上的，计算机硬件设备是必不可少的，它直接决定了电算化工作的开展。必须做到会计人员办公电脑化和网络化，这也是会计电算化工作的基础。

其次软件方面的投入也必不可少。一套最新的、先进的能够充分满足企业会计电算化工作需要，并且容易上手、使用安全性高的会计电算化软件也是 XXXX 公司发展会计电算化的必不可少的条件。可以采用两种方式获得合适的电算化软件：请专业开发公司定制和购置商品化会计软件。考虑到 XXXX 公司会计业务不是太复杂，可以使用第二种方式，采购最新型的专业软件即可。而且 XXXX 公司在购买电算化软件时也要根据本公司电算化工作的实际情况和财务管理目标，选择适合自身发展需要的会计软件。选购软件时主要考虑合法性、通用性、方便性、安全可靠性、售后服务的可靠性和可扩展性。如果 XXXX 公司以后发展壮大之后，有了充足资金，也可以选择向会计软件研发企业定做适合本企业的专用软件来契合本公司实际的财务处理流程，进而最大限度地提升财务工作的效率和质量。而且要做好会计软件的维护和更新换代，及时解决软件应用中出现的问题，及时更新更合适的会计软件。

最后要在企业会计人员的培训教育上加大投入。

无论是计算机硬件还是会计软件，都需要合适的人才能发挥它的作用。加大对会计人员电算化能力培训的投入可以加快 XXXX 公司从传统手工会计转向电算化会计的进程，也会减少在转型过程中出现的差错和损失。而且对会计人员的再教育投入也是必不可少的，电算化是一门不断发展的技术，并不是学习一次就一劳永逸的事。要提供足够的资金支持会计人员不断进行再教育，这样才能跟上技术的更新，才能不断提升企业的财务处理水平。

3.2 完善企业电算化工作的管理制度

3.2.1 完善岗位职能的划分和管理

在 XXXX 公司的会计电算化实际工作中，必须建立电算化规范制度，明确各岗位的职能范围，明确各流程控制员的责任义务，这样才能使得 XXXX 公司的会计电算化工作正常有序地进行。具体应该按照 XXXX 公司的实际运营情况和内部的协调情况，按照电算化工作需要重新划分会计岗位，明确操作电算化软件、审核数据、记账、计算机维护、电算审查、后期数据整理等岗位的职能范围。如规定从事系统维护的相关人员不能进行系统的实际管理、操作，各种职责岗位的操作员须经系统管理员授权，以独立的密码注册登录，并设定相应的工作权限。应该实时记录各项操作甚至登录数据，禁止随意更改数据和记录，实现职权分离，减少会计处理中的错误以及违规行为。要重视会计数据的监控工作，可以在电算化系统内部设立数据监控职位，在会计人员进行数据操作的同时进行监控，这样可以对各项数据处理进行双重备份。当会计人员操作系统进行账务处理时，监控人员的计算机上可以同步记录下它的操作记录，可以进行即时检测，而且一旦出现会计数据不一致，可以立即查找记录分析原因，明确责任。这就划分出了明确的岗位职责范围，提高了会计电算化工作的效率与准确性。

具体来看，首先，可以建立严格的内部管理制度，制定机房管理制度、档案保管制度、岗位职责制度、财务管理制度、操作规范制度、计算机维护制度和信息安全防范制度等；其次，要做好电子会计档案的输入输出、备份档案的保存、档案机密性管理等方面的财务档案管理工作。在进行会计电算化处理过程中，应按照规定按时做好硬盘数据备份，为防止遗失，应该备份两份以上，而且要按照规定时间删除过期数据。对电算化操作人员的职权要明确，禁止越权操作，按正确的电算化流程操作会计软件、规范使用财务软件、管理好系统密码、随时记录上机操作、重要数据要备份、要按期维护电算化软件、进行升级杀毒等。要经过会计部门的主管同意才可以录入原始凭证、对应的会计凭证编号要连续、按明确规定处理凭证等，这些可以让电算化工作在正确的流程中井然有序地进行，减少错漏；可以帮助明确各部分责任主体，如果出现损失可以及时查明原因，追究责任，吸取经验教训；也可以激发员工的工作积极性，防止懈怠。

3.2.2 完善会计信息安全措施

财务数据是企业发展的机密，记录了企业的各项机密数据，必须建立完善的制度来加强会计电算化系统的安全性和保密性，这决定着企业的生存安全。在硬件上建议 XXXX 公司使用数据安全性好、保密性能高的财务软件产品，以保证会计信息系统的安全性。电算化专用机应安装专业杀毒软件。有专人负责定期升级和对整个系统定期杀毒，最好订做公司内部局域网，防止病毒和泄密。在管理制度上应制定计算机机房管理制度，制定机房安全措施，防止火灾、盗窃等事件发生，像机房应进行封闭式管理、不准将外来 U 盘等存储介质带进机房、随时做好重要数据备份、电子会计信息的存储与管理应分离开来、未得到授权的人员不得接触电算化系统。由于使用计算机软件进行数据处理难以追踪，应设立软件操作的记录与监控，防止相关人员随意处置，给公司造成不良后果。还要有应对突发事件的规定，确保会计信息的安全。

在电子环境中，电算化操作人员的无心之失或者一些人的恶意破坏都可能带来巨大的破坏，所以要完善企业的内部控制制度。首先要制定明确的检测制度，防止病毒的侵袭。其次要注重电算化软件的管理设置，设置好软件自带的限制功能。然后要强化审核监督制度，实时监控整个系统的运转。

最后在电子会计档案保管上也有几点需要注意的地方。在进行双重备份时，把电子会计数据档案存储在移动硬盘或者单独的不联网计算机上，而且双重备份的每份都要放在不同的安全地点，防止地震、火灾等意外状况，并且要记录清楚存放人员、时间、内容等，以备日后的查阅或恢复。电子数据档案的备份地点应该远离磁场，防止损坏内部资料；要注意干燥并且防火等。备份保存的电子会计档案应该定期由专人检查，防止损坏，并做好记录工作，以备查阅，防止出现信息丢失无法恢复的损失。而且由于会计电算化软件不同，所输出的会计数据档案的格式也会有差别，所以要保持电算化电子档案与公司所使用的会计软件的对应，避免因时间久远更换软件造成早期的会计软件无法查阅的失误。

3.2.3 加强对会计电算化管理功能的应用

XXXX 公司应该把会计电算化工作从简单的会计核算中提升出来，引入到公司的财务管理与决策中去。现在企业管理工作的趋势是一体化的综合管理，包括生产、采购、销售的整体流程。处于这种发展趋势下，传统的单纯进行核算处理的会计已经无法满足现代化企业的需要，全面帮助企业进行财务管理的会计才能带动企业的发展。XXXX 公司需要对生产销售的管理、往来账款管理、财务分析、经营预测、成本管理等实现会计电算化的整体加工处理，从而整合企业资源，合理规划对各项资源的管理。必须将会计电算化软件当作直接工具，将目前的基础会计信息系统扩张成全面的管理信息系统，发挥会计电算化的管理功能。会计电算化可以使管理系统内部各部门及时快速地进行信息反馈和交流，从而提升管理工作的效率，而且让企业的财务数据更加直观和准确，促使 XXXX 公司财务管理工作的整体质量进一步提高，为企业的发展奠定坚实的基础。

结　论

当今社会是一个快速发展的社会，效率是企业发展必不可少的一环。会计电算化挣脱了传统手工会计的束缚，大大提高了企业财务工作的效率，给企业的发展带来了重大机遇。会计电算化在 XXXX 公司内的发展是一个长期的过程，涉及计算机硬件、资金投入、培养和吸收专业人才、软件的应用及组织管理等许多方面，因此 XXXX 公司应结合实际，制定完善的实施规划，弥补各项不足，逐步实现全面的、适合自身的会计电算化。这必将给 XXXX 公司的进一步发展带来新的动力。

参考文献

[1] 张启贤. 论我国会计电算化存在的问题及对策. 商情（财经研究），2012（10）：10-11.

[2] 李树叶. 会计电算化在我国企业中存在的问题及对策. 山东纺织经济，2011（02）：41-43.

[3] 郝慧民. 浅议我国会计电算化的发展. 黑龙江科技信息，2013（07）：55-56.

[4] 张立志. 论企业会计电算化工作的安全性. 科技风，2012（09）：45-47.

[5] 徐一千. 我国会计电算化制度探究. 中国管理信息化，2012（07）：108-110.

[6] 张雅莉. 会计电算化的趋势及发展. 山西财税，2013（05）：116-117.

[7] 任丽. 论企业会计电算化人才缺失. 商场现代化，2012（01）：49-50.

[8] 李玉丰. 会计信息失真治理的法律思考. 价值工程，2011（05）：102-103.

[9] 熊小萍. 会计电算化应用中存在的问题及完善措施. 财政监督，2012（03）：13-16.

[10] 张海蓉. 会计电算化在企业的发展. 金融经济，2013（02）：56-63.

[11] Ronald E. Prather, Advantages & Disadvantages of Computerized Accounting. Lisa Magloff, 2012(08): 07-26.

致　谢

转眼已经近三个月的时间了，终于将毕业论文写完。在论文的写作过程中我遇到了无数的困难和障碍，都在同学和老师的帮助下度过了。尤其要感谢我的论文指导老师 XX 老师，他对我进行了无私的指导和帮助，不厌其烦地帮助进行论文的修改和改进。在整个过程中，给了我巨大的包容还有细心的指导，这是帮助我完成毕业论文的巨大助力。在这篇论文的写作过程中，我对会计电算化方面的知识也了解得更加透彻，以前在大学中学过的会计电算化知识也对我的论文创作起到了很大的帮助作用。

论文结束后，大学生活也即将告一段落，迎接我的是新的挑战。我将继续努力，继续前进。

9.3　电算化会计方向的各类选题

本节介绍一些电算化会计方向常见的、有代表性的毕业论文选题，并对其进行详细的解析。

9.3.1 会计电算化的应用和发展方面的选题

选题研究领域：会计电算化的应用和发展
选题类型：理论与应用研究
选题完成形式：论文
选题参加人数：个人独立完成
选题知识准备：

随着电算化在会计工作中的广泛应用，极大地提高了会计信息处理的速度和准确性，这是会计发展史上一次史无前例的飞跃。近年来，电子计算机在人们的日常工作生活中的应用越来越广泛。同样电子会计作为会计手段的应用，也标志着会计自身水平的快速提高，使会计的作用有了更强的发挥。

将电子计算机应用于会计领域，对于促进会计核算手段的变革、提高会计核算的工作效率，对于促进会计核算工作的标准统一、提高经营管理水平，对于促进会计工作的进一步发展、推动会计工作方法和观念的更新，对于促进会计职能的进一步发挥、提高对经济活动的监管水平都具有十分重要的作用。

选题设计大纲举例——《会计电算化的应用和发展》：

1．我国会计电算化发展阶段
（1）第一阶段科研试点阶段。
（2）第二阶段自发发展阶段。
（3）第三阶段稳步发展阶段。
2．会计电算化在现实工作的重要作用
（1）减轻劳动强度，提高工作效率，准确提供会计信息。
（2）提高会计人员素质，促进会计工作规范化。
（3）促进会计职能的转变。
3．会计电算化的发展趋势及对策
（1）发展趋势。
①建立企业管理信息系统。
②会计电算化软件充分考虑其安全性。
③标准化的道路。
④在软件开发中充分考虑互联网技术。
⑤实现功能的多样化、数据的动态化。
⑥会计人员业务水平将不断提高。
（2）完善会计电算化对策。
①发展会计核算系统。
②建立企业管理信息系统。
4．结论

相似选题扩展：
（1）会计电算化在企业中的应用。
（2）会计电算化对手工记账的影响与发展。

(3) 会计电算化对会计业务内部控制的影响。
(4) 会计电算化对传统会计的影响。
(5) 会计电算化对财务工作的影响及对策。
(6) 会计电算化对财务报告的影响。
(7) 会计电算化的发展分析与建议。

9.3.2 财务软件应用与研究方面的选题

选题研究领域：浅谈我国常用会计软件的发展趋势
选题类型：理论与应用研究
选题完成形式：论文
选题参加人数：个人独立完成
选题知识准备：

无论是财会人员，还是进行会计软件开发的软件工程师，都深深体会到数据库对会计软件的重要性。当年，会计软件的功能只局限于"替代手工会计业务"，会计软件也只要提供凭证输入、记账结账、账簿和报表查询这几项简单的功能即可。那样的会计软件所要求的数据库也极其简单，小型桌面数据库，如 dBase、FoxPro、Access 等已足够。但随着会计信息化的发展和市场需求的不断变化，现在的会计软件不仅需要为财务部门服务，完成"做账"的功能，还必须充分利用会计信息，为各级各类的管理部门服务。这就是所谓的"管理型会计软件"、"决策支持型会计软件"，它们对数据库提出了更高的要求。

选题设计大纲举例——《浅谈我国常用会计软件的发展趋势》：

1. 会计信息化的特性及趋势
   (1) 会计信息化的特性。
   (2) 会计信息化的趋势。
2. 我国会计软件的发展历程
   (1) 应用范围日趋扩展。
   (2) 软件设计日趋个性化。
   (3) 新准则下会计软件的发展前景。
3. 常用会计软件介绍
   (1) 用友软件。
   (2) 金蝶软件。
   (3) 速达软件。
   (4) 金算盘软件。
   (5) 管家婆软件。
4. 会计软件的发展方向
   (1) 电子商务会计软件发展。
   (2) 网络会计的发展。
   (3) 全新架构管理发展。
5. 机遇与挑战

相似选题扩展：
（1）关于用友财务软件使用中存在问题的研究。
（2）用友财务软件的应用体会与问题分析。
（3）用友财务软件的"反向操作"研究。
（4）关于金蝶财务软件使用中存在问题的研究。
（5）金蝶财务软件的应用体会与问题分析。
（6）金蝶财务软件的"反向操作"研究。
（7）速达财务软件的应用体会与问题分析。
（8）金算盘财务软件的应用体会与问题分析。
（9）管家婆财务软件的应用体会与问题分析。

9.3.3 数据库与办公软件在会计工作中的应用方面的选题

选题研究领域：Excel 在中小企业账务处理中的应用
选题类型：理论与应用研究
选题完成形式：论文
选题参加人数：个人独立完成
选题知识准备：

Excel 为解决现代企业财务处理核算问题提供了非常简便易行的工具。用 Excel 解决财务处理核算的具体问题信息处理量大、可靠性高、可维护性强、能有效贯彻系统集成思想，是提高企业财务管理水平的便捷有效的工具。但是我们不难发现，在日常财务工作中，虽然 Excel 得到了广泛的应用，其实在很多单位它只是被用来制作一些简单表格或者用于加减乘除类的汇总，Excel 强大的函数汇总功能却很少涉及。在这方面还需要企业财务工作者进行进一步改善。

选题设计大纲举例——《Excel 在中小企业账务处理中的应用》：

1．会计凭证处理的设计
（1）会计科目表。
包括科目代码、科目名称两项，具体内容根据企业自身情况设置会计科目表，并能为后续会计核算相关表格直接引用。
（2）会计凭证表。
包括年、月、日、序号、凭证编号、摘要、科目代码、科目名称、借方金额、贷方金额等，其中凭证编号、科目名称两列内容需要使用相关公式或函数自动生成；摘要部分需要实现自动点选填列；整个表格要有实时自动借贷试算平衡功能，其他部分可直接填列相关内容。

2．现金及银行存款日记账的设计
（1）余额一列中的金额要使用公式或函数实现。
（2）表中数据来源于会计凭证。

3．科目汇总表、试算平衡表的设计
（1）借、贷方发生额及余额要使用公式或函数实现。
（2）表中数据来源于会计凭证。

4．总账系统的设计
（1）该系统为所有科目通用模板，表中的数据要随会计科目变化而变化。

（2）表中的借、贷方发生额及余额要使用公式或函数实现。
（3）表中数据来源于试算平衡表。
5．会计报表系统
（1）本系统中包括资产表、负债表、利润表。
（2）表中数据来源于试算平衡表。

相似选题扩展：
（1）Visual FoxPro 在会计工作中的应用和体会。
（2）浅谈 Access 数据库在财务管理中的应用。
（3）关系数据库在财务管理中的应用。
（4）SQL 在提取财务数据库信息和生成有关报表中的应用。
（5）数据库管理系统在财务报表中的应用。
（6）财务管理软件信息化的数据库设计与实现。
（7）对 Excel 在中小型企业财务应用中的探讨。
（8）Excel 在财务分析中的应用。
（9）Excel 财务函数应用探讨。
（10）电子表格的会计应用探讨。
（11）Excel 在事业单位财务工作中的应用初探。
（12）Excel 模型在固定资产折旧计算中的应用探讨。

9.3.4　关于网络会计方面研究的选题

选题研究领域： 网络会计应用的难点及对策分析
选题类型： 理论与应用研究
选题完成形式： 论文
选题参加人数： 个人独立完成
选题知识准备：

　　信息化社会和电子商务的出现将我们带入了一个知识经济、网络经济的时代。与之相适应的未来的会计模式必将以网络会计的形式出现。网络会计是在互联网环境下对各种交易和事项进行确认、计量和披露的会计活动。它是建立在网络环境基础上的会计信息系统，是电子商务的重要组成部分。网络会计的出现动摇了传统会计中会计主体、持续经营、会计分期、货币计量等会计假设的地位。在网络环境下，作为企业管理核心的财务管理也由传统的桌面财务走向网络财务。本文以传统的会计理论为基础，探讨了网络会计的概念、网络会计的特点、网络会计存在的问题及对策等。

选题设计大纲举例——《网络会计应用的难点及对策分析》：

1．网络会计的概念
（1）网络会计的概念。
（2）网络会计的特点。
2．网络会计对会计基本理论和实务的影响
（1）网络会计对会计基本理论的影响。
（2）网络会计对会计实务的影响。

3. 网络会计中存在的一些问题
4. 发展网络会计的对策
（1）立法方面。
（2）技术、管理方面。
（3）网络安全方面。
（4）软件开发方面。
（5）人才方面。
（6）会计电算化制度方面。
5. 结论

相似选题扩展：
（1）网络会计若干问题研究。
（2）关于网络会计发展的思索。
（3）电子商务环境下企业会计安全控制研究。
（4）计算机网络系统在管理中的应用。
（5）论网络时代的财务管理。
（6）网络会计利与弊及其探讨。

第 10 章 财务管理方向毕业论文实例及选题

本章概要

- 财务管理方向概述。
- 财务管理方向毕业论文实例。
- 财务管理方向的各类选题。

10.1 财务管理方向概述

1. 财务管理方向概述

财务管理方向是会计学专业的一个主要分支，本方向包涵财务管理的价值观念、风险与收益、财务预算、筹资管理、投资管理、营运资金管理、利润分配管理、财务控制、财务分析与综合绩效评价等。财务管理是企业管理的一个组成部分，它是根据财经法规制度，按照财务管理的原则，组织企业财务活动，处理财务关系的一项经济管理工作。简单地说，财务管理是组织企业财务活动，处理财务关系的一项经济管理工作。

2. 毕业生能力培养目标

高等学校财务管理方向培养具备财务管理及相关金融、会计、法律等方面的知识和能力，具备会计手工核算能力、会计信息系统软件应用能力、资金筹集能力、财务可行性评价能力、财务报表分析能力，具备突出的财富管理金融专业技能，能为公司和个人财务决策提供方向性指导及具体方法的，能在工商、金融企业、事业单位及政府部门从事财务、理财管理的应用型专门人才。

财务管理方向毕业生应该具备以下能力：

（1）财务会计核算能力：掌握凭证填制、登记账簿、编制报表等基本技能。

（2）财务管理基本能力：熟悉企业管理的一般流程和财务管理的基本理论，掌握财务管理的原理与基本方法。

（3）经营管理基本能力：熟悉统计分析基本理论，掌握管理学、组织行为学、市场营销学、成本管理学的原理和基本方法。

（4）公司理财能力：熟悉并掌握企业内部控制和公司治理、企业战略与风险管理的基本理论。

（5）具有较高的政治理论素养、高度的民族自豪感和社会责任感，具有较强的创新意识和良好的身体心理素质，具备良好的专业品质和与主要面向工作岗位相适应的踏实敬业、吃苦耐劳、团结协作的职业素养。

3. 毕业论文相关主干课程

财务管理方向的毕业论文涉及学生在校期间必修和选修的一些专业课，这些课程内容支撑着毕业作品的整个开发过程。相关专业课一般包括：基础会计学、经济法基础、税法、财务会计学、成本会计学、财务管理学、信用风险管理学、营运资本管理学、会计电算化、财务报表分析、会计制度设计。

（1）基础会计学。

本课程主要阐述会计核算的基本理论、基本方法和基本技能，内容包括会计的基本概念、会计核算的基本前提、会计原则、会计要素、会计等式、会计科目和账户、复式记账、借贷记账法的运用、企业主要经济业务及其核算原理、会计凭证、会计账簿、财产清查、会计核算形式、会计报表及其编制原理、会计档案管理和会计机构等。它是会计学的入门学科。

（2）经济法基础。

经济法基础是以经济法律的基础知识及与经济相关的法律（劳动合同法）为主的一门学科，通过了解企业法、公司法掌握经济法仲裁、诉讼、劳动合同法、支付结算法律制度等有关法律法规，增强学生的法律意识、法制观念。通过对本课程的学习，学生应掌握法律的基本知识和各种法律制度，使学生做到知法，懂法，守法，通过课程中的案例分析进而培养学生发现问题、分析问题、解决问题的能力，并能够在以后的工作中熟练运用各种法律制度。

（3）税法。

本课程主要帮助学生在最短的时间内对我国税收制度和如何计算缴纳各类税款有一个基本的了解，基本内容包括税收基础知识，个人所得税的计算，企业所得税的计算，增值税的计算，营业税的计算，消费税的计算，车船税的计算，房产税、契税和印花税的计算，土地税的计算，税收征管基础知识。掌握了上述知识，学生基本可以应对日常生活中常见的税收事项。

（4）财务会计学。

"财务会计学"是在"会计学基础"之后开设的一门专业主干课程，是构成会计学科体系的核心课程之一。本课程是以我国发布的《企业会计准则》最新发布的具体会计准则、《股份有限公司会计制度》及相关国际惯例为依据，既有财务会计理论的阐述，又有财务会计实务的讲析，成为会计专门人才必修的课程。通过本课程的学习，学生在熟练掌握会计要素的账务处理、会计报表编制的基础上，能灵活地根据企业的特点为投资人、债权人、政府机关等报表使用人提供满足其需要的信息。

（5）成本会计学。

本课程较为详细地介绍了成本及成本会计概念，成本会计的对象、任务及职能，了解制造成本法的特点以及成本会计工作的组织、成本核算的原则要求，了解费用的分类及成本核算的一般程序、各种产品成本的计算理论和方法。本课程的重点是不同成本对象的计算理论和方法，难点是成本对象的确定和核算工作的组织，教学方法的特色是理论紧密联系实际。

（6）财务管理学。

本课程主要阐述财务管理的基本理论、基本方法和基本操作技能，并从筹资、投资、资金运营、财务分析等资金运动环节分述其原理及方法，同时对财务预测与预算、财务治理及利润分配与管理等财务活动进行阐述。通过本课程的学习，学生能进一步了解和掌握企业财务管理理论、方法和操作技能，培养学生综合分析问题和解决问题的能力，提高学生综合运用财务知识的能力。

（7）信用风险管理学。

信用风险管理学是管理学、经济学、法学等多学科相互渗透的学科，是我国管理学类中的一个新专业。培养学生掌握信用管理专业知识，理论功底扎实，创新能力、管理能力较强，并熟悉相关的国际惯例和法则，掌握信用风险管理技术，具备风险管理、资信调查、信用评级、公司信用管理、消费者信用管理、国际业务信用管理、基金管理、投资组合设计与管理等专业知识。

（8）营运资本管理学。

"营运资本"包括了企业的流动资产总额，是由企业一定时期内持有的现金和有价证券、应收和预付账款及各类存货资产等所构成的。营运资本管理是对企业流动资产及流动负债的管理。一个企业要维持正常的运转就必须要拥有适量的营运资金，因此营运资金管理是企业财务管理的重要组成部分。通过本课程的学习，学生能够有效地运用流动资产，力求其边际收益大于边际成本，并能选择最合理的筹资方式，最大限度地降低流动资金的资本成本，以及如何能够做到加速流动资金周转，用尽可能少的流动资金支持同样的营业收入并保持公司支付债务的能力。

（9）会计电算化。

本课程的培养目标是，学生通过本课程的学习能够掌握实际会计工作岗位中需要的会计核算和操作技能、会计工作岗位之间的业务衔接关系和电算化下的内部控制要求，了解会计人员的职业道德规范等内容，让学生达到会计师基本素质的要求，使学生系统全面地了解会计电算化的产生和发展、会计电算化信息系统的构成，掌握财务软件的维护方法与技巧，比较熟练地掌握财务软件的应用，特别是财务软件各个模块的使用方法与步骤。同时也培养学生的职业岗位能力、社会适应能力和全面综合素质。

（10）财务报表分析。

通过本课程的学习，学生进一步加深对财务报表的理解和掌握，运用财务报表进行分析和评价。本课程的教学目标是培养具有较强实践能力和一定理论基础的高素质报表分析人才。财务报表能够全面反映企业的财务状况、经营成果和现金流量情况，但是单纯从财务报表上的数据还不能直接或全面说明企业的财务状况，特别是不能说明企业经营状况的好坏和经营成果的高低，只有将企业的财务指标与有关的数据进行比较才能说明企业财务状况所处的地位。做好财务报表分析工作，可以正确评价企业的财务状况、经营成果和现金流量情况，揭示企业未来的报酬和风险。

（11）会计制度设计。

本课程在阐明会计基本理论和基本知识的基础上，重点阐明会计制度设计的内容和方法，具有较强的科学性、先进性和适用性。本课程共分十章，第一章介绍基本理论，第二章至第六章介绍会计核算制度的设计，第七章和第八章介绍会计控制制度的设计，第九章介绍会计组织系统设计，第十章介绍电算化会计系统制度的设计。

10.2　财务管理方向毕业论文实例

10.2.1　ASD 企业投资管理存在的问题与对策的研究

1．毕业论文任务书

毕业论文任务书如表 10-1 所示。

表 10-1　XXXX 大学毕业论文任务书

姓　　名	XXX	学　号	XXXXXXXX	系　别	经济管理系
专　　业	会计学专业	年级班级	XX 级 X 班	指导教师	XXX
论文题目		ASD 企业投资管理存在的问题与对策的研究			
任务和目标		本毕业论文主要完成对"ASD 企业投资管理存在的问题与对策"的研究，并撰写题目为《ASD 企业投资管理存在的问题与对策的研究》的论文。通过分析 ASD 企业投资管理的现状，发现 ASD 企业投资管理中存在的问题，提出加强投资管理的措施。通过对投资管理进行分析和研究，旨在加强投资管理，降低损失风险，提高投资资金的使用效率和效益，实现资金在该环节增值的目标，谋求进一步的稳定发展。具体任务及目标如下： 一、分析 ASD 企业投资管理中存在的问题 1．投资管理环节存在的问题 ①缺乏在事前的投资预测分析环节。 ②缺乏在事中的监督管理环节。 ③缺乏在事后相应的审计环节。 2．投资管理制度存在的问题 ①责任奖罚制度不健全。 ②投资内部控制制度不完善。 二、企业投资管理中存在的问题的对策 1．针对投资管理环节问题的对策 ①加强投资事前的预测分析环节。 ②加强投资事中的监督管理能力。 ③加强投资事后的审计能力。 2．针对投资管理制度问题的对策 ①完善投资管理的责任奖罚制度。 ②完善投资管理的内部控制制度。 通过以上具体步骤找出 ASD 企业的投资管理在资金流管理中存在的问题，保证管理资金安全和资金回流的方便快捷，提高投资效率，使企业在市场竞争机制下获得优势并谋求进一步发展。			

基本要求	根据本专业毕业论文环节实施细则的要求，选题必须在财会专业范围以内，包括财务会计、税务会计、财务信息系统、财务管理、审计实务等方面的选题。选题应结合我国会计工作实践的技术特征和时效性，要求选择当前会计工作中亟待解决的实际问题进行研究，提倡选择应用性较强的课题。选题时要充分考虑主观条件与客观条件，从实际出发，量力而行，论文的具体题目由学生根据自身情况自行选定，论文撰写应在指导教师指导下独立完成，应做到中心突出，层次清楚，结构合理；必须观点正确，论据充分，条理清楚，文字通顺；并能进行深入分析，见解独到。同时论文总体字数不得少于 8000 字，其中论文摘要 300 字左右，关键词 3~5 个（按词条外延层次由高至低顺序排列）。最后附上参考文献目录和致谢辞。		
研究所需条件	1．具备足够的专业基础知识 （1）具备扎实的会计理论基础，熟悉相关的财会法律、法规。 （2）掌握企业主要业务的会计处理方法和核算原则。 （3）掌握各类财务及相关软件的应用。 （4）具备一定的程序设计、开发及维护能力。 2．具备搜集资料的网络环境、图书资源和其他条件。 3．具有较好的文字处理、编辑能力。		
任务进度安排	序号	主要任务	起止时间
	1	任务书下达、毕业论文正式开始	2013.11.1~2013.11.12
	2	完成文献综述、开题报告	~2014.1.10
	3	完成论文初稿	~2014.3.5
	4	完成论文二稿或中期检查	~2014.4.10
	5	上交论文成稿	~2014.5.19
	6	论文答辩	~2014.5.20
指导教师签字		日期	年　月　日
系部领导签章		日期	年　月　日

2．文献综述

文献综述如表 10-2 所示。

表 10-2　XXXX 大学毕业论文文献综述

姓　　名	XXX	学　号	XXXXXXXX	系　别	经济管理系
专　　业	会计学专业	年级班级	XX 级 X 班	指导教师	XXX
论文题目	ASD 企业投资管理存在的问题与对策的研究				
查阅的主要文献	[1] 周传玲．民营企业财务管理存在的问题与对策[J]．现代商业，2010（11）． [2] 方为民．简析企业财务管理中存在的问题及解决对策——以×机械制造企业为例[J]．中国总会计师，2010． [3] 刘胜建．当前民营企业财务管理存在的问题及对策[J]．开封大学学报，2010． [4] 林立兴．民营企业财务管理存在问题及对策[J]．企业家天地（下半月版），2009（10）．				

查阅的主要文献	[5] 张国富. 民营企业财务管理存在问题及对策研究[J]. 内蒙古科技与经济, 2009 (3). [6] 王中安. 企业投资管理体系建设及面临的问题与思考, 2013. [7] 杨月华. 企业投资管理现存问题及对策分析. 财金论坛, 2011. [8] 张文峰. 中小企业投资存在的问题及其对策. 中国证券期货, 2012. [9] 刘义鹃. 财务分析方法与案例. 沈阳: 东北财经大学出版社, 2012. [10] 吴锐. 中小企业投资管理存在的问题与对策, 2012. [11] 李博业. 我国企业投资发展研究. 现代经济信息, 2012 (2). [12] 朱博义. 企业投资风险的成因及控制. 会计之友, 2011 (7). [13] 胡志勇. 财务管理. 北京: 北京理工大学出版社, 2012. [14] 张益翔. 企业投资管理现存问题及对策分析. 商业经济, 2011 (4). [15] 罗旭升. 私营公司必备管理制度. 中国证券期货, 2011 (5). [16] Istrate Luminita Gabrielaa. Procedia-Social and Behavioral Sciences. Volume 24, 2011.
文献综述	ASD 企业投资管理存在的问题与对策的研究 一、前言 投资，是企业的一项重要经济活动，是促进企业发展的关键环节。投资是指经济主体为了获得未来的预期收益而对现有的资金进行运作，并承担一定风险的经济行为。其资金的来源，可以是延期消费的资金，可以是暂时闲置的资金，或是筹集所得资金。牺牲或放弃现在可用于消费的价值，目的在于获得更大的价值。投资的目的是获取未来报酬。不同的投资获取报酬的形式可以不同，投资报酬可以是市场价格变动所引起的资本利得，也可以是资本本身的增值，或者是各种财富的保值及各种相应的权利等。在我国，由于存在多种原因的影响，使投资管理中存在较多问题。主要体现在对风险管理的认识不足、缺乏系统独立的投资发展规划、资本限额的利用不当、投资管理的监督不力、未执行相应的审计等方面。 本文通过分析 ASD 企业投资管理的现状，发现 ASD 企业投资管理中存在的问题，提出加强投资管理的措施。通过对投资管理进行分析和研究，旨在加强投资管理，降低损失风险，提高投资资金的使用效率和效益，实现资金在该环节增值的目标，谋求进一步的稳定发展。 二、ASD 企业投资管理存在的问题与对策研究的背景 投资管理是一项针对证券及资产的金融服务，以投资者利益出发并达到投资目标。投资是企业在生产产品、提供服务的过程中，为获得未来的预期收益值而进行的一项经济活动，在公司资产总额中占有一定的比重。在现代企业中，一般是企业将资金进行投资管理，以获得更大的利益形式，通过对资金进行投资管理，可以使企业获得最大的利益，以更好地增强市场竞争力，赢得市场。 投资是企业扩张的需要，是企业进行价值创造的必经途径，也是企业转型、升级、培育新的利润增长点的重要途径。实际上，企业的投资管理也是一项重要财务管理问题，加强事前、事中、事后的风险管理与控制，将风险损失降到最低，需要遵循"事前、事中、事后控制"相结合的原则。企业的投资管理在资金流管理中有着很重要的地位，建立合适的投资管理模式，完善投资环节以及相应的制度，保证管理资金安全和资金回流的方便快捷，提高投资效率，使资金在整个环节实现增值，只有这样才能在市场竞争机制下获得优势并谋求进一步发展。

文献综述	三、ASD 企业投资管理存在的问题与对策研究的意义 企业投资不仅是企业发展的需要，而且是企业进行价值创造的必经途径。企业投资的正确与否同企业的生存和发展是密切相关的。当今时代，企业的投资多逐渐呈现多元化趋势，对企业的投资进行适当的分类是确定如何对投资进行管理的前提。多元化投资是当前中国企业成长发展的主要路径，但在企业投资获得收益的同时，风险也并存着。这是中国企业管理层当前所面临的一个严峻挑战。一般来说，企业投资的成败是关系到企业生死存亡的大事，而企业管理层的投资决策也体现了企业的价值取向。 投资管理对于企业有着重要的作用。因此，投资的好坏对企业的长期发展具有重大作用，这就使得投资管理的作用显得尤为重要。 第一对企业可持续发展有重要作用。企业投资管理是指为了实现企业的长期发展目标，对资金投向、建设项目与方案的选择，以及项目实施过程中所进行的一系列管理活动。在企业中，投资管理是企业管理中的重要组成部分，投资管理的好坏会直接影响到企业的生存和发展。加强企业投资管理，提高企业投资管理的水平和投资效益，对企业的可持续发展有重要意义，加强企业投资管理是企业允分利用资金，提高企业资金利用率的重要途径。在企业日常经营活动中，正确地运用企业投资管理理论指导投资行为可以给企业带来相当可观的经济利益，最明显的就是充分利用了闲置资金，提高了企业资金利用率，避免资源浪费，也增加了企业的收入。此外，企业也可以通过合理有效的投资扩大生产经营活动，执行一定的发展战略计划，实现市场竞争力的扩充。加强企业投资管理也能够增加企业的收益，是企业提高经济效益的一个有效的措施。加强投资管理，可以使企业提高投资效益，增加投资收入，降低投资风险。 第二对企业资金运用有重要作用。对于企业投资而言，投资就是把资金直接投入为生产经营性资产来获得投资利润，例如购买设备、建造厂房、购买生产原材料等。它是企业运用资金的主要领域之一，也是企业实现产业更新、调整产品结构、增强企业竞争力的一种主要途径。纵观投资活动的全过程，每个投资项目都有一个整体目标，也就是说在一定时间内，按投资预算的要求，用最低的资金投入实现资源的最优组合，搞好项目的建设，使其能够达到设计质量的要求，从而取得良好的经济效益和社会效益。因此，在选择分析投资项目时，应围绕投资效益这个核心，按照系统论的观点，把项目的内部条件与外部环境、局部利益和全局利益、当前利益和长远利益以及定量分析和定性分析结合起来，综合评价分析项目系统各要素之间、系统与要素之间以及系统和环境之间的相互联系与相互作用，来实现既定的投资目标。 在企业投资规模越来越大，投资品种越来越丰富的情况下，更多的企业参与到市场化的投资管理中来。随着现代科学技术的发展，为投资管理走向数量化提供了有利条件，再加上投资理论的成熟和体系的完善，市场信息传递速度和质量明显提高，风险预估和风险抵御能力大大增强，专业投资管理队伍日益壮大。企业做出科学的投资管理决策也具备了更有效的分析手段和管理工具，很多企业开始转向国际化市场，突破了实物投资的地域限制，也在一定程度上体现了模型化的发展趋势，在现代企业中，投资已经具有相当重要的意义。 四、企业投资管理思路 作为一个经济组织，企业要生存、发展，就必须不断地投资盈利。而且企业要实现其利益最大化目标，就必须选择合理的投资方式进行投资。投资管理方式是指企业为了达到既定的目标而选择的具体投资方案，这里的目标可以是企业竞争能力的提高、市场份额的扩大、生产能力的提高等。投资的方式可以有多种划分，主要包括产业投资与证券投资、直接投资和间接投资等。

文献综述	(1) 直接投资和间接投资。根据投资的资金投入的直接程度，投资方式可以分为直接投资和间接投资。直接投资是指投资者将货币性资金直接投到相关的投资项目上，形成实物资产或是组建企业，并参与经营管理活动的行为。这种投资活动中，投资者可以以股份的形式拥有全部或一定数量的所有权，从而具有投资企业的全部或部分控制权，参与投资项目的经营管理。直接投资包括对厂房、机器、设备、交通运输工具、通信等各种资产的投资，以及对专利、商标、技术秘诀、咨询服务等无形资产的投资。间接投资是指投资者以其资本购买政府公债、公司债券、金融债券或公司股票等，以获取一定预期收益的投资行为。由于间接投资形式主要是购买各种各样的有价证券，因此也被称为证券投资。与直接投资相比较而言，间接投资的投资者除股票投资外，一般只享有定期获得一定收益的权利，而无权干涉所投资的项目或企业的实际经营决策。间接投资的资本运用很灵活，可以随时地调用或转卖、更换其他资产，来谋求更大的收益，或者减少由于政治经济形式变化而承担的投资损失的风险。 (2) 产业投资和证券投资。产业投资是实现企业生产经营活动可持续发展的根本手段和途径。在现代经济条件下，任何企业要进行市场活动都要预先垫付一定数量的货币，以购买劳动资料、劳动对象和支付劳动者的工资报酬。所谓产业投资就是为获得预期不确定的收益，以货币购买生产要素，从而将货币收入转化为生产资本。这样，企业的整个生产过程就表现为投资阶段、生产阶段、销售阶段这三个阶段。企业的投资、生产和销售三个阶段相互联系地形成一个有机整体，只有实现投资、生产和销售的正常运行，才能达到投资的最终目的，三个阶段缺一不可。证券投资是与产业投资相对应的一种投资方式。证券投资是在产业投资的基础上发展起来的，是一种为产业投资融通资金的方式。所谓证券投资是指投资者为了获取预期收益购买证券以形成金融资产的经济活动。证券投资是产业投资发展到一定程度的必然产物，且它不能脱离产业投资而独自存在。同时，证券投资只有转化为产业投资才能实现自己价值的回流和增值。 相对于企业而言，直接投资是其主要的投资方式。 五、结束语 总之，企业投资管理是一个比较复杂而又系统的工程，市场竞争越来越激烈，ASD 企业的生存环境也变得越来越残酷，它涉及到了资金、体制和利益等各层面的问题。投资管理工作的优劣与投资项目的成功与否、企业的利益，甚至企业的存亡密不可分。只有站在全局整体的高度考虑，采取认真负责的态度，利用科学技术做好每一个环节的工作，并加强管理和监督，认真评审和验收，健全责任奖惩制度，必须有严谨的政策态度和科学的投资管理行为，才能使企业的投资管理取得成功，给企业带来良好的收益。当然，随着企业投资管理实践的发展，企业的投资行为将日益成熟，给企业带来更多的经济效益及战略意义。
备 注	
指导教师意见	指导教师签字： 年　月　日

3. 论文开题报告

论文开题报告如表 10-3 所示。

表10-3　XXXX大学毕业论文开题报告

姓　　名	XXX	学　号	XXXXXXXX	系　别	经济管理系
专　　业	会计学专业	年级班级	XX级X班	指导教师	XXX
论文题目		ASD企业投资管理存在的问题与对策的研究

选题依据与意义	一、学术价值、应用价值 随着我国市场机制的不断健全，市场监管层、投资者、债权人和社会公众等利益相关者对企业的内部控制机制的有效性提出了更高的要求。然而，目前企业特别是国有企业还存在严重的非理性投资问题，给企业股东带来巨大损失。企业的投资内部控制机制缺乏执行力、治理层控制缺失，是致使企业投资出现了盲目决策、流程混乱等诸多问题的一个重要原因。因此，要想尽快解决我国投资中存在的严重问题就必须进一步完善企业投资的内部控制机制，加强对投资治理层控制的研究也就有着重要的现实意义了。 企业投资不仅是企业发展的需要，而且是企业进行价值创造的必经途径。企业投资的正确与否同企业的生存和发展是密切相关的。当今时代，企业的投资多逐渐呈现多元化趋势，对企业的投资进行适当的分类是确定如何对投资进行管理的前提。多元化投资是当前中国企业成长发展的主要路径，但在企业投资获得收益的同时，风险也并存着。这是中国企业管理层当前所面临的一个严峻挑战。一般来说，企业投资的成败是关系到企业生死存亡的大事，而企业管理层的投资决策也体现了企业的价值取向。 二、企业投资管理国内外研究现状分析 当前，世界经济处于全球化的大趋势下，我国企业得以在更宽范围与更深层次上对资源进行合理配置，企业的发展空间也日益拓展，各种机遇也随之增多。许多大型企业集团的投资也越来越多元化，投资范围越来越广泛。社会主义市场经济的竞争也变得空前激烈与复杂，而企业所面临的投资风险也随之越来越多。 一个企业要想在市场竞争中处于优势地位，就必须最大限度地减少企业投资的损失，保障企业资产的安全，从而实现企业投资收益的最大化，这样就使得企业必须对投资进行风险管控。因而，对现代企业投资管理和风险管控策略的研究就显得尤为必要了。 多元化投资是当前中国企业成长发展的主要路径，但在企业投资获得收益的同时，风险也并存着。这是中国企业管理层当前所面临的一个严峻挑战。一般来说，企业投资的成败是关系到企业生死存亡的大事，而企业管理层的投资决策也体现了企业的价值取向。
研究内容	摘　要 Abstract 绪　论 1　投资管理的基本理论及企业概况 1.1　投资管理的概述 1.1.1　投资管理的概念 1.1.2　投资管理的作用 1.1.3　投资管理的主要方式 1.2　ASD企业公司概况 2　ASD企业投资管理中存在的问题 2.1　投资管理环节存在的问题 2.1.1　缺乏在事前的投资预测分析环节 2.1.2　缺乏在事中的监督管理环节 2.1.3　缺乏在事后相应的审计环节 2.2　投资管理制度存在的问题 2.2.1　责任奖罚制度不健全 2.2.2　投资内部控制制度不完善 3　针对ASD企业投资管理的对策

研究内容	3.1 针对投资管理环节问题的对策 3.1.1 加强投资事前的预测分析环节 3.1.2 加强投资事中的监督管理能力 3.1.3 加强投资事后的审计能力 3.2 针对投资管理制度问题的对策 3.2.1 完善投资管理的责任奖罚制度 3.2.2 完善投资管理的内部控制制度 结　论
研究方案	一、本课题研究的目标 本文通过分析 ASD 企业投资管理的现状，发现 ASD 企业投资管理中存在的问题，提出加强投资管理的措施。通过对投资管理进行分析和研究，旨在加强投资管理，降低损失风险，提高投资资金的使用效率和效益，实现资金在该环节增值的目标，谋求进一步的稳定发展。 根据应收账款管理的目前状况，本次将提出如下应对企业投资管理问题的方案： 1．针对投资管理环节问题的对策 ①加强投资事前的预测分析环节。 ②加强投资事中的监督管理能力。 ③加强投资事后的审计能力。 2．针对投资管理制度问题的对策 ①完善投资管理的责任奖罚制度。 ②完善投资管理的内部控制制度。 二、本课题研究的内容 投资管理是一项针对证券及资产的金融服务，以投资者利益出发并达到投资目标。投资是企业在生产产品、提供服务的过程中，为获得未来的预期收益值而进行的一项经济活动，在公司资产总额中占有一定的比重。在现代企业中，一般是企业将资金进行投资管理，以获得更大的利益形式，通过对资金进行投资管理，可以使企业获得最大的利益，以更好地增强市场竞争力，赢得市场。 投资是企业扩张的需要，是企业进行价值创造的必经途径，也是企业转型、升级、培育新的利润增长点的重要途径。 三、预期成果 完成论文，通过制定合理有效的投资方案，让企业能扩大生产经营活动，执行一定的发展战略计划，实现企业市场竞争力的扩充，让投资管理成为企业增加企业的收益、提高经济效益的一个有效措施。
写作进度安排	1．2013 年 11 月 1 日——2014 年 1 月 10 日，完成文献综述及开题报告。 2．2014 年 1 月 11 日——2014 年 3 月 5 日，完成论文初稿。 3．2014 年 3 月 6 日——2014 年 4 月 10 日，完成中期检查及论文二稿。 4．2014 年 4 月 11 日——2014 年 5 月 19 日，上交论文成稿。
指导教师意见	指导教师签字： 　　　　　　年　　月　　日
系学术委员会意见	主任签章： 　　　　　　年　　月　　日

4. 论文中期报告

论文中期报告如表 10-4 所示。

表 10-4　XXXX 大学毕业论文中期检查报告

学生姓名	XXX	学　　号	XXXXXXXX	指导教师	XXX
论文题目		ASD 企业投资管理存在的问题与对策的研究			
论文中期完成情况		一、前期工作简述 论文的前期工作主要完成了任务书、文献综述和开题报告的撰写。 二、对公司投资管理现行政策及具体情况进行全面总结 1．投资管理环节存在的问题 ①缺乏在事前的投资预测分析环节。 ②缺乏在事中的监督管理环节。 ③缺乏在事后相应的审计环节。 2．投资管理制度存在的问题 ①责任奖罚制度不健全。 ②投资内部控制制度不完善。 三、针对公司投资管理现行情况提出应对方案 1．针对投资管理环节问题的对策 ①加强投资事前的预测分析环节。 ②加强投资事中的监督管理能力。 ③加强投资事后的审计能力。 2．针对投资管理制度问题的对策 ①完善投资管理的责任奖罚制度。 ②完善投资管理的内部控制制度。 四、后期工作安排 1．2014 年 1 月 11 日——2014 年 3 月 5 日，完成论文初稿。 2．2014 年 3 月 6 日——2014 年 4 月 10 日，完成中期检查及论文二稿。 3．2014 年 4 月 11 日——2014 年 5 月 19 日，上交论文成稿。			
完成情况评价		1．按计划完成，完成情况优（　　） 2．按计划完成，完成情况良（　　） 3．基本按计划完成，完成情况合格（　　） 4．完成情况不合格（　　） 补充说明： 　　　　　　　　　　　　　　指导教师签字： 　　　　　　　　　　　　　　　　年　　月　　日			

5. 论文封皮

论文封皮示样图如图 10-1 所示。

XXXX 大学

毕 业 论 文

题　　目：	ASD 企业投资管理存在的问题与对策的研究
系　　部：	经济管理系
专　　业：	会计学专业
班　　级：	XX 级 X 班
学　　号：	XXXXXXXX
姓　　名：	XXX
指导教师：	XXX
完成日期：	XXXX 年 XX 月 XX 日

图 10-1　论文封皮示意图

6. 论文诚信声明和版权说明

论文诚信声明和版权说明如图 10-2 所示。

毕业论文诚信声明书

　　本人声明：我将提交的毕业论文《ASD 企业投资管理存在的问题与对策的研究》是我在指导教师指导下独立研究、写作的成果，论文中所引用他人的无论以何种方式发布的文字、研究成果均在论文中加以说明；有关教师、同学和其他人员对本文的写作、修订提出过并为我在论文中加以采纳的意见、建议均已在我的致谢辞中加以说明并深表谢意。

　　　　　　　　　　　　论文作者：XXX　　　（签字）　时间：　年　月　日
　　　　　　　　　　　　指导教师已阅　　　　（签字）　时间：　年　月　日

毕业论文版权使用授权书

　　本毕业论文《ASD 企业投资管理存在的问题与对策的研究》是本人在校期间所完成学业的组成部分，是在 XXXX 大学教师的指导下完成的，因此本人特授权 XXXX 大学可将本毕业论文的全部或部分内容编入有关书籍、数据库保存，可采用复制、印刷、网页制作等方式将论文文本和经过编辑、批注等处理的论文文本提供给读者查阅、参考，可向有关学术部门和国家有关教育主管部门呈送复印件和电子文档。本毕业论文无论做何种处理，必须尊重本人的著作权，署明本人姓名。

　　　　　　　　　　　　论文作者：XXX　　　（签字）　时间：　年　月　日
　　　　　　　　　　　　指导教师已阅　　　　（签字）　时间：　年　月　日

图 10-2　论文诚信声明和版权说明

7. 论文正文

《ASD 企业投资管理存在的问题与对策的研究》

　　中文摘要：投资，是企业的一项重要经济活动，是促进企业发展的关键环节。投资是指经济主体为了获得未来的预期收益而对现有的资金进行运作，并承担一定风险的经济行为。其资金的来源，可以是延期消费的资金，可以是暂时闲置的资金，或是筹集所得资金。牺牲或放弃现在可用于消费的价值，目的在于获得更大的价值。投资的目的是获取未来报酬。不同的投资获取报酬的形式可以不同，投资报酬可以是市场价格变动所引起的资本利得，也可以是资本本身的增值，或者是各种财富的保值及各种相应的权利等。在我国，由于存在多种原因的影响，使投资管理中存在较多问题。主要体现在对风险管理的认识不足、缺乏系统独立的投资发展规划、资本限额的利用不当、投资管理的监督不力、未执行相应的审计等方面。

本文通过分析 ASD 企业投资管理的现状，发现 ASD 企业投资管理中存在的问题，提出加强投资管理的措施。通过对投资管理进行分析和研究，旨在加强投资管理，降低损失风险，提高投资资金的使用效率和效益，实现资金在该环节增值的目标，谋求进一步的稳定发展。

关键词：企业投资；投资管理

Abstract: Investment is an important economic activity in the enterprise, is the key to promote enterprise development . Investment refers to economic entities in order to obtain the expected future gains on available funds for the operation, and bear the economic behavior of certain risks. Sources of their funds, funds may be deferred consumption, which can be temporarily idle funds, or funds raised . Sacrifice or abandon the present value can be used for consumption, aimed at obtaining greater value. The purpose is to obtain future investment returns . Different forms of investment can get different rewards, return on investment can be caused by changes in the market price of capital gains, capital itself can also be added, perhaps hedging and various corresponding rights of various wealth and so on. In China, due to the impact of the presence of a variety of reasons, so that there are more problems in investment management. Mainly reflected in the lack of understanding of risk management, the lack of systematic independent investment development plan, capital limit the use of improper; investment management ineffective oversight, not the implementation of appropriate auditing.

By analyzing the ASD enterprise, found in cereals ASD enterprise distillery investment management problems exist, propose measures to strengthen the investment management. Through analysis and research on investment management, aimed at strengthening investment management, reducing the risk of loss, improve the efficiency and effectiveness of investment funds to achieve capital appreciation in this part, seek further development.

Key word: Business investment; Investment Management

前　言

投资是企业在生产产品、提供服务的过程中，为获得未来的预期收益值而进行的一项经济活动，在公司资产总额中占有一定的比重。企业的投资管理在资金流管理中有着很重要的地位，建立合适的投资管理模式，完善投资环节以及相应的制度，保证管理资金安全和资金回流的方便快捷，提高投资效率，使资金在整个环节实现增值，只有这样才能在市场竞争机制下获得优势并谋求进一步的发展。

本文以 ASD 企业为例来进一步研究投资管理的问题，找出存在的问题并进行一系列分析，最后提出相应的建议，希望 ASD 企业未来的发展越来越好。

1　投资管理的基本理论及企业概况

1.1　投资管理的概述

投资是指经济主体为了获得未来的预期收益，而对现有的资金进行运作，并承担一定风险的经济行为，为了将来获得更多的现金流入而现在付出现金的行为。投资是企业发展生产和经营的必要手段，是提升企业核心价值和自主创新的必经之路，但投资风险必然存在。

投资管理，是指投资主体为实现自身投资目标，在一定的外部和内部约束下，利用拥有的资金，采取一系列的策略行动，进行计划、组织、实施和控制，最终达到财富最大化的管理过程。投资管理极为重要，如果没有科学的规划，投资活动将会无章可循，变成投机活动。投资管理是为了提高竞争力、实现最大的投资回报，而对投资的各项要素或环节进行策划、决策、组织和控制的过程。

1.1.1 投资管理的概念

在现代企业中，一般是指企业将资金进行投资管理，以获得更大的利益形式，通过对资金进行投资管理，可以使企业获得最大的利益，以更好地增强市场竞争力，赢得市场。投资是企业扩张的需要，是企业进行价值创造的必经途径，也是企业转型、升级、培育新的利润增长点的重要途径。实际上，企业的投资管理也是一项重要的财务管理问题，加强事前、事中、事后的风险管理与控制，将风险损失降到最低，需要遵循"事前、事中、事后控制"相结合的原则——事前分析定目标、定制度；事中严格遵循制度、程序的要求进行管理；事后严格考核、审计、反馈，以保证企业投资方案的有效执行并取得满意的投资效益。

企业进行投资多数情况下是为了追求经济效益，从这一点看，企业投资不同于政府投资。企业作为投资主体必须具备 4 个条件：必须有一定的资金来源，企业以一定量的自我积累资金或融资资金保证投资活动顺利进行；必须拥有独立的投资决策权，企业可以自主决定是否投资、向什么方向、采取什么形式投资、投资额大小等；必须是投资收益的获得者，企业对投资所形成的资产及由此带来的收益具有支配权，能自主地委托他人进行经营；必须是责任和风险的承担者。

1.1.2 投资管理的作用

投资管理对于企业有着重要的作用。因此，投资的好坏对企业的长期发展具有重大的作用，这就使得投资管理的作用显得尤为重要。

（1）对企业可持续发展有重要作用。企业投资管理是指为了实现企业的长期发展目标，对资金投向、建设项目与方案的选择，以及项目实施过程中所进行的一系列管理活动。在企业中，投资管理是企业管理中的重要组成部分，投资管理的好坏会直接影响到企业的生存和发展。加强企业投资管理，提高企业投资管理的水平和投资效益，对企业的可持续发展有重要意义，加强企业投资管理是企业允分利用资金，提高企业资金利用率的重要途径。在企业日常经营活动中，正确地运用企业投资管理理论指导投资行为可以给企业带来相当可观的经济利益，最明显的就是充分利用了闲置资金，提高了企业资金利用率，避免资源浪费，也增加了企业的收入。此外，企业也可以通过合理有效的投资扩大生产经营活动，执行一定的发展战略计划，实现市场竞争力的扩充。加强企业投资管理也能够增加企业的收益也是企业提高经济效益的一个有效的措施。加强投资管理，可以使企业提高投资效益，增加投资收入，降低投资风险。

（2）对企业资金运用有重要作用。对于企业投资而言，投资就是把资金直接投入为生产经营性资产来获得投资利润，例如购买设备、建造厂房、购买生产原材料等。它是企业运用资金的主要领域之一，也是企业实现产业更新、调整产品结构、增强企业竞争力的一种主要途径。纵观投资活动的全过程，每个投资项目都有一个整体目标，也就是说在一定时间内，按投资预算的要求，用最低的资金投入实现资源的最优组合，搞好项目的建设，使其能够达到设计质量的要求，从而取得良好的经济效益和社会效益。因此，在选择分析投资项目时，应围绕投资效益这个核心，按照系统论的观点，把项目的内部条件与外部环境、局部利益和全局利益、当前利益和长远利益以及定量分析和定性分析结合起来，综合评价分析项目系统各要素之间、系统与要素之间以及系统和环境之间的相互联系与相互作用，来实现既定的投资目标。

在企业投资规模越来越大，投资品种越来越丰富的情况下，更多的企业参与到市场化的投资管理中来。随着现代科学技术的发展，为投资管理走向数量化提供了有利条件，再加上投资理论的成熟和体系的完善，市场信息传递速度和质量明显提高，风险预估和风险抵御能力大大增强，专业投资管理队伍日益壮大。企业做出科学的投资管理决策也具备了更有效的分析手段和管理工具，很多企业开始转向国际化市场，突破了实物投资的地域限制，也在一定程度上体现了模型化的发展趋势，在现代企业中，投资已经具有相当重要的意义。

1.1.3 投资管理的主要方式

作为一个经济组织，企业要生存、发展，就必须不断地投资盈利。而且企业要实现其利益最大化目标，就必须选择合理的投资方式进行投资。投资管理方式是指企业为了达到既定的目标而选择的具体投资方案，这里的目标可以是企业竞争能力的提高、市场份额的扩大、生产能力的提高等。投资的方式可以有多种划分，主要包括产业投资与证券投资、直接投资和间接投资等。但对于企业而言，直接投资是其主要的投资方式。

（1）直接投资和间接投资。根据投资的资金投入的直接程度，投资方式可以分为直接投资和间接投资。直接投资是指投资者将货币性资金直接投到相关的投资项目上，形成实物资产或是组建企业，并参与经营管理活动的行为。这种投资活动中，投资者可以以股份的形式拥有全部或一定数量的所有权，从而具有投资企业的全部或部分控制权，参与投资项目的经营管理。直接投资包括对厂房、机器、设备、交通运输工具、通信等各种资产的投资，以及对专利、商标、技术秘诀、咨询服务等无形资产的投资。间接投资是指投资者以其资本购买政府公债、公司债券、金融债券或公司股票等，以获取一定预期收益的投资行为。由于间接投资形式主要是购买各种各样的有价证券，因此也被称为证券投资。与直接投资相比较而言，间接投资的投资者除股票投资外，一般只享有定期获得一定收益的权利，而无权干涉所投资的项目或企业的实际经营决策。间接投资的资本运用很灵活，可以随时地调用或转卖、更换其他资产，来谋求更大的收益，或者减少由于政治经济形式变化而承担的投资损失的风险。

（2）产业投资和证券投资。产业投资是实现企业生产经营活动可持续发展的根本手段和途径。在现代经济条件下，任何企业要进行市场活动都要预先垫付一定数量的货币，以购买劳动资料和劳动对象、支付劳动者的工资报酬。所谓产业投资就是为获得预期不确定的收益，以货币购买生产要素，从而将货币收入转化为生产资本。这样，企业的整个生产过程就表现为投资阶段、生产阶段、销售阶段这三个阶段。企业的投资、生产和销售三个阶段相互联系地形成一个有机整体，只有实现投资、生产和销售的正常运行，才能达到投资的最终目的，三个阶段缺一不可。证券投资是与产业投资相对应的一种投资方式。证券投资是在产业投资的基础上发展起来的，是一种为产业投资融通资金的方式。所谓证券投资是指投资者为了获取预期收益购买证券以形成金融资产的经济活动。证券投资是产业投资发展到一定程度的必然产物，且它不能脱离产业投资而独自存在。同时，证券投资只有转化为产业投资才能实现自己价值的回流和增值。

1.2 ASD 企业概况

ASD 企业初建于 20 世纪 50 年代，是东北最早成立的烧酒公司之一。企业经过 60 多年的顽强拼搏，励精图治，艰苦创业，有了飞跃式的发展和进步。现拥有注册资金2000万元，员工150余人（其中财务人员9人），在东北三省已经发展成为一家实力较大、知名度较高的烧酒批发公司之一。

2 ASD企业投资管理中存在的问题

2.1 投资管理环节存在的问题

投资是ASD企业经营活动的重要组成部分，投资的收益多少对整体的资产周转速度有一定的影响，目前ASD企业投资管理上存在着有待于解决的问题，这些问题影响着公司的有效运作、盈利能力和资金管理效率，也影响着企业的长远发展。因此，提高企业投资管理能力对ASD企业的持续、快速、健康发展尤为重要。

2.1.1 缺乏在事前的投资预测分析环节

在企业投资以前，需要对投资项目进行科学的预测分析。仔细了解、认真研究投资项目的风险和未来收益，绝不能单凭管理者的主观判断盲目投资。主要包括项目建议书、可行性研究、调研报告等，其中最关键的是可行性研究。

在2013年第一季度，ASD企业有三种型号的设备可以选择投资，其有关数据如表1所示。

表1 2013年第一季度ASD企业的三个设备投资指标对比　　　　　　单位（万元）

设备型号	投资回收期（年）	投资报酬率（%）	是否预测
50吨	1.82	5	未预测
80吨	2.86	10	未预测
100吨	2.92	8.75	未预测

通过表1可以看出，三个设备都可以进行投资。ASD企业选择了回收期最短的50吨设备，50吨设备的投资回收期为5年。虽然说投资回收期的长短很重要，但同时投资的回报率也非常重要，80吨设备和100吨设备虽然投资回收期比50吨设备长，但80吨设备和100吨设备的投资报酬率都比50吨设备的投资报酬率高，50吨设备的投资报酬率是最低的仅为5%。2013年第一季度本可取得更大的收益，但因为ASD企业没有在投资前实现预测环节，导致了部分资金的流失。从以上分析可以看出，在投资前没有进行预测，直接对50吨设备进行投资，对企业造成了不良的影响，本可以有更好的方案进行选择，但是因为缺乏事前投资预测这一关键环节，往往会造成盲目投资。这对于企业未来发展来说也是有一定的危险性的。

投资管理本来就是为了提高竞争力或获得最大投资收益，而对投资的各项要素或环节进行策划、决策、组织和控制的活动。ASD企业这样盲目直接投资的行为并没有真正地达到投资的目的。最后因为ASD企业投资的盲目性，导致投资项目收益低，一定程度上浪费了资源。

2.1.2 缺乏在事中的监督管理环节

目前企业投资决策监督环节不健全，企业领导人非理性决策，造成投资决策的随意性、主观性、独断性。在投资管理过程中，由于企业对投资项目的可行性缺乏周密系统的分析和研究，加之决策所依据的经济信息不全面、不真实以及决策者决策能力低下等原因，导致投资决策失误频繁发生，具体数据如表2所示。

表2　2013年ASD企业与XXXX科技有限公司投资项目对比表　　　单位（万元）

公司名称	投资项目	投资期	每年投资金额	总投资金额	投资收益	有无监督部门
AA公司	蒸馏设备	3年	30	90	19.33	有
BB公司	蒸馏设备	3年	30	90	9.11	无

在2013年ASD企业需要进行一项固定资产投资，与当时在市场中的合作伙伴及竞争对手XXXX科技有限公司同时进行了投资。由表2可以看出，ASD企业和XXXX科技有限公司的投资期、每年投资金额、总投资金额都相同，但投资的投资收益却有明显的差异，这也是因为投资的过程中XXXX科技有限公司的监督部门对投资项目、投资设备等进行了监督，及时发现设备使用过程中出现的问题，及时跟进并更新了设备。但ASD企业却忽略了监督环节，并没有设立监督部门。所以ASD企业生产时进度也不如XXXX科技有限公司，投资收益产生了不小的差异。

2.1.3 缺乏在事后相应的审计环节

企业在投资管理活动中，过于倾向前期投资评估与融资行为评价，但是在后期管理、经营过程中却有所松弛。更有一些投资项目由于缺乏完善的管理方法与监督手段，没能朝向对企业有益的方向发展，造成投资失败。另外，对于投资管理的审计环节，往往由于受到程序化制约或者外界压力，而没能真正落实到位，最终流于形式，具体数据如表3所示。

表3　2012~2013年度ASD企业生产成本情况　　　单位（万元）

投资项目	灵芝酒	蛹虫草酒	何首乌酒
2011生产成本	17	20	19
2012生产成本	20	25	22
2013生产成本	24	27	34
是否进行审计	否	是	否

由表3可以看出，投资灵芝酒、蛹虫草酒和何首乌酒的生产成本相差并不多，但是ASD企业只对蛹虫草养生酒的生产成本支出进行了审计。而在投资灵芝、何首乌酒后没有进行后续的审计与核算，ASD企业忽略了对灵芝酒和何首乌酒的生产成本审计。当然，生产成本还有原材料成本增加等其他的一些影响因素。由于企业并未对以上两种药材酒的投资进行审计核算，部分审计环节不了了之。可以看出，ASD企业的投资管理审计环节不健全。因为缺乏投资事后相应的审计环节，在后期管理、经营过程中有所松弛，导致灵芝酒和何首乌酒在2013年的生产成本增加，一定程度上导致了资金的流失，企业的效益也降低了。

2.2 投资管理制度存在的问题

企业在投资管理方面存在制度不健全的因素。因为制度方面存在着不健全的因素，投资项目投资以后，不管盈利还是亏损，责任不会追究到具体的相关责任人。因此，项目的提出者、项目策划者和项目执行者都不存在责任方面的制约压力。没有认真研究项目的积极性，在投资后，也缺乏监督管理的积极性，这种状况导致了投资项目疏于管理，给企业造成了损失。

企业关注的是前期的投资项目评估与融资行为，对投资产品的后期管理与经营却很少涉及，基本上没有相应的管理制度。很多投资项目由于疏于管理，处于自生自灭的状态，没有朝着企业预期的收益方向发展，加大了企业应承担的风险损失。

2.2.1 责任奖罚制度不健全

ASD企业于2011年颁布了《ASD企业奖惩制度》。然而，奖惩制度在推出后，对职工工作积极性并没有起到十分显著的推动作用，违规行为、计算失误也有发生。领导也曾多次在会议上提醒企业的奖惩制度，指出违规行为及计算失误的严重性，并对违规行为进行扣奖金的惩罚，但这些奖罚制度发表后并未起到明显的作用。

这就导致了一些投资项目在投资后缺少制度管理，各项目负责人也没有压力和动力，从而也导致投资项目会产生失败结果的可能性。如果能够建立一种健全的责任制度，把具体责任追究到个人或各个部门，就将会使投资项目的提出和管理有巨大的改进。由于有责任在身，项目的提出者必然会在做出深刻分析后再提出投资项目，这就使得项目成功的可行性大大提高，具体数据如表4所示。

表4 2011～2013 ASD企业奖罚金额对比表   单位（元）

年份	奖励金额	惩罚金额
2011年	10～100	10～100
2012年	10～100	10～100
2013年	50～150	50～150

从表4可以看出《ASD企业奖惩制度》中奖励和惩罚力度不够，导致优质工作成果减少，奖惩制度失效。投资过程中如果出现了计算错误或者登记错误，对投资会有不良的影响，还有可能直接导致投资失败。这样的话造成重大损失但惩罚金额少，对于员工来说并没有起到真正的警示惩罚作用。2011和2012年的奖酬金额最高也就只有100元，其获得的条件需要通过比别人更多的时间或更多的精力来取得工作成果，也有人曾表示过，将时间用在享受生活上远比将这些时间用来争取还不一定能拿到的100元更有价值。还能看出，奖惩制度中奖励的差落金额过小，也会导致职工工作积极性降低。制度对违规行为的惩处结果并不是十分严重，最高罚款金额仅为100元，如此低的惩处金额上限对于收入尚可的职工来说，这样的惩处只能说是略施薄惩，无关痛痒。而且2013年奖惩金额也仅仅上调了50元，幅度较小。惩处力度的欠缺从一定程度上讲就是缺少了压力的机制，这使得职工缺乏了危机意识，忽视了个人承担的责任，同时也促使职工不断地去挑战惩处制度中的相关规定。从以上两点我们不难看出，奖励力度不够，奖励所设金额没有满足广大职工不断提升中的需要。

在投资过程中，项目的负责人、提出者当然也不会对被投资项目进行严格管理，促进投资项目朝着有利于企业的方向发展，为企业带来更大的收益。所以建立健全的责任制度和奖惩制度对做好企业的投资管理工作具有重要的意义。

2.2.2 投资内部控制制度不完善

企业科学的内部控制机制设计，并不是以某个部门或某项业务活动为对象，而是面对着企业的整个体系，是立足于全局整体出发，通盘策划，调动一切积极的因素，同心协力来推动企业整体运作有秩序地进行而设计的一种统筹全局的机制。当然，它是由一系列关系全局整体和局部的内部控制制度来作保证的。如果企业的各项目内部控制制度能够得到严格的执行，将会把企业的所有部门、所有岗位上的工作人员组成一个相互配合又相互制约的有机整体。他们各自按照明文规定的操作规程严格执行，主动并负责任地履行各自的职责，努力地创造井然有序的经营环境。这样的统筹整合效果，对任何一个参与市场竞争的企业来说都是不可缺少的，具体内容如表5所示。

表5 ASD企业投资内部控制环节表

投资环节	申请	审批	执行
管理部门	投资管理办公室	投资管理办公室	投资管理办公室
是否市场调研	否	否	是

从表5中可以看到ASD企业投资的申请环节、审批环节、执行环节的管理部门都是投资管理办公室，说明企业内部控制的部门分工不明确、权责不明晰，如果任何一个环节出现了问题，都将直接或间接地导致投资失败。并且在投资管理过程中企业没有在申请环节、审批环节进行市场调研，只在执行环节进行了市场调研，可以看出ASD企业的投资内部控制制度并不完善。往往企业缺少市场调研，没有掌握充足可靠的信息，缺乏科学依据，搜集数据失真，从而导致错误理论，误导企业投资选项，最终导致投资决策失误。

3 针对ASD企业投资管理的对策

3.1 针对投资管理环节问题的对策

3.1.1 加强投资事前的预测分析环节

ASD企业在企业投资以前，应当对投资项目进行科学的预测分析。认真研究并且需要仔细比较、了解投资项目的风险和未来收益，而且预测分析时不能只用一种方法来计算，需要用多种计算方法计算并加以比较分析。做好投资前的科学预测分析，切忌单凭管理者的主观判断盲目投资。要抓好以下两点：

（1）进行技术上的分析。技术上的预测分析是设立投资项目的一个重要环节，是保证项目成功的前提，企业应该从技术的成熟度上来分析项目的可行性。只有企业具备了投资项目所需的技术时，才使投资有了一定的可行性，如果企业还未具备投资项目所需的技术或者所需的技术还未成熟的话，那么投资就不具备可行性。而且如果只单单看到投资项目带来的收益而盲目投资的话，不但不能给企业带来丰厚的收益，反而会给企业造成损失，重者甚至导致企业破产。

（2）进行经济上的分析。在进行技术分析的同时也要从经济效益和投资规模上预测分析项目的可行性。首先是要考虑到投资项目的经济效益问题，如果投资项目未来的经济效益良好，能够给企业带来收益，则投资项目具有一定的可行性，反之则不然。其次是要考虑到投资规模问题，现在企业投资，有时候是企业的自筹资金，有时候需要银行贷款，所以企业要考虑到筹资、还贷力度等问题。如果缺乏考虑，投资规模过大的话，投资项目未来收益不好，不仅会给企业的资金运转造成很大困难，而且还会给企业造成巨大的经济损失。

3.1.2 加强投资事中的监督管理能力

在投资过程中，ASD企业应当：

（1）建立专门的监督组织，对被投资项目进行严格的监督和管理，使被投资项目能够向良好的方向发展，从而增加企业的收益，提高企业投资的效率。然而在实际中，企业并没有相应的制度和组织，资金投出以后，就失去了有效的管理和控制。这就会使得被投资项目因为疏于管理、缺乏监督，而不能向正常的方向发展，甚至还会形成恶性循环，导致亏损，从而给企业带来重大的损失。

（2）投资过程中的监督管理要执行周全的风险防范措施。为了把风险预警与防范措施工作做到最佳，企业根据种子期、创立期、发展期、扩张期和成熟期的分类方法将投资产品合理定位，对于不同投资时期的不同投资产品，针对其所面临的风险分别制定有效的风险防控措施，通过各种可能的手段最大限度地规避风险、转移风险，把风险损失降到最低。还需要建立权威的监管机构，派任规范的职能机构和人员对企业投资进行管理，帮助企业投资管理者客观地看待市场因素对企业投资行为的影响，正确地分析投资项目。

3.1.3 加强投资事后的审计能力

ASD 企业对项目投资后，不仅要对投资项目进行投资前的预测分析和投资过程中的监督，还需要对投资项目进行定期的审计和验收。投资项目的运行优劣直接关系到企业是否能够获利。所以在投资项目运行一定时期后，必须要对其投资结果进行审计评审。由于投资的项目可能会在一定时期内出现亏损状况，取不到较好的审计效果，所以审计工作应当分阶段进行，以便及时地发现问题、解决问题，促进投资项目正常运行，并为企业管理者提供可靠的信息资料，掌握投资项目的运行详细情况，以便企业的管理者做出判断和决策。当然验收工作也是非常重要的，必须按照相关要求严格进行，全面考核项目的运行情况，还要出具验收报告，这对评价投资项目的运行结果具有非常重要的意义。

（1）加强培训，提高企业管理人员的素质。为了适应现代企业制度的要求，企业的审计人员必须具有良好的业务素质和政治素质，还需要具有较广的知识面，除了至少掌握一门专业外，还要成为懂财务、经济、法律、计算机、工程等知识的复合型人才。企业要加强内审人员队伍建设，多渠道、多层次、多形式地搞好培训工作，同时也要加强政治思想教育工作，使审计人员能够跟上时代的步伐，适应改革的需要。

（2）拓宽领域，突出重点。企业投资管理过程中审计的范围应随着企业经营活动的扩大而扩展，由单纯的财务审计职能扩大到现在的监督评价和服务等职能，包括决策、生产、技术、经营、管理、流通等。内部审计要从传统的查错纠弊小圈子里跳出来，进入供、产、销、人、财、物的广阔领域，以提高经济效益为中心，以加强经济管理为重点。

3.2 针对投资管理制度问题的对策

对于企业内部的投资管理制度要加强并完善构建科学先进的投资决策体制，以求降低企业投资中所面临的风险。投资决策管理不规范的部分企业没有建立投资管理制度，造成企业的投资行为缺乏制度约束，任意而为。公司投资管理制度体系共分三个层级：投资制度、投资管理办法和操作细则。良好的投资管理制度是完善企业财务管理的制度保障，因而每个企业都需要制定适合自己的企业投资管理制度来保障企业资金的合理调动，以取得最大利益。建立健全的科学的投资管理制度，聘请高质量的投资管理人员，以便减少不必要的资金流失。控制风险、防范风险和化解风险是确保企业能够在激烈的市场竞争中立于不败之地的前提条件。所以，为了达到最好的投资效益，ASD 企业就要学会构建科学的投资管理体制，完善投资管理过程中的奖罚制度和内部控制制度。

3.2.1 完善投资管理的责任奖罚制度

ASD 企业需要完善的责任制度和奖惩制度。投资项目的正常运行需要强有力的责任制度和奖罚制度，将责任与奖罚落实到实处，对投资项目的正常运行是相当有利的。同时健全的奖惩制度也可以给项目负责人带来压力和动力，有助于不断完善整个项目的投资管理决策，使项目的可行性大大提高。

（1）加大奖惩力度，提高奖惩最低额度，抑制违规行为。在经济不断发展的现今社会，人们对于价值观已有了不小的改变，过小的奖惩力度与奖惩额度，无法满足职工享受生活的需要，当然也无可避免制度的失效性。对于一再违规的人员，应按其职务的大小与违规的次数制定惩处的不同额度，同时切实做到付诸于实际，以达到以一惩百的效果。只有加大奖惩的力度，让职工无法忽视奖惩的额度，使建立的机制更具有动力性、压力性、约束性，才能有效地提高工作的积极性，真正地重视奖惩制度中所提到的违规行为。

（2）拉大奖惩尺度，激发职工的工作潜在能力及其努力的动机，使之更好地实现制定奖惩制度的目标。当奖惩的尺度拉大到能满足职工不断增加的需求时，职工的工作积极性和竞争性就会得到有效的激发，甚至还会激发职工的工作潜能，使广大职工更好地为公司管理及提高职工工作效率出谋划策，真正提高职工的工作积极性、主人翁意识和责任感。

（3）在执行奖惩制度时，行政领导者应做到公正不偏；要经常与职工进行沟通。对于获得荣誉、成绩优秀的职工应及时给予精神方面的通报表扬和物质方面的奖酬鼓励，采取内外综合的激励方法，同时应注意多以正面的表扬鼓励的例子影响反面的违规行为。

建立健全投资责任制度和奖罚制度，确定新的发展战略目标，选择恰当的投资项目，提高投资决策水平，加强投资风险管理，实现投资效益最大化，才能使其将来不论遇到何种风暴都能平稳发展和壮大。

3.2.2 完善投资管理的内部控制制度

科学、有效的内部控制制度，是现代企业实现其经营管理目标的有力保证。针对 ASD 企业在投资循环控制中显示出来的问题，我们应有针对性地从其内部控制出现的问题及企业内部控制的缺陷提出其解决措施。

（1）完善其内部控制组织架构。建立科学、合理的公司治理结构和组织结构。内部控制是贯穿于整个企业营运全过程的一系列活动，也是企业管理的主要控制手段之一，在投资循环过程中发挥着控制作用和监督作用。企业的内部组织结构为企业的投资活动提供规划、执行、控制和监督的框架，组织结构是执行管理任务的一项体制，也是投资内部控制的重要载体，在整个管理系统中起着"骨架"作用。建立适当的投资组织结构，也就是科学地、合理地设置企业投资内部机构和岗位，确定机构和岗位职责以及各个机构、岗位间的相互关系，是对人流、物流、信息流实现有效投资内部控制的基本前提。只有具备符合本企业实际情况的投资组织结构，才有可能使三者科学合理地流通，进而实现企业的投资战略目标。

（2）设置内部控制委员会、执行层的内部控制部门以及监管层的监督部门。按照企业制定的投资审批程序严格执行投资项目的评估审查，加强企业投资管理各环节的审查力度，对投资理由是否恰当、投资环节是否有效的控制来进行严格评议。将投资相关的权与责落实到各部门，落实到个人，确保实施投资管理的每一个环节都环环相扣。严格执行公司制定的项目方案，跟踪项目实施后的投资收益和收益质量。优秀的投资项目也有可能因投资执行错误或者实施过程的监管缺失或监管不到位而导致亏损。所以应该定期地对所实施的投资项目进行过程评估和收益评估。

ASD 企业需要完善企业投资内部控制机制，需要对投资行为的整个过程进行严格规范管理，对投资项目进行投资前、投资后跟踪分析和审计监控，那么 ASD 企业的业务将会循序渐进地一步步扩大，投资收益也会一步步提高，避免企业资产的流失。投资管理内部控制制度是否健全与投资项目成败、企业经济利益，甚至企业的存亡息息相关，企业必须有严谨的政策态度和科学的投资管理行为。当然，随着企业投资管理实践的发展，企业的投资行为将日益成熟，会给企业带来更多的经济效益及战略意义。

结　　论

总之，企业投资管理是一个比较复杂而又系统的工程，市场竞争越来越激烈，ASD 企业的生存环境也变得越来越残酷，它涉及到了资金、体制和利益等各层面的问题。投资管理工作的优劣与投资项目的成功与否、企业的利益，甚至企业的存亡密不可分。只有站在全局整体的高度考虑，采取认真负责的态度，利用科学技术做好每一个环节的工作，并加强管理和监督，认真评审和验收，健全责任奖惩制度，必须有严谨的政策态度和科学的投资管理行为，才能使企业的投资管理取得成功，给企业带来良好的收益。当然，随着企业投资管理实践的发展，企业的投资行为将日益成熟，会给企业带来更多的经济效益及战略意义。

参考文献

[1]　周传玲．民营企业财务管理存在的问题与对策[J]．现代商业，2010（11）．
[2]　方为民．简析企业财务管理中存在的问题及解决对策——以×机械制造企业为例[J]．中国总会计师，2010．
[3]　刘胜建．当前民营企业财务管理存在的问题及对策[J]．开封大学学报，2010．
[4]　林立兴．民营企业财务管理存在问题及对策[J]．企业家天地（下半月版），2009（10）．
[5]　张国富．民营企业财务管理存在问题及对策研究[J]．内蒙古科技与经济，2009（3）．
[6]　王中安．企业投资管理体系建设及面临的问题与思考，2013．
[7]　杨月华．企业投资管理现存问题及对策分析．财金论坛，2011．
[8]　张文峰．中小企业投资存在的问题及其对策．中国证券期货，2012．
[9]　刘义鹃．财务分析方法与案例．东北财经大学出版社，2012．
[10]　吴锐．中小企业投资管理存在的问题与对策，2012．
[11]　李博业．我国企业投资发展研究．现代经济信息，2012（2）．
[12]　朱博义．企业投资风险的成因及控制．会计之友，2011（7）．
[13]　胡志勇．财务管理．北京理工大学出版社，2012（1）．
[14]　张益翔．企业投资管理现存问题及对策分析．商业经济，2011（4）．
[15]　罗旭升．私营公司必备管理制度．中国证券期货，2011（5）．
[16]　Istrate Luminita Gabrielaa. Procedia-Social and Behavioral Sciences. Volume 24. 2011.

致　谢

本文是在 XXX 老师的悉心指导和大力支持下完成的，在选题、研究、写作、修改直至最终完成的过程中，XXX 老师给了我很大的帮助和启发，在此致以深深的感谢。XXX 老师扎实的专业功底、严谨的治学态度、高度的敬业精神和兢兢业业的工作作风对我产生了重要影响，他渊博的知识、开阔的视野和敏锐的思维给了我深深的启迪。同时，在此次毕业论文过程中我也学到了许多关于投资管理的知识，在理论方面有了很大的提高。另外，我要感谢经济管理系的所有任课老师，是你们的教导和培养才让我顺利完成学业。

最后，感谢 XXXX 大学为我提供了良好的学习环境，在大学中，我的各方面能力都得到了提升。

通过几个月对期刊杂志、相关书籍的查询和对网络资料的搜索，我积累了大量的资料，形成了本文中的观点。但是，由于时间仓促以及自身理论水平和实践经验有限，文章中难免会出现差错和疏漏之处。在这里，恳请各位审查、批阅论文的老师及领导批评指正。

10.2.2　QWX 有限公司财务管理现状问题研究

1. 毕业论文任务书

毕业论文任务书如表 10-1 所示。

2. 文献综述

文献综述如表 10-2 所示。

3. 论文开题报告

论文开题报告如表 10-3 所示。

4. 论文中期报告

论文中期报告如表 10-4 所示。

5. 论文封皮

论文封皮示样图如图 10-3 所示。

```
                    XXXX 大学
                    毕 业 论 文

题    目：QWX 有限公司财务管理现状问题研究
系    部：经济管理系
专    业：会计学专业
班    级：XX 级 X 班
学    号：XXXXXXXX
姓    名：XXX
指导教师：XXX
完成日期：XXXX 年 XX 月 XX 日
```

图 10-3　论文封皮示样图

6. 论文诚信声明和版权说明

论文诚信声明和版权说明如图 10-4 所示。

毕业论文诚信声明书

本人声明：我将提交的毕业论文《QWX 有限公司财务管理现状问题研究》是我在指导教师指导下独立研究、写作的成果，论文中所引用他人的无论以何种方式发布的文字、研究成果均在论文中加以说明；有关教师、同学和其他人员对本文的写作、修订提出过并为我在论文中加以采纳的意见、建议均已在我的致谢辞中加以说明并深表谢意。

论文作者：XXX　　　　（签字）　时间：　　年　月　日
指导教师已阅　　　　　（签字）　时间：　　年　月　日

毕业论文版权使用授权书

本毕业论文《QWX 有限公司财务管理现状问题研究》是本人在校期间所完成学业的组成部分，是在 XXXX 大学教师的指导下完成的，因此本人特授权 XXXX 大学可将本毕业论文的全部或部分内容编入有关书籍、数据库保存，可采用复制、印刷、网页制作等方式将论文文本和经过编辑、批注等处理的论文文本提供给读者查阅、参考，可向有关学术部门和国家有关教育主管部门呈送复印件和电子文档。本毕业论文无论做何种处理，必须尊重本人的著作权，署明本人姓名。

论文作者：XXX　　　　（签字）　时间：　　年　月　日
指导教师已阅　　　　　（签字）　时间：　　年　月　日

图 10-4　论文诚信声明和版权说明

7. 论文正文

《QWX 有限公司财务管理现状问题研究》

中文摘要：在我国的经济体制中，中小企业一直都占有举足轻重的地位。但是，我国的中小企业的发展并不是一帆风顺的，在经济迅速发展的今天，我们也越来越认识到我国中小企业所面临的困境。特别是财务管理这一方面，许多中小企业的财务混乱，管理没有明确的分工，也没有完善的财务管理制度，导致企业陷入瓶颈或停滞不前，更严重的导致破产。企业财务活动是以现金为主的企业资金收支活动的总称。企业的经营活动不停地进行，在市场经济条件下，众所周知进行生产经营活动的必要条件是资金。在企业的生产经营过程中，资金一方面表现为物资的不断售出和购进；资金的支出和收回是资金的另一方面表现形式。所以，企业资金的收支就构成了企业经济活动的一个独立方面，这便是企业的财务活动。可见一个企业财务管理的重要性。为了中小企业能在现在飞速发展的经济市场中屹立不倒并且辉煌发展，就需要我们完善我们的企业财务管理制度，并且严格执行。本文通过对 QWX 有限公司财务管理现状进行分析、研究，再通过分析财务数据、报表等找出漏洞和不足之处，加以完善和改正，再通过严格的执行使企业更加顺利地发展下去。

关键词：资金；资本成本

Abstract: In the economic system of our country, small and medium-sized enterprises has always occupies an important position. However, the development of small and medium-sized enterprises of our country is not plain sailing, in today's rapid economic development, we become more and more realize the difficulties facing small and medium-sized enterprises in our country. Especially the financial management on the one hand, many small and medium-sized enterprise's financial turmoil, the management has no clear division of labor, there is no perfect financial management system, lead to enterprise into a bottleneck or stagnate, more serious lead to bankruptcy. Enterprise financial activities in cash of the floorboard of the enterprise payment activities. Under the condition of market economy, money is a necessary condition for production and business operation activities. You are in the process of production and operation of enterprises, on the one hand, show the buys and sells other supplies: on the other hand, show the capital spending and retrieved. The business activities of enterprises constantly, will also continue to generate funds balance of payments. Enterprise capital income and constitute a separate aspects of the enterprise economic activity, that is enterprise's financial activities. The importance of a firm's financial management. For small and medium-sized enterprises to standing in the rapid development of economic market now and brilliant development, we need to improve our enterprise financial management system, and strictly implemented. This article through to QWX co., LTD, analysis, research the financial management activities. And then through the analysis of financial data. Report to find loopholes and shortcomings, such as perfect and correct, again through the strict execution make the development of the enterprise more smoothly.

Key words: Money; the cost of capital

前　言

我们知道，企业管理包括销售管理、财务管理和生产管理等多个方面，而且整个管理体系的核心便是财务管理，因此企业追求的目标便是企业的财务管理目标。可见，要有效地强化企业管理、促进企业发展，只有以财务管理为中心，协调运作管理体系的各个方面。我所在的企业有限公司是一家小企业，单纯追求市场份额、销量和利润显示了它具有中小企业的特点。因此，忽视了以财务管理为中心的思想地位。因为僵化落后的财务管理思想，所以使企业财务管理仅仅局限于生产经营模型的管理格局之中，企业风险控制和企业财务管理的作用没有得到充分发挥。而且，与此同时企业管理者的管理素质和管理才能水平较低，据全国工商联和中国社科院研究院联合调查显示：私营的小企业财务管理水平较低，甚至有40%的业主看不懂财务报表，那他们又如何来实施规范的财务管理呢？而且，另一方面也由于受体制和宏观经济环境变化的影响。因此，中小企业在加强财务管理方面遇到的阻碍成为中小企业加强财务管理的主要问题，有宏观经济因素，也有企业自身的因素。例如由于政策的问题使大型企业和中小企业不能公平竞争，另外因为是家族企业导致了财务管理受企业领导的影响过大，而且金融市场的不完善必然影响着企业财务管理改革的深化等。

1　财务管理的概述

1.1　财务管理的定义与特点

财务管理，是组织企业财务活动、处理财务关系的一项经济管理工作。因此，要了解什么是财务管理，必须先分析企业的财务活动和财务关系。财务管理包括资金筹集、资金投放、成本费用和利润分配等。本文重点在于资金筹集与投放。

1.1.1 企业财务管理的定义

企业财务管理，是企业组织财务、资金活动，处理各种财务关系的经济管理工作，是企业资金发展到一定阶段的产物。因此，企业的财务管理是企业管理的重要组成部分。

在市场经济迅速发展的今天，企业面临的财务关系和资金管理更加复杂，为了保持企业的正常发展和财务关系的稳定，我们必须按照一定的原则进行财务管理。

1.1.2 企业财务管理的特点

企业生产经营的多样性决定了财务管理的复杂性，各项工作既相互联系，同时又有明确的分工，具有各自不同的特点，市场经济的多样性也就决定了企业财务管理的不同。

一般我们所理解的企业管理的特点是：

（1）企业财务管理是一项综合性管理工作。

随着社会经济的发展，要求财务管理要运用价值形式对经营活动实施管理，通过价值把企业的一切物质条件、经营过程和经营结果都合理地加以控制和规划，达到盈利的目的。因此财务管理既是企业管理的一个独立方面，又是一项综合性的管理活动。

（2）企业财务管理与企业的各方面有着密切的联系。

在企业的日常生活中，任何经营活动所涉及到的资金的收支都与财务管理有关，财务管理的枝蔓延伸向企业的各个角落。因此，需要每个部门都合理地使用资金、节约资金，都要接受财务部门的指导，按照财务制度执行。

（3）企业财务管理能反映企业的生产经营状况。

在企业的日常管理活动中，决策是否恰当、经营是否合理、经营是否正常、技术是否先进、产销是否顺利、利益是否达到预期，都可以通过企业财务指标反馈出来。这也可以说明，财务管理工作既有独立性，又受到整个企业管理活动的制约。

（4）企业财务管理涉及面广。

对企业而言，财务管理活动涉及到企业生产、销售、供应等各个环节，企业内部各个部门与资金不发生联系的现象是不存在的。同时，财务管理部门本身为企业的生产管理、销售管理、质量管理、人力与物资管理等活动提供及时、准确、完整、连续的基础资料。

（5）企业财务管理综合性强。

在现代企业制度下的企业管理是一个通过由营销管理、生产管理、质量管理、技术管理、人事管理、物资管理、财务管理、采购管理等诸多子系统构成的复杂系统。即财务管理完全地渗透在全部经营活动之中，涉及生产、供应、销售的每个环节和人、财、物各个要素，所以抓企业内部管理以财务管理为突破口，通过价值管理来协调、促进、控制企业的生产经营活动。

所以，综上所述我们可以知道，财务管理是企业的重要组成部分，是不可缺失的一部分，必须严格按照各种规章、制度执行，才能使企业继续顺利地发展下去。

1.2 财务管理的目标

1.2.1 企业财务管理的目标概述

财务管理的目标，是企业通过日常的财务活动所要达到的根本结果，是评价企业财务活动是否合理的基本标准，它决定着企业财务管理的基本方向，是企业一切财务活动的出发点和归宿。制定明确的财务管理目标是现代企业搞好财务工作的的前提，只有有了明确的财务管理目标，财务管理工作才有明确的方向。因此，企业应根据自身的实际情况和市场经济体制对企业财务管理的要求，科学合理地选择、确定财务管理目标。

1.2.2 企业财务管理的具体目标

企业财务管理目标是企业财务管理活动所希望实现的结果,其主要有以下几种模式:

(1) 以利润最大化为目标。

利润最大化目标,就是在假定投资的预期收益确定的情况下,财务管理的目标行为将向着有利于企业利润最大化的方向发展。就是得到的利润越多。

但是,这样就会存在很多待解决的问题:

①利润最大化没有考虑利润实现的时间,即资金的时间价值。
②利润最大化没有考虑风险问题,高额利润的获得往往都会承担着很大的风险。
③利润最大化会很容易忽视利润和投入资本的关系。
④利润最大化可能会导致企业有短期行为的倾向。

(2) 以股东财富最大化为目标。

股东财富最大化,是指通过企业财务上的合理运营为股东创造最多的财富。通常只适用于上市公司,非上市公司很难应用,因为无法准确地获得公司的股价。

(3) 以企业价值的最大化为目标。

企业价值的最大化,是指企业通过合理经营,采用最优的财务政策,充分考虑资金的时间价值和风险与报酬的关系,在保证企业稳定发展的基础上,使企业总值达到最大。

该目标可以反映企业潜在或预期的成长能力和获利能力,其优点可表现为:

①该目标考虑了资金的时间价值和投资的风险。
②该目标可以克服企业的短期行为。
③该目标有利于社会资源的配置。

(4) 以相关利益最大化为目标。

所谓利益最大化就是用最少的投入得到最多的回报。相关利益最大化即实现自己和企业团体内其他成员的利益最大化。这也是我们一直所期望的共赢。其优点是:

①有利于企业长期稳定发展。
②体现了合作共赢的理念。

这一目标是多元化、多层次的目标体系,较好地兼顾各利益主体的利益,能实现大多数人的利益。

相对于企业财务管理目标来说,中小企业在经济市场中一直占据着很重要的地位,寻求一个兼顾各方利益的均衡点,充分调动和保持各利益主体的积极性和创造性,使企业继续良性发展和不断壮大。所以,应该以"相关利益最大化"作为企业财务管理的目标。

2 企业财务管理存在的问题

2.1 财务管理不严格

QWX 有限公司是一家小企业,它具有小企业的特点,由于受到规模小、资本结构不太完善、科技含量偏低、受传统经济模式控制和外部宏观环境影响,企业在财务管理方面存在和市场经济发展不适应的状况,在激烈的市场竞争中,很容易导致自身面临着困难,需要积极地寻找解决问题的对策。

2.1.1 全面预算体制不完善

在企业调研发现公司 2011 年未执行全面预算管理,2012 年开始执行预算管理。但是,2013

年仅是沿袭了 2012 年的预算，并未重新规划管理，具体情况如表 1 所示。

表 1　预算执行情况汇总表　　　　　　　　　单位（万元）

项目＼年份	2011 年	2012 年	2013 年
货币资金	10	35	35
应付款项	260	300	300
应收款项	240	266	266
长期负债	50	60	60
存货	135	174	174
所有者权益	120	140	140
固定资产	25	45	45
其他资产	64	24	24
合计	904	974	974
主营业务收入	550	660	660
主营业务成本	454	540	540
主营业务利润	96	120	120
管理费用	58	64	64
财务费用	10	12	12
净利润	28	44	44

由表 1 可以看出，2011 年未执行预算时：

资产利润率=净利润/总资产=28/904=3.09%

成本利润率=净利润/主营业务成本=28/454=6.16%

2012 年，在执行了全面预算管理后：

资产利润率=净利润/总资产=44/974=4.51%

成本利润率=净利润/主营业务成本=44/540=8.14%

收入增长率=(660-550)/550=20%

成本增长率=(540-454)/454=18.9%

净利润增长率=(44-28)/28=57.1%

通过对 2011 年和 2012 年各项比率的计算和比较我们可以看出，经过执行全面预算管理，收入增长率高于成本增长率，成本预算管理起到一定作用，我们也看到了预算带来的作用。但 2013 年并未认真执行预算管理。所以，接下来需要公司认真、严格地执行全面预算管理，并且要善于运用预算管理，完善预算管理制度。这样才能使企业不断提高经济效益，成长为现代化企业。

2.1.2　资本成本计算不准确

资本成本，是指获得和使用资本所要付出的费用，即企业为使用和筹集资金所付出的所有费用。狭义的资本成本仅仅指使用和筹集长期资金的成本。由于长期资金也被称为资本，所以长期资金成本也称为资本成本。而广义上讲，企业使用和筹集任何资金，不论长期的还是短期的，都要付出一定的费用。

公司自 2010 年成立以来，账面记录有很多问题，如表 2 所示。

表 2　资本成本计算表

项目 \ 年份	2011 年	2012 年	2013 年
借款本金	100	50	200
利率	6%	6%	6%
所得税率	33%	33%	33%
借款期限	1	1	1

从表 2 可以看出企业忽视了借款费用这一问题，借款费用的计算正确与否都会影响企业的资产、费用的核算。借款费用是不容忽视的。我们仅对 2013 年的数据进行分析。2013 年借款手续费为 0.1%，可以得出 K = 200×6%×(1 - 33%)/200(1 - 0.1%) = 0.4024%，未计算手续费可以得出 K+=6%×(1 - 33%) = 0.402，虽然仅相差 0.0004%，但是它还是存在的，不可因为数字小而忽视掉，不正确的核算不仅会违背会计制度和会计原则，还可能误导报表使用者，致使使用者做出错误的决定。因此，正确核算借款费用已经成为一个非常重要的工作。

企业需要正确地进行资本成本计算，公司领导必须重视总资本成本这一问题，认清之后才会了解公司具体的资产情况，才能发现不足，找寻方法使公司更好地发展下去。

2.2　资产管理不善

资产管理，可以是机构投资者所收集的资产被投资于资本市场的实际过程。虽然概念上这两方面经常纠缠在一起，但是从法律观点来看，事实上资产管理者可以不是也可以是机构投资者的一部分。而且实际上，资产管理可以是机构外部的，也可以是自己的内部事务。因此，资产管理是由受托人为委托人提供理财服务的行为。

2.2.1　现金管理不完善

现金是比较特殊的资产，其流动性强，可以直接表现为企业的直接支付能力，但其收益性弱，所以就需要管理，既要维护适度的流动性，又要尽可能地提高其收益性。

我所调研的企业是典型的中小企业，其企业管理者缺少相应的经营管理经验和科学的管理办法，这样使企业缺乏规范、科学的管理，而且对于一些重要部分，出于自身利益的考虑，都会尽可能地选择自己所熟知的人来管理，尤其是与资金相关的岗位，这样就使企业的货币资金缺乏规范的管理。

近三年中对库存现金盘点的情况如表 3 所示。

表 3　库存现金盘点表

项目 \ 时间	2011.05.21	2012.03.18	2013.07.15
实盘金额总计	1491	2000	1525
减：尚未入账的现金收入	920	367	736
加：尚未入账的现金支出	890	412	300
加：白条借款	400	0	358
账面应有余额	1861	2045	1447
账面实际余额	1827	2045	1404
盘盈	34	0	43

由表 3 不难看出现金管理存在的问题：管理水平较低、资金管理意识薄弱、缺乏健全的现金管理制度。在调研期间我还留意到银行存款账户开立随意，而不是按照企业经营管理实际的需要开立的，甚至开立多个户头，进而从中套取现金、截留公款等；不能严格遵守银行的结算办法，对于应使用转账方式支付的款项，企业往往使用现金支付，违反相关规定。

通过以上对该公司现金管理相关问题的分析，我们可以清楚地看到公司在财务管理方面的欠缺，尤其是在货币资金管理方面的不足，这已经成为影响公司以后持续健康发展的重要因素。公司的领导者作为企业制度政策的制定者与决策者，应努力加强对企业的内部管理，建立健全现金管理制度，充分发挥财务管理预算和控制监督的职能，构成完善的公司财务会计制度及有效的财务监督体系，提高企业货币资金的利用水平，使企业能够规范、持续地运作下去。

2.2.2 成本费用偏高

就一般意义而言，成本费用泛指企业在生产经营中所发生的各种资金耗费。就其经济实质来看，是产品价值构成中 c+v 两部分价值的等价物，用货币形式来表示，也就是企业在产品经营中所耗费的资金的总和。c 为产品生产中所耗费的物化劳动的转移价值，即已消耗的原材料、燃料、辅助材料等；v 为劳动者劳动所创造的价值中归劳动者个人支配的部分，即以工资形式体现。这两项中任何一项不合理，都会导致成本费用出现偏差，所以应该控制好成本费用。经调查我发现企业一直以来都耗用一种材料，每年都耗用 3600 千克，采购部门就想到了大量购买来降低单位成本，所以每年采购的数量都高于需要的数量，造成材料浪费，但公司也没有考虑到这一问题。

近三年采购和储存情况如表 4 所示。

表 4 采购材料费用明细表

项目\年份	2011 年	2012 年	2013 年
采购数量	4000	5000	4000
市价	8.6	9.5	8.1
实际单价	8.5	9.1	8.0
节省	400	2000	400
剩余	400	1600	400
剩余价值	3400	14560	3200

通过表 4 不难看出，采购时确实节省了一些，但剩余材料目前还没有利用，成本费用无形中还是偏高，同时导致一些材料长期积压，持有成本增大，从而增加了存货成本，影响企业的经济效益。材料积压也是一个重要问题。

3 QWX 有限公司财务管理现状问题研究财务管理问题的对策

3.1 完善财务管理制度

任何行为都要遵守一定的原则，企业财务管理是企业一切管理活动的基础，是企业管理的中心环节。为了更好地体现企业财务管理理念，针对 QWX 公司财务管理中存在的问题，我们着力于建立和健全内部财务管理制度，提高公司管理水平，以狠抓内部财务管理制度来带动企业管理水平的提高。

3.1.1 完善全面预算体制

全面预算管理是企业管理的核心内容之一，也是行之有效的管理方法。之所以要执行全面预算管理，是因为这是战略成本管理的需要。战略成本管理是技术与经济的统一，是全员、全面、全过程的统一。而且促使成本产生的载体就是整个企业的经营过程，所以企业员工的落脚点应该是以成本控制为主体，这是生产经营的每个环节。对成本进行战略管理的目标是产生价值增殖，创造长期竞争优势，而不仅仅是为了降低成本而管理。所以我们必须建立一套完善的全面预算体制，不仅仅是针对某一方面的。

针对企业所存在的问题我们应做到如下几点：

（1）建立统一共享的预算管理信息平台，在QWX有限公司现有预算的基础上完善并规范公司的预算管理基础，保障预算方案在各预算组织中的执行，提升全面预算管理的力度、效率和结果。

（2）实现预算信息传递的规范化，提高预算数据的准确度。由系统自动生成公司综合指标预算数据，大大缩短了预算编制、预算汇总周期，快速形成预算分析报告。

（3）规范预算编制、预算审批程序，明确了各预算组织的预算管理职责。

（4）实现公司内部及各分支机构间的预算信息共享，降低沟通成本及人力成本。

（5）规范全面预算管理制度，实现各责任中心预算流程的标准化。

（6）整合公司内多信息系统的数据源，提供数据共享。

3.1.2 要准确计算资本成本

传统的会计核算以税后净利和净资产收益率评估企业业绩，没有扣除投资者投入的成本，把投资者投入的成本当作免费的资源来用，并不能真正反映公司所创造的价值。建议公司在计算资本成本时必须注意以下几点：

（1）长期借款是企业获取长期资金的重要方式之一。要重视借款成本，主要表现在利息方面。计算公式为：

$$K = I \times (1-T)$$

公式中，K为债券资金成本率，L为债券各年利息额，T为所得税率。

（2）要注意货币时间价值，很多人不了解这一点。即货币随着时间的推移而发生的价值变化。不同时间单位货币的价值不相等，所以不同时点上的货币收支不宜直接比较，必须将它们换算到相同的时点上，才能进行大小的比较和有关计算。

（3）不能忽视费用问题，即使费用很小，也会影响相关核算的准确性。

只有正确地认识、树立现代企业财务管理的成本观，特别是要充分重视资金的占用所付出的代价并且要树立在资本成本观念的基础上，这样才能做出正确的长短期投资决策，以避免企业的资金被长期冻结或占用，加速企业资金的流动，合理有效地使用企业的资金，提高企业的资金使用效益，从而进一步盘活资产和优化企业资产结构。

3.2 加强资产管理

加强资产管理，可以合理有效地利用企业的资源，减少资源的浪费，使资源能为企业带来最大的收益。由此可以看出，加强资产管理是任何一个企业的重要任务。

3.2.1 控制好库存现金

（1）单位收入的现金不准以个人存款方式存储。

单位收入的所有现金应该由财会部门统一管理好，存储在财会部门或开户银行，无论是收入的利息归单位所有还是归个人所有,都不能以个人储蓄方式存入银行。

(2) 不能"白条"抵库。

所谓"白条",是指没有经过审批手续的凭据,因此"白条"不能作为记账的依据。"白条"具有很多危害性,主要表现在以下几个方面:

①用"白条"抵扣现金,使实际的库存现金减少,日常零星开支所需的现金不足,还会使账面现金余额超过库存现金的限额。

②用"白条"支付现金,支出随意性大,容易产生挥霍浪费、挪用公款等问题,付出后不能及时进行账务处理,不便于进行财务的管理。

③"白条"不便于管理,一旦丢失,无据可查,难以分清是谁的责任,有时会给单位或个人造成不应该有的损失。

(3) 不允许设"账外账"和"小金库"。

"账外账",是指有的单位将一部分收入没有按规定纳入财务统一管理,而是在单位核算账簿之外另设一套账簿来记录财务管理之外的收入。"账外账"有的是财会部门自己设置的,也有的是单位其他部门、小单位设置的。"小金库"又称"小钱柜",是单位库存之外保存的现金和银行存款,一般情况下与单位设置的"账外账"相联系,有"账外账"就有"小金库",有"小金库"就有"账外账"。

设置"账外账"和"小金库"是侵占、截留、隐瞒收入的一种违法行为,为各种违法违纪提供了条件,危害性极大,必须坚决予以取缔。

(4) 坚持库存现金的清查。

为了保证账实相符,防止现金发生丢失、贪污等,各单位应经常对库存现金进行核对检查。库存现金的清查包括出纳每日的清点核对和清查小组定期或不定期的清查。

现金清查的基本方法是实地盘点库存现金的实存数,再与现金日记账的余额进行核对,看是否账实相符。清查现金时,应注意以下几个方面:

①以个人或单位名义借款或取款而没有按规定手续编制凭证的字条(即白条)不得充抵现金。

②代他人存放的现金等,如事先未作声明又没有充分证明的,应暂时封存。

③如果发现是私设的"小金库",应视作溢余,另行登记,等候处理。

④如果清查小组对现金进行清点,一般都采取突击式盘点,不预先通知出纳,盘点时间最好在一天业务没有开始时或一天业务结束后,由出纳将截止清查时现金收付款项全部登记入账,并结出账面余额,这样可以避免干扰正常的业务。

⑤清查时,出纳应该在场提供情况,积极配合,清查后,应由清查人员填制"现金盘点报告表",列明现金账存、实存和差异的金额及原因,并及时上报有关负责人。

⑥现金清查中,如果发现账实不符,应立即查找出原因,及时更正,不得以今日长款弥补他日短款。

⑦保险柜钥匙一般应由财务负责人授权,出纳负责管理使用。保险柜的密码要保密,出纳人员工作变动时,应及时更换密码;保险柜的钥匙或密码丢失或发生故障,要立即报告请示领导处理,不得随意找人修理或配钥匙;如果发现保险柜被盗,出纳要保护好现场,迅速报告公安机关,待公安机关勘查现场时才能清理财物被盗情况。

3.2.2 控制成本费用

在社会主义市场经济体制下,加强财务管理是实现从扩大外延再生产向内涵挖潜增效益转变的必然选择,也是企业摆脱困境,实现长足发展的必由之路。如何真正发挥财务管理在企业管理中的中心作用,应着重做好以下几项工作:

(1) 加强成本费用管理、控制工作。

控制成本、节约费用、降低物耗,对于企业具有重要意义。要重点抓好采购成本、销售成本、管理费用等支出的管理,采购成本管理要重点抓好原辅材料的价格、质量结构和存量,要认真研究原辅材料的市场和采购策略,按照货比多家、比质比价、择优选择的原则进行采购;销售成本控制重点放在销售费用、压缩库存、清欠货款、减少资金占用和利息支出上;管理费用的控制重点放在业务招待费、差旅费上,严格审批手续,真正把管理费用管好、控制好。

(2) 更新知识,提高财会人员的业务素质,充分适应现代企业管理的要求。

财务管理作用发挥如何,关键在于财务人员。必须进一步提高财务人员的素质,财务管理人员不仅要懂得会计核算,更重要的是要善于理财,即如何发挥财务管理的职能。财会人员除了应具备较扎实的专业知识外,还要求熟悉国家法律、法规制度,对社会环境(包括政治因素、经济因素、企业因素等)有一定的观察力和预测能力,并具有较强的管理能力。要充分发挥计算机在会计核算和财务管理方面的作用,通过采用商品化会计软件使会计凭证的制作更加规范。入账及时,数据准确,系统能够自动生成会计报表,从而以高质量的会计信息参与企业的经营决策。会计电算化的应用为尽快实现由记账型向管理型的转变,实现财务管理质的飞跃奠定了基础。

(3) 突出资金管理,构建适应现代企业需要的资金管理体制。

①企业必须建立有序的资金循环机制。

强化资金统一管理、集中调度、有偿使用,内部使用资金模拟银行结算,保持合理的筹资结构,适度负债经营,力求降低筹资成本和筹资风险。财务部门要克服重商品信用轻资金信用的现象,务求保持良好的融资信誉,形成借——还——借的良性态势。

②强化资金的机构管理,保持资金构成的合理化。

合理的资金占用结构是保证资金发挥最大效能的前提,财务部门运用财务测算方法确定最佳购存点上的资金结构,扭转企业在资金配置上畸轻畸重的现状;改变财务部门坐等货款回笼的被动局面,采取机动、多变的结算方式,加大财务部门对资金运筹的调控力度,监督以货币回笼为中心的销售责任制的实施;时刻注意资金运转偏差,适时实施资金结构调整。

③加强对外投资的管理。

盲目投资造成资金浪费是资金低效的重要原因。财务部门要多方收集企业外部的有用信息,主动研究市场,自觉参与企业投资项目的测算论证,加强长期投资的可行性研究,树立投资回报观念,考虑货币时间价值和风险价值,准确比较项目的投资回报率和筹资成本率,追求投资效益最大化;对投资项目定期审计,加大对在建工程的财务监督,跟踪考核项目的资金使用效果。

结 论

以上是我根据所学的基本财务管理理论知识,并结合自己在企业的实习经历,对中小企业财务管理的现状进行的浅略分析,并针对其财务管理方面存在的一些问题给出了一系列的对策。随着市场经济的高速发展，中小企业财务管理中存在的一些问题将会更加突出，而且趋势向着多样化发展，比如风险投资比例将大幅增加、融资范围进一步扩大等。与此同时，解决问题的方法途径也会因企业自身发展、客观经济环境变化而发生变化。因此，我们只有认真对待、加强中小企业财务管理工作，才能使这些中小企业做强、做大，从而顺利地发展下去，进一步加强中小企业的专业化水平和促进产业的转换与升级，不断提高我国的综合国力和竞争力。因此，中小企业在财务管理上的工作任重而道远。

参考文献

[1] 张淼．现金流量表与企业财务状况分析[J]．现代会计，2005（5）．
[2] 林芳，勒永新．浅析企业财务风险的成因及规避对策[J]．财政金融，2011（2）．
[3] 周传玲．民营企业财务管理存在的问题与对策[J]．现代商业，2010（11）：4．
[4] 李红梅．浅论现金流量表的作用[J]．南方论刊，2010（3）．
[5] 张国富．民营企业财务管理存在问题及对策研究[J]．内蒙古科技与经济，2009（3）：5．
[6] 蒋燕辉．会计监督与内部控制[M]．北京：中国财政经济出版社，2002．
[7] 任立森．公司财务报表的解读与分析[M]．北京：经济科学出版社，2013．
[8] 何永江．中国经济的理性透视[M]．北京：中国经济出版社，2013．
[9] 蓝沙．企业财务管理中的经典理念及案例分析[J]．会计之友，2011（5）．
[10] 魏玮．微观经济学[M]．武汉：武汉大学出版社，2011．
[11] 荆新．财务管理学[M]．北京：中国人民大学出版，2012．
[12] 胡振兴，韩鹏．公司财务管理[M]．北京：北京大学出版社，2012．
[13] 李成峰．企业成本核算与费用控制[M]．北京：经济科学出版社，2013．
[14] 曾五一，朱建平．统计学[M]．上海：上海财经大学出版社，2012．
[15] 陈霞，黄良杰，陈复昌．企业财务会计实务．北京：清华大学出版社，2012．
[16] Peter D schiff.How an Economy Grows and Why It Crashes. China CITIC PressCITIC Publishing HousePublisher.In September 2011.

致　谢

这篇论文能够顺利完成，并非我一人的功劳，是所有指导过我的老师、帮助过我的同学和一直关心支持我的家人对我的教诲、帮助和鼓励的结果。特别是我的论文指导老师XXX，本论文从选题到完成，每一步都是在XXX老师的指导下完成的，倾注了XXX老师的大量心血。所以，谨向XXX老师表示崇高的敬意和衷心的感谢！还要感谢我亲爱的同学好友帮助我查找资料，为我节省了很多时间。在此，我再一次真诚地向帮助过我的老师、同学和朋友们表示感谢！

10.3　财务管理方向的各类选题

本节介绍一些财务管理方向常见的、有代表性的毕业论文选题，并对其进行详细的解析。

10.3.1 企业财务管理中可能出现的问题及对策研究

选题研究领域：企业财务管理中的问题
选题类型：理论与应用研究
选题完成形式：论文
选题参加人数：个人独立完成
选题知识准备：

随着我国经济的发展，企业也在逐步发展，在增强地方经济实力、吸纳就业、活跃市场等方面发挥着重要作用。企业已成为我国国民经济中最具活力的新的经济增长点。企业的财务活动范围日益扩大，财务管理的重要性也在逐步增大。

财务管理是企业组织财务活动、处理财务关系的一项综合性的管理工作。企业组织财务活动包括融资活动、投资活动、资金营运活动和资金分配等一系列行为。财务关系包括：企业与投资者之间的财务关系；企业与债权人之间的财务关系；企业与受资者之间的财务关系；企业与债务人之间的财务关系；企业与供应商、客户之间的财务关系；企业与政府之间的财务关系；企业内部各单位之间的财务关系；企业与职工之间的财务关系。在企业中，一切涉及资金的收支活动都与财务管理有关。因此，财务管理的触角常常伸向企业经营的各个角落。每一个部门都会通过资金的使用与财务部门发生联系，每一个部门也都要在合理使用资金、节约资金支出等方面接受财务部门的指导，受到财务制度的约束，以此来保证企业经济效益的提高。

分析企业在财务管理方面存在的问题影响着企业的经济状况，企业财务管理中可能存在的突出问题：融资渠道不规范、项目投资管理存在的问题、运营资金管理存在的问题，并依此提出了强化公司财务管理的解决对策及建议：企业应拓宽融资渠道、提高企业信誉度、提高资金能力和建立科学的投资观念、精确财务会计信息、加速资金周转和提高资金利用率、加强存货管理。

选题设计大纲举例——《企业财务管理中可能出现的问题及对策研究》：

1 财务管理概述
　（1）财务管理的含义。
　（2）财务管理的内容。
①融资管理。
②投资管理。
③资金运营管理。
④资金分配管理。
2 企业财务管理中存在的问题
　（1）融资渠道不规范。
①直接融资渠道狭窄。
②间接融资难。
　（2）项目投资管理存在的问题。
①投资能力弱并缺乏科学性。
②会计信息不准确，误导投资。
　（3）运营资金管理存在的问题。

3 企业财务管理的解决对策

(1) 改善融资渠道的对策。

①拓宽融资渠道。

②提高企业信誉。

(2) 解决投资管理存在的问题。

①提高投资能力和建立科学的投资观念。

②精确财务会计信息。

(3) 解决资金运营管理存在的问题。

相似选题扩展：

(1) 浅谈财务管理在企业中的重要性。

(2) 浅谈中小企业的财务管理。

(3) 我国中小民营企业财务管理存在的问题及对策研究。

(4) 企业财务管理方法探讨。

(5) 浅论企业财务管理能力。

(6) 企业财务管理能力建设的研究。

(7) 财务管理目标与企业财务核心能力问题探讨。

10.3.2 企业筹资风险管理存在的问题与对策

选题研究领域：企业筹资风险管理

选题类型：理论与应用研究

选题完成形式：论文

选题参加人数：个人独立完成

选题知识准备：

目前市场经济日趋成熟和国际化，不少企业为了在激烈的市场竞争中求得生存和发展，不断扩张经营，向多元化发展，筹资活动日益增加，筹资风险是企业需要解决的重要课题。无论是现金性筹资风险还是收支性筹资风险，筹资风险是企业面临的主要风险之一，筹资风险不可能被消灭，但企业只要从自身出发就完全可以控制。如果企业决策正确、管理有效，就可以实现其经营目标；控制不当就将会给企业带来损失，甚至是灾难。

企业在实施大型投资项目时，往往需要多渠道、多形式地筹集资金，为降低投资风险，在此之前企业必须要对企业的筹资结构进行分析。会计信息质量失真等多方面的不利因素是影响目前筹资的关键。应当尽快健全和完善会计规范体系，从而消除会计信息失真的外部现象。正确的筹资结构能够从企业的经济利益出发，提高企业的经济效益。筹资风险的防范能够使企业更好地发展，因此筹资管理存在的问题及对策就成为企业财务筹资管理的首要环节和内容。

企业筹集资金的主要目的是为了扩大生产经营规模，提高经济效益，投资项目若不能达到预期效益，则有影响企业获利水平和偿债能力的风险。筹资渠道解决的是资金来源问题，筹资方式则解决通过何种方式取得资金的问题，它们之间存在一定的对应关系。筹资风险是市场经济环境中关系到企业生存和发展的重要风险之一，各类企业都不同程度地面对着筹资风险。如果企业决策正确、管理有效，就可以实现其经营目标。企业管理者拓展筹资渠道必须谨慎，控制不当就将会给企业带来损失，甚至是灾难。合理确定企业的筹资结构，使企业既能规避一定的财务风险又能获得较高的利润，越来越成为解决企业财务问题的关键。

筹集资金对企业来说意义重大，它可以说是维持企业生存的绝对因素，企业归根结底就是一个经济团体，资金是其核心，因而企业筹资决策对企业生产经营起着至关重要的作用。这些财务信息和财务数据也是筹资决策的关键，影响着企业未来的发展趋势。所以在筹资过程中，信息质量也成为筹资成功与否的决定因素，应着重进行对外筹资决策控制与分析，对重大投资项目进行可行性研究。

选题设计大纲举例——《企业筹资风险管理存在的问题与对策》：

1　企业筹资概述与基本概念
　（1）筹资概念。
筹资的内容、含义。
　（2）筹资的风险。
①现金性筹资风险。
②收支性筹资风险。
2　筹资风险管理存在的问题
　（1）筹资结构存在的问题。
①筹资渠道过于单一。
②筹资期限组合比例不平衡。
③负债比率过高。
　（2）信息质量存在的问题。
①核算方法不准确。
②会计信息不准确。
3　筹资风险防范对策
　（1）建立合理的筹资结构。
①采用多种筹资渠道。
②合理安排筹资期限组合比例。
③调整负债比率。
　（2）提高信息质量。
①采用科学的计算方法。
②加强会计监控，使信息准确。

相似选题扩展：
　（1）浅议企业筹资风险管理。
　（2）企业筹资风险控制与规避。
　（3）论企业筹资风险控制。
　（4）企业筹资风险控制与防范。
　（5）浅析中小企业筹资方式及其决策。
　（6）浅析企业筹资方式的选择。
　（7）浅议企业筹资能力分析与开发。
　（8）关于优化企业资本结构提高企业筹资能力的研究。

10.3.3 关于企业并购的财务管理问题研究

选题研究领域：企业并购的财务管理问题
选题类型：理论与应用研究
选题完成形式：论文
选题参加人数：个人独立完成
选题知识准备：

伴随着全球经济一体化进程的加快，并购在世界范围内兴起，全球每年企业并购重组市场的交易额高达三万多亿美元，涉及交易数目达三万次之多。随着我国经济与世界经济的融合以及资本市场的不断发展完善，我国企业并购活动也日益活跃，企业并购逐渐成为中国经济的一个重要现象，成为中国企业深化改革、加快发展、提高获利能力的一个重要途径。企业并购既可以使几个企业能够实现互补的竞争优势，又可以通过联合、合力创造出新的更大的竞争优势，实现"1+1>2"的效果。但在并购过程中存在着许多财务管理问题，如何解决这些财务管理问题往往成为企业并购成功与否的关键。因此，研究企业并购的财务管理问题有着重要的现实意义和理论意义。

企业并购是现代经济生活中一个极其重要的现象，是市场经济高度发展的产物，也是实现企业发展战略经济选择的一种途径。尤其在当今全球金融危机下，企业可以充分运用这种资本运营方式实现对外的扩张，将生产和资本集中，获得协同效应。

企业并购，无论是横向并购、纵向并购还是混合并购，都是在价值规律和供求规律的指引下，使生产要素向最能产生效益的产业和部门流动。同时，在并购过程中，并购企业还要考虑由税务处理、会计处理、证券交易等内在规律产生的纯货币收益。企业并购的具体动因是多种多样的，在不同地区、不同历史时期企业并购的产生和发展都有其深刻的社会、经济、政治以及其他的原因；对于不同企业来说，进行并购的原因也是各不相同，甚至同一企业的不同时期的并购活动也有不同的原因。

选题设计大纲举例——《关于企业并购的财务管理问题研究》：

1 企业并购的财务动因
（1）节约交易费用。
（2）减少代理成本。
（3）改善财务状况。
（4）增加企业价值。
（5）取得节税收益。
（6）取得投机收益。

2 我国企业并购过程中存在的主要财务管理问题
（1）并购方案战略目标不明确。
（2）企业价值评估难以做到准确无误。
①信息不对称。
②缺乏合理的并购评估方法。
③评估体系不健全。
（3）融资不合理使企业财务负担增加。

（4）支付方式不合理使企业财务风险增大。
（5）并购后整合不到位。
①忽视了并购后的财务整合。
②并购扩张速度太快，整合管理跟不上。
③企业并购的会计处理选择不当。
3 解决我国企业并购过程中存在的财务管理问题的建议
（1）明确企业并购的战略目标。
（2）合理确定目标企业的价值。
（3）减少融资不合理给企业带来的财务负担。
①积极争取金融机构的综合授信。
②优化企业融资管理。
（4）选择最佳支付方式，降低财务风险。
①严格控制资金需求量，合理安排支付方式。
②加强营运资金管理，降低流动性风险。
③增强杠杆收购中目标企业未来现金流的稳定性。
（5）完善并购后的整合。
①充分借助中介机构的力量。
②高度重视并购后的财务整合工作。
③建立健全财务管理制度。
④选择适合企业特点的会计处理方法。

相似选题扩展：
（1）论企业并购中的财务管理。
（2）企业并购过程中的财务风险管理。
（3）财务管理在企业并购重组中的作用。
（4）浅析企业并购财务管理动因。
（5）企业并购后的财务管理。

10.3.4 浅议企业财务风险形成的原因及防范方案

选题研究领域： 企业财务风险
选题类型： 理论与应用研究
选题完成形式： 论文
选题参加人数： 个人独立完成
选题知识准备：

财务风险是由于企业财务活动中有各种不确定因素的影响，使企业财务收益发生偏差，从而使企业蒙受经济损失的机会与可能。财务风险客观存在于企业财务管理工作的各个环节。财务风险的存在，无疑会对企业的生产经营产生重大影响。因此，对财务风险的形成原因及其防范进行研究，从而找到降低风险的途径与方法，对改善经营管理、提高经济效益具有十分重要的意义。

风险是指企业在各项财务活动过程中，由于各种难以预料或无法控制的因素作用，使企业的实际收益与预计收益发生背离,从而蒙受经济损失的可能性。对于特定企业而言,企业的风险可分为经营风险和财务风险,在市场经济活动中,企业存在财务风险是在所难免的,关键是要认清风险产生的原因,找到防范风险的对策,从而使企业达到降低风险、改善经营管理、增加经济效益的目的。

选题设计大纲举例——《浅议企业财务风险形成的原因及防范方案》：
1 财务风险的含义和基本特征
（1）客观性。
（2）全面性。
（3）不确定性。
（4）双重性。
2 企业财务风险产生的原因
（1）企业财务管理的宏观环境复杂多变。
（2）财务管理决策缺乏科学性。
（3）产生财务风险的原因。
3 企业财务风险防范的措施和方法
（1）防范财务风险需要做好的工作。
（2）企业财务风险防范的具体方法。

相似选题扩展：
（1）企业财务风险意识与控制浅析。
（2）财务风险与经营风险逆向搭配策略探析。
（3）财务风险预警对策分析。
（4）中小企业财务风险预警指标体系研究。
（5）浅析企业财务风险管理。
（6）浅谈财务风险防范。
（7）论企业财务风险防范能力和控制措施。

10.3.5 浅谈中小企业财务管理模式的构建

选题研究领域： 中小企业财务管理模式
选题类型： 理论与应用研究
选题完成形式： 论文
选题参加人数： 个人独立完成
选题知识准备：

随着商品经济的日益增长,财务管理在企业中的地位也越来越重要：首先,资本（资金）流动的管理应该围绕现代企业管理这一中心,因为货币是财务管理的统一计量尺度,企业经营活动的各个环节和整体实行合理化的管理,管理效果的好坏将直接关系到这个企业的总体效益；其次是资本（资金）流动管理的意义,因为企业资金周转的顺畅、有效、合理与否是直接影响企业生存、发展的必要条件。

当今,我国中小企业财务管理的状况不令人满意。中小企业效益下降而成本上升是财务管理还需要不断加强的直接体现。销量和市场份额是我国绝大部分中小企业一味追求的,财务管理的核心地位得不到重视,使企业财务管理限制在生产经营管理的框架之内。同时,企业规模和人员素质影响了很多中小企业,往往存在工作重心游离、会计核算不健全、财务管理缺位等现象,导致诸多问题存在于中小企业财务管理中。有很多中小企业不太重视财务管理的地位,管理思想守旧,并没有充分发挥出企业财务管理的作用,致使中小企业会计信息失真、账目不清、财务管理混乱、营私舞弊、设置账外账、弄虚作假、虚赢实亏、资产流失严重等。

由此可见,了解中小企业财务管理中表现出来的一些问题并且提出相关解决措施可以帮助中小企业更加健康地成长。

选题设计大纲——《浅谈中小企业财务管理模式的构建》:

1 中小企业财务管理模式相关理论概述
　(1) 我国中小企业的界定和经营特点。
①中小企业的界定。
②我国中小企业的经营特点。
　(2) 财务管理模式及其特点。
①财务管理模式的内容。
②财务管理模式的特点。

2　我国中小企业财务管理模式的选择因素及构建原则
　(1) 我国中小企业财务管理模式选择的现状。
　(2) 环境对财务管理模式选择的影响。
①外部环境。
②内部环境。
　(3) 财务管理模式的构建原则。
①一般原则。
②特有原则。

3 我国中小企业财务管理模式构建存在的问题
　(1) 缺乏科学的财务管理理念。
　(2) 财务管理目标不明确。
　(3) 财务组织机构不健全。
　(4) 财务权责过于集中。
　(5) 财务管理过程不规范。

4　我国中小企业财务管理模式构建对策
　(1) 树立科学的财务管理理念。
　(2) 确定科学、明确的企业财务管理目标。
　(3) 健全和完善财务组织机构。
　(4) 正确处理财务权责关系。
　(5) 规范财务管理过程。
①建立和完善财务管理制度。
②完善企业财务管理的内容。
　(6) 加强企业财务激励机制。

相似选题扩展：
（1）试论市场经济条件下的企业财务管理方向。
（2）浅论财务管理模式的选择。
（3）浅谈企业财务管理模式的选择和发展。
（4）浅析企业财务管理模式的设计。
（5）浅谈财务管理中现金流量表的重要性。
（6）论当前财务管理中现金管理的新对策。
（7）财务管理中会计人员的角色定位及作用。
（8）浅谈企业内部控制在财务管理中的重要性。

第 11 章　审计实务方向毕业论文实例及选题

本章概要

- 审计实务方向概述。
- 审计实务方向毕业论文实例。
- 审计实务方向的各类选题。

11.1　审计实务方向概述

1. 审计实务方向概述

审计实务方向是应我国加强会计监管的需要设立的，包含审计的概念、审计对象、审计性质、审计职能、审计分类、审计准则、审计范围、审计工作组织、审计程序研究、审计一般规律、审计一般方法和基本技术、审计方式、审计各种关系的处理、审计风险管理以及内部控制等，审计是由国家授权或接受委托的专职机构和人员，依照国家法规、审计准则和会计理论，运用专门的方法，对被审计单位的财政、财务收支、经营管理活动及相关资料的真实性、正确性、合规性、效益性进行审查和监督，评价经济责任，鉴证经济业务，用以维护财经法纪、改善经营管理、提高经济效益的一项独立性的经济监督活动。

2. 毕业生能力培养目标

高等学校审计实务方向培养面向市场，德、智、体、美全面发展，具有全面素质和综合职业能力的，扎实掌握会计基本原理与方法，熟练掌握审计程序与方法，系统了解管理、金融、法律、工程技术等相关知识，具备良好的会计、审计专业技能，能够胜任会计、审计、工程预算工作的高技能专门人才。

审计实务方向毕业生应该具备以下能力：

（1）熟练掌握会计学、理财学、管理学知识，掌握金融学和经济学等方面的知识，为审计实践打下深厚的基础。

（2）熟悉审计学的理论知识和技能，具有分析解决审计问题、解释审计现象和预测审计业务发展的能力。

（3）熟练掌握计算机操作技能，具有计算机审计操作的能力。

（4）熟悉相关的法律、法规、方针、政策和国际审计惯例，具有将相关规定与审计实践相结合的能力。

（5）具有一定的创新意识和创新能力，富有责任感和诚信力，具有管理审计机构运作的能力。

3. 毕业论文相关主干课程

审计实务方向的毕业论文涉及学生在校期间必修和选修的一些专业课，这些课程内容支撑着毕业作品的整个开发过程。相关专业课一般包括：基础会计学、经济法基础、税法、财务会计学、成本会计学、财务管理学、审计学原理、会计电算化、财务报表分析、内部审计学、企业财务审计、审计实务。

(1) 基础会计学。

本课程主要阐述会计核算的基本理论、基本方法和基本技能，内容包括会计的基本概念、会计核算的基本前提、会计原则、会计要素、会计等式、会计科目和账户、复式记账、借贷记账法的运用、企业主要经济业务及其核算原理、会计凭证、会计账簿、财产清查、会计核算形式、会计报表及其编制原理、会计档案管理和会计机构等。它是会计学的入门学科。

(2) 经济法基础。

经济法基础是以经济法律的基础知识及与经济相关的法律（劳动合同法）为主的一门学科，通过了解企业法、公司法掌握经济法仲裁、诉讼、劳动合同法、支付结算法律制度等有关法律法规，增强学生的法律意识、法制观念。通过对本课程的学习，学生应掌握法律的基本知识和各种法律制度，使学生做到知法、懂法、守法，通过课程中的案例分析进而培养学生发现问题、分析问题、解决问题的能力，并能够在以后的工作中熟练运用各种法律制度。

(3) 税法。

本课程主要帮助学生在最短的时间内对我国税收制度和如何计算缴纳各类税款有一个基本的了解，基本内容包括税收基础知识、个人所得税的计算、企业所得税的计算、增值税的计算，营业税的计算，消费税的计算，车船税的计算，房产税、契税和印花税的计算，土地税的计算，税收征管基础知识。掌握了上述知识，学生基本可以应对日常生活中常见的税收事项。

(4) 财务会计学。

"财务会计学"是在"会计学基础"之后开设的一门专业主干课程，是构成会计学科体系的核心课程之一。本课程是以我国发布的《企业会计准则》最新发布的具体会计准则、《股份有限公司会计制度》及相关国际惯例为依据，既有财务会计理论的阐述，又有财务会计实务的讲析，成为会计专门人才必修的课程。通过本课程的学习，学生在熟练掌握会计要素的账务处理、会计报表编制的基础上，能灵活地根据企业的特点为投资人、债权人、政府机关等报表使用人提供满足其需要的信息。

(5) 成本会计学。

本课程较为详细地介绍了成本及成本会计概念，成本会计的对象、任务及职能，了解制造成本法的特点以及成本会计工作的组织、成本核算的原则要求，了解费用的分类及成本核算的一般程序、各种产品成本的计算理论和方法。本课程的重点是不同成本对象的计算理论和方法，难点是成本对象的确定和核算工作的组织，教学方法的特色是理论紧密联系实际。

(6) 财务管理学。

本课程主要阐述财务管理的基本理论、基本方法和基本操作技能，并从筹资、投资、资金运营、财务分析等资金运动环节分述其原理及方法，同时对财务预测与预算、财务治理及利润分配与管理等财务活动进行阐述。通过本课程的学习，学生能进一步了解和掌握企业财务管理理论、方法和操作技能，培养学生综合分析问题和解决问题的能力，提高学生综合运用财务知识的能力。

(7) 审计学原理。

本课程主要是会计、财务管理、审计专业的专业基础课，以现代审计理论和方法程序为基本结构，以审计发展的需要为目标，介绍审计的理论和方法。遵循应用型人才培养模式导向，贯彻"理论适度够用，强化实践应用"的原则，以审计活动为主线，培养学生德智体全面发展，使之具有较系统的审计学的基本理论、基础知识和专业技能。本课程为初学者展现出了一个科学的审计学的知识体系，以帮助其更轻松、有效地学习审计知识。

(8) 会计电算化。

本课程的培养目标是，学生通过本课程的学习能够掌握实际会计工作岗位中需要的会计核算和操作技能、会计工作岗位之间的业务衔接关系和电算化下的内部控制要求，了解会计人员的职业道德规范等内容，让学生达到会计师基本素质的要求，使学生系统全面地了解会计电算化的产生和发展、会计电算化信息系统的构成，掌握财务软件的维护方法与技巧，比较熟练地掌握财务软件的应用，特别是财务软件各个模块的使用方法与步骤。同时也培养学生的职业岗位能力、社会适应能力和全面综合素质。

(9) 财务报表分析。

通过本课程的学习，学生进一步加深对财务报表的理解和掌握，运用财务报表进行分析和评价。本课程的教学目标是培养具有较强实践能力和一定理论基础的高素质报表分析人才。财务报表能够全面反映企业的财务状况、经营成果和现金流量情况，但是单纯从财务报表上的数据还不能直接或全面说明企业的财务状况，特别是不能说明企业经营状况的好坏和经营成果的高低，只有将企业的财务指标与有关的数据进行比较才能说明企业财务状况所处的地位。做好财务报表分析工作，可以正确评价企业的财务状况、经营成果和现金流量情况，揭示企业未来的报酬和风险。

(10) 内部审计学。

本课程在阐明以 IIA 新定义为主导，充分结合《内部审计基本准则》对内部审计宗旨、责任和范围的界定，综览来自于不同方向的内部审计描述及其概念的历史演变，突出内部审计理论基础和实践需求，遵循《国际内部审计专业实务框架》和中国内部审计准则，以企业的经营活动为主轴，引导学生理解内部审计的内涵、外延及程序、方法。

(11) 企业财务审计。

本课程是研究对企业财务收支及其有关经济活动进行审查的一门应用学科，要求将审计的基本知识、基础理论融入审计的基本技能之中，充分反映审计的可操作性和实务性，注重学生利用审计程序、方法分析实际问题能力的培养。

(12) 审计实务。

本课程主要介绍审计的基本概念、基本理论和审计的基本方法，系统阐述了审计的基本概念、审计准则与法律责任、审计程序与审计方法、审计证据与审计工作底稿、审计的重要性与审计风险、内部控制制度及其评价、资产审计、负债审计、所有者权益审计、成本费用审计；收入及利润审计、审计报告及管理建议书、计算机审计，使学生系统掌握审计学的基本理论与知识，并能应用于政府审计、民间审计和内部审计的实践，使学生提高审计学方面分析问题和解决问题的能力，为学生毕业后从事本专业的理论研究和应用打下坚实基础。

11.2 审计实务方向毕业论文实例

11.2.1 浅析小型会计事务所审计风险

1. 毕业论文任务书

毕业论文任务书如表 11-1 所示。

表 11-1　XXXX 大学毕业论文任务书

姓　　名	XXX	学　　号	XXXXXXXX	系　　别	经济管理系
专　　业	会计学专业	年级班级	XX 级 X 班	指导教师	XXX
论文题目	五 浅析小型会计事务所审计风险					
任务和目标	本毕业论文主要完成对"小型会计事务所审计风险"的研究,并撰写题目为《浅析小型会计事务所审计风险》的论文。通过分析小型会计事务所审计风险的类型、内外因,对其进行分析,进而提出相应的建议来降低审计风险带来的损失。研究审计风险的原因及建议,对事务所而言是涉及生存和发展的重要课题。具体任务及目标如下: 一、小型会计事务所审计存在风险的原因 1. 小型会计事务所审计风险的内因 2. 小型会计事务所审计风险的外因 二、对小型会计事务所审计风险的建议 1. 对会计事务所审计风险内因的建议 2. 对会计事务所审计风险外因的建议 通过以上具体步骤深入研究审计风险类型并结合最新的经济环境探寻审计风险的原因,目的在于引起注册会计师和会计师事务所对审计风险更深层次上的认识,并有所避免与控制,建立审计风险防范系统,有利于会计事务所的发展。				
基本要求	根据本专业毕业论文环节实施细则的要求,选题必须在财会专业范围以内,包括财务会计、税务会计、财务信息系统、财务管理、审计实务等方面的选题。选题应结合我国会计工作实践的技术特征和时效性,要求选择当前会计工作中亟待解决的实际问题进行研究,提倡选择应用性较强的课题。选题时要充分考虑主观条件与客观条件,从实际出发,量力而行,论文的具体题目由学生根据自身情况自行选定,论文撰写应在指导教师指导下独立完成,应做到中心突出,层次清楚,结构合理;必须观点正确,论据充分,条理清楚,文字通顺;并能进行深入分析,见解独到。同时论文总体字数不得少于 8000 字,其中论文摘要 300 字左右,关键词 3~5 个(按词条外延层次由高至低顺序排列)。最后附上参考文献目录和致谢辞。				
研究所需条件	1. 具备足够的专业基础知识 (1) 具备扎实的会计理论基础,熟悉相关的财会法律、法规。 (2) 掌握企业主要业务的会计处理方法和核算原则。 (3) 掌握各类财务及相关软件的应用。 (4) 具备一定的程序设计、开发及维护能力。 2. 具备搜集资料的网络环境、图书资源和其他条件。 3. 具有较好的文字处理、编辑能力。				

任务进度安排	序号	主要任务	起止时间
	1	任务书下达、毕业论文正式开始	2013.11.1~2013.11.12
	2	完成文献综述、开题报告	~2014.1.10
	3	完成论文初稿	~2014.3.5
	4	完成论文二稿或中期检查	~2014.4.10
	5	上交论文成稿	~2014.5.19
	6	论文答辩	~2014.5.20
指导教师签字		日期	年　月　日
系部领导签章		日期	年　月　日

2. 文献综述

文献综述如表 11-2 所示。

表 11-2　XXXX 大学毕业论文文献综述

姓　　名	XXX	学　号	XXXXXXXX	系　别	经济管理系
专　　业	会计学专业	年级班级	XX 级 X 班	指导教师	XXX
论文题目	浅析小型会计事务所审计风险的研究					
查阅的主要文献	[1] 王英姿. 审计学原理与实务[M]. 上海：上海财政大学出版社，2007. [2] 韩光强，张永. 现代审计发展的新阶段——网络审计[J]. 企业经济，2004（11）. [3] 万丽芳. 我国会计师事务所审计风险的控制与防范[J]. 现代商业，2010（15）. [4] 廖义刚，孙俊齐，陈燕. 法律责任、审计风险与事务所客户选择——基于 1996~2006 年我国会计师事务所客户风险的分析[J]. 审计与经济研究，2012（5）. [5] 陈捷纯. 会计师事务所审计风险防范及控制[J]. 期刊论文，2012（2）. [6] 宋爱萍. 关于评价防范审计风险[J]. 金融经济（理论版），2010（11）. [7] 穆建军，刘彦军. 浅论我国内部审计存在的问题及对策[J]. 管理观察，2011（27）. [8] 范妮娜，叶明. 浅议社会责任审计风险的产生原因及其防范措施[J]. 时代金融，2011（2）. [9] 董芬. 试论审计风险的原因及防范措施[J]. 经济师，2011（2）. [10] 李红莹. 经济责任审计风险的成因与防范分析[J]. 杭州：浙江出版社，2010. [11] 罗莉. 会计师事务所审计风险原因及建议[J]. 财经界，2010（4）. [12] 邓芙蓉. 会计师事务所对审计风险的防范与控制[J]. 北方经贸，2010（20）. [13] 刘宝英. 论中小会计师事务所审计风险的控制与防范[J]. 中国市场，2010（35）. [14] 刘发明. 会计师事务所审计风险的成因及对策[J]. 上海：上海财经出版社，2012. [15] 李国富，郑鑫成，李红宇. 会计师事务所低价招揽客户行为的经济学分析[J]. 审计与经济研究，2005（5）. [16] Jack r. Evans Think Richie. The audit risk：a preliminary analysis of the audit firm client to accept the decision. School of accounting and accounting journals，2012(12).					

文献综述	浅析小型会计事务所审计风险的研究 一、前言 随着我国经济的快速发展、企业经营环境的变化以及国内外经济形势的变化影响，使得会计事务所审计风险有日益增长的趋势，从而导致会计事务所的审计责任也在不断加重。因此，会计事务所审计风险的控制是当前的首要任务。 审计人员一向要求在面对诸多问题不确定时有很强的专业判断能力。审计风险的控制就是通过一系列的管理活动，使审计风险处于社会可接受的范围之内。审计风险控制不当就会导致不利于事务所的事项发生。 小型会计事务所在审计中也存在一些审计风险，会给事务所带来不小的影响，不管是名誉上还是利益上都带来了伤害。为了小型会计事务所的发展，能够在这种竞争激烈的行业中有立足之地，事务所就必须重视审计风险存在的原因及对策。 本文通过对小型会计事务所审计风险的类型和内外因进行分析，进而提出相应的建议，来降低审计风险带来的损失。 对自身带有风险的会计事务所来说，既要在激烈的市场竞争者中招揽业务、站稳脚跟，又要防范审计业务可能带来的审计风险，这种两难境地，使加强审计风险的防范和控制成为会计事务所的核心问题，也是审计理论和实务讨论的热点问题，对事务所而言，是涉及生存和发展的重要课题。 二、浅析小型会计事务所审计风险研究的背景 改革开放后，我国于1981年在上海成立了第一家会计师事务所。经过20多年的发展，已经完成了脱钩改制。在这个过程中，国际会计公司也进入国内，与国际会计师事务所形成了良性的竞争环境。国内事务所虽然有几千家，但是很多规模太小，不足以形成市场竞争的主体，要加快调整和融合。近几年来事务所之间的合并与合作增多，步伐也可以走得更大些。合并可以在不增加市场竞争者的前提下扩大事务所的规模，提高执业水平，提升抗击风险的水平，充分发挥事务所规模、资金、人才、智力、信息、成本上的优势。 当前我国的市场经济正在繁荣有序地发展，急需一批可以提供可靠可信的经济中介服务的会计师事务所。这无疑给会计师事务所的发展带来了无限发展的空间与生机。创造一个良好的外部执业环境，会计师事务所和执业注册会计师用自己的专业执业能力为我国的社会主义市场经济提供经济中介服务。 我国会计师事务所的组织形式的安排就是要求合伙人对事务所的行为，以及以事务所名义开展的行为承担责任。注册会计师和事务所是依靠其所提供的服务生存的，执业质量决定了一切。提高会计师事务所执业质量标准服务水平，加快执业人员的智力和知识密集程度的提升，提高会计师事务所的竞争力，才能适应我国市场经济的需求，更好地为我国经济建设服务。 三、浅析小型会计事务所审计风险研究的意义 随着社会经济的不断发展和大量外资的引入，各种经济组织和经济业务类型变得复杂化，许多中小企业也不断发展起来。另外，随着科学技术的迅速发展，新产业新技术不断涌现，使审计内容越加广泛，审计服务市场需求加大，这些方面的发展变化都加大了事务所审计工作的难度和审计风险。 小型事务所重点合作伙伴为中小企业，小型会计事务所在成立的年份上也比不上很多大的会计事务所，而且在人力上也不如大的事务所多，自然竞争能力也就削弱不少，这样小事务所关系网不能与大事务所相比较。而中小企业却是大多数小型事务所竞争的客户，因此竞争相当激烈，这也给小型会计事务所在市场上带来困难。

文献综述	审计并非全部出于因所有权与经营权的分离而产生的委托代理关系，是出于政府部门监督管理的需要，这种状况导致了我国注册会计师服务的最大需求者是政府部门。另外，小型会计事务所审计服务的对象大多数为中小型非上市公司，其委托代理审计真正的原因是迫于政府部门监管机构的压力。并且，这些企业往往是迫于政府监管机构的压力而委托事务所审核其财务报表，并非真正意识到审核财务报表的重要性。 在这种经济市场的状态下，许多会计事务所为了企业的生存、为了能够谋取其中的利益，不惜以客户的要求出具报告，审计报告往往会不真实，从而加大了审计风险。 四、结束语 通过深入研究审计风险概念、审计风险类型，并结合最新的经济环境探寻审计风险的原因，目的在于引起注册会计师和会计师事务所对审计风险更深层次上的认识，并有所避免与控制，建立审计风险防范系统，有利于会计事务所的发展。 审计风险与事务所的整个生命周期共存，从事务所诞生到其结束的整个历程都伴随着风险，是任何一个事务所都必须面对的，这是无法回避的现实存在。本文从归纳审计风险的概念、类型入手，根据审计风险形成的原因，结合在会计师事务所工作时总结出的审计经验，从影响审计风险的要素出发提出了降低审计风险的一系列措施，对减少审计风险有所帮助。 我们可以通过提高事务所的控制水平、加强独立性、创建良好的外部经济环境、完善公司的内部管理层治理结构、建立有效的公司内部控制制度和内部监督机制、提高被审计单位管理人员和注册会计师的业务素质与职业道德、健全会计师事务所内部质量控制制度等措施来防范和控制审计风险。
备 注	
指导教师意见	指导教师签字： 　　　　　　　　年　月　日

3. 论文开题报告

论文开题报告如表 11-3 所示。

表 11-3　XXXX 大学毕业论文开题报告

姓　　名	XXX	学　号	XXXXXXXX	系　别	经济管理系
专　　业	会计学专业	年级班级	XX级X班	指导教师	XXX
论文题目	浅析小型会计事务所审计风险的研究					
选题依据与意义	一、学术价值、应用价值 随着社会经济的不断发展和大量外资的引入，各种经济组织和经济业务类型变得复杂化，许多中小企业也不断发展起来。另外，随着科学技术的迅速发展，新产业新技术不断涌现，使审计内容越加广泛，审计服务市场需求加大，这些方面的发展变化都加大了事务所审计工作的难度和审计风险。 小型事务所重点合作伙伴为中小企业，小型会计事务所在成立的年份上也比不上很多大的会计事务所，而且在人力上也不如大的事务所多，自然竞争能力也就削弱不少，这样小事务所关系网不能与大事务所相比较。而中小企业却是大多数小型事务所竞争的客户，因此竞争相当激烈，这也给小型会计事务所在市场上带来困难。				

选题依据与意义	在这种经济市场的状态下，许多小型会计事务所为了企业的生存、为了能够谋取其中的利益，不惜以客户的要求出具报告，审计报告往往会不真实，从而加大了审计风险。 二、会计事务所审计风险国内外研究现状分析 我国会计师事务所在风雨洗礼中曲折发展，注册会计师行业为深化国有企业改革、繁荣市场经济、转换政府职能、维护财经秩序、规范金融市场、扩大对外开放等方面发挥了积极的无可替代的作用。 中国是一个发展中国家，国内注册会计师行业与国际相比差距甚大，与世界知名的会计师事务所相比，首先在规模上两者相去太远。例如"普华永道"公司现已拥有 10000 余名合伙人和 146000 位专业人员，而在中国，年收入几千万元人民币，拥有上百名注册会计师的事务所已为数寥寥了。 会计师事务所的真正客户是社会公众，它必须承担社会责任、服务社会，通过提高自己在社会公众中的形象来树立良好的品牌。而我国不少会计师事务所违规操作，急功近利，执业行为缺乏社会责任感，在公众心目中的形象和声誉不佳。由于对创立良好的"服务品牌"缺乏足够的认识或系统的方法，不少执业相对规范的事务所存在业务内容单一、雷同的弱点，尚不具备竞争的品牌优势。 另外，决策层主要由做财务出身的技术型人才组成，缺乏既熟悉市场运营，又有丰富的管理和服务营销实践经验的复合型高级管理人才。
研究内容	摘　要 Abstract 目　录 绪　论 1 审计风险的概述 1.1 审计风险的概念 1.1.1 审计风险的含义 1.1.2 审计风险的类型 1.2 当前小型会计事务所审计过程中存在的审计风险 1.2.1 审计过程存在的风险类型 1.2.2 事务所检查风险的表现 2 小型会计事务所审计存在风险的原因 2.1 小型会计事务所审计风险的内因 2.1.1 事务所的控制水平偏低 2.1.2 缺乏独立性 2.1.3 审计人员专业素质水平偏低 2.2 小型会计事务所审计风险的外因 2.2.1 审计三方关系失衡 2.2.2 外部市场竞争激烈 3 对小型会计事务所审计风险的建议 3.1 对会计事务所审计风险内因的建议 3.1.1 提高事务所的控制水平 3.1.2 加强独立性 3.1.3 加强审计人员的专业素质水平 3.2 对会计事务所审计风险外因的建议 3.2.1 重构审计三方关系

研究内容	3.2.2 扩展业务范围扩展市场 结　论 致　谢 参考文献
研究方案	一、本课题研究的目标 通过分析小型会计事务所审计风险的类型和内外因，进而提出相应的建议，来降低审计风险带来的损失。研究审计风险的原因及建议，对事务所而言是涉及生存和发展的重要课题，具体目标如下： 1. 小型会计事务所审计存在风险的原因 ①小型会计事务所审计风险的内因。 ②小型会计事务所审计风险的外因。 2. 对小型会计事务所审计风险的建议 ①对会计事务所审计风险内因的建议。 ②对会计事务所审计风险外因的建议。 二、本课题研究的内容 小型会计事务所在审计中也存在一些审计风险，会给事务所带来不小的影响，不管是名誉上还是利益上都带来了伤害。为了小型会计事务所的发展，能够在这种竞争激烈的行业中有立足之地，事务所就必须重视审计风险存在的原因及对策。 本文通过对小型会计事务所审计风险的类型和内外因进行分析，进而提出相应的建议，来降低审计风险带来的损失。 对自身带有风险的会计事务所来说，既要在激烈的市场竞争者中招揽业务、站稳脚跟，又要防范审计业务可能带来的审计风险，这种两难境地，使加强审计风险的防范和控制成为会计事务所的核心问题，也是审计理论和实务讨论的热点问题，对事务所而言，是涉及生存和发展的重要课题。 三、预期成果 完成论文，通过深入研究审计风险类型并结合最新的经济环境探寻审计风险的原因，目的在于引起会计师事务所及注册会计师对审计风险更深层次上的认识，并有所避免与控制，建立审计风险防范系统，有利于小型会计事务所的良性发展。
写作进度安排	1. 2013年11月1日——2014年1月10日，完成文献综述及开题报告。 2. 2014年1月11日——2014年3月5日，完成论文初稿。 3. 2014年3月6日——2014年4月10日，完成中期检查及论文二稿。 4. 2014年4月11日——2014年5月19日，上交论文成稿。
指导教师意见	指导教师签字： 　　　　　年　　月　　日
系学术委员会意见	主任签章： 　　　　　年　　月　　日

4. 论文中期报告

论文中期报告如表11-4所示。

表 11-4　XXXX大学毕业论文中期检查报告

学生姓名	XXX	学　号	XXXXXXXX	指导教师	XXX
论文题目		浅析小型会计事务所审计风险的研究			
论文中期 完成情况		一、前期工作简述 论文的前期工作主要完成任务书、文献综述和开题报告的撰写。 二、对小型会计事务所审计风险具体情况进行全面总结 1. 小型会计事务所审计风险的内因 ①事务所的控制水平偏低。 ②缺乏独立性。 ③审计人员专业素质水平偏低。 2. 小型会计事务所审计风险的外因 ①审计三方关系失衡。 ②外部市场竞争激烈。 三、针对小型会计事务所审计风险现行情况提出应对方案 1. 对会计事务所审计风险内因的建议 ①提高事务所的控制水平。 ②加强独立性。 ③提高审计人员的专业素质水平。 2. 对会计事务所审计风险外因的建议 ①重构审计三方关系。 ②扩展业务范围，扩展市场。 四、后期工作安排 1. 2014年1月11日——2014年3月5日，完成论文初稿。 2. 2014年3月6日——2014年4月10日，完成中期检查及论文二稿。 3. 2014年4月11日——2014年5月19日，上交论文成稿。				
完成情况 评价		1. 按计划完成，完成情况优（　　） 2. 按计划完成，完成情况良（　　） 3. 基本按计划完成，完成情况合格（　　） 4. 完成情况不合格（　　） 补充说明： 指导教师签字： 　　年　月　日				

5. 论文封皮

论文封皮示样图如图 11-1 所示。

```
                XXXX 大学
                毕 业 论 文


    题    目：浅析小型会计事务所审计风险的研究
    系    部：经济管理系
    专    业：会计学专业
    班    级：XX 级 X 班
    学    号：XXXXXXXX
    姓    名：XXX
    指导教师：XXX
    完成日期：XXXX 年 XX 月 XX 日
```

图 11-1　论文封皮示样图

6. 论文诚信声明和版权说明

论文诚信声明和版权说明如图 11-2 所示。

毕业论文诚信声明书

本人声明：我将提交的毕业论文《浅析小型会计事务所审计风险的研究》是我在指导教师指导下独立研究、写作的成果，论文中所引用他人的无论以何种方式发布的文字、研究成果均在论文中加以说明；有关教师、同学和其他人员对本文的写作、修订提出过并为我在论文中加以采纳的意见、建议均已在我的致谢辞中加以说明并深表谢意。

　　　　　　　　　　　　论文作者：XXX　　　（签字）　时间：　　年　月　日
　　　　　　　　　　　　指导教师已阅　　　　（签字）　时间：　　年　月　日

毕业论文版权使用授权书

本毕业论文《浅析小型会计事务所审计风险的研究》是本人在校期间所完成学业的组成部分，是在 XXXX 大学教师的指导下完成的，因此本人特授权 XXXX 大学可将本毕业论文的全部或部分内容编入有关书籍、数据库保存，可采用复制、印刷、网页制作等方式将论文文本和经过编辑、批注等处理的论文文本提供给读者查阅、参考，可向有关学术部门和国家有关教育主管部门呈送复印件和电子文档。本毕业论文无论做何种处理，必须尊重本人的著作权，署明本人姓名。

　　　　　　　　　　　　论文作者：XXX　　　（签字）　时间：　　年　月　日
　　　　　　　　　　　　指导教师已阅　　　　（签字）　时间：　　年　月　日

图 11-2　论文诚信声明和版权说明

7. 论文正文

《浅析小型会计事务所审计风险的研究》

　　中文摘要： 目前，我国有执业注册会计师 16 万余人，但全国 5000 多家会计师事务所中，大部分会计师事务所为小型事务所，社会公众更多地关注大中型会计师事务所的审计风险，从而忽略了小型会计师事务所审计风险方面的问题。随着社会经济的发展，小型的会计事务所受到更多社会公众的关注。

近年来我国会计审计行业取得了较大发展，审计风险也随之不断扩大，不管大型事务所还是小型事务所都存在审计风险，审计风险无处不在、无时不在。注册会计师审计独立性受损逐渐成为公认的会计事务所行业的系统风险，因此会计师事务所的审计风险产生原因及防范能力如何提高也成为社会关注的问题。

审计风险是会计事务所不得不面对的一个严峻的问题。本文从主客观的角度分析了审计风险产生的原因，并提出了防范风险的具体措施，主要包括内外因及建议，重点是内因中的内部控制水平、审计三方关系、独立性、审计人员专业素质水平。本文结合自己在工作中的实践经验，对会计师事务所对外审计工作所存在的问题、审计风险形成的原因进行了简要阐述，并提出了应对建议。

关键词：审计风险；小型会计事务所；审计控制

Abstract: At present, China registered accountants more than one hundred sixty thousand people, but the country more than five thousand firms, most of the accounting firm to small firms, but the public has paid more attention to the large and medium-sized CPA firm's audit risk, thus ignoring the small accounting firms audit risk problems. With the development of social economy, small accounting firm is more social public attention.In recent years our country accounting audit industry has achieved great development, the audit risk also will continue to expand. No matter large or small firms have firm audit risk, the audit risk everywhere, the ever-present. The independent audit of Certified Public Accountants impaired gradually accepted the industry system risk. So the attention of the public accounting firm audit risk causes and prevention capacity how to improve social concern has become.   Audit risk is the accounting firms have to face a serious problem. In this paper, from the subjective and objective perspective analysis of the causes of audit risks, and puts forward the preventive measures of risks. Main locus for and advice, key is the internal cause internal control level, audit three party relations, independence, auditors professional quality level. This paper, based on his experience in the practice, the accounting firm's audit work problems, the reasons for the formation of audit risk are briefly discussed, and puts forward some corresponding suggestions.

Key words: Audit risk; small sized Accounting firm; Audit control

前 言

随着我国经济的快速发展、企业经营环境的变化以及国内外经济形势的变化影响，使得会计事务所审计风险有日益增长的趋势，从而导致会计事务所的审计责任也在不断加重。因此，会计事务所审计风险的控制是当前的首要任务。

审计人员一向要求在面对诸多问题不确定时有很强的专业判断能力。审计风险的控制就是通过一系列的管理活动，使审计风险处于社会可接受的范围之内。审计风险控制不当就会导致不利于事务所的事项发生。

小型会计事务所在审计中也存在一些审计风险，会给事务所带来不小的影响，不管是名誉上还是利益上都带来了伤害。为了小型会计事务所的发展，能够在这种竞争激烈的行业中有立足之地，事务所就必须重视审计风险存在的原因及对策。

本文通过对小型会计事务所审计风险的类型和内外因进行分析，进而提出相应的建议，来降低审计风险带来的损失。

对自身带有风险的会计事务所来说，既要在激烈的市场竞争者中招揽业务、站稳脚跟，又要防范审计业务可能带来的审计风险，这种两难境地，使加强审计风险的防范和控制成为会计事务所的核心问题，也是审计理论和实务讨论的热点问题，对事务所而言，是涉及生存和发展的重要课题。

1 审计风险的概述

1.1 审计风险的概念

1.1.1 审计风险的含义

审计是一种社会经济活动，由于社会经济环境的不断变化，导致审计活动几乎都是在某种程度的不确定状态下进行。风险存在于自然科学、政治、军事、经济生活的诸多方面，可以肯定的是，风险包括以下两大方面：一是其发生具有不确定性，二是它能够给我们带来损失。

审计风险是指审计师对含有重要错误的财务报表表示不恰当审计意见的风险，注册会计师针对存在重大错误或者漏报的财务报表其进行审计后发表不恰当审计意见的可能性。对于盈亏自负、风险自担的会计师事务所来说，既要在激烈的市场竞争中招揽业务，又要防范审计业务可能带来的审计风险。

对审计风险的阐述实际上包括两方面的含义：一是注册会计师认为公允的会计报表，但实际上却是错误的，即使已经证实的会计报表实际上并没有按照会计准则的要求对公允反映被审计单位的财务状况、经营成果和财务状况变动情况，或者以被审计单位或审查范围中显示的特征表明其中存在的重要错误而未被注册会计师察觉的可能性；二是注册会计师认为错误的会计报表，但实际上是公允的。它包括固有风险、控制风险和检查风险。可见，我国独立审计准则对审计风险的定义与国际审计准则中对审计风险的定义是基本相同的。

因此，风险在审计过程中无处不在，审计界随时面临赔偿或诉讼的可能性。由于审计所处的环境越来越复杂，审计所面临的任务日趋艰巨。这些原因的存在导致了审计过程中存在审计风险，这在客观上要求注册会计师要注意风险存在的可能性，并采取相应的措施尽量避免风险和控制风险。

1.1.2 审计风险的类型

不同的审计风险成因导向不同的审计风险类型。按照审计风险形成的原因不同，可将审计风险分为固有风险（Inherent Risk）、控制风险（Control Risk）和检查风险（Detection Risk）三类。

固有风险（Inherent Risk）是假设被审计单位没有内部会计控制的条件下，某一账户或交易类别单独或连同其他账户、交易类别产生重大错报或漏报的可能性。即由于被审计单位经济业务的特点和会计核算工作本身的不足而形成对所有账户和交易类别有广泛影响的因素；影响固有风险水平的因素可以分为两类：第一类是影响的因素，审计人员综合考虑各种因素后即可大致确定会计报表层次的固有风险水平和固有风险较大的会计领域；第二类是只对特定账户和交易类别产生的审计风险。

固有风险是指财务报表的某一科目余额或某一类交易事项先天性的比较容易发生重大错

误或舞弊的机会,以下几个方面可判定会引起审计固有风险的增高:公司所属产业较新且不稳定、公司的内部控制环境较弱、公司的财务状况不佳、公司所在地区业务经营的竞争性和复杂性较高。

控制风险(Control Risk)是指被审计单位内部控制制度不健全,某一账户或交易类别单独或连同其他账户、交易类别产生重大错报或漏报不能被内部控制防止或纠正的可能性。

检查风险(Detection Risk)是指由审计人员审查的范围和程度有限,某一账户或交易类别单独或连同其他账户、交易类别产生重大错报或漏报而未被实质性测试发现的可能性。审计人员运用抽样技术时,检查风险可以分别从抽样风险和非抽样风险两个方面考虑。与抽样相关的检查风险仅指误受风险和误拒风险。非抽样风险是指除了由样本不能代替审计对象总体这一原因产生的风险之外的各种风险。审计人员即使对交易事项进行百分之百的检查,仍然可能得到不正确的结论。非抽样风险的产生是可以控制的,取决于审计人员的主观努力程度。

审计风险三要素中,固有风险和控制风险来自于被审计单位,审计人员只能通过对被审计单位的了解评估其高低,无法对其实施根本的控制。检查风险来自于审计人员,审计人员可以选用恰当的审计程序,将其降低到可能程度。

1.2 当前小型会计事务所审计过程中存在的审计风险

1.2.1 审计过程中存在的风险类型

会计师事务所现有注册会计师及职员拥有丰富的会计经验,所提供的专业知识及意见必能帮助企业处理各项财务难题,以便客户轻松地充分掌握业务上的财政状况,以协助企业预计及妥善安排合适的资源分配继而达到长远效益。其中会计服务的主要内容有:

(1) 提供资深的会计职员及客户入账并编制财务报表。

(2) 按客户要求以每月、每季或每年整理财务记录。

(3) 按客户的营运流程提供简易快捷的记账及保存单据的方法。

(4) 为管理层分析及紧密监控毛利率的变化、赊销及赊购控制等。

审计服务的内容有:

(1) 按公司法规所要求的公司审计服务。财务报表的法定审计是每家在中国境内注册的外商投资企业必须遵守的法定要求。在审计工作期间,我们会对客户提出专业意见,以协助管理层遵守所有影响财务报表的监管规定和会计标准。

(2) 按法例或守则进行审计工作。除了按公司法规所要求的审计服务外,我们也提供符合其他有关法规或准则的审计工作。例如编制符合政府、监管机构、税务部门、银行或其他准贷款人等要求的财务报表,以用作有关用途。

(3) 按客户需要而进行的审计工作。对于非法定的审计服务,审计范围是可根据个别客户的需要而决定的。我们提供因应特别用途(如离任审计、财务收支审计、工程造价审计、资产评估审计)而编制的特定财务报表。

当前小型会计事务所审计过程中存在的一些审计风险主要是检查风险。固有风险和控制风险都不是注册会计师能够控制得了的。只有检查风险是注册会计师可以控制的风险要素。

关于检查风险,由于事务所审计人员有限、审计人员审查范围和程度有限,有些被审单位的资料或数据错报或漏报而未被实质性测试发现的,致使没有按抽样风险和非抽样风险两个方面考虑,导致造成失误的,会给小型会计事务所造成审计风险,甚至失去信誉。

1.2.2 事务所检查风险的表现

小型会计事务所存在的检查风险表现在：

（1）本事务所注册会计师在审计报告中言语模棱两可，存在检查风险。例如本事务所在沈阳某搬家公司的审计报告中有了一些难以明确责任的语句，用了像"可能"、"也许"、"大概"、"据报告所诉"这样的词语，导致事务所存在检查风险。

（2）分析性审核失当使注册会计师做出错误判断。例如本事所某注册会计师因为在对沈阳某小型超市进行分析审核中分析失当，注册会计师对该公司作出错误判断，本应没有的错误出现在了审计报告中，导致事务所存在了检查风险。

（3）在抽样过程中注册会计师判断错误。例如本事务所某注册会计师在对鞍山市某物流公司进行抽样过程中判断失误，该公司应该有的财务数据错误并没有及时看出来，导致这次事务所存在检查风险。

随着市场经济的迅速发展，小型会计事务所与其他会计师事务所的竞争越来越激烈，审计风险也越来越大。

2.1 小型会计事务所审计风险的内因

2.1.1 事务所的控制水平偏低

小型会计事务所内部审计制度不健全，控制水平偏低。小型会计事务所制定了许多内部管理制度，但是与其他会计师事务所相比内部管理控制制度仍存在薄弱现象，而会计师事务所内部严格、健全的审计质量控制制度是防止和减少错误与过失、提高审计质量、避免和解除法律责任、降低审计风险的关键，所以必须提高会计事务所的内部管理制度，减少审计风险，如表 1 所示。

表 1 大中型会计事务所与小型会计事务所内部管理对比表

类别	大中型会计事务所内部制度	小型会计事务所内部制度
管理层人数	3	1
管理层	主任会计师与法人代表	主任会计师兼法人代表
年审计业务量	300 个以上	200～230 之间
年投诉率	1%	3.5%

根据表 1 显示的小型会计事务所的管理层人数就为一人，可以看出小型会计事务所内部管理人员很少，所以可控制的人数就一人，一人的工作量很大，会顾不过来，从而控制水平会偏低。

表明小型会计事务所内部制定很多内部制度，本事务所实际执行过程中的水分较大，不能做到完全按照制度规则执行，并没有发挥作用，从而使审计风险加大。

小型会计事务所的内部审计不健全，控制水平偏低，审计风险高，包括以下几点：

（1）小型会计事务所由于工作人员少，各个负责人工作量大，同时往往身兼数项工作，以至于二审组仅由一人组成，所有报告的二审工作都由一人完成，而且该注册会计师负责的项目也由自己审批，使得整个工作流程不严谨，审计风险存在重大隐患。

（2）事务所由于发展时间短、内部考核不到位，没有完善科学的员工竞争与激励机制，人才的考核、选拔、晋升、监督、工资福利等制度不健全，财务核算不能细化，所以审计风险也随之增强。

（3）小型会计事务所由于人员结构不完善，造成部门设置不健全，如项目负责人并不都是注册会计师，可能是经理负责此项目，而事实上经理又不可能是每项业务的实际项目负责人，导致操作者与责任承担者不一致，从而使审计风险加大。

（4）由一人负责，未按业务种类分设总审核验资、审计、评估、基建项目的审核，由于审核人员受专业限制，往往对评估、基建项目的审核停留在对报告格式或个别文字的修改，未能深入实质，事务所顾于情面或利益而违背职业准则对一些重大客户的业务存在一定风险仍出具报告，因此审计风险必然存在。

2.1.2 缺乏独立性

小型会计事务所注册会计师对审计缺乏独立性也会影响审计风险。独立性是指会计师事务所和注册会计师独立于客户和其他单位之外，与客户和其他单位免除任何利益关系，以客观、公正的原则和立场分析、判断和处理问题。

会计师事务所和注册会计师由于审计中缺乏独立性而导致审计风险产生甚至会遭受解体。独立性包括实质上和形式上的独立性。实质上的独立性是一种内心状态，要求注册会计师在不受有损于职业判断的因素影响下提出结论时，能够诚实并且公正行事，并保持用客观的职业怀疑态度进行审计工作。形式上的独立性是一个理性且掌握充分信息的第三方在权衡这些事实和情况后，要求注册会计师避免出现重大的事实和情况，很可能推定会计师事务所或项目已经有损于组成成员的诚信、客观或职业怀疑态度。

一般认为审计独立性的缺乏主要表现在以下两个方面：

（1）被审计单位与会计师事务所关系密切，如表 2 所示。

表 2　被审单位与事务所之间的关系表

被审计单位	是否有亲属关系	是否为常年工作伙伴	是否给予更多优惠
MM 工厂	否	是	是
CC 企业	否	是	是
NN 公司	是	是	是

从表 2 可知，在小型会计事务所中被审计单位与事务所之间的交情过密，其中 NN 公司与事务所某成员还有亲属关系，大部分被审计单位与事务所都互为工作伙伴，而且都拥有优厚待遇，关系密切。

所以本事务所与上述公司交往关系就比较密切，容易产生独立性丧失。注册会计师的审计意见受到影响，所以出具的审计报告不是客观真实的报告，审计风险也会大大加强。

（2）会计师事务所提供的混合业务服务，如表 3 所示。

表 3　被审计单位业务表

被审计单位	业务关系
BB 单位、YY 单位	审计业务和非审计业务
WW 制造企业	审计业务，偶尔参与非审计业务
EE 公司、RR 公司	审计业务和非审计业务

从表 3 可知，在小型会计事务所中，被审计单位的业务关系大多是审计业务与非审计业务，从而可以分析出小型会计事务所提供的业务多为混合业务。

如果审计的独立性都无法保证，势必会加大注册会计师的审计风险。独立性对审计风险也是主要的内因因素之一。由于被审计单位与事务所关系较为密切，并且交情甚好，所以注册会计师往往会听取客户意见，审计报告必然会受到影响，所以审计风险加大。加强独立性，也会降低审计过程中存在的审计风险。

2.1.3 审计人员专业素质水平偏低

小型会计事务所审计人员资料如表 4 所示。

表 4 小型会计事务所审计人员资料表

审计人数	从业年数	文化程度	执业资格	从业期间是否犯过错误
1	6	大专	注册会计师	否
1	4	大专	注册会计师	否
1	4	本科	注册会计师	否
1	3	大专	注册会计师	是，通报过一次
1	3	本科	审计助理	否
1	2	大专	审计助理	否
1	1	大专	审计助理	否
1	半年	大专	审计助理	否
1	半年	本科	审计助理	否

从表 4 可知，在小型会计事务所中并不缺少专业的审计人员，也不缺少高职称的审计人员，但是文化程度大专居多，从而导致审计人员专业素质水平上偏低，在这方面仍存在审计风险。本事务所有很多缺乏继续教育和缺乏工作经验的审计人员。由于本事务所开展审计业务年数较短，在管理审计人员专业素质方面不太重视对注册会计师的继续教育。

早期考核通过的年龄较大的注册会计师，尽管有着丰富的工作经验和能力，但还是缺少对审计的继续教育。不仅是资格较老的注册会计师，还有一些资格尚浅的审计人员也并没有及时参加继续教育。刚刚毕业的大学生或者刚刚到事务所接手新业务的审计人员，从事审计工作又缺少工作经验，造成事务所审计质量水平不高，增加了审计风险。

目前会计师事务所发展迅速，业务竞争十分激烈，但是事务所并没有十分重视审计人员的专业素质水平，导致审计人员专业素质水平偏低，使审计存在风险。审计人员也没有太注意自己的专业素质，一心工作忘记及时继续教育，给事务所带来一些不便；缺少工作经验的审计人员也会给事务所带来审计工作上的不便，不按审计程序的规定执行，草率地提出意见，这样会给事务所审计带来影响，审计风险也会随之存在。

2.2 小型会计事务所审计风险的外因

2.2.1 审计三方关系失衡

审计三方关系包括第一关系人，即审计主体（审计机构或人员）；第二关系人，即审计客体（被审计单位、财产的经营者）；第三关系人，即审计委托者（财产所有者）。审计三方关系是保证审计独立性的必要条件。小型会计事务所的审计对象，即第二关系人（审计客体）大部分为中小企业非上市公司，这些企业特别是一些私营企业往往是由一个人或几个人所创建的，企业的所有权与经营权一致，即审计客体与审计委托者一致。审计三方关系变为两方关系，独立的、客观公正的审计也将会不复存在。

由于审计三方势力的不均衡，三方的角色错位与思维冲突，使传统的三角审计关系受到各方的质疑。

在经济市场中，小型会计事务所与其他两方关系的角色错位与思维冲突会造成股权的分散，使得真正意义上的委托人——全体股东行使委托权已经不可能，于是委托权将逐步下移至管理层。随着委托权的下移，原本被审计单位应该是管理层的受托责任，但是审计对象往往被具体化为财务报告。而无限责任本来是约束注册会计师本人的，却在现实的《审计约定书》中将这一角色变成了会计事务所。所以角色的错位导致审计理想秩序的难以实现，角色倾向的位移与不对应导致审计的社会功效下降、审计的复杂性增强，审计风险也随之增强。

小型会计事务所与一些被审计单位也存在角色错位，导致审计三方关系失衡，使得审计过程中存在审计风险，受到了审计风险的影响。

以 XX 土木水利工程咨询有限公司为例说明，如表 5 所示。

表 5　审计关系角色错位

关系人	理想角色	现实角色	单位
第一关系人（审计人）	注册会计师	会计事务所	小型会计事务所
第二关系人（被审人）	经营者	会计部门	XX 公司财务部
第三关系人（委托人）	投资者	经理人	PP 企业

审计业务三方关系人是指审计人、被审计人和审计业务委托人，审计活动的发生就是基于这三方关系人发生联系的结果。

在审计行为中，咨询公司希望注册会计师能够查验会计信息的真实与完整，至于投资者如何使用经过审计的会计信息是投资者自己的事。注册会计师应遵守独立审计准则，认为理应由咨询公司提供会计资料，注册会计师只是发表审计意见，审计意见不保证会计资料百分之百准确；投资者基于受托原则，认为咨询公司有责任及时披露、提供真实的会计信息，注册会计师应该保证经过审计的会计信息的可靠性。所以，三方逻辑思维产生了冲突，审计三方关系也就发生了冲突，审计三方关系失衡，影响了审计过程中的沟通，审计结果不够真实，审计风险也随之增强。

2.2.2　外部市场竞争激烈

随着社会经济的不断发展和大量外资的引入，各种经济组织和经济业务类型变得复杂化，许多中小企业也不断发展起来。另外，随着科学技术的迅速发展，新产业新技术不断涌现，使审计内容越加广泛，审计服务市场需求加大，这些方面的发展变化都加大了事务所审计工作的难度和审计风险。

在这种竞争激烈的条件下，很多大中型会计事务所都拥有会计、审计等高资格人才，甚至有些大事务所人数都是小事务所的一两倍。在这样供不应求的审计服务市场中，大事务所占据各种优势。小型会计事务所在这种竞争中处于劣势。小型会计事务所与大中型会计事务所业务种类比较表如表 6 所示。

表6　小型会计事务所与大中型会计事务所业务种类比较表

对比项目	小型会计事务所	大中型会计事务所
业务种类	税务咨询、会计培训、验资、审计、评估、代理记账等	审计上市公司、税务咨询、会计培训、司法会计鉴定、工程造价审核、验资、审计、评估、代理记账等
年度审批报告数量	100～700个之间	900个以上
年利润	100万元以下	500万～600万元之间

从表6可知，在小型会计事务所中业务种类远远少于大中型会计事务所，使得小型会计事务所在市场上的竞争力远远不如其他规模较大的业务种类较多的事务所。

小型会计事务所在成立的年份上也比不上很多大会计事务所，而且在人力上也不如大的事务所多，自然竞争能力也就削弱不少。许多国有企业不太会用小事务所审计，这样大事务所常常会与国企建立合作关系。这样小事务所的关系网不能与大事务所的相比较。以上原因导致小型会计事务所的审计业务范围比较单一。

小型事务所的重点合作伙伴为中小企业，而中小企业也是大多数事务所所激烈竞争的，这也给小型会计事务所在市场上带来困难。

审计并非全部出于因所有权与经营权的分离而产生的委托代理关系，是出于政府部门监督管理的需要，这种状况导致了我国注册会计师服务的最大需求者是政府部门。另外，小型会计事务所审计服务的对象大多数为中小型非上市公司，其委托代理审计的真正原因是迫于政府部门监管机构的压力。并且，这些企业往往是迫于政府监管机构的压力而委托事务所审核其财务报表，并非真正意识到审核财务报表的重要性。

在这种经济市场状态下，许多会计师事务所为了企业的生存，为了能够谋取其中的利益，不惜以客户的要求出具报告，审计报告往往会不真实，从而加大了审计风险。

3　对小型会计事务所审计风险的建议

3.1　对会计事务所审计风险内因的建议

3.1.1　提高事务所的控制水平

对于小型会计事务所来说加强事务所的控制水平是很重要的。审计风险控制的重要内容之一就是提高内部控制水平，相应地事务所内部控制提高，也将会减少审计风险，有利于审计风险控制。

强化本事务所管理层的管理知识及业务培训，提高管理决策水平。对于管理层而言，本事务所要扩大管理层力量，要不断加强管理方面的学习，通过后续教育、培训进修、参观等多种途径开阔思路和视野，把握时代脉搏，提高管理能力和业务水平，真正形成以高素质、高效率为核心的团体。对小型会计事务所有以下几点建议：

（1）组成专门的二审小组。小组人员由事务所资深的注册会计师组成，并且推选出一人担任组长，一审后的报告由二审人员轮流审批，分别提出审批意见，由组长汇总反馈给一审注册会计师，由一审人员对报告作出调整，再次递交给二审组长直至完成审批。这样才会有效地降低审计风险。

（2）引入人才竞争机制。为了激发各类专业人才的积极性，必须建立一套能调动人员积极性的员工激励机制。不断完善人才的考核、选拔、晋升、监督、工资福利等制度。同时，也可以考虑建立淘汰制度，每年对经过综合考核不合格的或不适应本事务所工作的员工进行淘汰，最终形成人才的竞争机制。制定《员工绩效评核表》来考核每位员工的实际工作情况，分为工作投入感、专业技能、客户关系、考勤状况、特殊贡献、意见建议 6 个方面分项给出指引分值，然后汇总考核，从而减少审计风险。

（3）规范执业程序，确保执业质量。执业质量是事务所的生存之本，要建立一套包括控制环境、风险评估、控制系统等在内的风险防范体系，加强内部控制制度的建设，最大限度地防范和规避执业风险。同时，通过稳定一批专业素质水平高的审计人员，从最基础的工作环节中把住质量关，有效地避免难以发现的风险的存在。

（4）建立良好的内部运行机制和完善内部控制制度，是小型会计事务所控制风险的重要保障。本事务所要在独立、客观、廉洁、严谨、公正、保密的原则下建立自律性的机制，注册会计师在执业过程中故意或过失造成委托人或相关利益者损失，应当受到行政或行业处罚，严重行为的必须予以赔偿，从而大大降低了审计风险。

3.1.2 加强独立性

要加强小型会计事务所注册会计师的审计独立性。注册会计师在执行审计或者其他鉴定业务时，应该保持着形式上和实质上的独立。审计独立性应是小型会计事务所和注册会计师在执业过程中必须遵守的最重要的原则，只有保持了独立性，本会计师事务所和注册会计师在执行具体的审计业务时才不会受到被审计单位的影响，才能更好地做出客观公正的审计，才能降低审计风险的产生。

定期轮换岗位也可以提高注册会计师审计的独立性。当小型会计事务所在年复一年地为同一个客户提供审计服务的时候，注册会计师就很可能与被审计单位管理层建立起一种超乎寻常的友谊之情，间接也会损害注册会计师审计的独立性。通过对注册会计师的定期轮换，在一定程度上能够提高注册会计师审计的独立性，从而降低审计风险。

3.1.3 提高审计人员的专业素质水平

小型会计事务所应当大力加强本所从业人员的专业标准化教育。通过后续的教育，能够使注册会计师不断更新自己的知识和提高自己的专业技能，并且能够及时地了解本行业新颁布和修订的法律、法规。所以，应当重视注册会计师专业素质的教育，教育他们提高专业素质水平，承担起服务社会的职责。

同时，小型会计事务所应定期地对审计人员进行培训，教育他们遵守注册会计师的行为准则。因此需要一套系统的专业素质标准来指导、约束和规范审计执业水平。增强审计人员的责任心，提高审计人员的专业素质水平是控制审计风险的关键所在。

良好的专业素质是注册会计师立足于社会的根本，并把保护社会公众利益放在首位，将其作为解决利益冲突的最高原则，以培养注册会计师的"公众利益"意识。只有履行好社会公众责任，委托人和雇主的利益才能得到最好的维护，从而审计风险也会随之降低。

3.2 对会计事务所审计风险外因的建议

3.2.1 重构审计三方关系

在审计三方关系失衡的状态下，应该新增一个审计关系人，即审计委托人。小型会计事务所的被审计单位当中有一些是中小型企业，由于中小型企业规模小，内部控制制度不健全或者不存在，更没有公司监事会或者审计委员会，也不是上市企业，而最大需求者是政府部门和一些中小型非上市企业,所以事务所应该在注册会计师协会下成立专门的审计委托组织。这些中小型企业的经营者可以委托该组织作为审计委托人,让小型会计事务所审核其财务报表,由本事务所出具审计报告,组织作为预期使用者可以鉴定这份审计报告是否符合真实合法性。

这样重新构造了审计三方关系,保证了审计的独立和客观公正性。该组织也可以起到监管作用,减少会计事务所同企业勾结出具虚假财务报表的现象。

3.2.2 扩展业务范围,扩展市场

拓展业务范围,增大审计市场需求。小型会计事务所也可以拓展一些审计以外的业务,如增加一些会计、税务方面的服务性业务,其中可以扩大会计事务所规模,这样就可以审计上市公司。

小型会计事务所应该设有会计培训业务,可以更好地为事务所工作,正所谓活到老学到老,会计培训一定必不可少。司法会计鉴定、工程造价审核都是可以开设的业务,多引进关于这方面的人才,才可以让事务所立于不败之地。

目前,大多数私营或者小型企业的财务管理比较混乱,可以使会计师事务所拓展一些相关的会计服务,为这些企业代理记账、编制财务报表等。这样事务所既增加收入,又借助事务所的专业能力,减少了企业舞弊现象的发生,审计风险也会随之降低。

另外,事务所还可以为企业提供税收筹划的服务,办理企业的各种税务工作,帮助企业明确纳税人的义务和权利。会计师事务所在考虑拓展业务范围的同时,最主要应明确会计事务所的市场定位,确定以审计为主业和以其他税务工作为副业,聘请审计人才,办出高水平的专业服务团队企业是减少审计风险的重要举措。

结 论

通过深入研究审计风险概念、审计风险类型,并结合最新的经济环境探寻审计风险的原因,目的在于引起注册会计师和会计师事务所对审计风险更深层次上的认识,并有所避免与控制,建立审计风险防范系统,有利于会计事务所的发展。

审计风险与事务所的整个生命周期共存,从事务所诞生到其结束的整个历程都伴随着风险,是任何一个事务所都必须面对的,这是无法回避的现实存在。本文从归纳审计风险的概念、类型入手,根据审计风险形成的原因,结合在会计师事务所工作时总结出的审计经验,从影响审计风险的要素出发提出了降低审计风险的一系列措施,对减少审计风险有所帮助。

我们可以通过提高事务所的控制水平、加强独立性、创建良好的外部经济环境、完善公司的内部管理层治理结构、建立有效的公司内部控制制度和内部监督机制、提高被审计单位管理人员和注册会计师的业务素质与职业道德、健全会计师事务所内部质量控制制度等措施来防范和控制审计风险。

参考文献

[1] 王英姿. 审计学原理与实务[M]. 上海:上海财政大学出版社,2007.
[2] 韩光强,张永. 现代审计发展的新阶段——网络审计[J]. 企业经济,2004(11).
[3] 万丽芳. 我国会计师事务所审计风险的控制与防范[J]. 现代商业,2010(15).
[4] 廖义刚,孙俊齐,陈燕. 法律责任、审计风险与事务所客户选择——基于1996~2006年我国会计师事务所客户风险的分析[J]. 审计与经济研究,2012(5).

[5] 陈捷纯．会计师事务所审计风险防范及控制[J]．期刊论文，2012（2）．
[6] 宋爱萍．关于评价防范审计风险[J]．金融经济（理论版），2010（11）．
[7] 穆建军，刘彦军．浅论我国内部审计存在的问题及对策[J]．管理观察，2011（27）．
[8] 范妮娜，叶明．浅议社会责任审计风险的产生原因及其防范措施[J]．时代金融，2011（2）．
[9] 董芬．试论审计风险的原因及防范措施[J]．经济师，2011（2）．
[10] 李红莹．经济责任审计风险的成因与防范分析[M]．杭州：浙江出版社，2010．
[11] 罗莉．会计师事务所审计风险原因及建议[J]．财经界，2010（4）．
[12] 邓芙蓉．会计师事务所对审计风险的防范与控制[J]．北方经贸，2010（20）．
[13] 刘宝英．论中小会计师事务所审计风险的控制与防范[J]．中国市场，2010（35）．
[14] 刘发明．会计师事务所审计风险的成因及对策[M]．上海：上海财经出版社，2012．
[15] 李国富，郑鑫成，李红宇．会计师事务所低价招揽客户行为的经济学分析[J]．审计与经济研究，2005（5）．
[16] Jack r. Evans Think Richie. The audit risk: a preliminary analysis of the audit firm client to accept the decision. School of accounting and accounting journals, 2012(12).

致　谢

时光飞逝，大学的学习生活已经接近尾声。此时此刻的心情是非常复杂的，论文完成后并没有太多的喜悦，也没有感到彻底的解放，反而给我感触最大的是对论文的研究见解实在是粗浅，使我一时迷茫，也担心辜负各位师长对我的厚望。

首先我最想感谢我的指导老师 XXX。我的毕业论文便是在 XXX 老师的直接帮助和精心指导下完成的。从论文的选题、构思、撰写、修改直到完善、定稿，XXX 老师都从百忙之中抽出了许多宝贵的时间，耐心地启发、仔细地修改，帮助我完成了这篇论文，这一幕幕都使我今生难忘。恩师渊博的知识、一丝不苟的治学精神、敏捷的思维、豁达的胸怀、认真负责脚踏实地的工作作风，使我在学海中找到属于自己的前进方向，让我受益匪浅。XXX 老师对我的亲切关怀和悉心指导，以及学习、生活上的无私帮助，值此论文完成之际，再一次向 XXX 老师表示我最由衷的感谢和敬意。

在此也要感谢大学中所有教授过我的老师，感谢他们在我大学四年的学习中给予我的教导、关心和帮助。最后感谢同窗四年的同学、室友，在四年的学习和生活交往中，他们给了我很多的关怀和帮助。在学业上他们是我的老师，在生活上他们是我的益友。

师恩亲情重如山，学业努力无止境。在将来的工作中，我将用百倍的努力和更大的进步来回报所有给予我帮助的老师、家人、朋友和社会。

11.2.2　WIS 企业内部控制问题研究

1．毕业论文任务书

毕业论文任务书如表 11-1 所示。

2．文献综述

文献综述如表 11-2 所示。

3. 论文开题报告

论文开题报告如表 11-3 所示。

4. 论文中期报告

论文中期报告如表 11-4 所示。

5. 论文封皮

论文封皮示样图如图 11-3 所示。

XXXX 大学
毕 业 论 文

题　　目：WIS 企业内部控制问题研究
系　　部：经济管理系
专　　业：会计学专业
班　　级：XX 级 X 班
学　　号：XXXXXXXX
姓　　名：XXX
指导教师：XXX
完成日期：XXXX 年 XX 月 XX 日

图 11-3　论文封皮示样图

6. 论文诚信声明和版权说明

论文诚信声明和版权说明如图 11-4 所示。

毕业论文诚信声明书

本人声明：我将提交的毕业论文《WIS 企业内部控制问题研究》是我在指导教师指导下独立研究、写作的成果，论文中所引用他人的无论以何种方式发布的文字、研究成果均在论文中加以说明；有关教师、同学和其他人员对本文的写作、修订提出并为我在论文中加以采纳的意见、建议均已在我的致谢辞中加以说明并深表谢意。

　　　　　　　　　　　　论文作者：XXX　　　　（签字）　时间：　　年　月　日
　　　　　　　　　　　　指导教师已阅　　　　　（签字）　时间：　　年　月　日

毕业论文版权使用授权书

本毕业论文《WIS 企业内部控制问题研究》是本人在校期间所完成学业的组成部分，是在 XXXX 大学教师的指导下完成的，因此本人特授权 XXXX 大学可将本毕业论文的全部或部分内容编入有关书籍、数据库保存，可采用复制、印刷、网页制作等方式将论文文本和经过编辑、批注等处理的论文文本提供给读者查阅、参考，可向有关学术部门和国家有关教育主管部门呈送复印件和电子文档。本毕业论文无论做何种处理，必须尊重本人的著作权，署明本人姓名。

　　　　　　　　　　　　论文作者：XXX　　　　（签字）　时间：　　年　月　日
　　　　　　　　　　　　指导教师已阅　　　　　（签字）　时间：　　年　月　日

图 11-4　论文诚信声明和版权说明

7. 论文正文

《WIS 企业内部控制问题研究》

中文摘要：内部控制制度在现代企业的管理范围内非常广泛，其作用也并不局限于防弊纠错，一套比较完善的内部控制制度在以下几个方面发挥了重要作用：

（1）能够保护财产物资安全。内部控制制度通过使用各种控制手段来对企业的财产物资进行管理，保证财产物资的完整不被破坏，同时也减少了浪费、盗窃和不合理使用现象的发生。

（2）能够确保会计资料的准确性、可靠性。正确可靠的会计资料是企业领导者了解过去、控制现在和预测未来的依据，通过对过去、现在和未来的预测来为企业做出正确的决策。而合理有效的内部控制制度和会计责权制度通过对公司的部门和人员进行权责上的分工，相互牵制来确保准确、可靠的会计数据。

（3）保证国家对企业的宏观控制。国家制定的一系列财政纪律及法规都必须通过企业制定的内部控制制度来执行，企业通过内部控制来对发生的各种经济活动进行自我约束，从而确保能够遵循国家相应的法规和政策。

本文以 WIS 企业为例对内部控制问题进行研究和分析。

关键词：内部控制；内部控制制度；会计责权制度

Abstract: The internal control system in enterprise management is very broad in scope, and its role is not limited to the error correction, a set of internal control system plays an important role in the following aspects:To protect the property safety. The internal control system to manage the enterprise assets through the use of various means of control, to ensure the property and materials integrity was not damaged, but also reduces waste, theft and irrational use of phenomenon.To ensure the accuracy, reliability of accounting information. The correct and reliable accounting information is the business leaders understand the past, present and predict the future on the basis of control, predicted by the past, now and in the future to make the correct decision for the enterprise. And the reasonable and effective internal control system and the accounting responsibility system through the division of responsibilities of departments and personnel, each other to ensure accurate, reliable accounting data.To ensure the country's macro control of the enterprise. The state has formulated a series of fiscal discipline and regulations, must be through the formulation of enterprise internal control system to perform, enterprises to carry out self constraint on economic activity happens through the internal control, to ensure that in accordance with national relevant regulations and policies, the WISenterprise plant as a case study and analysis of the internal control problems of.

Keywords: Internal control; Internal control system; Accounting responsibility system

前 言

随着社会生产力的发展和科学技术的进步，企业的组织形式由业主制、合伙制演变成公司制时，企业规模变得越来越大、经营运作的复杂程度越来越高、管理的专业化程度日渐增强。因此,在所有权与经营权分离的现代企业的基本特征背景下,内部控制制度信息技术高度发展，全球经济一化的进程加速，企业之间的竞争越来越激烈，所面临的经营风险也逐渐加大，认识和明确内部控制作用，为提高经营效率、加强财务信息的可靠性和相关性的作用尤为突出。内部控制制度是企业在生产经营过程中需要建立和完善的一项重要政策措施,随着现代企业制度的逐步建立与完善,企业的内部控制问题显得愈加突出和重要。建立一个完善的内部控制制度是现代企业加强经济管理、提高经济效率、保护财产安全、实现经营方针和目标的有效工具和手段。有效的内部控制制度有助于在合理的程度上提高企业的运营效果,保护企业资产,确保财务报告的可靠性以及企业对法律法规的遵循。今年来,很多真实的案例给我们留下了惨痛的教训,比如巨人集团的倒闭、邯郸银行失窃案等都是由于缺乏合理有效的内部控制系统的真实写照。当前世界各国会计甚至整个管理领域对构建完整的内部控制体系的需求与日俱增,因此,如何构建一套合理完善的内部控制体系,保证会计信息质量成为紧迫的问题之一。

1 企业内部控制的概述

企业内部控制贯穿了企业经营活动的方方面面,只要企业存在经营活动和经济管理,就需要加强企业内部控制,建立相应的内部控制制度。那么什么是企业内部控制呢?企业内部控制是指一个单位为了实现其经营目标,保护资产的安全完整,确保会计信息资料的准确,企业生产经营计划的顺利执行以及经营活动和经济活动的正常运转,高效高质量地完成生产任务而在单位内部采取的自我调整、规划、控制和评价的一系列方法、手续与措施的总称。

从上述定义可知,内部控制是指单位和各个组织部门在经济活动中建立起来的一套相互制约的业务组织形式和权责的分工制度,其目的在于改善企业的经营管理、提高经济效益。它是因企业加强经济管理的需要而产生,随着经济发展而逐步完善的。经济控制最早是注重财产安全完整的保护和会计信息资料的正确可靠,侧重钱物分管、复核方面的控制。随着经济的发展和企业规模的扩大,经济活动日趋复杂,才逐渐形成了一套完整的内部控制体系。

1.1 企业实施内部控制的含义

实施内部控制是指企业行政领导和各个管理部门的有关人员,在处理生产经营业务活动时相互联系、相互制约的一种管理体系,包括为保证企业正常经营所采取的一系列必要管理措施。

企业内部控制的重点是会计管理的严格规范化,设立合理有效的组织职能部门和职责分工,按照其作用范围大体上可以分为两个方面:①内部会计控制,其涉及范围主要是企业会计核算的各个方面,会计部门为了保证信息资料的完整可靠,保证财产物资的安全不被侵吞以及其他违法行为的发生而采取的各种措施和会计处理方式;②内部管理控制,主要是指公司内部对会计核算及财务报表没有直接影响的各种生产环节以及工作流程,其作用范围主要是公司的生产、加工、销售等经济业务所涉及的生产部、营销室、品控部、综合部等部门的管理和控制。

1.2 企业实施内部控制的主要内容

企业实施内部控制的主要内容是指企业为了保证生产经营的高效运转、财产资料的安全完整、会计信息的完整连续等几方面。具体可以分为如下几点:

(1)明确企业生产经营活动的职责分工和工艺流程。一般情况下,在生产加工的主要环节要设立两个或两个以上部门或两个以上人员进行权责分工,相互制约。

(2)明确资产物资的保管和记录。企业内部的财产保管和记录要分离,管钱、管物、记账要分工进行,相互制约,以保证资产资料的安全完整。

(3)确保会计资料的准确、完整、可靠。企业财务部门要按照国家规定的相应制度进行账务处理,科目明确,原始凭证真实可靠,要设置审计部门,定期或不定期地进行审计,建立完整的财产清查制度。

（4）明确规定计算机财务系统的权限和控制方法。企业要选择合理适当的财务系统进行电子记账，不定期地进行核对，保证账实相符。会计操作人员必须持证上岗，员工进行职业技能培训，避免由于执行人员能力不足而导致账务处理混乱。

1.3 企业实施内部控制的重要意义

内部控制体系是增强企业核心竞争力的必然要求。在全球经济一体化的大背景下，要想在竞争激烈的市场条件下取胜，要求企业必须加强管理，构建完善的内部控制系统，积攒竞争优势，提高企业核心竞争力，也是提高企业经济效益的重要保障。企业是以盈利为目的的经济组织，追求利润最大化是企业不变的宗旨。内部控制系统的完善可以保证财产物资安全完整，提高生产经营效率，最大程度地降低成本，从而提高经济效益和经营运行质量。实现企业可持续发展的现实需要。随着经济的发展，企业规模化、集团化是必然趋势，当前内外部正面临着巨大的变化，经济业务的复杂化也使得企业的管理日趋复杂，内部控制的作用范围也逐步扩大。企业内部控制主要是以财务控制为基础，而财务控制又以资金管理为重点，企业如果内控乏力，一旦资金链出现问题，会给企业的持续发展造成直接影响。例如雷曼兄弟银行，它本身企业资本不足，常会依赖债券市场和银行间拆借市场来满足长期资金的需求，公司管理层为了实现短期利益，乐于接受风险，但未能通过有效的内部控制进行风险管理，从而外部经济环境不稳定时，无法有效地规避风险，在无法承受时，只有宣布破产。因此，加强内部控制，无论是对企业的现实发展还是长远发展都具有十分重要的意义：

（1）保证经营目标的实现。

利润最大化是企业追求的经营目标，一套健全有效的内部控制制度可以提高企业的内部管理，降低生产成本，提高工作效率，及时修正企业的经营方针和策略，采取有效的措施规避风险，保证企业经济目标的实现。

（2）有利于企业提高经营效率。

通过内部控制制定相应的分工和权责制度，明确企业内部各个部门及职员的权责，减少不必要的请示、汇报等环节，信息传递完整流畅，可以保证工作效率，这种相互之间的制约、控制关系也保证了工作质量。

（3）保护企业财产安全完整。

财产物资是企业从事生产经营活动的物质基础，这就要求企业必须保护财产物资的安全完整。为此，通过建立一套合理有效的内部控制制度，明确分工和权责关系，使企业对各项财产物资在采购、验收、入库、领用等各个环节进行有效的控制，防止乱用、贪污、盗窃以及其他违法活动的发生，提高使用效率，达到财产物资保值增值的目的。

（4）保证会计及其他核算资料的真实可靠。

企业经营管理者在组织生产经营的活动中，需要大量准确的经济信息，从而做出正确的决策。企业的管理者也越来越关注企业的财务状况以及经营成果，通过内部控制制度可以对会计资料进行合理的规范和约束，确保企业获取的会计资料的真实性和准确性。

2 企业内部控制存在的问题

2.1 企业内部监督机制不健全

2.1.1 企业制度不健全

企业未实行经理负责制，未制定相应的约束与奖励机制。对员工没有制定完整的培训、待遇、业绩考评及晋升的制度，未根据实际情况对员工进行道德以及能力培训，无法避免因执行者能力不足或道德败坏造成的影响。

2.1.2 企业存货监督不健全

企业材料领用记录、生产成本及费用的归集、结转的记录人为主观因素较多，尤其在工程项目核算上更容易产生错误。库房在材料的出入库时要严格核对，及时向核算员提供准确的数据，核算员要正确记录发生的业务，避免错误的记录发生。WIS 企业材料出库如表 1 所示。

表 1　WIS 企业材料出库单　　　　　单位：数量（吨）；金额（元）

材料	领用数量	实际领用数量	单价	金额	实际金额
A	60	25	3000.00	180000.00	75000
B	5	40	2000.00	10000.00	80000

如表 1 所示，A、B 两个工号同时开工，月末核算记录显示的是 B 工号的材料消耗只有 5 吨，非常少，而 A 工号的材料消耗为 60 吨，多了很多；原辅材料已经领用消耗了，而实际上没有结转相应的成本；原辅材料并未领用消耗，而实际上却已经结转了成本；购入的材料已经领用消耗，期末购货发票没有到，期末没有按规定暂估入库，造成资产负债表期末存货记录减少甚至出现赤字。

2.1.3 企业会计核算监督不健全

（1）会计核算不规范，账务处理混乱。该企业为了降低成本，或对会计凭证的重要性认识不足，出现了乱用凭证、混用凭证、不用凭证，甚至出现"一张白条走天下"的现象。WIS 企业与 XXX 物资回收有限公司抹账的经济记录应该记转账凭证，而该企业会计记为付款凭证。购入 XXX 物资回收有限公司废钢，但发票并没有收到，应该先暂估入账，等收到发票后再冲回暂估，正常入账，而该公司直接记入购入材料。

（2）账目不齐全，以票据代替账簿的现象时有发生。企业为了偷逃税款，现金交易不记入账，建立两套账本，企业没有根据企业财产物资治理的需要和满足对内和对外两方面的要求来选择明细账的具体格式。

（3）账务处理方面。该企业对会计往来账务处理没有符合《企业会计制度》明确规定的会计核算的一般原则，这样会计账务处理混乱。如销售收入已经实现，而账面上却没有反映销售收入金额和销项税金额；销售收入记了账而对应的成本、费用却没有全部入账；本应列为低值易耗品和固定资产采购的成本，却被一次性地计入了费用等现象时有发生。

2.2 内部控制不重视

在该企业中，领导没有充分认识到内部控制的重要性，内部控制的制度不健全，存在的控制部门也没有充分发挥其作用，形式主义，不能充分地反映企业的运营状况，对于企业正常运营的各个环节没有进行实时有效的监督，不能及时正确地反映企业内部控制存在的问题，从而在执行力上严重不足。

2.2.1 采购订单审核不谨慎

在企业当中，成本会计在对库房的管理监督上存在不足，在外购入库方面，会计人员对库房制作的入库单审核时走形式，没有认真地核对，就进行审核，入库数据存在的问题会计人员不能及时发现。WIS 企业材料领用情况如表 2 所示。

表2 2013年WIS企业材料领用单

日期	领料部门	领料部门	物料名称	规格型号	实发数量	单价	金额
2013-10-02	铸型车间	清理车间	螺母	M16	2	30	60
2013-05-06	铸型车间	铸型车间	安全帽		1	15	15
2013-07-11	铸型车间	铸型车间	泥条	Φ10	0.054	10	0.54
2013-05-15	铸型车间	铸型车间	砂纸	80#	100	3.67	367

如表2所示，2013-10-02实际是清理车间领用的螺母，而库房保管员制作的出库单记录为铸型车间领用；2013-05-15的出库单并没有审核，成本核算员对库房制作的出入库单据没有仔细核对与审核。

2.2.2 入出库数据不真实

库房在制作出入库单据时，领料单没有与采购和车间及时核对，出入库没有及时记录，导致成本核算员在做成本核算的过程中数据提取不准确，成本表不能如实反映各部门及车间的材料分配情况。WIS企业出库单如表3所示。

表3 2013年WIS企业出库单

日期	物料名称	实发数量	单价	金额
2013-01-03	螺母	2	15	30.00
2013-02-11	防水胶带	15	10	150.00
2013-05-13	防水胶带	20	1.12	22.20
2013-07-15	滤盒	3	14	42.00
2013-09-19	安全帽	13	11	143.00

如表3所示，2013-05-13防水胶带入库金额不准确，正确金额应为20×1.12=22.4，而库房入库单为22.2；2013-09-19安全帽的入库，实际购入数量为15，而库房单据显示为13。这为企业严格控制成本增加了很大难度。

2.2.3 成本核算方面存在漏洞

费用发生直接列入主营业务成本，在产品余额成本表中：材料小于人工、制造费用；只有人工、制造费用；只有材料和人工或企业未根据本企业生产的特点选择适合于本企业的成本核算对象、成本项目及成本的计算方法。生产成本核算不规范、不符合会计制度的现象有：设定按定单（分批）法核算成本，未见有按定单（分批）法设置的账簿和配套表格；生产成本明细账只设到二级；生产费用发生未按发生的时间及时入账，时而无材料，时而无制造费用，在产品盘点表未反映定单（分批）的成本项目、数量和余额。有的企业反映的是产品名称数量金额，有的企业反映的是一种品种多种规格的材料，如产品盘点表反映0.27型号漆包线多少、0.29型号漆包线多少，材料领用消耗大大超出产品自身定额耗量。材料领取太多，未按规定办理退料或假退手续。

另外，企业成本核算表的最后应该有检验行，而该企业没有，不能检验企业的材料领用是否完全分配。在成本核算方法方面，企业没有根据实际情况修改核算方法，比如树脂，扭力臂的生产工艺不需要树脂，而该企业把树脂全额分摊到了各种产品，这样得出的数据不能如实反映成本分配情况，影响企业对成本的合理控制。

2.3 企业内部缺乏有效的沟通

企业部门之间、领导与员工之间缺乏沟通和意见交换，从而导致企业内部有些人为了个人利益去损害企业整体利益。如当发生责任事故时，且涉及到两个部门以上，此时部门之间就会推卸责任，而没有为了要解决问题提出有利的方案协商。

2.3.1 企业内部沟通途径不足

企业应该通过多种沟通方式来使企业内部的信息不断地在公司内部传递，从而提高公司的工作效率。当前在本公司只有电话、QQ 等一些比较基础的沟通途径，所以公司从制定指标到指标的完成效率低下，可能存在信息传递的脱节，各部门不能及时获取信息。公司制定的计划在下级分配的过程中，各部门不能及时准确地进行沟通，从而协调工作不完善，指标的完成效率、时间以及质量上都不能达到理想的效果。部门之间需要增进了解，沟通途径不够，片面性的信息往往会在某一问题暴露后引发类似用人、工作量、职责的讨论，而这讨论的结果如果得不到有效的疏通，极易造成相互间的隔阂。

2.3.2 企业内部沟通效率低

企业在信息传递的方式上有局限性，造成公司内部信息传递效率低，如企业利用电话的方式进行员工的沟通，不能及时联系上各部门或人员，从而信息的传递时间会增加。由于人为因素造成的企业内部信息传递效率低，上级下达的指标以及计划在各级别、部门间传递不及时，员工素质低，懒散或个人特殊情况等都会造成信息不能及时准确地传递。错误地将个人沟通需求等同于部门沟通需求、职权分裂、权利混淆等，存在很多问题。沟通是需要时间的，同时也需要精力，这就涉及到了企业成本的问题，其中包括时间成本和机会成本，最终可能导致的结局就是企业的经营效率下降，受损失的是企业本身。如何降低这种成本、减少企业损失，需要企业内各部门之间做到有效沟通与协调。

3 企业内部控制问题的解决途径

3.1 加强和完善企业内部监督机制

3.1.1 制定和完善企业制度

该企业在对员工的培训和奖罚制度方面没有形成一套合理完善的内部控制制度，从而在实际工作中，企业的产品质量低、工作效率不高，甚至企业内部控制无法得到有效地执行，企业得不到有效的数据。对这种问题从以下几个方面进行解决：

（1）对员工制定完善的培训、业绩考评晋升制度，如激励奖罚制度。

（2）根据实际情况对员工进行职业道德以及能力培训，避免因执行者能力不足或道德败坏而造成的影响。

（3）制定合理的企业制度不如制定严格的考勤制度，保证员工的出勤率，购买专业的指纹识别器，防止出现虚假的考勤表。

（4）按绩效算工资，按照产量完成情况合理地计算工资，一方面可以提高员工的工作效率，另一方面可以保证生产任务按期完成。

3.1.2 加强企业存货监督

加强对企业存货监督的控制，制定完善的制度进行约束，如在材料领用记录、生产成本及费用的归集、结转的记录方面，要求员工做到如实反映，按照国家规定的会计政策执行，原辅材料的领用必须进行相应的成本结转，购货发票未到要按规定进行暂估入库，避免出现资产负债表期末存货出现红字余额的现象。在该企业当中，材料的出入库都是库房保管员在会计软件的供应链里编制单据，成本核算员需要不停地监督出入库数量，检查单据数量是否有员工操作错误出现，如果出现，及时通知库房保管员进行修改，保证数据的准确有效。成本核算员月末要及时对企业的供应链进行关账和结账处理，并且做正确的结转，结转到下个月。外购入库单在没有收到发票的情况下进行暂估处理，由于公司外购入库数量比较大，所以需要设立相关部门进行监督，检查是否有没有暂估处理的入库单。企业收到销货单位开具的发票时，应进行暂估冲回处理，正常外购入库，在这个过程中，需要相关部门检查是否有没有冲销的暂估，防止重复记账。

3.1.3 会计核算和账务处理规范化

会计核算规范化，账务处理严格按照相关规定执行。财务单据使用方面，要用规范的会计凭证进行记账，避免乱用凭证、混用凭证、不用凭证的现象。会计账簿设置方面，要根据企业实际情况合理设置相应的总账和明细账，雇佣专业的会计人员进行账簿的处理，企业会计账目要齐全，不能以票据替代，企业出纳要对现金交易及时入账。账务处理要按照《企业会计制度》的一般原则执行，做到账实相符，各项费用要记入对应的会计科目，要做到严格、准确。该企业中，财务部门比较健全，但美中不足，缺少相应的规章制度，在会计核算和经济业务的处理过程中，有少部分不能正确地入账，以企业领导的意志为主，如凭证字的乱用、会计账簿核算项目设计得不够健全。这就要求企业要有专业的内部审计部门以及相应的制度进行监督和约束。

3.2 加强对供应链控制的监督

3.2.1 提高对外购入库的重视

企业应该足够重视成本会计对库房的监督，外购入库仔细核对订单价格，严格控制采购材料成本，对库房制作的入库单要核查单价、数量以及检斤单，避免形式主义，库房保管员制作入库单要保证真实、准确，充分发挥成本核算员与库房保管员的相互牵制作用。外购入库是企业所有原材料的购入部门，企业做外购入库的控制可以合理有效地控制产品成本，增加企业的经济效益。外购入库需要库房、泵房和采购三个部门之间的协调沟通，确保入库数量准确。如果库房的入库数量与检斤的数量不符，则会造成原材料的实际入库数量不准确，如果采购与泵房的数量不准确，则说明采购员存在虚报假报的现象。该企业应该设立相应的核算员，对其进行监督，提供准确的数据。并且制定相应的规章制度，如要求每星期盘点一次，核算员每天结束需要向会计部门提供当天入库量，这样可以保证企业对外购入库的有效控制。

3.2.2 加强对库房的监督

库房保管员在制作外购入库单时要及时记录，严格核对，保证数据的真实有效，制定完善的管理监督制度，严格按照制度执行，库房要与采购部以及各车间进行间断性的核对，以免造成各部门数据脱节。库房是企业所有原材料、配件、产成品的存放地点，严格监督库房是企业的重要工作之一，企业应该制定相应的制度对库房进行规范化的管理。库房应该间断固定性地对库房进行盘点，以保证库存数量的准确。严格控制库房人员的进出，以免造成财产物资的丢失。库房每个工作日结束要向会计部门汇报，确定每天的库存量，财会部门对数据进行监督，确保数据真实有效。公司领导根据提供的数据制定合理的工作安排，如每日的采购数量、工作量的安排，以及进度的完成情况，保证供应链的正常运转，保证生产经营活动的顺利进行。

3.2.3 成本核算规范化

企业在做成本核算的过程中存在漏洞，制作过程不规范，要严格按照会计的相关规定进行产品分配。如在原材料分配的过程中，根据实际情况进行分配，清理车间领用油漆，根据不同产品、不同规格型号以及工艺流程进行分配。成本表反映的数据不真实，会计人员进行成本核算时要选择适合企业实际情况的分配方法，这样可以保证准确、及时。制作的成本明细账级次要根据需要设定，以便于以后分析和制定成本计划。

3.3 加强和完善企业内部沟通体系

3.3.1 扩大沟通途径

在企业中，工作不顺畅的阻滞点往往就在部门之间的边界处。企业设置许多职能不同的部门，目的就在于将工作做专、做细、做深，绝对不应该成为信息沟通的障碍。在企业当中，各工作流程应该是没有沟通障碍的方式，必须确保信息传递畅通无阻，对于工作流程，各部门就好比是流水线上的一个个工位，一环套一环，绝不能使流水线滞阻。各部门对工作中遇到的各种问题应积极主动地与别的部门进行沟通协调，绝对不能推脱，通过无边界沟通，使得信息沟通更高效，确保工作任务及时高质量地完成。

3.3.2 利用网络技术提高沟通效率

当前企业面临着"经营国际化、竞争全球化、管理网络化、需求多样化"的挑战。网络作为信息时代的标志，正快速地融入到企业管理当中，企业内部管理制度实行网络化，建立公共的网络平台，加快信息流通速度，企业内部信息可以无障碍快速有效地传递从而提高工作效率。网络是信息时代的产物，企业应该合理利用科技手段来对企业进行有效控制。沟通效率是保证控制高效执行的必要条件。企业可以雇佣专业的网络管理员，设计和搭建沟通平台，使得公司各个部门在一个整体的大环境下进行沟通，保证各个部门之间的协调沟通有序进行，提高工作效率。如可以设置专业的沟通工具 RTX、设定公用的企业内部公用盘，各个部门的数据进行整理汇总，保证企业运营需要的各项数据可以在第一时间快速找到，从而提高工作效率。

结 论

本文对我国现行的内部控制制度进行了解和解读，对内部控制制度的概念、目的及结构进行了阐述，企业内部控制应当包括全部管理控制，它渗透到经营的各个方面和管理的整个过程。按照美国反对虚假财务报告委员会框架的规定，企业内部控制由控制环境、风险评估、控制活动、信息与沟通、监督五要素构成。分析我国内部控制制度存在的现状、原因并提供了相应的对策。本文提出解决企业内部控制制度薄弱的对策是：加强企业的人事管理；完善公司治理结构；加强信息的流动与沟通；加强企业的风险管理；加强企业内部控制的监督。建立适应的现代企业的内部控制制度，是发展市场经济的必然趋势，更是新时代面对新的经济形势的必然要求。完善的内部控制制度，是现代企业在激烈的市场竞争中立于不败之地的重要保障。现代内部控制制度作为一种先进的内部管理制度已经被实践所证明，得控则强，失控则弱，无控则乱，不控则败。我们应结合我国的具体国情，不断完善和发展企业内部控制制度，以更好地为我国现代企业的发展提供更好的服务，使我国现代企业的管理水平获得更好的提升。进行制度创新，建立真正有中国特色的现代企业的内部控制制度。

参考文献

[1] 施岩. 浅谈企业内部审计的作用问题及对策[J]. 内蒙古科技与经济，2007（9）.
[2] 财政部. 企业内部控制基本规范，2012（15）.
[3] 宋常，曹伟. 成本会计. 北京：中央广播电视大学出版社，2013.
[4] 吴大军，王秉选. 管理会计. 北京：中央广播电视大学出版社，2012.
[5] 王斌. 财务管理（第二版）. 北京：中央广播电视大学出版社，2013.
[6] 朱荣恩. 内部控制评价. 北京：中国时代经济出版社，2013.
[7] 赵选民. 我国企业内部控制调查分析. 财会月刊，2012（7）.
[8] 郑石桥. 内部控制基本原理——融于管理体系中的基本内部控制. 乌鲁木齐：新疆科学出版社，2013.
[9] 赵保卿. 内部控制设计与运行. 北京：经济科学出版社，2012.
[10] 韩燕红. 实施成本跟踪管理，大幅降低产品成本. 科技信息，2011.
[11] 王英姿. 审计学原理与实务[M]. 上海：上海财政大学出版社，2007.
[12] 杨小波，杨俊才. 论现代内部审计的独立性[J]. 湖南财政高等专科学校学报，2004.
[13] 马新勇. 关于内部审计独立性的思考[J]. 中国科技信息，2005.
[14] 宋建波. 企业内部控制. 北京：中国人民出版社，2012.
[15] Ronald E. Prather, Minimal solutions of Paull-Unger problems[J]. Mathematical Systems Theory, 2012(8).

致 谢

在本次毕业论文设计过程中，感谢导师对该论文的指引与审阅。在学习中，老师严谨的治学态度、丰富渊博的知识、敏锐的学术思维、精益求精的工作态度以及侮人不倦的师者风范是我终生学习的楷模，导师们高深精湛的造诣与严谨求实的治学精神将永远激励着我。这几年的大学学习中我还得到了众多老师的关心、支持和帮助，在此谨向老师们致以衷心的感谢和崇高的敬意！最后，我要向百忙之中抽时间对本文进行审阅、评议和参与本人论文答辩的各位老师表示感谢。

11.3 审计实务方向的各类选题

本节介绍一些审计实务方向常见的、有代表性的毕业论文选题，并对其进行详细的解析。

11.3.1 浅谈内部审计的独立性

选题研究领域：内部审计的独立性
选题类型：理论与应用研究
选题完成形式：论文
选题参加人数：个人独立完成

选题知识准备：

内部审计是单位经济管理机能的重要内容，是现代管理制度的重要环节。近年来，我国的企业内部审计在加强内部控制、促进增收节支、提高经济管理、加强党风廉政建设等方面的作用日益显现。内部审计要想有效地履行其职能，达到增加组织价值、改善组织运营的目的，必须充分实现内部审计的独立性。

内部审计独立性是指内部审计机构和人员在进行内部审计活动中，不存在影响内部审计客观性的利益冲突的状态。由于现行管理体制的滞后和对内部审计的定位不准确，使得内部审计人员在行使监督权的过程中独立性较弱。由于内部审计人员的工作、工资、其他福利等受本单位有关负责人的支配，这就使得他们在履行其监督和评价职能时有很多的顾虑，当企业领导授权、批准的经营行为违反有关法律法规或不符合经济效益原则时，内部审计人员出于自身利益的考虑，往往表现得无能为力。目前内部审计机构中的很大一部分审计人员由会计或管理人员兼任，这种状况导致内部审计人员在制定审计计划、实施审计程序、出具审计报告时往往受到各方面利益的牵制，难以开展独立的审计活动。独立性是内部审计的本质特性，是实现其目标、履行其职能的必要保证。随着改革的不断深化以及经济的发展，我国内部审计工作面临着新的挑战和更高的要求，必须进一步加深对内部审计独立性的探讨和研究。

强化内部审计独立性必须加强内部审计的法律法规建设，提高内部审计机构的地位，保证内部审计人员的独立性，提高审计人员的业务素质和职业道德，加大国家审计机关对内部审计的指导和监督力度。

选题设计大纲举例——《浅谈内部审计的独立性》：

1 我国内部审计独立性的含义
（1）传统内部审计独立性的含义。
（2）现代内部审计独立性的含义。
2 我国内部审计独立性的必要性
（1）审计行业的要求及规定。
（2）内部审计目标实现的要求。
（3）内部审计作用的发挥和内部审计职能实现的要求。
（4）内部审计工作质量的保证。
3 我国内部审计独立性的制约因素
（1）法律法规体系因素。
（2）机构和人员设置因素。
（3）职能定位因素。
（4）科学的理论因素。
（5）队伍职业素质因素。
4 强化内部审计独立性的措施建议
（1）加强内部审计法律法规建设。
（2）合理设置机构，提高机构地位。
（3）维护内部审计的独立性。
（4）提高人员素质和职业道德。

相似选题扩展：

（1）中小企业内部审计研究。

（2）内部审计质量控制研究。

（3）基金业内部审计制度的地位及作用研究。

（4）浅谈企业内部审计质量控制。

（5）家族企业的内部审计问题研究。

（6）从会计信息失真看加强内部审计质量控制的必要性。

（7）浅析内部审计在公司治理中的作用。

（8）如何发挥民营企业内部审计的作用。

11.3.2　论审计风险和风险导向审计

选题研究领域：审计风险和风险导向审计

选题类型：理论与应用研究

选题完成形式：论文

选题参加人数：个人独立完成

选题知识准备：

审计风险是指审计师对含有重要错误的财务报表表示不恰当审计意见的风险。中国注册会计师协会在1996年底公布的《独立审计具体准则第9号——内部控制和审计风险》中对审计风险的定义为：所谓审计风险是指会计报表存在重大错误或漏报，而注册会计师审计后发表不恰当审计意见的可能性。这里对审计风险的阐述实际上包括两个方面的含义：一是注册会计师认为公允的会计报表，但实际上却是错误的，即已经证实的会计报表实际上并未按照会计准则的要求公允反映被审计单位的财务状况、经营成果和财务状况变动情况，或以被审计单位或审查范围中显示的特征表明其中存在着重要错误而未被注册会计师察觉的可能性；二是注册会计师认为是错误的会计报表，但实际上是公允的。它包括固有风险、控制风险和检查风险。可见，我国独立审计准则对审计风险的定义与国际审计准则中对审计风险的定义是基本相同的。由于审计所处的环境日益复杂，审计所面临的任务日趋艰巨，审计也需要支持成本效益原则。这些原因的存在决定了审计过程中存在审计风险。这在客观上要求注册会计师注意风险存在的可能性，并采取相应措施尽量避免风险和控制风险。

风险导向审计（Riskoriented Audit Approach）以战略观和系统观思想指导重大错报风险评估和整个审计流程，其核心思想可以概括为：审计风险主要来源于企业财务报告的重大错报风险，而错报风险主要来源于整个企业的经营风险和舞弊风险。随着企业组织形式和经济业务的复杂化，被审计单位管理层存在着提供虚假会计信息的利益驱动。企业管理层舞弊造假时，会利用其掌握的内部控制制度的制定权与操作权刻意掩盖其舞弊造假的迹象。此时，从表面上看，其内部控制依然存在并运行良好，但实际上内部控制所要求的相互制约不仅早已不复存在，而且有可能掩盖了舞弊造假的迹象。因此，检查内部控制制度往往无法发现这种刻意隐瞒的管理层舞弊行为。正是基于管理层舞弊的盛行，风险导向审计模式应运而生，其审计思维就是要跳出单据、账本、报表的束缚，以被审计单位的风险评估为基础，综合分析评审影响被审计单位经济活动的各种因素，根据所得出的量化风险水平指标确定审计的范围和重点，进而开展实质性审查。正是基于这种管理舞弊，国际上已全面进入风险导向审计时代，审计就是要跳出账簿，跳出内控,根据现代财务舞弊特点,进入以查找管理舞弊为核心的风险导向审计模式,这已是历史潮流。

选题设计大纲举例——《论审计风险和风险导向审计》:

1 审计风险
　(1) 审计风险的含义。
　(2) 审计风险的基本特征。
　(3) 审计风险形成的原因。

2 审计模式的发展历程
　(1) 账项基础审计模式。
　(2) 制度基础审计模式。

3 风险导向审计
　(1) 风险导向审计理论基础。
　(2) 现代风险导向审计的定义及特征。
　(3) 风险导向审计的优势。

4 风险导向审计在我国存在的问题
　(1) 风险导向审计还是一个概念,在实务中应用较少。
　(2) 执业人员的专业胜任能力不足。
　(3) 缺乏有效的市场需求。
　(4) 成本效益问题制约了风险导向审计的实施。
　(5) 公司治理结构缺失,内控不健全,难以实行内控风险评估。

5 应对措施
　(1) 注册会计师应树立风险意识。
　(2) 改进审计人员的专业知识结构。
　(3) 加强审计风险准则的衔接与培训。
　(4) 积极创造需求市场。
　(5) 采用过渡的审计模式并开展试点研究。
　(6) 完善公司治理结构,建立健全企业风险预警机制。
　(7) 建立有效的行政责任追究制度。
　(8) 建立系统规范的市场经济指标体系。
　(9) 加强辅助设施的建设,提高审计分析的科学性。

相似选题扩展:
　(1) 试论风险导向审计模式在我国会计师事务所的运用。
　(2) 论审计风险及其防范。
　(3) 试论民间审计风险独立性的影响因素及对策。
　(4) 对内部审计风险及其防范机制的研究。
　(5) 公允价值计量模式下的审计风险探讨。
　(6) 试论审计风险的规避与控制。
　(7) 论金融资产的审计风险。
　(8) 论信息系统审计的审计风险。

11.3.3 关于现行审计体系的改革与完善

选题研究领域：企业并购的财务管理问题
选题类型：理论与应用研究
选题完成形式：论文
选题参加人数：个人独立完成
选题知识准备：

从1949年中华人民共和国成立至今，是现代国家审计的振兴时期。党的十一届三中全会以来，我国审计迅速发展。1983年9月审计署成立，相继颁发一系列法律条例，《审计法》《审计法实施条例》和各种审计规范共同构成我国审计法律体系，标志着我国国家审计逐步走向法律化、制度化、规范化轨道。改革开放以来，在建立社会主义市场经济体制的过程中，中国注册会计师行业已初具规模。一般悉知的审计定义是：审计是一项具有独立性的经济监督活动。它是由独立的专职机构或人员接受委托或授权，对被审计单位在特定时期的财务报表和其他有关资料以及经济活动的真实性、合法性、合规性、公允性和效益性进行审查、监督、评价和鉴证的活动，其目的在于确定或解除被审计单位的受托经济责任。

审计体系是指由若干个审计要素互相联系而组成的一个有机整体。审计界关于审计体系认识不完全一致。例如，《中国审计体系研究》提出："审计体系是指属于审计范畴的有关事物及其特征，本书所要探讨的审计体系主要包括审计理论体系、审计组织体系、审计法律规范体系和审计方法体系的有机结合体。"而在《审计辞海》中提出审计体系包括审计理论体系、审计组织体系和审计方法体系。我国的审计体系分为三个层次，即国家审计、内部审计和民间审计。国家审计是以各级国家审计机关为主体，主要负责对各级政府的行政事业单位进行监督检查，评价财政资金使用的合规性和效益性；内部审计由各单位所属的内部审计部门对本单位的财务收支、经济效益、管理状况进行审计评价；民间审计是指注册会计师依法接受委托，对委托方的财务收支、经营成果和现金流量情况出具客观公正的鉴证意见，为财务信息需求者提供有关信息。我国审计体系的完善将是一个长期的渐进过程，需要各方主体共同努力，进一步提高审计的效能，充分发挥审计的功能和建设性作用，进一步推动审计事业的繁荣与发展。

选题设计大纲举例——《关于现行审计体系的改革与完善》：

1 现阶段我国审计体系中存在的问题
（1）国家审计存在的问题。
①国家审计的"透明度"有待改善。
②绩效审计发展缓慢。
（2）内部审计存在的问题。
①对内部审计的重要性认识不足。
②无法充分发挥内部审计的效用。
③内部审计人员综合素质不高，影响内部审计工作的展开。
（3）民间审计存在的问题。
①民间审计独立性较差。
②会计师事务所执业质量不高。
③执业人员素质参差不齐。

2 完善我国审计体系的措施

（1）完善审计监督体制。

①改变审计监督模式为"立法审计"。

②健全审计法律体系。

（2）建立透明、高效的国家审计体系。

①完善的审计结果公告制度。

②由财务审计向绩效审计方向发展。

（3）建立健全内部审计体系，为加强企业内部管理服务。

①高度重视内部审计工作，营造良好的内部审计工作氛围。

②提高内部审计人员的素质，拓展内部审计领域。

3 正确引导民间审计，促进我国注册会计师事业的健康、有序发展

（1）加强民间审计的独立性，严格会计师事务所的内部管理和质量控制。

（2）大力加强人才建设，培养优秀的执业会计师，提高整体执业水平。

（3）拓展业务范围，适应社会主义市场经济体制改革的需要。

相似选题扩展：

（1）我国审计组织体系的健全与发展。

（2）"审计风暴"与审计公告制度的建立。

（3）我国注册会计师审计制度的发展与完善。

（4）现代企业制度下，对我国企业内部审计制度的构想。

（5）对内部审计风险及其防范机制的研究。

（6）以问责政府为导向的国家审计制度研究。

（7）我国审计准则体系的完善。

（8）论审计方式方法体系的完善。

（9）论审计的法制化、规范化建设。

（10）论审计执法与处罚力度的强化。

11.3.4 浅析财务欺诈防范措施及审计对策

选题研究领域：财务欺诈防范措施及审计对策

选题类型：理论与应用研究

选题完成形式：论文

选题参加人数：个人独立完成

选题知识准备：

财务欺诈是指组织整体或个人在进行财务活动时为获得不当利益而实施的故意行为，包括各种不法活动和非法欺骗行径，表现形式是利用财务和会计核算上的漏洞而策划和实施违法违纪活动，包括向社会或公众提供虚假会计信息。财务欺诈是一种故意从本质上提供误导性财务报表的行为。不注销过时存货和销售之前确认收入是欺诈性财务报表的最常见手段。财务欺诈是企业欺诈的一种，公司财务欺诈是指会计活动中相关当事人为了逃避纳税、分取高额红利、提取秘密公积金等谋取私利的目的，事前经过周密安排而故意制造虚假会计信息的行为。导致财务欺诈的因素有很多，其出现的情况也比较复杂，总体而言其中 9 类最有可能映射出财务欺

诈的出现：①财务稳定性或盈利能力受到威胁；②管理当局承受异常压力；③管理当局受到个人经济利益驱使；④特殊的行业或经营性质；⑤特殊的交易或事项；⑥公司治理缺陷；⑦内部控制缺陷；⑧管理当局态度不端或缺乏诚信；⑨管理当局与注册会计师的关系紧张或异常。这些都是公司中最常见的财务欺诈预兆信号。

针对公司的财务欺诈情况，应当给予适当的审计对策，并为公司借鉴一些好的有针对性的审计对策。在公司中可以制定更加细化的财务审计程序，对某公司的基层员工更具约束性，对其管理层采取内外监控相结合。对某公司的管理层与基层细化，了解他们的财务欺诈特征，并利用公司财务欺诈出现的因素来提前预防与判断某公司出现财务欺诈的情况。同时，我们应关注该公司的财务稳定性或盈利能力，这样才能有一个提前量的判断，亦可通过该企业的财务稳定及盈利能力与我们审计的必要性相结合，以制定更好的监管措施。在做好这些审计对策的同时，我们应与时俱进，时刻关注公司财务欺诈的发展与变动，以及引起因素的变化，真正做到根据发展的实际情况不断调节我们的审计对策，也只有这样才能将审计的作用最大化。

选题设计大纲举例——《浅析财务欺诈防范措施及审计对策》：

1 财务欺诈概述及其影响
（1）财务欺诈概述。
（2）财务欺诈的影响。
2 财务欺诈的成因
（1）企业自身的缺陷。
（2）外部条件的缺失。
3 财务欺诈的防范措施
（1）改善公司的内部治理结构。
（2）健全法律机制。
（3）加强诚信和道德建设。
（4）完善企业会计准则。
（5）规范政府对证券市场和公司的行政干预。
（6）加强对注册会计师行业的管理，提高从业人员素质。
4 财务欺诈的审计对策
（1）关注财务欺诈出现的信号。
（2）了解不同财务欺诈的特征。
（3）设计审计程序来发现舞弊。
（4）审计对策应引起注意的地方。
①持续经营的能力。
②关联交易。
③非常交易。
④财务报表外交易。

相似选题扩展：
（1）企业会计舞弊的形式与审计方法。
（2）收入舞弊的手法与审计策略。

(3) 基于 IT 环境的企业财务舞弊审计研究。
(4) 我国高新企业管理层舞弊审计方法的研究。
(5) 风险导向审计在财务舞弊中的应用。
(6) 经营失败与审计失败关系的研究。

11.3.5　浅析网络审计的应用及发展

选题研究领域：网络审计应用及发展
选题类型：理论与应用研究
选题完成形式：论文
选题参加人数：个人独立完成
选题知识准备：

随着电子商务的不断发展，越来越多的信息处理和传递通过网络完成，这使得网络审计成为可能。电子商务技术的高速发展和广泛应用，从本质和表象两个方面更加深刻地改变着审计的对象和环境，使审计的对象隐性化、数字化、网络化并呈现出不断变化和发展的趋势，促使传统审计向计算机网络审计方向发展。

传统的审计目标局限于有纸化的信息载体，主要是审查和评价反映被审计单位财务收支及其相关经营管理活动的会计报表和其他有关资料的真实性和公允性、合法性和合规性、合理性和效益性。然而，在电子商务环境下，通过互联网技术，信息资源具有极大的开放性和共享性。网络审计的目标也随之向多元化发展：除了传统审计对会计报表等信息资料的查错防弊目标外，会计信息系统本身的合法性、合理性和效益性等也成为新的审计目标。其目的在于揭露在系统中产生差错的根源，以便完善系统和分析对利益相关者产生何种影响等内容。网络审计通过无纸化的技术手段向着更广、更深的领域发展。

随着现代信息技术的发展和电子商务的兴起，企业的财务收支及其有关的经营管理活动的特点和企业的组织结构、经营模式等都发生了深刻的变化。网上经济交易、资本决策等均可以在瞬间完成。各种经济业务和经济事项的隐性化和数字化使得舞弊行为更容易发生。而现代审计赖以生存的内部控制制度在电子商务环境下也呈现出了新特点，使得审计的对象从传统审计的会计报表及其他相关资料向多方面扩展，其中包括经济业务本身的合法性和真实性、原始凭证录入工作的准确性、网络会计信息系统的可靠性、系统研制开发的合理性、应用程序与数据文件的安全性等。未来企业的发展必定遵循全球化的发展趋势，这就预示着审计还将面临多公司的跨国交叉等更为广阔的网络系统，网络审计的对象也将空前的复杂和广泛。

选题设计大纲——《浅析网络审计应用及发展》：

1　网络审计产生背景
2　网络审计的概念要素
2.1　网络审计的目标
2.2　网络审计的对象
2.3　网络审计的方法和程序
3　网络审计对传统审计的影响
3.1　对审计信息的收集方式和处理方式的影响
3.2　对审计线索的影响

3.3 对审计风险的影响
3.4 对审计人员的影响
3.5 对审计准则和审计依据的影响
4 网络审计的优势及应用中存在的问题
4.1 网络审计的优势
4.1.1 拓展审计空间
4.1.2 提高审计效率
4.1.3 降低审计成本
4.2 网络审计应用中存在的问题
4.2.1 被审计单位内部控制问题
4.2.2 被审计单位信息风险问题
4.2.3 审计单位自身安全问题
5 促进网络审计发展的相关建议
5.1 加强被审计单位的内部控制系统
5.2 加快网络审计软件的开发与审计网络的建设
5.3 提高网络审计人员素质
5.4 完善我国网络审计的法律法规与准则制度

相似选题扩展：

（1）论信息系统审计的审计风险。
（2）基于 IT 环境下企业内部审计的应用研究。
（3）论网络审计方式与特点。
（4）信息化环境下审计的重点和难点探讨。
（5）网络审计所面临的问题及对策建议。
（6）网络环境下审计方法发展探析。
（7）计算机辅助审计采集审计证据的方法探讨。
（8）基于电子商务的网络审计研究。
（9）数据库的审计策略模型与框架研究。
（10）网络审计所面临的问题及对策建议。

参考文献

[1] 杜文洁，景秀丽．计算机专业毕业设计指导教程[M]．北京：清华大学出版社，2013．
[2] 财政部会计司．企业会计准则[M]．北京：人民出版社，2006．
[3] 财政部．企业会计准则应用指南[M]．北京：中国财政经济出版社，2006．
[4] 财政部会计司．企业会计准则讲解[M]．北京：人民出版社，2007．
[5] 财政部会计资格评价中心．初级会计实务[M]．北京：中国财政经济出版社，2013．
[6] 任立森．公司财务报表的解读与分析[M]．北京：经济科学出版社，2013．
[7] 刘义鹃．财务分析方法与案例[M]．沈阳：东北财经大学出版社，2012．
[8] 付姝宏，梁润平．Excel在会计中的应用[M]．北京：中国人民大学出版社，2011．
[9] 王岚．关于企业存货管理问题的探讨[J]．辽宁行政学院学报，2007．
[10] 夏中泽，亢砚晶．浅析存货管理在企业管理中的重要作用[J]．财经界，2008．
[11] 曾洁．浅谈企业加强存货管理的有效途径[J]．时代经贸，2007（9）．
[12] 刘骏．ERP系统及其对存货管理的影响[J]．会计之友，2007（8）．
[13] 朱荣恩，丁豪裸．企业信用管理[M]．北京：中国时代经济出版社，2013．
[14] 安贺新．我国社会信用制度建设研究[M]．北京：中国财政经济出版社，2012．
[15] 雷雯．应收账款管理、催收、回款与客户关系维护[M]．北京：企业管理出版社，2012．
[16] 余海永．浅析财务报表分析的问题与对策[J]．中国外资，2011（4）：56-57．
[17] 徐淑华．我国上市公司财务报表分析方法的局限性及改进措施[J]，2012（3）：15-16．
[18] 张波．上市公司财务报表重述原因及对策[J]．中国证券期货，2012（6）：20-21．
[19] 荆新．财务管理学[M]．北京：中国人民大学出版社，2012．
[20] 胡亦．企业财务报表分析中存在的问题及应对策略研究[J]．华章，2011（25）：6-8．
[21] 王英．房地产企业所得税税务筹划的财务运用分析[J]．财经界，2011．
[22] 陈安君．房地产开发企业所得税汇算清缴政策解析[J]．商业会计，2013．
[23] 高彦民．我国房地产企业税收的博弈分析[D]．东北财经大学，2012．
[24] 张中秀．合法节税[M]．北京：中国人民大学出版社，2009．
[25] 韩灵丽．公司的税务风险及其防范[J]．税务研究，2008．
[26] 尹淑平，杨默如．企业税务风险成因及管理系统构建[J]．财会通讯，2009（10）．
[27] 严君子．企业税务风险的产生与防范[J]．国际商务财会，2009（10）．
[28] 李琳．浅谈大型企业的税务风险管理[J]．交通财会，2009（10）．
[29] 杨凌云．税务风险管理研究[J]．财会金融，2009．
[30] 杨月华．企业投资管理现存问题及对策分析[J]．财经论坛，2011．
[31] 张文峰．中小企业投资存在的问题及其对策[J]．中国证券期货，2012．
[32] 万丽芳．我国会计师事务所审计风险的控制与防范[J]．现代商业，2010（15）．

[33] 蒋燕辉. 会计监督与内部控制[M]. 北京：中国财政经济出版社，2002.

[34] 赵保卿. 内部控制设计与运行[M]. 北京：经济科学出版社，2012.

[35] 陈捷纯. 会计师事务所审计风险防范及控制[J]. 期刊论文，2012（2）.

[36] 赵选民. 我国企业内部控制调查分析[J]. 财会月刊，2012（7）.

[37] 郑石桥. 内部控制基本原理——融于管理体系中的基本内部控制[M]. 乌鲁木齐：新疆科学出版社，2013.